विद्युत वितरण संचालन और संधारण

ELECTRICITY DISTRIBUTION OPERATION AND MAINTENANCE

रनवीर सिंह

ISBN 979-888606636-4

समर्पण

यह पुस्तक लेख उन संस्थानों, अधिकारियों, कर्मचारियों के प्रति हार्दिक आभार व्यक्त करता है जिनके योगदान/लेखन को पूर्ण या आंशिक रूप से इस लेखन सामग्री में संयोजित किया गया है । विद्युत विभाग के सेवाकाल अनुभव और सेवा निवृति उपरान्त प्रशिक्षुकों के अनुरोध पर यह लेखन सामग्री संकलित की है, जिसका एकमात्र उद्देश्य केवल पूर्णत प्रशिक्षण तथा वास्तविक ज्ञान के सदुपयोग के लिए समर्पण है ।

क्रम-सूची

क्रम-सूची

प्रस्तावना

प्रस्तावना

विद्युत का इतिहास ज्यादा पुराना नहीं है । इस क्षेत्र की शुरुआत 18 वी शताब्दी से तथा शुरुआती विकास 19 वी शताब्दी के आखिरी से होती है और 20 वीं शताब्दी में विकास शुरू हुआ है -

विद्युत - विद्युत उत्पादन (जेनरेशन - पावर हाउस) से पारेषण (ट्रांसमीशन) (अति उच्च दाब पारेषण लाइन व उपकेंद्रों) के द्वारा विद्युत वितरण कम्पनी के माध्यम से उपभोक्ताओं को विद्युत वितरण की व्यवस्था की जाती है ।

विद्युत व्यवस्था -

- विद्युत भारत सरकार की समवर्ती (कोनकरेंट लिस्ट) सूची में सम्मलित है ।
- अतः भारत सरकार और प्रदेश सरकार दोनों के नियमों का पालन करना होता है ।
- विद्युत का उत्पादन भारत सरकार, प्रदेश सरकार और निजी क्षेत्रों द्वारा किया जाता है ।
- नाभिकीय (न्यूक्लीयर) उत्पादन (परमाणु - ऊर्जा) केवल भारत सरकार करती है ।
- थर्मल (तापीय), हायडिल (जल), उत्पादन सभी के द्वारा किया जाता है ।
- अक्षय ऊर्जा (सोलर/सौर, विंड/पवन, टायडल/ज्वारभाटा, भूगर्भीय/जिओथर्मल, बायोमास/अपशिष्ट) से भी ऊर्जा उत्पादन होता है ।

विद्युत उत्पादन -

विद्युत का उत्पादन औसतन केंद्र 25 प्रतिशत, प्रदेश सरकार 32 प्रतिशत और निजी (प्राइवेट) क्षेत्र की 43

प्रतिशत की हिस्सेदारी है । जो विभिन्न श्रेणियों अनुसार निम्नांकित है, ये समयानुसार आंकड़े बदलते रहते हैं –

1. कोयला - 58 प्रतिशत
2. जल (हायडिल) - 15 प्रतिशत
3. नाभिकीय (न्यूक्लीयिर) - 2.5 प्रतिशत
4. हवा (विंड) - 10 प्रतिशत
5. सौर ऊर्जा (सोलर) - 5 प्रतिशत
6. गैस - 7.5 प्रतिशत
7. जैविक (बायोमास) - 2 प्रतिशत

विद्युत उपयोग - आजकल ऐसा कोई क्षेत्र नहीं है जहां विद्युत का उपयोग न हो, फिर भी उपयोग के अनुसार निम्नानुसार संक्षिप्त क्षेत्र विभाजन किया गया है -

- लाइटिंग – प्रकाश उपयोग
- इलेक्ट्रोनिक ईक्विपमेंट – इलेक्ट्रिनिक उपकरण (टीवी, कंप्यूटर आदि)
- मोटर – पावर/घूर्णन उपयोग
- हीटिंग – गरम उपयोग
- केमीकल ईक्विपमेंट, इलेक्ट्रो प्लेटिंग, बेल्डिंग
- बैटरी चार्जिंग
- इलेक्ट्रिक वाहन चार्जिंग

विद्युत टैरिफ के अनुसार उपयोग -
निम्न दाब टैरिफ और उच्च दाब टैरिफ
निम्न दाब टैरिफ –
घरेलू, गैर घरेलू (व्यावसायिक), कृषि, औद्योगिक, सड़क बती, जल प्रदाय, अस्थाई/स्थाई कनेक्शन आदि ।

वितरण - डिस्कोम वितरण कम्पनी के अन्तर्गत 33 केवी लाइन, 33/11 केवी उपकेन्द्रों में भेजकर पावर ट्रान्सफार्मर से 11 केवी लाइन निकाली जाती है, जो शहरों, गांवों, खेतों, कारखानों अथवा अन्य उपभोग में वितरण ट्रान्सफार्मर से एलटी लाइन व सर्विस लाइन के माध्यम से एलटी उपभोक्ताओं को मीटर के द्वारा विद्युत आपूर्ति की जाती है । उच्च दाब उपभोक्ताओं को सीधे उच्च दाब एवं अति उच्च दाब लाइन (11 केवी, 33 केवी, 132 केवी व 220 केवी आदि लाइन) से कनेक्शन दिया जाता है ।

संचालन - प्रतिस्पर्धा और समय की आवश्यकता एवं उपयोगिता को ध्यान में रखते हुए विद्युत वितरण व्यवस्था को गुणवत्ता पूर्ण (उचित वोल्टेज) निर्बाध विद्युत आपूर्ति करना वितरण कम्पनी का उत्तरदायित्व होता है । जिसके लिए सम्बंधित विभाग द्वारा नियमावली बनाकर कार्यवाही करनी होती है । इस प्रक्रिया को एसओपी (स्टैंडर्ड ऑपरेटिंग प्रक्टीसेस/प्रोसीजर – SOP)/निर्धारित संचालन प्रक्रिया कहते हैं और उसके अनुसार संचालन करना पड़ता है ।

क्योंकि -

- फीडर पर निर्धारित विद्युत आपूर्ति के समय के अतिरिक्त समय में फीडर को बंद किया जाता है ।
- फीडर पर पूर्व आयोजित कार्य (संधारण कार्य एवं नवीन कार्य) करने हेतु फीडर को नियमानुसार परमिट की प्रक्रियाओं का पालन करते हुए उसे बंद किया जाता है ।
- फीडर पर ट्रिपिंग - फाल्ट आने के उपरांत यदि फीडर पुन: चालू नहीं होता है तब उसे फाल्टी (बाधित) फीडर घोषित कर उसे बंद कर दिया जाता है ।
- विशेष आपातकालीन स्थिति (तेज आंधी – तूफान, चक्रवात, बाढ़, आगजनी, दुर्घटना विशेष, दंगे आदि) में भी फीडर वरिष्ठ अधिकारियों के मार्गदर्शन के अनुरूप बंद किया जाता है ।
- फीडर व्यवधान मुख्यत: उत्पादन, पारेषण, उपकेंद्र, वितरण अथवा पूर्व नियोजित कारणों से होता है ।
- वर्तमान में विद्युत ऊर्जा का उपयोग आम ब्यक्ति से लेकर समाज के हर स्तर के व्यक्तियों के लिए अत्यंत आवश्यक है । विद्युत के बिना किसी भी दैनिक क्रिया - कलाप की कल्पना भी संभव नहीं है ।

- वर्तमान में विद्युत शक्ति के रोज़मर्रा के साधन/इक्विपमेंट अधिक इस्तेमाल होने के कारण प्रत्येक घर/मकान/कार्यालय का विद्युत भार भी कई गुना बढ़ चुका है, परिणाम स्वरूप विद्युत लाइनों, ट्रांसफार्मरों एवं अन्य विद्युत प्रदाय के सब स्टेशन उपकरणों पर विद्युत भार बढ़ चुका है ।
- समय के साथ उपभोक्ताओं की संख्या तो बढ़ी ही है, साथ ही जागरूकता भी बढ़ी है, जिसके कारण उपभोक्ताओं को निर्बाध रूप से विद्युत सप्लाई दिया जाना अपेक्षित रहता है । परन्तु वर्तमान परिस्थितियों में कई बार विद्युत लाइनों, ट्रांसफार्मरों एवं संबन्धित उपकरणों में खराबी आने के कारण विद्युत व्यवस्था में व्यवधान पैदा हो जाते हैं । संधारण/अनुरक्षण/मेंटीनेंस पर ही ध्यान दिया जाकर विद्युत प्रदाय व्यवस्था में सुधार किया जा सकता है ।

संधारण

- संधारण/मेंटीनेंस अर्थात सेवा में कार्यरत किसी विद्युत उपकरण का समय – समय पर किया गया निरीक्षण, परीक्षण, साफ - सफाई एवं एडजस्टमेंट का कार्य जिसके कारण उपकरण सुचारु रूप से कार्य करता रहे तथा किसी प्रकार का विद्युत अवरोध पैदा न करें । मेंटीनेंस का कार्य ब्रैक डाउन को कम करने हेतु किया जाता है, जो कि निश्चित अवधि के पश्चात किया ही जाना चाहिए । प्रिवेंटिव मेंटीनेंस एवं ब्रैक डाउन मेंटीनेंस में यही अंतर है कि ब्रैक डाउन मेंटीनेंस व्यवस्था भंग होने के पश्चात उपकरण को बंद करके रिपेयर/सुधार किया जाता है, जबकि प्रिवेंटिव मेंटीनेंस उपकरण को सेवा में रखते हुए अथवा ब्रैक डाउन से बचाने के लिए किया जाता है ।
- विद्युत व्यवस्था सुधार की दृष्टि से चार प्रकार के संधारण किए जाते है – 1- पीरिओडिकमेंटीनेंस/समय बद्ध संधारण, 2 - करेक्टिव मेंटीनेंस/सुधारात्माक संधारण, 3 - ब्रैक डाउन मेंटीनेंस/व्यवधान संधारण, 4 – हॉट लाइन मेंटीनेंस/चालू लाइन संधारण
- 1- पीरिओडिकमेंटीनेंस/समय बद्ध संधारण – आमतौर पर एक वर्ष में दो बार (मानसून के बाद या दिवाली से पहले और दूसरा प्री मानसून/मानसून से पहले) तथा उपकरण से सम्बंधित संधारण नियमावली अनुसार संधारण । .
- 2 – करेक्टिव मेंटीनेंस/सुधारात्माक संधारण – जब कभी विद्युत व्यवस्था में ऐसी कमियाँ आ जाती हैं और समय रहते उनको सुधारा नहीं गया तो आगे आने वाले समय में व्यवधान होगा । अत: ऐसे व्यध्यानों को पूर्व से ही सुधार लिया जाता है - जैसे पेड़ की डालियाँ, लूज जम्पर, ढीले तार और वे सभी कार्य जो पीरिओडिक मेंटीनेंस में किए जाते हैं ।
- 3 - ब्रैक डाउन मेंटीनेंस/व्यवधान संधारण – जब विद्युत व्यवस्था फाल्ट के कारण बाधित हो गई तब फाल्ट को दूर कर/निकालकर ही

व्यवस्था नियमित होती है । पहले दोनों सुधार कार्यों में विद्युत व्यवस्था ब्रैक डाउन नहीं होती अपितु शट्डाउन लेकर सुधार कार्य किया जाता है ।

- 4 – हॉट लाइन मेंटीनेंस/चालू लाइन संधारण – यह अधिकतर एलटी लाइन एवं अति उच्च दाब लाइनों में विशेष परिस्थितियों में किया जाता है । सामान्यत: की स्थिति में इस प्रक्रिया को नहीं अपनाया जाता है ।

विद्युत संधारण – प्रिवेंटिव मेंटीनेंस

- प्रिवेंटिव मेंटीनेंस का कार्य मुख्य रूप से तीन भागों में विभाजित रहता है –
- 1- निरीक्षण (इंस्पेक्शन) – किसी उपकरण को बगैर खोले, कार्य में रहते हुए आँखों से देखकर, आवाज सुनकर, सूंघकर या छूकर (जिनमें विद्युत प्रवाह नहीं होता) उसके कार्य निष्पादन तथा संभावित कमियों एवं भविष्यों में आने वाले फाल्ट का आंकलन करना होता है ।
- उदाहरण – लाइन का लोड चेक करके पता चलता है कि लाइन ओवर लोड तो नहीं है, ट्रांसफार्मर की बॉडी छूकर ठंडा अथवा गरम होने से लोड अथवा अन्य कोई डिफ़ेक्ट/फाल्ट पता चलता है ।
- 2- प्रिवेंटिव मेंटीनेंस – समय – समय पर उपकरण की टेस्टिंग करके उसकी कार्य प्रणाली की जांच करना, उपकरण की इलेक्ट्रिकल/मैकेनिकल सुदृढ़ता की जांच करना कि उपकरण सेवा में रखने लायक हेतु कोई फाल्ट आने के पूर्व कोई संधारण कार्य करना ताकि उपकरण में फाल्ट न आए । जैसे ट्रांसफार्मर ऑइल चेक कर परीक्षण करके तदानुसार कार्यवाही करना । ऑइल फिल्टर करना अथवा ऑइल बदलना आदि ।
- 3- ओवर हालिंग – ओवरहालिंग के अंतर्गत उपकरण को सेवा से हटाकर, खोलकर आवश्यक दुरुस्ती कार्य का सम्पादन करना तथा जरूरत होने पर पुराने पुर्जे बदल कर नए पुर्जे लगाना शामिल है ।

विद्युत संधारण – मानसून पूर्व (वर्षा से पहले)/मानसून बाद (दिवाली से पहले) -

- वर्ष में दो बार मानसून के आने के पहले (सामान्यत: 16 अप्रैल से 31 मई) और मानसून के बाद (सामान्यत: 1 सितंबर से 15 अक्टूबर) बिजली की लाइनों का और उपकरणों को फिट रखना जरूरी है । इसलिए संधारण से पहले निरीक्षण किया जाता है । निरीक्षण के बाद प्रायोजित कार्यक्रम निर्धारित कर ग्राहकों/उपभोक्ताओं को भी पूर्व सूचना देकर, मेंटीनेंस सामग्री तैयार का विधिवत संधारण किया जाता है । जिनमें मुख्य कार्य किए जाते हैं –
- पेड़ों की डाल/टहनियाँ छांटना/काटना, पोलों से घोंसले निकालना, लाइनों के ढीले तार खींचना, टेढ़े/झुके पोल सीधे करना, वी क्रॉस आर्म आदि के नट – बोल्ट कसना, अर्थिंग ठीक करना, टूटे/क्रैक इंसुलेटरों को बदलना, कट पॉइंट के जम्पर ठीक करना, स्टे ठीक करना, निचले कंडक्टर की जमीन से नियमानुसार ऊंचाई रखना, गार्डिंग ठीक करना, जहां जरूरी हो वहां गार्डिंग करना, एबी स्विच/आइसोलेटर के प्वाइंट और जम्पर ठीक करना आदि ।

विद्युत ऊर्जा के उत्पादन (जेनरेशन), पारेषण (ट्रांसमीशन) और वितरण (डिस्ट्रीब्यूशन) हेतु सुरक्षा मानकों को ध्यान में रखकर अधोसंरचना (इंफ्रास्ट्रकचर) का निर्माण किया गया । आरंभ में उच्च दाब, निम्न दाब लाइने एवं उपकेंद्र कुछ चुनिन्दा शहरों तक सीमित थे । किन्तु धीरे - धीरे विद्युतीकरण का विस्तार होता गया और बहुत तेजी से विकास होता गया । आज लगभग शतप्रतिशत ग्रामों में विद्युत अधोसंरचना पहुँच चुकी है एवं अभी भी विस्तार कार्य जारी है । इतनी बृहत प्रणाली की संरचना एवं उससे अनवरत विद्युत प्रवाह लेने के लिए व्यवधान (ब्रेकडाउन/ट्रिपिंग) आने पर उसे कम से कम समय में संधारित (मेंटीनेन्स) करके पुन: परिपथ (सर्किट) में लाना अत्यंत जटिल एवं जोखिम भरा कार्य है । यद्यपि हमारे तकनीकी कर्मचारी पूरी लगन और समर्पण भाव से दिन रात व्यवधान की स्थिति में तत्काल संधारण हेतु तत्पर रहते है । किन्तु फिर भी कभी - कभी स्वयं की या अन्य की भूल के कारण दुर्घटना घटित हो जाती है, परिणाम स्वरूप विद्युत प्रवाह में व्यवधान, अधोसंरचना को क्षति तो होती ही है मानव व अन्य प्राणियों के लिए भी गंभीर चोट यहां तक कि मृत्यु का कारण भी बन जाती है ।

दुर्घटनाएं अनिष्ट, विध्वंस, विनाश, चोट, मौत का कारण बन सकती है । दुर्घटनाओं से बचाव के लिए सावधानी, सुरक्षा उपाय तथा सुरक्षा प्रबंधन अवश्य होना चाहिए । दुर्घटना को उसके कारण एवं परिणाम की गंभीरता के आधार में वर्गीकृत किया जा सकता है, जैसे विद्युतीय अथवा अविद्युतीय, घातक अथवा अघातक, मानव अथवा पशु की तथा यदि प्रभावित मानव है तो विभागीय कर्मचारी है अथवा बाह्य व्यक्ति है । वर्गीकरण से विस्तृत विवेचना में संबन्धित बिन्दुओं पर जांच करने में सरलता होती है । साथ ही दुर्घटना उपरांत की जाने वाली वैधानिक एवं विभागीय कार्यवाही को नियमानुसार पृथक किया जा सकता है ।

इस प्रकार से विद्युत वितरण का संचालन और संधारण अत्यंत जोखिम और सावधानी पूर्वक करने वाला काम है । जिसे बहुत ही संवेदनशीलता एवं जवाबदारी के साथ निर्वहन करना पड़ता है । जो एक कुशल प्रशिक्षण और निर्देशन के साथ ही करना सुविधाजनक होता है । विभिन्न प्रकार के एक उपकरण के मॉडल होने के कारण तथा सर्किट (परिपथ) डायग्राम तथा कार्यप्रणाली भिन्न - भिन्न होने से इस पुस्तक में इसका समावेश नहीं किया गया है । केवल सैद्धांतिक और वैधानिक नियमों को प्रधानता देते हुए उल्लेख किया गया है । ताकि कर्तव्य निर्वहन कुशल प्रशिक्षण और निर्देशन के माध्यम से किया जा सके ।

रनवीर सिंह

दिनांक 22 - 2 - 2022

भूमिका

भूमिका

विद्युत की उपयोगिता से ही देश की खुशहाली का पता चलता है । विगत दशकों में इस क्षेत्र में चमत्कारिक प्रगति हुई है । जन आकांक्षाओं को ध्यान में रखते हुए विद्युत वितरण कंपनियों का दायरा (कार्यक्षेत्र) काफी बढ़ा हैं । इससे उनके दायित्व भी अधिकजोखिम भरे और संवेदनशील हो गए हैं । एक तरफ उपभोक्ताओं की आशानुरुप विद्युत व्यवस्था, दूसरी तरफ आईटी (इन्फॉर्मेशन टेक्नोलोजी – सूचना प्रौद्योगिकी) का उपयोग के बीच विद्युत से सम्बन्धित तकनीकी नियमों के अनुसार उनका क्रियान्वन करना होता है । आईटी का उपयोग उपभोक्ता से सम्बन्धित जानकारी विशेषत:क्षेत्र में विद्युत उपलब्धता, अनु उपलब्धता, विभागीय रीति – नीति की उपभोक्ताओं को जानकारी, रिमोट मीटर रीडिंग, पेपर लेस बिल और भुगतान आदि मुख्य हैं । बड़े – बड़े शहरों में स्काडा का विशेष उपयोग, विद्युत वितरण के संचालन और संधारण में अहम भूमिका निभा रहा है । इन सब के बावजूद भी विद्युत से सम्बन्धित मूल सिद्धान्त अपना अमूल्य योगदान रखते हैं ।

पुस्तक - विद्युत वितरण संचालन और संधारण के लेखन में विशेष रूप से मूल सिद्धान्तों, नीतियों का उल्लेख किया गया है । पुस्तक में चित्रों का उपयोग न के बराबर किया है, क्योंकि विभिन्न निर्माता और विभिन्न मॉडल के उपकरण उपयोग में हैं । पुस्तक में वितरण के संचालन और संधारण के नियमों, विधियों का विशेष समावेश किया है । पुस्तक को मुख्यत तीन भागों में उल्लेखित किया गया है । प्रथम भाग में विद्युत की सामान्य जानकारी, विद्युत शब्दावली, शब्दावली संक्षेप अक्षर (सूक्ष्म), विद्युत इतिहास, विद्युत अधिनियम, विशेषकर भारतीय विद्युत अधिनियम 2003, विद्युत व्यवस्था – देश एवं प्रदेश सरकार क्योंकि विद्युत संविधान की समवर्ती सूची का विषय है, तथा विद्युत से सम्बन्धित समग्र तकनीकी एवं वाणिज्यिक हानियां जैसे विषयों का समावेश किया गया है ।

पुस्तक के मूल भाग (मध्य भाग) में विद्युत सम्बन्धित तकनीकी विषयों का समावेश है । जिसमें मुख्यत: विद्युत व्यवस्था का संचालन (चालू बंद करना), विद्युत व्यवस्था का संधारण जिसमें वितरण कम्पनी (डिस्कोम) के अन्तर्गत व्यवस्था से सम्बन्धित सभी उपकरण जैसे विद्युत लाइन, पोल, वितरण ट्रांसफार्मर, वितरण ट्रांसफार्मर विफलताओं का वर्गीकरण, संचालन कार्य निष्पादन हेतु अधिकृत अधिकारियों/कर्मचारियों के अधिकार, कर्तव्य एवं उत्तरदायित्व, परमिट प्रक्रिया, आथराइजेशन चार्ट आदि, 33/11 केवी उपकेन्द्रों का संचालन संधारण, उपकेन्द्र संचालन के निर्देश, 33/11 केवी उपकेन्द्र पर कैपेसिटर बैंक का संचालन, एलए (लाइटिंनिग अरेस्टर) का मेंटीनेंस, 33/11 केवी उपकेन्द्र हेतु भू - खंड उपलब्धता, ट्रांसफार्मरों की टेस्टिंग/परीक्षण आदि का विशेष उल्लेख किया गया है । इसके साथ ही विद्युत मीटरों की जानकारी और उपभोक्ता सेवा से सम्बन्धित उपभोक्ता सेवा केन्द्र (सीसीसी - कस्टमर केयर सेंटर) का विवरण, उपभोक्ता कर्मचारी सम्बन्धित विषयों को भी उल्लेखित किया गया है जिससे दोनों के मध्य सौहार्दपूर्ण वातावरण बना रहे ।

पुस्तक के आखिरी भाग में वितरण से सम्बन्धित कार्यों के निष्पादन हेतु रजिस्टरों का अभिलेख (रिकॉर्ड) एवं उनकी विस्तृत जानकारी, विशेषत: लाइन, वितरण ट्रांसफार्मर और 33/11 केवी उपकेन्द्रों का अभिलेख, इयूटी चार्ट, अनुज्ञा पत्रक (परमिट बुक), आथराइजेशन चार्ट के प्रारूप, मानसून पूर्व और मानसून बाद के मेंटीनेंस के रजिस्टर एवं उनमें उल्लेखित जानकारियों का विवरण, 11 केवी फीडर पर 1 एम्पीयर लोड (भार) के अनुरूप फीडर लोड केवीए और अश्वशक्ति में जानना, थम्ब रुल (अंगूठा छाप नियम) जिनको अधिकतर कर्मचारी अपने दायित्वों के निर्वहन में अपनाते हैं का उल्लेख किया गया है । इसी भाग में विभिन्न प्रकार की एलटी, एचटी लाइनों में लगने वाली सामग्री, वितरण ट्रांसफार्मर, पावर ट्रांसफार्मर, 33/11 केवी उपकेन्द्र आदि पर लगने वाली सामग्री का विस्तृत विवरण का भी उल्लेख है, जो आवश्यकता अनुरूप उपयोगी रहेगी । .फेब्रीकेटिड आइटम्स की जानकारी एवं उनका वजन प्रति नगका विवरण, कार्यों के निष्पादन हेतु विभिन्न स्तर, कर्मचारी, कार्यालय, विद्युत उपकेन्द्र आदि के लिए सुरक्षा उपकरणों के मापदंड, लाइनों की सुरक्षात्मक दूरी के मापदंड के मानक केन्द्रीय विद्युत प्राधिकरण के अनुसार, लाइनों में उपयोग होने वाले कंडक्टरों के नाम उनके करेन्ट ले जाने की क्षमता आदि का विवरण, अर्थिंग व्यवस्था, इन्डक्शन मोटर के लिए उपयुक्त क्षमता के कैपेसिटर की जानकारी, क्षमतानुसार सभी तरह के ट्रांसफार्मरों के लिए फ्यूज क्षमता की जानकारी, एसडब्ल्यूजी (स्टेंडर्ड वायर गेज) के अनुसार उनकी फ्यूज क्षमता, क्षेत्रीय समस्या उनके निराकरण, चर्चा, सुझाव आपसी सहयोग से सम्बन्धित वास्तविक चर्चाएं, बिजली की खपत की जानकारी, फ्यूज ऑफ कॉल (एफ़ओसी) का चालू लाइन से करने के तरीके, बाहरी व्यक्तियों को विद्युत सम्बंधित निर्देश, विद्युत उपयोगी विशेष उपकरण – मेगर, अर्थ टेस्टर, फ़िल्टर मशीन की सामान्य जानकारी का भी संक्षिप्त विशेष उल्लेख समाहित है ।

पुस्तक का लेखन इस आशय से किया गया है कि ऐसे कर्मचारी/अधिकारी जो विद्युत वितरण के संचालन और संधारण के क्रियाकलापों का निष्पादन करते हैं उनके लिए एक मार्गदर्शिका के रूप में उपयोगी होगी ।

आमुख

आमुख

विगत वर्षों में विद्युत क्षेत्र में बहुमुखी विकास हुआ है । वर्तमान स्थिति में गांव – गांव, घर – घर, खेत – खलिहान दुर्गम क्षेत्रों में बिजली सुगमता से उपलब्ध है । किसी की उपलब्धता होने पर उसकी निरंतर व्यवस्था बनाए रखना एक जोखिम भरा कार्य होता है । ऐसे में विद्युत का संचालन बनाए रखना विद्युत विभाग से सम्बन्धित कर्मचारी और अधिकारी के लिए यह कार्य एक चुनौती भरा होता है । जिसमें कार्य के संचालन के नियमों का विधि पूर्वक पालन करते हुए समय सीमा में भी मर्यादित होते हुए कार्य करने होते हैं । विद्युत सेवा क्षेत्र में स्वयं भी अपने सेवाकाल में सभी तरह की परिस्थितियों का अनुभव और उसके उपरान्त भी विद्युत वितरण के संचालन और संधारण से सम्बन्धित विभिन्न विषयों पर दिए गए व्याख्यानों को संकलित कर यह प्रयास किया गया है, इस आशा के साथ कि यह पुस्तक भविष्य में इस क्षेत्र से सम्बन्धित कर्मचारियों/अधिकारियों के लिए एक मार्गदर्शिका के रूप में यथा स्थित अनुसार उपयोगी हो ।

विद्युत वितरण क्षेत्र बहुत ही जोखिम के साथ संवेदनशील कार्य है क्योंकि इसका सीधा सम्बन्ध उपभोक्ता से होता है । यद्यपि विद्युत क्षेत्र के अन्य क्षेत्र मुख्यतः उत्पादन (जेनरेशन), पारेषण (ट्रांसमीशन) से सम्बन्धित कर्मचारियों/अधिकारियों को भी संचालन और संधारण कार्यों को करना होता है, परन्तु इन सबका उपभोक्ता से सीधा संपर्क नहीं होता । उपभोक्ता की अपेक्षाएं, आशाएं, संवेदनाओं को जितना वितरण क्षेत्र से सम्बन्धित कर्मचारी/अधिकारी जानते है उतना और कोई नहीं, क्योंकि इनका सीधा संपर्क उपभोक्ता से होता है । ऐसे में विभागीय नियमों के साथ – साथ उपभोक्ताओं की जन अपेक्षाओं से तारतम्य रखते हुए संचालन और संधारण के कार्यों का निष्पादन करना एक चुनौती के साथ जोखिमपूर्ण कार्य है जिसमें अति संवेदना की जरूरत होती है ।

वितरण कम्पनियों (डिस्कोम) तथा विद्युत विभागों की सुरक्षा पहुँच/सोच - यह है कि जनता, कर्मचारी, लाइन व उपकरण के साथ - साथ किसी भी प्रकार की जन - धन हानि विद्युत के कारण न हो । क्योंकि जीवन अमूल्य है इसकी पूर्ति नहीं हो पाती है केवल सुरक्षा ही एक रास्ता है ।

विद्युत की उपस्थिति/मौजूदगी की जानकारी उसकी उपयोगिता और परीक्षण से ही पता चलती हैं जैसे बल्ब का जलना, पंखे का चलना, मोटर का चलना आदि, यदि ये सब व्यवस्था नहीं हैं तब परीक्षण ही एक रास्ता बचता है । जैसे रोटी मे नमक, दूध में मीठा, पानी में नमक या मीठा आदि का उपयोग/परीक्षण से ही पता चलता है, देखने से नही ठीक उसी प्रकार विद्युत/बिजली की उपलब्धता/उपस्थिति की जानकारी उपयोगिता/परीक्षण से ही पता चलता है केवल देखने से हमेशा नहीं । अतएव परीक्षण/जांच करना बहुत आवश्यक है । आखों से देखने पर भी कभी - कभी जो स्थिति आभास होती है वह सत्य/वास्तविक नहीं होती है । अति पास और अति दूर की स्थिति जैसे जमीन और आकाश का क्षितिज पर मिलना आभास होता है वास्तविक नहीं, आँख में लगा काजल आँख नहीं देख पाती जब तक दर्पण में न देखें । हर पीले रंग की वस्तु सोना नहीं होती, बंद घड़ी का 24 घंटे में दो बार सही/ठीक समय बताना/दर्शाना, दूर से विभिन्न एचटी (11 केवी व 33 केवी) लाइन के पिन इंसुलेटर भी एक जैसे दिखते हैं जो वास्तव में एक जैसे नहीं होते हैं । अतः देखना भी यह आवश्यक है कि किस वस्तु/उपकरण को किस प्रकार से देख रहे हैं । जैसे किसी ट्रांसफार्मर के एचटी साइड से देखने पर 3 बुशिंग दिखाई देती हैं और उसी ट्रांसफार्मर के एलटी साइड से देखने पर 4 बुशिंग दिखाई देती हैं जबकि ट्रांसफार्मर एक ही है । इसी तरह सुन कर उनके अर्थ विभिन्न होने से भी गलती की संभावना बनती हैं । जैसे – रोको, मत जाने दो, और रोको मत, जाने दो, मैं भीतर गया और मैं भी तर गया, सोओ, मत जागो और सोओ मत, जागो, काग दही पर मरियो, कागद ही पर मरियो, और का गदही पर मरियो, GODISNOWHERE को GOD IS NOW HERE और GOD IS NO WHERE आदि । गणित में भी इस प्रकार भूल होती है - जैसे – (चार) जोड़ (चार) भागित (चार) बराबर पाँच होते हैं (4+4/4=5), जबकि कुछ (चार) जोड़ (चार) भागित (चार) बराबर दो (4+4/4=2) होते हैं (दोनों ही सही लगते हैं, परंतु गणित के नियम 5 उत्तर सही है, क्योंकि पहले भाग और बाद में जोड़ करते हैं)। एक कागज के चार कोने में से एक कोना काटने पर शेष तीन कोने नहीं रहते, शेष पांच कोने रहते हैं । इसी प्रकार 33 केवी या 11 केवी लाइन का एक जमफर जलने पर जमफर जले फीडर में आगे बिजली नहीं जाती है, परन्तु वापस बिजली आ जाती है, ट्रांसफार्मर के डेल्टा कनेक्शन के कारण रिटर्न करेंट आता है । इस प्रकार जमफर जले स्थान पर दोनों तरफ से बिजली आती है । अतः सावधानी बरतनी जरूरी है । इसी प्रकार ट्रांसफार्मर के एचटी और एलटी वाईडिंग में कोई कनेक्शन नहीं होता, तब भी एक ही कोर पर दोनों एलटी और एचटी वाईडिंग होने से इलेक्ट्रो - मेंगनेटिक फोर्स व इंडकशन के प्रभाव से एचटी साइड से एलटी साइड में करेंट पैदा होता है । इससे स्पष्ट होता है कि करेंट तार में बहता हैं, परन्तु दूसरे तार में भी करेंट इलेक्ट्रो - मेंगनेटिक फोर्स के प्रभाव से पैदा होकर दूसरे तार में करेंट बहने लगता है जबकि पहले (एचटी) और दूसरे (एलटी) तार में कोई कनेक्शन नहीं होता । अतः देखने सुनने और समझने में सावधानी आवश्यक है।

जनता की सुरक्षाः - रोड क्रासिंग, पेड़ की डाली का छूना, जमीन से लाइन व उपकरण की दूरी (ऊंचाई), भवन से दूरी (समानान्तर व लम्बवत), उपभोक्ता परिसर (उपकरण स्थापना) अनाधिकृत कनेक्शन, डिस्कोम/विभाग परिसर में उपकरणों के पास तक आम जनता की

आसान पहुँच भी घटना के कारण हैं ।

कर्मचारी सुरक्षा :- निर्माण के समय, संचालन के समय, ब्रेक डाउन के समय, रूटीन मेंटीनेंस (संधारण) के समय, सामग्री परिवहन के समय, आंधी - तूफान, वर्षा - बाढ़, आगजनी, सामाजिक उपद्रव आदि के समय सुरक्षा की आवश्यकता होती है ।

सुरक्षा – लाइन व उपकरण : - रिले प्रोटेक्शन डिवाइस, सेटिंग ऑफ रिले, हॉट स्पॉट डिटेक्शन, लाइन डायग्राम/स्मार्ट अपडेशन, अनुपयुक्त टेस्टिंग, लोगिंग ऑपरेशन पैरामीटर्स, सिस्टम चेकिंग, अर्थिंग आदि के समय सुरक्षा आवश्यक हैं ।

विद्युत - सुरक्षा जागरूकता – आवश्यक है क्योंकि – बिजली का उपयोग जन सामान्य तक है, कोई भी व्यक्ति बिना बिजली के उपयोग के नहीं रहता है, दैनिक कार्यों में इसका साधरण व सामान्य उपयोग होता है। बिजली से विकलांगता, मृत्यु तथा आगजनी कुछ भी हो सकता है अत: सुरक्षा सावधानियां बरतनी आवश्यक हैं ।

सुरक्षा सावधानियां बरतने के लिए – सुरक्षा नियम, सुरक्षित कार्य, सुरक्षित सुरक्षा (सेफ - प्रोटेक्शन), सुरक्षित सामग्री (सेफ आइटम) आदि सभी को सुरक्षा जागरूकता, आपसी सहयोग (कर्मचारी व उपभोक्ता) से दुर्घटनाएं टाली जा सकती हैं । अनुभव से सीख/खोज (जनता/ कर्मचारी द्वारा विद्युत सुरक्षा उपकरणों का समुचित उपयोग) भी लाभदायक होता है ।

वर्तमान में विद्युत ऊर्जा का उपयोग आम ब्यक्ति से लेकर समाज के हर स्तर के व्यक्तियों के लिए अत्यंत आवश्यक है । विद्युत के बिना किसी भी दैनिक क्रिया - कलाप की कल्पना भी संभव नहीं है ।

वर्तमान में विद्युत शक्ति के रोज़मर्रा के साधन/इक्विपमेंट अधिक इस्तेमाल होने के कारण प्रत्येक घर/मकान/कार्यालय का विद्युत भार भी कई गुना बढ़ चुका है, परिणाम स्वरूप विद्युत लाइनों, ट्रांसफार्मरों एवं अन्य विद्युत प्रदाय के सब स्टेशन उपकरणों पर विद्युत भार बढ़ चुका है ।

समय के साथ उपभोक्ताओं की संख्या तो बढ़ी ही है, साथ ही जागरूकता भी बढ़ी है, जिसके कारण उपभोक्ताओं को निर्बाध रूप से विद्युत सप्लाई दिया जाना अपेक्षित रहता है । परन्तु वर्तमान परिस्थितियों में कई बार विद्युत लाइनों, ट्रांसफार्मरों एवं संबन्धित उपकरणों में खराबी आने के कारण विद्युत व्यवस्था में व्यवधान पैदा हो जाते हैं । संधारण/अनुरक्षण/मेंटीनेंस पर ही ध्यान दिया जाकर विद्युत प्रदाय व्यवस्था में सुधार किया जा सकता है ।

विद्युत सामान्य जानकारी

विद्युत सामान्य जानकारी

विद्युत (बिजली) क्षेत्र में सामान्यत: प्रयोग में आने वाले शब्द हैं – यथा -

वोल्टेज (वोल्ट), करंट (एम्पीयर), प्रतिरोध (रजिसटेन्स - ओहम), इम्पीडेंस (रजिसटेन्स + इंडक्टेंस + केपेसिटेन्स), एसी सर्किट (परिपथ) के लिए – ओहम, लोड (किलोवाट, केवीए, अश्व शक्ति (हॉर्स पावर)), बिजली खपत यूनिट (किलोवाट आवर), पावर फ़ेक्टर, फ्रीक्यूएन्सी (50 हर्टज़), टैरिफ़ रेट आदि । दूसरे उपकरण और व्यवस्था से संबन्धित शब्द है – विद्युत उत्पादन केन्द्र (जेनरेटिंग स्टेशन/ पावर हाउस), विद्युत लाइन/फीडर (ईएचटी - एक्स्ट्रा हाई टेन्शन, एचटी - हाई टेन्शन, एलटी - लो टेन्शन लाइन), कंडक्टर, पोल (वुडिन/ लकड़ी, सीमेन्ट, आयरन (आरएस ज्वोईस्ट, चेनल, एचबीम, रेल, मोनो ब्लॉक, लेटिस, ट्यूबुलर/गोल पोल आदि), इन्सुलेटर (पिन, डिस्क, सपोर्ट टाइप, पोर्सिलेन, ग्लास, पोलीमर टाइप), स्टे, चेनल, एंगल, ब्रेकिट, नट और बोल्ट, ट्रान्सफार्मर (पावर, वितरण, पीटी - पोटेन्शियल ट्रान्सफार्मर, सीटी - करंट ट्रान्सफार्मर, सीटीपीटी/एमई - मीटरिंग ईक्विपमेंट), ब्रेकर (वीसीबी - वेक्यूम सर्किट ब्रेकर), आइसोलेटर, एबी (एयर ब्रेक) स्विच, पावर स्टेशन/विद्युत उप - केन्द्र/विद्युत सब - स्टेशन/बिजली घर, कंट्रोल रूम, विद्युत का उत्पादन (जेनरेशन), पारेषण (ट्रांसमीशन) और वितरण (डिस्ट्रीब्यूशन), डिस्कोम कम्पनी, मीटर (सिंगल फेज, थ्री फेज, एलटी, एचटी, बाई वेक्टर, एमडी, टू - पार्ट टैरिफ़, एक्सपोर्ट/इम्पोर्ट, नेट मीटरिंग, स्मार्ट आदि), उपभोक्ता (कंज़्यूमर) जिनका विस्तृत विवरण शब्दावली में अलग से दिया गया है ।

विद्युत सामान्यत: दो प्रकार की होती है –

प्रत्यावर्ती धारा जिसे एसी (आल्टर्नेटिंग करंट) कहते है और दूसरी दिष्ट धारा जिसे डीसी (डाइरेक्ट करंट) कहते हैं ।

प्रत्यावर्ती धारा - एसी (आल्टर्नेटिंग करंट) – जब करंट (धारा) एक धनात्मक तथा ऋणात्मक चक्र पूरा कर लेती है तो इसे एक चक्र कहते हैं । इसमें करंट (धारा) का मान लगातार परिवर्तित होता रहता है, तथा करंट (धारा) की दिशा भी एक निश्चित समय बाद धनात्मक से ऋणात्मक अर्थात परिवर्तित होती रहती है । चक्र में धनात्मक तथा ऋणात्मक मान के अधिकतम मान को एम्प्लीट्यूड (Amplitude) कहते हैं । एक चक्र पूरा करने में एसी (AC) करंट (धारा) को जितना समय लगता है उसे टाइम पीरियड (Time Period) कहते हैं । एक सेकंड में करंट कितने चक्र पूरे करती है उसे आवृति (Frequency) कहते हैं । ट्रांसफार्मर के सहायता से करंट के वोल्टेज को कम या अधिक किया जा सकता हैं । इसे अधिक दूरी तक आसानी से भेजा जा सकता है । इसका उपयोग घरों उद्योगों आदि में किया जाता है । करंट का उत्पादन जेनरेटर द्वारा किया जाता है तथा करंट के द्वारा मोटर को चलाया जाता है ।

दिष्ट धारा (डीसी – डाइरेक्ट करंट) – करंट (धारा) की दिशा तथा मान एक समान बना रहता है इसलिए इसको दिष्ट धारा (डीसी – डाइरेक्ट करंट) कहते हैं । इसको प्राय: एक सीधी रेखा से दर्शाया जा सकता है । सामान्यत: इस प्रकार के करंट (धारा) को बैटरी इत्यादि से प्राप्त किया जाता है । इसका उपयोग इलेक्ट्रोनिक उपकरणों में किया जाता है ।

एसी और डीसी में अंतर –

क्रमांक, - एसी (आल्टर्नेट करंट) प्रत्यावर्ती धारा, - डीसी (डाइरेक्ट करंट) - दिष्ट धारा

1. एसी- इसको अल्टर्नेटर (Alternater) की सहायता से उत्पन्न किया जा सकता है ।

    डीसी- इसको कम्यूटेटर (Commutator) की सहायता से उत्पन्न किया जा सकता है ।

1. एसी- इसमें करंट (धारा) की दिशा तथा परिमाण परिवर्तित होता रहता है ।

    डीसी- इसमें करंट (धारा) की दिशा तथा परिमाण समान बना रहता है ।

3. एसी- इसका उपयोग घरेलू, उद्योगों इत्यादि में किया जाता है । विद्युत मीटर में आने वाला करंट (धारा) एसी है ।

    डीसी- इसका प्रयोग इलेक्ट्रोनिक उपकरणों में किया जाता है ।

4. एसी- इसे अधिक दूरी तक भेजा जा सकता है ।

डीसी- इसे अधिक दूरी तक नहीं भेजा जा सकता है, कुछ अपवाद छोड़कर ।

5. एसी- डीसी (DC) को एसी (AC) में परिवर्तित करने के लिए इनवर्टर (Inverter) का प्रयोग किया जाता है ।

डीसी- एसी (AC) को डीसी (DC) में बदलने के लिए रेक्टीफायर (Rectifier) का उपयोग किया जाता है ।

6. एसी- आवृति (Frequency) 50 हट्र्ज या 60 हट्र्ज हो सकती है ।

डीसी- आवृति (frequency) शून्य (0) होती है ।

7. एसी- एसी का करेंट लगने से हृदय की गति प्रभावित होती है ।

डीसी- डीसी का करेंट लगने से रक्त लाल कर्णिका (RBC – रेड ब्लड सेल) और सफ़ेद कर्णिका (WBC – व्हाइट ब्लड सेल) में फट जाता है ।

ओहम का नियम -
डीसी सर्किट के लिए,
$V = I \times R , I = V/R , R = V/I$
$E = I \times R , I = E/R , R = E/I$
एसी सर्किट के लिए –
$V = I \times Z , (Z = R + L + C), I = V/Z , Z = V/I$
$E = I \times Z , (Z = R + L + C), I = E/Z, Z = V/I$
टिप्पणी – वोल्टेज को V और E दोनों से प्रदर्शित (प्रतीक) करते हैं ।
$KVA \cos (fai) = KW,$
$\cos (fai) = KW/KVA ,$
$1 H.P. = 0.746 KW,$
$KVA = H.P. (At PF 0.746)$
$1 KWH = 1KW \times 1 Hour = 1 Unit = 1000w \times 60 \times 60 \text{ second} = 3.6 \times 10^{*}6 \text{ joule (watt second)}$
$loss = I \times I \times R, Capacitance - Q = C \times V$
श्रेणी क्रम - $R = R1+R2+R3 + -,$
$L = L1 +L2 +L3 + - ,$
$1/C = 1/C1 +1/C2 +1/C3 + -$
समानान्तर क्रम – $1/R = 1/R1 +1/R2 +1/R3 + -,$
$1/L = 1/L1 +1/L2 +1/L3 + - ,$
$C = C1+C2+C3 + -$
पावर (शक्ति) और ऊर्जा (एनर्जी) -
पावर (शक्ति) -

1. - जिस दर पर कार्य किया जाता है उसे शक्ति (पावर) कहते हैं ।
2. - शक्ति (पावर) की माप की इकाई को वाट कहा जाता है । वाट = जूल प्रति सेकेंड
3. - कार्य करने की गति - जिस दर पर किसी वस्तु पर काम किया जाता है, उस दर के लिए शक्ति । एक वस्तु से दूसरी वस्तु में ऊर्जा संचारण की दर है ।
4. - कितनी जल्दी काम हो सकता है । काम करने की क्षमता, शक्ति प्रति घंटा ।
5. - शक्ति (पावर) का परिवर्तन नहीं होता (शक्ति को एक रूप से दूसरे रूप में परिवर्तित नहीं किया जा सकता), भंडारण किया जा सकता है ।

एनर्जी (ऊर्जा) –

1 - ऊर्जा – कार्य करने के लिए आवश्यक शक्ति है । समय के साथ ।

2 - ऊर्जा (एनर्जी) की माप की इकाई को जूल (वाट सेकेंड), न्यूटन मीटर, वाट आवर, किलोवाट आवर कहा जाता हैं ।

3 - ऊर्जा को कार्य करने की वस्तु की क्षमता के रूप में वर्णित किया जाता है ।

ऊर्जा बल द्वारा किए गए कार्य की मात्रा ।

4. - कोई व्यक्ति कितना काम कर सकता है । काम करने की दर प्रति घंटा ।

5 - ऊर्जा का परिवर्तन होता है (ऊर्जा न तो उत्पन्न होती है और न ही नष्ट होती है यह केवल एक रूप से दूसरे रूप में बदल जाती है), भंडारण नहीं किया जा सकता ।

कैपेसिटर एवं इंडक्टर के सामान्य अन्तर –

इंडक्टर –

1. करेंट के बदलाब का विरोध करता है ।
2. स्वयं के आसपास चुम्बकीय क्षेत्र उत्पन्न करता है ।
3. परिपथ में एसी करेंट के बहाव को सीमित करने की कोशिश करता है ।
4. डीसी सप्लाई को गुजरने/पास देता है ।
5. एसी सप्लाई में करेंट, वोल्टेज से 90 डिग्री पीछे रहता है ।

कैपेसिटर –

1. वोल्टेज के बदलाव का विरोध करता है ।
2. प्लेट्स के बीच विद्युतीय क्षेत्र उत्पन्न करता है ।
3. परिपथ में एसी करेंट के बहाव को सीमित करने की कोशिश करता है ।
4. डीसी सप्लाई को रोकता है ।
5. एसी सप्लाई में करेंट, वोल्टेज से 90 डिग्री आगे रहता है ।

ऊर्जा (एनर्जी) – ऊर्जा समय के साथ कार्य करने के लिए आवश्यक शक्ति है । जिस दर से कार्य किया जाता है उसे शक्ति (पावर) कहते हैं । ऊर्जा के निम्न प्रकार हैं: -

1. स्थितज ऊर्जा - पोटेन्शियल एनर्जी
2. गतिज ऊर्जा - कायनाइटिक एनर्जी
3. यांत्रिक ऊर्जा - मेकेनिकल एनर्जी
4. तापीय ऊर्जा - थर्मल एनर्जी
5. जलीय ऊर्जा - हायडिल एनर्जी
6. गैस ऊर्जा - गैस एनर्जी
7. रासायनिक ऊर्जा - केमीकल एनर्जी
8. प्रकाशीय ऊर्जा - लाइट एनर्जी
9. विद्युतीय ऊर्जा - इलेक्ट्रीकल एनर्जी
10. ध्वनिक ऊर्जा - साउण्ड एनर्जी
11. आणविक ऊर्जा - एटोमिक एनर्जी
12. नाभिकीय ऊर्जा - न्यूक्लीयर एनर्जी
13. राजनीतिक ऊर्जा - पोलिटीकल एनर्जी

ऊर्जा को सामान्यत: निम्नानुसार वर्गीकृत किया जाता है -

1 – परम्परागत ऊर्जा स्रोत (कन्वेंशनल सोर्स ऑफ़ एनर्जी) या क्षय ऊर्जा स्रोत (नॉन रिनुएबिल सोर्स ऑफ़ एनर्जी)

2 – गैर परम्परागत ऊर्जा स्रोत (नॉन कन्वेंशनल सोर्स ऑफ़ एनर्जी) या अक्षय ऊर्जा स्रोत (रिनुएबिल सोर्स ऑफ़ एनर्जी) नवकरणीय ऊर्जा

परम्परागत ऊर्जा स्रोत या क्षय ऊर्जा स्रोत –

भूमि के अन्दर पाये जाने वाले वे पदार्थ हैं जिनमें कार्बन और हाइड्रोकार्बन हैं । इन पदार्थों को जीवाश्म (फोसिल) कहते हैं । कोयला, तेल, प्राकृतिक गैस आदि जीवाश्म हैं । नाभिकीय उर्जा को भी परम्परागत ऊर्जा मानते हैं, यह यूरेनियम से प्राप्त होती है । विश्व की ऊर्जा आपूर्ति जीवाश्म ईंधन से होती है ।

परम्परागत ऊर्जा स्रोत तेजी से घट रहे हैं और निरन्तर बढ़ते उपभोग से समाप्त होने की संभावना है, साथ ही कोयले के अधिक उपयोग से होने वाले प्रदूषण भी एक गंभीर समस्या है । नाभिकीय ऊर्जा के लिए उच्च तकनीकी की आवश्यकता होती है तथा उसके रेडियो धर्मी सक्रिय व्यर्थ पदार्थ के उपभोग की समस्या आती है । अत: ऊर्जा की मांग की पूर्ति के लिए भविष्य में –

ऊर्जा के गैर परम्परागत स्रोतों (अक्षय स्रोतों) का उपयोग करना पडेगा, क्योंकि -

देश में ऊर्जा की खपत निरन्तर बढ़ रही है जो मुख्यत: जीवाश्म (फोसिल) के स्रोत - कोयला, तेल और गैस की उपलब्धता पर निर्भर है । इसके लगातार उपयोग से निश्चित रूप से इनकी उपलब्ध‍ता में कमी आएगी ।

1. तेल और गैस का बढ़ती कीमतों से विदेशी मुद्रा विनियमन प्रभावित होगी ।
2. राष्ट्रीय अर्थव्यवस्था की वृद्धि में भी कमी आएगी ।
3. लगातार बढ़ते फोसिल फ्यूल के उपयोग से पर्यावरण की गंभीर समस्याएँ भी आएंगी ।
4. गैर परम्परागत (नॉन कनवेंशनल) ऊर्जा स्रोत अक्षय स्रोत (रिनुएबिल) एवं पर्यावरण अनुकूल हैं

अत: ऊर्जा संरक्षण के लिए ठोस कदम उठाने होंगे ।

अक्षय ऊर्जा स्रोत/नवकरणीय ऊर्जा स्रोत -

ऊर्जा के गैर परम्परागत स्रोत जीवाश्म (फोसिल) नहीं हैं, यह स्रोत प्राय: भूमि के ऊपर, अन्दर दोनों हैं । ऊर्जा के अक्षय स्रोत प्रकृति में निरन्तर उपलब्ध रहते हैं, कभी समाप्त/खर्च नहीं होते हैं । जैसे - लकड़ी जंगल से काटकर जलाने के लिए उपयोग की जाती है तो जंगल में पुन: पेड़ लगाकर पैदा की जाती है । इस तरह लकड़ी खत्म नहीं होती है, बशर्ते वृक्षारोपण न किया जावे । इसमें मुख्यत: सूर्य ऊर्जा, जल प्रपात, पवन ऊर्जा, कृषि एवं जानवरों के अपशिष्ट (वेस्ट) एवं जैविक (बायो मास) खाद, गोबर गैस, ज्वारीय ऊर्जा, भूमि ऊष्मीय ऊर्जा स्रोत आदि गैर परम्परागत ऊर्जा स्रोत कहलाते है ।

. सौर ऊर्जा – सोलर एनर्जी

. पवन ऊर्जा – विंड एनर्जी

. ज्वारीय ऊर्जा – टायडिल एनर्जी

. भू – गर्भीय ऊर्जा – जियो थर्मल एनर्जी

. अपशिष्ट ऊर्जा – बायो – मास एनर्जी

. गोबर गैस ऊर्जा – गोबर गैस एनर्जी

. हाइड्रोजन ऊर्जा – हाइड्रोजन एनर्जी

. सामाजिक ऊर्जा – सोसियल एनर्जी

ऊर्जा संरक्षण (एनर्जी कंजर्वेशन) –

ऊर्जा संरक्षण का विचार प्राय: यह नहीं है कि आवश्यकता में कमी की जावे, और न उपयोगिता को कम किया जावे । सामान्यत: ऊर्जा संरक्षण का विचार किसी भी तरीके से ऊर्जा के दुरुपयोग को रोकना, ऊर्जा बर्बाद न करना है ।

वोल्टेज़ गिरावट (Voltage Drop) – जब एक ही वोल्ट की लाइन (फीडर) में करंट प्रवाहित होता है तब वोल्टेज़ जहां से लाइन शुरू (सेनडिंग एंड – Sending End) होती है और जहां लाइन खत्म (रिसीविंग एंड Receiving End) होती है वहां का वोल्टेज़ कम होता है । इस वोल्टेज़ कमी को वोल्टेज़ गिरावट कहा जाता है । यद्यपि वोल्टेज़ गिरावट के विभिन्न कारण होते हैं, परंतु उनमें लाइन की लम्बाई, लाइन का भार (लोड) तथा कंडक्टर साइज़ मुख्य कारण होते हैं । प्रतिशत वोल्टेज़ गिरावट का सूत्र (फॉर्मूला) निम्नानुसार है –

V Drop = {(Es – Er)/Es}x x 100

जहां Es = Voltage at Sending End (वोल्टेज़ एट सेनडिंग एंड) अर्थात जहां से लाइन शुरू होती है ।

ER = Voltage at Receiving End (वोल्टेज़ एट रिसीविंग एंड) अर्थात जहां पर लाइन खत्म होती है ।

VR (Voltage Regulation – वोल्टेज़ रेगुलेशन) = {(KVA x KM x RC)/(DF)} x 100

जहां RC= Regulation Constant (रेगुलेशन कॉन्स्टेंट) कंडक्टर के साइज पर निर्भर करता है, जैसे एसीएसआर कंडक्टर इसक्यूरिल (0.1178), वीजल (0.0841) रेबिट (0.0574) होता है ।

DF = Diversity Factor – डायवरसिटी फेक्टर = 2.5 मानते हैं ।

लाइन लॉस (हानि) – का सूत्र सामान्य तौर पर किसी लाइन का लॉस उस लाइन के प्रवाहित करेंट (I) के वर्ग का गुणा कंडक्टर के रजिस्टेन्स (प्रतिरोध = R) के साथ करने पर लॉस निकलता है –

लाइन लॉस = I x I x R

परन्तु लाइन का करेंट समय के साथ बदलता रहता है तब ऐसी स्थिति में एक साल (वर्ष) के लिए लाइन लॉस का सूत्र है –

Annual Line Loss = {I x I x R x EL x LLF x Time (Duration)}/ 100 = KWH (केडबल्यूएच) = Unit (यूनिट)

I = औसत करेंट, R= रजिस्टेन्स, EL = Effective Length = 0.065 x Actual Length, LLF = Loss Load Factor = 0.544, Time (Duration) = Year = 24 Hours x 365 Days = 20 x 360 (व्यवधान आदि का समय छोड़कर मानकर)

R= कंडक्टर रजिस्टेन्स

33 केवी लाइन = 0.3658 ओहम प्रति किमी

11 केवी लाइन = 0.9116 ओहम प्रति किमी

एलटी केवी लाइन = 1.734 ओहम प्रति किमी

फ्रिक्वेन्सी (Frequency) – आवृति –

फ्रिक्वेन्सी से संबन्धित सामान्य जानकारी – जब कोई वस्तु एक आवृति (फ्रिक्वेन्सी)/लहर (वेव) एक चक्र (साइकिल) पूरा करती है उसे एक चक्र या एक साइकिल कहते हैं, इस प्रकार एक सेकंड में जितने चक्र या साइकिल पूरे होते हैं वही संख्या फ्रिक्वेन्सी कहलाती है । इसकी इकाई साइकिल प्रति सेकंड होती है उसे ही हर्टज़ कहते हैं ।

फ्रिक्वेन्सी सूत्र, F = 1/T आवृति प्रति सेकंड, हर्टज़

विद्युत का उत्पादन भारत में 50 हर्टज़ पर होता है, कुछ देश जैसे अमेरिका आदि में विद्युत का उत्पादन 60 हर्टज़ पर होता है । दोनों में सामान्य अन्तर –

क्रमांक, - विवरण, - 50 हर्टज़, - 60 हर्टज़

1. आरपीएम (120 F/P) 4 व 2 पोल, - 1500 – 3000 आरपीएम (50 Hz), - 1800 – 3600 आरपीएम (60 Hz) .
2. तापमान (टेम्परेचर), - कम गर्म (50 Hz), - अधिक गर्म (60 Hz) .
3. वितरण वोल्टेज, - 220 – 250 (50 Hz), 110 – 115 (60 Hz) .
4. करेंट, - 1 एम्पीयर (50 Hz), - 2 एम्पीयर (60 Hz),
5. ट्रांसफार्मर, - बड़ा, अधिक कीमत (50 Hz), - छोटा, कम कीमत (60 Hz),

फ्रिक्वेन्सी के आधार पर किस स्पेक्ट्रम का कहां उपयोग ? –

50 Hz, 60 Hz विद्युत उत्पादन

50 KHz AM Radio AIR रेडियो एआईआर

5.95 – 26.1 MHz Radio Station रेडियो स्टेशन दूर के लिए

54 – 88 MHz Terristial TV टीवी

88 – 108 MHz CM Radio रेडियो

145 – 860 MHz Cable TV केबिल टीवी

800 – 1900 MHz 2 G Mobile Phase, GSM, CDMA मोबाइल, जीएसएम, सीडीएमए

2100 MHz 3 G Mobile Phase मोबाइल फेज

2601 MHz 4 G Mobile Phase

2300 MHz Broad Band Wireless

2500 MHz 5 Band Setelite Service, Mobile Broad Band

प्लांट फेक्टर = प्लांट आउट पुट/प्लांट कैपेसिटी

लोड फेक्टर = औसत (एव्रेज) लोड/पीक लोड

कैपेसिटी फेक्टर = औसत (एवरेज) लोड कैपेसिटी/रेटिड लोड कैपेसिटी

डिमांड फेक्टर = मेक्सीमम डिमांड फेक्टर/कनेक्टिड डिमांड

डायवर्सिटी फेक्टर = कनेक्टिड लोड/पीक लोड

विद्युत उत्पादन (जेनरेशन) – यह वह क्षेत्र है जहां पर विद्युत का उत्पादन होता है । यह उत्पादन क्षेत्र जनसामान्य की भाषा में पावर हाउस कहलाता हैं । विद्युत उत्पादन अधिकतर कोयले से पानी को गरम कर भाप बनाकर उससे टरबाइन चलाते हैं । टरबाइन जेनरेटर के रोटर को घुमाती है । रोटर के घूमने से स्टेटर में विद्युत (बिजली) बनती है । इनको थर्मल पावर हाउस कहते हैं । बड़ी क्षमता वालों को सुपर थर्मल पावर हाउस कहते हैं । जहां यह कार्य पानी के द्वारा होता है उसे हाइडिल पावर हाउस कहते हैं । जहां एटम के उपयोग से उत्पादन होता है उन्हें एटोमिक पावर प्लांट कहते हैं, इसमें प्राय: ईंधन यूरेनियम उपयोग किया जाता है ।

विद्युत पारेषण (ट्रान्समीशन) – जहां विद्युत का उत्पादन होता है और जहां विद्युत उपयोग होता है वे स्थान उत्पादन स्थल से अधिकतर दूरस्थ स्थल होते हैं । तब उत्पादित विद्युत को उत्पादन स्थल से उपयोग स्थल तक ले जाना होता है, इस व्यवस्था का नाम है पारेषण (ट्रान्समीशन) व्यवस्था ।

पारेषण व्यवस्था – अधिकतर विद्युत उत्पादन 11 केवी वोल्ट पर होता है । इस विद्युत को पारेषण के लिए टावर लाइन और पावर ट्रांसफार्मरों का उपयोग होता है । विद्युत का उत्पादन तीन फेज पर 11 केवी वोल्ट पर होता है फिर उसके वोल्टेज बढ़ाकर (पावर ट्रांसफार्मर द्वारा) टावर लाइनों से विद्युत भेजी जाती है । ट्रान्समीशन लाइन 765 केवी, 400 केवी, 220 केवी और 132 केवी की होती हैं, इन्हें अति उच्च दाब (ईएचटी) लाइन भी कहते हैं । पावर ट्रांसफार्मर उप केंद्र (सब स्टेशन) और अति उच्च दाब लाइन व्यवस्था ही पारेषण व्यवस्था कहलाती हैं ।

विद्युत – वितरण -

- वितरण कम्पनी के कार्य क्षेत्र में 66 केवी, या 33 केवी लाइन, 33/11 केवी उपकेंद्र (पावर ट्रांसफार्मर), 11 केवी लाइन, 11/0.4 केवी उपकेंद्र (वितरण/डिस्ट्रीब्यूशन ट्रांसफार्मर), एलटी लाइन, सर्विस लाइन, उपभोक्ता मीटर और उपभोक्ता आते हैं ।
- विद्युत उत्पादन (जेनरेशन - पावर हाउस) से पारेषण (ट्रांसमीशन) (अति उच्च दाब पारेषण लाइन व उपकेंद्रों) के द्वारा विद्युत वितरण कम्पनी के माध्यम से उपभोक्ताओं को विद्युत वितरण की व्यवस्था की जाती है ।
- उत्पादन (जेनरेशन) पारेषण (ट्रांसमीशन) वितरण (डिस्ट्रीब्यूशन)
- जेनको (GenGen. Co.) ट्रान्स को (TransTrans. Co.) डिस्कोम (DISCOMDiscom)

विद्युत वितरण व्यवस्था –

- डिस्कोम वितरण कम्पनी के अन्तर्गत 66 केवी या 33 केवी लाइन, 33/11 केवी उपकेन्द्रों में भेजकर पावर ट्रान्सफार्मर से 11 केवी लाइन निकाली जाती है, जो शहरों, गांवों, खेतों, कारखानों अथवा अन्य उपभोग में वितरण ट्रान्सफार्मर से एलटी लाइन व सर्विस लाइन के माध्यम से एलटी उपभोक्ताओं को मीटर के द्वारा विद्युत आपूर्ति की जाती है । उच्च दाब उपभोक्ताओं को सीधे उच्च दाब एवं अति उच्च दाब लाइन (11 केवी, 33 केवी, 132 केवी व 220 केवी आदि लाइन) से कनेक्शन दिया जाता है ।

उपभोक्ता – जो विद्युत का उपभोग/उपयोग करते हैं उन्हें विद्युत का उपभोक्ता कहते हैं । सामान्यत: एलटी (निम्न दाब) और एचटी (उच्च दाब) उपभोक्ता. एलटी उपभोक्ता, सिंगल फेज मीटर (सिंगल फेज उपभोक्ता), थ्री फेज मीटर (थ्री फेज उपभोक्ता) कहलाते हैं । दूसरे उपभोक्ता को उनके विद्युत उपयोग की श्रेणी से भी विभाजित करते हैं जैसे घरेलू, गैर घरेलू (वाणिज्यिक), औद्योगिक, कृषि, प्रकाश व्यवस्था सड़क लाईट (स्ट्रीट लाईट), जल प्रदाय (वाटर वर्क्स) आदि ।

- उच्च दाब उपभोक्ता – 11 केवी, 33 केवी, 132 केवी, 220 केवी अथवा अधिक दाब के उपभोक्ता ।
- एलटी लाइन उपभोक्ता – 400 वोल्ट फेज टू फेज, 230 वोल्ट फेज टू फेज. (सामान्यत: सभी लाइन वोल्टेज फेज टू फेज ही होते हैं, एलटी लाइन को छोड़कर) ।

विद्युत कर्मचारी और अधिकारी उत्तरदायित्व (जबावदारी) -

- विद्युत व्यवस्था नवीन निर्माण, व्यवस्था सुधार कार्य, पुराने खराब, फ़ेल उपकरण बदलना, व्यवस्था संचालन व संधारण का कार्य

कर्मचारी और अधिकारी करते है ।

- उपकेन्द्र (सब स्टेशन) का संचालन व संधारण – सब स्टेशन पर पदस्थ कर्मचारी प्रायः ऑपरेटर या एसएसओ (सब स्टेशन ऑपरेटर)टीए (टेस्टिंग असिस्टेंट) कहलाते है जो संचालन और संधारण का कार्य करते है ।
- लाइन कर्मचारी – लाइन कर्मचारी को 33 केवी लाइन से लेकर उपभोक्ता तक के सभी दायित्वों का निर्वहन समय - समय के दिशा निर्देशों अनुसार करना होता है ।
- विद्युत आपूर्ति गुणवत्ता -
- आपूर्ति 24x 7(24 घंटे, सातों दिन) निर्बाध/लगातार होती रहे ।
- वोल्टेज ठीक हों, एलटी लाइन वोल्टेज +6 %,- 6 %, एचटी लाइन वोल्टेज +6 %, - 9%, ईएचटी लाइन वोल्टेज +10%, -12.5 % तथा वोल्टेज उतार – चढ़ाव व वोल्टेज डिप न हों । हार्मोन्स फ्री वोल्टेज ।
- फ्रीक्वेन्सी 50 हर्ट्ज़, = +1 %, -1 % ।
- ब्रेक डाउन प्रति माह - कमिशनरी/संभागीय मुख्यालय पर 5 नंबर/5 घंटा, जिला मुख्यालय - 25 नंबर/15 घंटा ।
- सामान्य मौसम में 10 ट्रिपिंग प्रति माह और मानसून/वर्षाती मौसम में 30 ट्रिपिंग प्रति माह से अधिक न हों ।
- व्यवधान के कारण – पेड़, उपकरण खराव होना, जनता, मौसम (आंधी - तूफान, बाढ़, आगजनी), आकाशीय विद्युत, पशु आदि।
- ट्रिपिंग 3 से 5 मिनट तक का व्यवध्यान ट्रिपिंग कहलाता है ।

विद्युत शब्दावली

विद्युत शब्दावली

1. - करेंट (इलेक्ट्रिक करेंट/विद्युत धारा) -

सभी पदार्थ एक या एक से अधिक तत्वों (एलिमेंट्स) से बने होते हैं जो एक प्रकार परमाणु (एटम) से बने होते है । अक्सर पदार्थों को प्रोटोन्स और इलेक्ट्रोन्स की संख्या से पहचाना जाता है जो किसी परमाणु के तत्व में होते हैं । जिस किसी परमाणु में इलेक्ट्रॉन और प्रोटोन की संख्या बराबर होती है वह विद्युत की दृष्टि से न्यूट्रल होता है । किसी परमाणु की बाहरी पट्टी (कक्षा/ओरबिट) में स्थित इलेक्ट्रोनों को बाहरी ताकत का इस्तेमाल करके आसानी से हटाया जा सकता है ।

किसी पदार्थ में फ्री इलेक्ट्रोन्स का प्रवाह एक एटम से अगले एटम तक उसी दिशा तक होता है और इसको करेंट कहते हैं । इसके लिए अंग्रेजी अक्षर आई (I) प्रतीक होता है । इसे एम्पीयर में नापते हैं । एक एम्पीयर करेंट का मतलब है कि एक कूलम्ब चार्ज किसी कंडक्टर के एक पॉइंट से प्रत्येक सेकेंड में पास (गुजरता) होता है । एक एम्पीयर को कूलम्ब प्रति सेकेंड भी कहते हैं । एक एम्पीयर करेंट का मतलब होता है कि किसी कंडक्टर के क्रॉस सेक्शन से 6.24x10 की पावर 18 इलेक्ट्रॉन मूव करते हैं ।

करेंट एम्पीयर में नापने वाले उपकरण को एम्पीयर मीटर कहते हैं, यद्यपि टोंगटेस्टर से भी करेंट नापा जाता है । एम्पीयर मीटर से करेंट नापने के लिए एम्पीयर मीटर को परिपथ (सर्किट) के श्रेणी क्रम (सीरीज) में लगाते हैं । टोंगटेस्टर से करेंट नापते समय टोंगटेस्टर के क्लैम्प (जो) को खोलकर उस कंडक्टर/केबिल को क्लैम्प के अंदर कर लेते हैं और क्लैंप बंद रखते हैं यह सीटी के सिद्धांत पर कार्य कर करेंट नापता है । उच्च वोल्टेज की लाइनों का करेंट सीटी (करेंट ट्रांसफार्मर) की मदद से नापते हैं इन्हें श्रेणी (सीरीज) क्रम में लगाते हैं ।

2 - वोल्टेज –

जितनी ताकत बिजली के प्रवाह को किसी कंडक्टर से होकर मूव करने में जरूरी होती है उसको पोटेन्शियल डिफरेंस वोल्टेज या इलेक्ट्रोमोटिव फोर्स (ईएमएफ) कहा जाता है । वोल्टेज की माप की यूनिट है वोल्ट जिसे अक्सर अंग्रेजी अक्षर वी (V) से लिखते हैं । वोल्टेज को कई प्रकार से पैदा कर सकते हैं । किसी बैटरी में इलेक्ट्रो - कैमिकल प्रोसेस इस्तेमाल किया जाता है लेकिन किसी तार के अलटेनेटर अथवा बिजलीघर के जेनरेटर में मैग्नेटिक इंडक्शन प्रोसेस का प्रयोग किया जाता है । सभी वोल्टेज स्रोत में इलेक्ट्रॉन एक सिरे से और दूसरे सिरे अधिक और दूसरे सिरे पर कम होते हैं । दो टर्मिनलों के बीच परिणाम स्वरूप डिफरेंस ऑफ पोटेंशियल आता है । वोल्टेज सोर्स के डायरेक्ट करेंट (डीसी - DC) में टर्मिनलों की पोलरिटी चेंज नहीं होती । परिणाम ये होता है कि करेंट एक ही दिशा में निरंतर बहता रहता है ।

वोल्ट नापने वाले उपकरण को वोल्टमीटर कहते हैं । वोल्टेज हमेशा दो लाइनों (फेज टू न्यूट्रल, या फेज टू फेज) के बीच नापा जाता हैं, इसलिए वोल्टमीटर को समानान्तर (पैरेलल) क्रम में लगाते हैं । उच्च दाब लाइनों के वोल्टेज नापने के लिए पीटी (पोटेन्शियल ट्रांसफार्मर) के द्वारा नापते हैं, पीटी के अनुपात (रेशों) 11 केवी/110 वोल्ट, 33 केवी/110 वोल्ट रहते हैं और इन्हें समानान्तर (पेरेलल) क्रम में ही लगाते हैं

3 - प्रतिरोध (रेसिसटेन्स) –

यह सभी पदार्थों में होता है और विद्युत प्रवाह (इलेक्ट्रिसिटी फ्लो) का विरोधी होता है । कुछ पदार्थों में अन्य के मुक़ाबले ज्यादा रेसिसटेन्स होता है । चांदी, तांबा, एल्यूमिनियम और लोहे जैसी कुछ धातुओं में कम रेसिसटेन्स होता है और इनको बिजली का अच्छा सुचालक (अच्छा कंडक्टर) कहा जाता है । प्लास्टिक, कांच, अभरक, रबड़ और लकड़ी में रेसिसटेन्स ज्यादा होता हैं और इन्हे विद्युत का कुचालक (बेड कंडक्टर) माना जाता है । इसलिए इनको इंसुलेटर (बचाव करने वाले) के तौर पर इस्तेमाल किया जाता है । किसी पदार्थ में कितना रेसिसटेन्स होगा यह उसके गठन, लंबाई, क्रॉस सेक्शन और रेसिस्टिव मैटेरियल के तापमान (टेम्परेचर) पर निर्भर करेगा । एक नियम के रूप में किसी कंडक्टर का रेसिसटेन्स तब बढ़ जाता है जब उसकी लंबाई बढ़ती है अथवा क्रॉस सेक्शन घट जाता है । रेसिस्टेंस के लिए प्रतीक के रूप में आर (R) लिखा जाता है । रेसिस्टेंस के नापने की यूनिट (इकाई) को ओहम कहते हैं और इसे नापने वाले उपकरण को ओहममीटर कहा जाता है ।

4 - विद्युत परिपथ (इलेक्ट्रिक सर्किट) -

एक साधारण विद्युत परिपथ (सिम्पल इलेक्ट्रिक सर्किट) में वोल्टेज सोर्स, कुछ तरह का लोड और कंडक्टर होते हैं, जिनसे होकर इलेक्ट्रॉन वोल्टेज सोर्स और लोड की तरह फ्लो करते हैं ।

5 – ओहम का नियम –

ओहम का नियम ये दर्शाता है कि करंट वोल्टेज के बढ़ने से बढ़ता है और घटने से घटता है । और रेसिस्टेंस का उल्टा होता है । करंट (आई - I) को एम्पीयर्स में मापा जाता है । वोल्टेज को वी या ई वोल्ट में और रेसिस्टेंस (आर - R) को ओहम में मापा जाता है ।

ओम के नियम के अनुसार इसे प्रकट करने लिए तीन तरीके हैं –

1 - वोल्ट (वी) = करंट (आई) रसिस्टेंस (आर), V = I x R

2. – करंट (आई) = वोल्ट (वी)/रेसिस्टेंस (आर), I = V/R

3. – रेसिस्टेंस (आर) = वोल्ट (वी)/करंट (आई), R = V/I

6 - पावर (शक्ति) (P) -

जब भी किसी फोर्स के कारण मोशन (गति) पैदा होता है काम पूरा होता है । अगर बिना मोशन के फोर्स लगाया जाता है तो कोई काम नहीं होता है । किसी इलेक्ट्रिक सर्किट में जब भी किसी कंडक्टर पर वोल्टेज एप्लाई किया जाता है तो उसके कारण इलेक्ट्रोन्स प्रवाहित होने लगते हैं । वोल्टेज फोर्स है और इलेक्ट्रॉन का प्रवाह मोशन है । पावर वह रेट है जिससे काम हो जाता है और इसके लिए प्रतीक पी (P) लिखा जाता है । पावर की माप वाट है और इसके लिए प्रतीक के रूप में डब्ल्यू (W) लिखा जाता है । किसी डायरेक्ट करंट (डीसी) सर्किट में एक वाट वह दर है जिससे काम तब हो जाता है जब एक वॉल्ट के कारण एक एम्पीयर करंट का प्रवाह होता है ।

पावर का सूत्र (फार्मूला) है – पावर (पी) = वोल्टेज (वी) x करेंट (आई), P = V x I

जबकि आल्टरनेटिंग करंट (एसी - AC) और वोल्टेज निरंतर भिन्न होते हैं । इनको साइन वेव से प्रस्तुत करते हैं इसकी दो डायरेकशन पोजिटिव और नेगेटिव होती हैं । एक साइन वेव 360 डिग्री में चक्राकार प्रवाहित होती है, इसे एक साइकिल/चक्र कहा जाता है । आल्टरनेट करंट इन्हीं अनेक साइकिलों से हर सेकेंड गुजरता है ।

तब पावर का सूत्र (फोरमुला) निम्नानुसार होता है –

पावर (पी) = वोल्टेज (वी) x करेंट (आई) x कोस फ़ाई, P = V x I x Cos faee यहाँ यह स्पष्ट करना आवश्यक है कि कोस फ़ाई का मान एक या एक से कम होता है । डीसी सर्किट में कोस फ़ाई का मान एक होता है क्योंकि वोल्टेज और करंट एक ही दिशा में होते हैं अर्थात 0 डिग्री ।

रियल पावर की बेसिक यूनिट होती है वाट (डब्ल्यू - W), इंटरनेशनल सिस्टम ऑफ यूनिट्स (एसआई) में इसका इस्तेमाल होता है । परिभाषा के रूप में एक वाट बराबर होता है प्रति सेकेंड एक जूल ऑफ एनर्जी । बिजली की शब्दावली में इसे उस पावर के रूप में दिखाया जाता है जो एक वाट की दर से तब खपत की जाती है जब एक वॉल्ट के पोटेंशियल डिफरेंस से एक एम्पीयर प्रवाहित होता है । यानि एक वाट = एक वॉल्ट x एक एम्पीयर (W = V x I)

पावर को मापने की कई विभिन्न यूनिट (इकाई) हैं । इलेक्ट्रिक मोटर की पावर अश्व - शक्ति (हॉर्स पावर = एच पी - HP) और किलोवाट (केडब्ल्यू - KW) में मापते हैं । जबकि ट्रांसफार्मर को केवीए और एमवीए में मापते हैं । एक अश्व शक्ति (हॉर्स पावर = एचपी - HP) 746 वाट (डब्ल्यू - W) या 0.746 किलोवाट (केडब्ल्यू - KW) के बराबर होता है ।

7 - ऊर्जाः - (यूनिट = किलोवाटआवर = केडब्ल्यूएच = KKWH) -

ऊर्जा की एस आई यूनिट होती है जूल (जे - J) । जूल का इस्तेमाल मुख्य रूप से विज्ञान में होता है । ये ऊर्जा की वह मात्रा है जो एक न्यूटन (एक एन - N) ऊर्जा के स्रोत की तरफ किसी वस्तु को एक मीटर खिसकाने में लगती है । जूल अपेक्षाकृत एक छोटी यूनिट होती है लेकिन बिजली की खपत के मामले में आमतौर पर इस्तेमाल की जाने वाली यूनिट जो खासतौर से यूटिलिटी के बिलों में दिखाई जाती है वह है किलोवाटआवर (केडब्ल्यूएच - KWH) । जो उस बिजली का माप है जो विनिर्दिष्ट समय के अंतर्गत, जैसे एक महीने तक बिजली के प्रवाह को दर्शाती है । एक किलोवाट आवर ऊर्जा की वह मात्रा है जो एक घंटे तक एक किलोवाट की दर से प्रवाहित होती है । उदाहरण के लिए एक 100 वाट का बल्व दस घंटे में एक किलोवाट एनर्जी खपत करता है । एक किलोवाट का मतलब 3,600,000 जे (जूल) एनर्जी ।

8 - इंडक्टेंस : -

इस पॉइंट पर जिन सर्किटों का अध्ययन किया गया वे रेसिस्टिव हैं । रेसिस्टेंस और वोल्टेज सिर्फ सर्किट की प्रॉपर्टीज़ ही नहीं बल्कि इफेक्टिव करंट फ्लो भी हैं, लेकिन इंडक्टेंस किसी इलेक्ट्रिक सर्किट की प्रॉपर्टी होती है जो इलेक्ट्रिक करंट में किसी चेंज/बदलाव का विरोध करती है । रेसिस्टेंस करंट फ्लो का विरोध करता है, जबकि इंडक्टेंस करंट फ्लो में चेंज का विरोधी होता है । इंडक्टेंस को अंग्रेजी के एल (L) अक्षर के रूप में दर्शाया जाता है । इंडक्टेंस का यूनिट हेनरी (H) होता है लेकिन हेनरी सापेक्ष रूप में एक बड़ी यूनिट है जबकि इंडक्टेंस मिलीहेनरी अथवा माइक्रोहेनरी के रूप में दर्शाया जाता है ।

किसी कंडक्टर में करंट मैग्नेटिक फील्ड पैदा करता है । करंट की मात्रा मैग्नेटिक फील्ड की स्ट्रेंथ तय करती है । जैसे - जैसे करंट फ्लो बढ़ता है फील्ड स्ट्रेंथ भी बढ़ती है । इसी तरह से जैसे - जैसे करंट फ्लो घटता है, फील्ड स्ट्रेंथ भी घटती है । किसी करंट में अगर कोई चेंज आता

है तो कंडक्टर के आस - पास के मैगनेटिक फील्ड में भी करंट में उतना ही परिवर्तन आ जाता है । किसी रेगुलेटिड डीसी सोर्स के लिए करंट कॉन्स्टेंट (स्थिर) होता है । लेकिन अपवाद स्वरूप जब सर्किट ऑन या ऑफ कर दिया जाता है तो अथवा जब लोड में चेंज आ जाता है तो ऐसा नहीं होता । लेकिन अल्टरनेट करंट (एसी - AC) निरंतर बदलता रहता है और इंडक्टेंस लगातार चेंज का विरोधी होता है । किसी कंडक्टर के आस - पास के मैगनेटिक फील्ड में होने वाला परिवर्तन कंडक्टर के वोल्टेज में भी परिवर्तन लाता है । सेल्फ इनड्युस्ड वोल्टेज करंट में चेंज को अपोज (विरोध) करता है । इसको काउंटर ईएमएफ कहते हैं । सभी कंडक्टरों में और बिजली के यंत्रों में पर्याप्त मात्रा में इंडक्टेंस होता है लेकिन इंडक्टर्स क्वाइल या तारों के रूप में स्पेसिफिक इंडक्शन के लिए बंधे होते हैं । कुछ एप्लिकेशन के लिए इंडक्टर्स किसी मेटल कोर के चारों ओर बांधे जाते हैं जिससे इंडक्टेंस और कोन्संट्रेट हो जाता है । किसी क्वाइल का इंडक्टेंस क्वाइल में मौजूद घेरों (नंबर ऑफ टर्न्स) के जरिये तय होता है । क्वाइल डाइमीटर तथा लंबाई और कोर मेटेरियल भी इसके अवयव होते हैं । इंडक्टर संकेत रूप में किसी इलेक्ट्रिकल ड्राइंग में घुमावदार लाइन के रूप में दिखाया जाता है ।

9 - कैपेसिटेन्स और कैपेसिटर्स –

कैपेसिटेन्स वह माप होती है जो किसी सर्किट में इलेक्ट्रिकल चार्ज स्टोर करने की क्षमता दिखाती है । कोई ऐसा उपकरण जिसे विनिर्दिष्ट मात्रा में कैपेसिटेन्स स्टोर करने के लिए बनाया जाता है, उसे कैपेसिटर कहते हैं । कैपेसिटर को हिन्दी में संधारित्र कहते हैं । कोई कैपेसिटर कंडक्टिव प्लेट की एक जोड़ी से बना होता है और इसके बीच में इंसुलेटिड मेटेरियल की एक बारीक पर्त डाली जाती है । इसी इंसुलेटिड मेटेरियल का दूसरा नाम डायलेक्ट्रिक मेटेरियल है । कैपेसिटर को आमतौर पर और इलेक्ट्रिकल ड्राइंग में सीधी लाइन और घुमावदार लाइन के कंबीनेशन से अथवा दो सीधी लाइनों के रूप में दिखाया जाता है ।

जब किसी कैपेसिटर की प्लेट पर वोल्टेज एप्लाई किया जाता है, एक प्लेट पर इलेक्ट्रोन्स डाले जाते हैं और दूसरी प्लेट से निकाले जाते हैं । इससे कैपेसिटर चार्ज हो जाता है । डायरेक्ट करंट किसी डायलेक्ट्रिक मेटेरियल के आर - पार प्रवाहित नही हो सकता है क्योंकि उसमें इंसुलेटर होता है लेकिन जब भी कैपेसिटर चार्ज हो जाता है डायलेक्ट्रिक के जरिये इलेक्ट्रिक फील्ड पैदा हो जाता है । कैपेसिटर की रेटिंग उस चार्ज की मात्रा से की जाती है जितना चार्ज वह होल्ड कर सकते हैं ।

किसी कैपेसिटर की कैपेसिटेन्स प्लेट के एरिया और दोनों प्लेटों के बीच दूरी तथा डायलेक्ट्रिक मेटेरियल के रूप में इस्तेमाल किए गए पदार्थ के प्रकार पर निर्भर करता है । कैपेसेटेन्स का प्रतीक चिह्न अंग्रेजी का अक्षर सी (C) है, और इसे फेराड एफ (F) के रूप में मापा जाता है । लेकिन फेराड एक बड़ी यूनिट होती है और अक्सर कैपेसिटर्स की रेटिंग माइक्रोफेराड अथवा पीकोफेराड के रूप में की जाती है ।

10 - लाइन – लाइनों को विभिन्न प्रकार से वर्गीकृत किया जाता है, जिनमें मुख्य हैं – कंडक्टर लाइन व केबिल लाइन, जमीन के ऊपर लाइन (ओवर हेड लाइन), भूमिगत (अंडरग्राउंड) लाइन, निम्न दाब (एलटी - लो टेंशन) लाइन, उच्च दाब (एचटी - हाई टेंशन) लाइन तथा अति उच्चदाब (ईएचटी - एक्स्ट्रा हाई टेंशन) लाइन, निम्न दाब लाइन को पुन: सिंगल फेज व थ्री फेज लाइनों में वर्गीकृत किया जाता है । सिंगल फेज लाइन को - सिंगल फेज टू वायर (फेज व न्यूट्रल) लाइन, सिंगल फेज थ्री वायर (फेज, न्यूट्रल और स्ट्रीट लाइट फेज) लाइन में वर्गीकृत किया गया है, उसी प्रकार से थ्री फेज लाइन को - थ्री फेज फोर वायर (तीन फेज व न्यूट्रल) लाइन, थ्री फेज फाइव वायर (तीन फेज, एक न्यूट्रल और एक स्ट्रीट लाइट फेज) लाइन में वर्गीकृत किया गया है । सिंगल सर्किट लाइन, डबल सर्किट लाइन और संयुक्त (कम्पोजीट) लाइन आदि । केबिल को भी सिंगल कोर केबिल, टू कोर केबिल, थ्री कोर केबिल, थ्री एंड हाफ कोर (इसमें तीन केबिल एक साइज और चौथी केबिल न्यूट्रल की आधी साइज/पतली की होती है) केबिल, फोर कोर केबिल, आर्मर्ड केबिल, अनार्मर्ड केबिल, गैस फिल्ड, आयल फिल्ड, एक्सएलपीई, एबी (एयर बन्च) केबिल, एलटी केबिल और एचटी केबिल आदि । आयल फिल्ड, गैस फिल्ड केबिल ईएचवी (अति उच्च दाब) नेटवर्क के लिए होती हैं । कंट्रोल केबिल उप - केन्द्रों पर मीटरिंग, सिगनल, नियंत्रण (कंट्रोल) सर्किटों में प्रयोग होती है ।

लाइन को पहचानने के लिए हमेशा उपरोक्त वर्गीकरण के अलावा यह भी बोला जाता है कि लाइन का वोल्टेज क्या है, या लाइन किस वोल्ट की है, जैसे 220 - 230 वोल्ट (फेज टू न्यूट्रल) 400 - 440 वोल्ट (फेज टू फेज) लाइन एलटी लाइन कहलाती हैं । एचटी लाइन - 11 केवी, 33 केवी और 66 केवी लाइन कहलाती हैं । तथा ईएचटी लाइन – 132 केवी, 220 केवी, 400 केवी, 765 केवी और इससे अधिक वोल्ट की लाइन कहलाती हैं । वोल्ट और केवी (किलोवोल्ट) में 1000 (एक हजार) वोल्ट को ही एक केवी कहते हैं । लाइन में वोल्ट के साथ करंट बहता (चलता) है उसे एम्पीयर में नापते हैं । जब भी लाइन की चर्चा होगी तब लाइन का वोल्टेज और उसमे कितना लोड (भार - करंट) चल रहा (प्रवाहित) है, बोला जाता है ।

11. - पोल (खम्भा) –

लाइन जिस सपोर्ट पर खींची जाती है उसे पोल कहते हैं । पोल विभिन्न प्रकार की लंबाई, आकार के अनुसार होते हैं, मुख्यत: पोल लकड़ी, सीमेंट (140 केजी/8 मीटर वजन – 360 किग्रा, 280 केजी/9.1 मीटर वजन 680 किग्रा और 350 केजी/9.1 मीटर वजन 750 किग्रा), लोहां (गर्डर - आरएसजोइस्ट/रिइंफोर्सड स्टील जोइस्ट - (125 x 70 एमएम, 175 x 85 एमएम), एचबीम - (152 x 152 एमएम), रेल - (45

केजी व 52.5 केजी प्रति मीटर), लेटिस टावर - (फेब्रीकेटिड पोल इसे गेंट्री के उपयोग में भी लाते हैं), एंगिल टावर - (ईएचटी टावर लाइन), ट्यूबुलर तथा मोनो ब्लॉक के होते हैं जिनका उपयोग आवश्यकतानुसार किया जाता है ।

12 - कंडक्टर (तार) –

जिसमें होकर विद्युत प्रवाहित होती हैं, उसे कंडक्टर कहते हैं । कंडक्टर एसीएसआर (एल्यूमिनियम कंडक्टर स्टील रि - इंफोर्सड) इसमें बीचा का तार स्टील का तथा शेष तार एल्युमिनियम के होते हैं और एएएसी (ऑल एलोय एल्यूमीनियम कंडक्टर) में सभी तार एक ही मिक्स धातु के होते हैं इसमें बीच में स्टील तार नहीं होता हैं । एएएसी कंडक्टर चोरी या खराब होने के बाद बिकता नहीं हैं, थोड़ा हार्ड (कठोर) होता है एसीएसआर की तुलना में ।

13 - केबिल –

केबिल का विभिन्न प्रकार से वर्गीकरण किया जाता है यथा - पावर, कंट्रोल केबिल, सिंगल कोर (सिंगल कोर अनस्क्रीण्ड अनआर्मड, सिंगल कोर स्क्रीड अनआर्मड) व मल्टी कोर केबिल (थ्री कोर आर्मड, अनस्क्रीड), ओवरहेड, अंडर - ग्राउण्ड केबिल, तथा वोल्टेज के अनुसार एलटी, एचटी, ईएचटी केबिल आदि ।

केबिल संबंधी निर्माण में खास बातें ये होती हैं – कंडक्टर साइज, कंडक्टर स्क्रीन, इंश्युलेशन, इंश्युलेशन स्क्रीन, मेटेलिक स्क्रीन, फिलर्स, बेलटिंग पेपर, मेटेलिक शीट, आर्मरिंग, आउटर सर्विसिंग/शीट आदि । केबिल की साइज इन बातों पर निर्भर करती है – करेंट ले जाने की क्षमता, शॉर्ट सर्किट करेंट, वोल्टेज ड्रॉप, बिजली की क्षतियाँ आदि ।

14 – मीटर –

मीटर ऊर्जा माप का एक उपकरण है इसे एनर्जी मीटर भी कहते है । इनका वर्गीकरण - सिंगल फेज, थ्री फेज मीटर (थ्री फेज थ्री वायर, थ्री फेज फोर वायर, थ्री फेज फोर वायर सीटी ओपरेटिड एम - डी रिकॉर्डिंग के साथ), मेकेनीकल (मूविंग पार्ट - चकरी), इलेक्ट्रोनिक (स्टेटिक) मीटर, एलटी मीटर, एचटी मीटर (सीटी पीटी/एमई - मीटरिंग उपकरण के साथ) । एचटी इलेक्ट्रोनिक ट्राई वेक्टर मीटर में ये सभी वाचन की सुविधा होती है – एक्टिव एनर्जी - केडब्ल्यूएच, रिएक्टिव एनर्जी - केवीएआरएच, अपरेंट एनर्जी - केवीएएच, पीक मेक्सीमम डिमांड - केवीए, केडब्ल्यू (लेगिंग पावर फेक्टर के साथ), क्यूमूलेटिव डिमांड और पिछले महीने के लिए एमडी बिलिंग - केवीए, रीसेट काउंटर, पावर फेक्टर, फ्रीक्वेन्सी, सप्लाई वोल्टेज में मिसिंग पीटी का होना, मीटरिंग का टाइम, मीटरिंग के टाइम में अंतराल, ऊर्जा - आयात/निर्यात (इम्पोर्ट/ एक्सपोर्ट), टेम्पर की जानकारी, बीते समय के साथ मांग प्रस्तुत करना ।

आधुनिक मीटर –

इनके अलावा एएमआर (ओटोमेटिक मीटर रीडिंग) मीटर तथा स्मार्ट मीटर (रेडियो फ्रीक्वेन्सी मीटर), नेट मीटरिंग, प्री पेड मीटरिंग व्यवस्था भी आधुनिक है । एएमआर मीटर में प्रत्येक मीटर पर एएमआर के लिए सिम लगानी पड़ती है, जब कि स्मार्ट मीटर के लिए एक समूह (100 से 200 उपभोक्ता) या क्षेत्र (50 से 100 मीटर) के लिए केवल एक मॉडम लगाया जाता है जो रेडियो फ्रीक्वेन्सी के द्वारा सभी मीटरों की रीडिंग कर लेता है । प्री पेड मीटर एडवांस्ड भुगतान के हिसाब से उपयोग किया जाता है इसमें बिलों का भुगतान न करने पर कनेक्शन काटने की कार्यवाही नहीं करनी पड़ती है ।

15 - ट्रांसफार्मर (परिणामित्र) – ट्रांसफार्मर वह उपकरण है जो एक वोल्टेज को दूसरे वोल्टेज में बदलता है । यहा भी करेंट होता है, परंतु विशेष बात यह है कि एक ही कोर पर पहले एलटी वाईडिंग तथा उसके ऊपर एचटी वाईडिंग होती है किन्तु एलटी से एचटी वाईडिंग का कोई किसी प्रकार का कनेक्शन नहीं होता है, यहाँ चुम्बकत्व (मेगनेटिज्म), इंडकशन (प्रेरणा/प्रभाव) के कारण एक वाईडिंग से दूसरी वाईडिंग में करेंट प्रवाहित होता है । यदि ट्रांसफारमर एक वाईडिंग में करेंट है तो दूसरी वाईडिंग में भी करेंट प्रवाहित होगा । जबकि एलटी लाइन का किसी स्थान पर जाइंट/जम्फर खुलने/जलने से उस लाइन में आगे करेंट नही होगा, परंतु अन्य 11 केवी या उससे अधिक वोल्ट की लाइन कि किसी स्थान पर जाइंट/जम्फर खुलने/जलने से उस स्थान पर दोनों तरफ से करेंट होगा, यह करेंट ट्रांसफार्मर के डेल्टा कनेक्शन होने के कारण वापस करेंट पहुचेगा वहाँ तक जहां पर जाइंट/जम्फर खुला/जला है । ऐसे में बहुत सावधानी बरतने की आवश्यकता है ।

ट्रांसफार्मर को दो श्रेणी में वर्गीकृत किया जाता है – एक वितरण ट्रांसफार्मर, दूसरा पावर ट्रांसफार्मर । वितरण ट्रांसफार्मर 11 केवी (एचटी) से 440 - 400 वोल्ट (एलटी - फेज टू फेज) और 230 - 220 फेज टू न्यूट्रल बनाता है, जबकि पावर ट्रांसफार्मर एचटी (33 केवी या और अधिक) से एलटी (11 केवी या और अधिक) बनाता अथवा इसके विपरीत भी कार्य करता है, जब वोल्टेज अधिक से कम होते हैं उसे स्टेप डाउन ट्रांसफार्मर, और जब वोल्टेज कम से अधिक होते हैं उसे स्टेप अप ट्रांसफार्मर कहते हैं । अन्य वर्गीकरण कोर के अनुसार (कोर टाइप और शेल टाइप), फेज के अनुसार (सिंगल फेज, थ्री फेज), वाईडिंग के अनुसार (सिंगल वाईडिंग, टू वाईडिंग) भी होता है ।

16 - पावर ट्रांसफार्मर - के बाहरी मुख्य अवयव होते हैं – मैन टैंक, रेडिएटर्स, कंजरवेटर टैंक, सिलीकाजेल ब्रीडर, पोर्सलीन बुशिंग स्टड, बुकोल्ज रिले, नेम प्लेट, आयल एंड वाईडिंग टेम्प्रेचर इंडीकेटर मीटर, टेप चेंजर आदि, तथा भीतरी अवयवों में मुख्य होते है – लेमीनेशन, एचटी, एलटी वाईडिंग कोइल, ट्रांसफार्मर आयल (तेल), टेप चेंजर मेकेनिज्म आदि ।

उपरोक्त के अतिरिक्त भी अन्य ट्रांसफार्मर होते हैं - जैसे - बेल्डिंग ट्रांसफार्मर, सीटी (करेंट ट्रांसफार्मर), पीटी (पोटेन्शियल ट्रांसफार्मर), सीटी पीटी यूनिट (एमई - मेजरींग यूनिट) होते हैं । सीटी का अनुपात (रेशो - प्राइमरी/सेकेन्डरी) प्राय: 100/5, 200/5, 300/5, 400/5 - - - आदि तथा ईएचटी (अति उच्च दाब उपकेन्द्रों) 100/1, 200/1, 300/1, 400/1 - - आदि रहता है । पीटी का अनुपात (रेशो - प्राइमरी/सेकेन्डरी) 11 केवी/110 वोल्ट, 33केवी/110 वोल्ट - -- आदि रहता है ।

ट्रांसफार्मर की क्षमता केवीए (किलो वोल्ट एम्पीयर) या एमवीए (मेगा वोल्ट एम्पीयर) में नापते/कहते/बोलते हैं ।

आवश्यक नोट –

11 केवी लाइन पर एक एम्पीयर करेंट प्रवाहित/चालू होने के समय पावर ट्रांसफार्मर की क्षमता निकालना/जानना -

पावर (केवीए - KVA)= (केवी - KV- किलो वोल्ट) x (ए -A- एम्पीयर) होता है, परंतु थ्री फेज लाइन में जब वोल्टेज फेज टू फेज होता है तब –

पावर (केवीए - KVA) = वर्गमूल (3) x (केवी) x (ए - एम्पीयर) होता है

पावर(केवीए) = (1.732) x (11केवी) x (1ए – एम्पीयर) = 19.052 केवीए = 20 केवीए (लगभग - मानलें)

उपरोक्त से यह सूत्र/फार्मूला निकला/बना कि 11 केवी लाइन पर एक एम्पीयर करेंट प्रवाहित/चालू रहने पर ट्रांसफार्मर क्षमता 20 केवीए लगभग) होती है, इस तरह से 33 केवी लाइन पर 1 एम्पीयर करेंट का मान 60 केवीए (लगभग) होता है, और एलटी (440 वोल्ट) लाइन में 1 एम्पीयर करेंट 0.75 केवीए होता है । इसी से 33 केवी लाइन का करेंट (11/33) एक तिहाई (1/3 = 0.33 एम्पीयर) होगा और एलटी लाइन (440 वोल्ट) का करेंट (11000/440 = 25) 25 गुना होगा अर्थात 25 एम्पीयर होगा । और इसी सूत्र/फार्मूला से ट्रांसफार्मर के फ्यूज रेटिंग निकालते हैं ।

उदाहरण के लिए 100 केवीए के वितरण ट्रांसफार्मर के 11 केवी साइड (100/20 = 5 एम्पीयर) 5 एम्पीयर के फ्यूज तथा एलटी साइड (440 वोल्ट) 25 गुना (25) x (5) = 125 एम्पीयर होगा ।

1000 केवीए = 1 एमवीए पावर ट्रांसफार्मर के 11 केवी साइड के फ्यूज (1000/20 = 50 एम्पीयर) 50 एम्पीयर के फ्यूज तथा 33 केवी साइड (11/33 अर्थात एक तिहाई) = (50/3 = 16.66 = 17 एम्पीयर) 17 एम्पीयर का फ्यूज होगा । इसी प्रकार से अन्य क्षमताओं के लिए फ्यूज रेटिंग निकालते हैं ।

पावर – पावर को केवीए/एमवीए के अलावा वाट/किलोवाट और हार्स पावर (एचपी) में भी नापते हैं ।

एक हॉर्स पावर (एक एचपी - HP) 746 वाट (W) या 0.746 किलो वाट के बराबर होता है जिसे (के डब्लू - KW) में लिखते हैं ।

एक (केवीए) x (कोस फ़ाई) = एक किलोवाट होता है जहां कोस फ़ाई, पावर फेक्टर होता है, सामान्यत: कोस फ़ाई का मान (0.8) होता है, यह भी जानना आवश्यक है कि कोस फ़ाई का मान हमेशा एक से कम होता है ।

यदि कोस फ़ाई का मान 0.746 मानकर चलें तब -

एक (केवीए)(कोस फ़ाई)= एक किलोवाट

एक केवीए = एक किलोवाट/कोस फ़ाई = एक किलोवाट/(0.746) = (0.746) एचपी/(0.746) = एक एचपी (HP) = एक हार्स पावर = एक केवीए (KVA) ।

उपरोक्त से यह अर्थ निकलता है कि यदि पावर फेक्टर (0.746) मानने पर एक केवीए एक हार्स पावर के बराबर होता है, अर्थात जितने केवीए उतने हार्स पावर ।

साधारण नियम यह है कि जितने हॉर्स पावर की मोटर होगी लगभग उतने ही केवीए मोटर के होंगे जब पीएफ 0.746 मानकर । यह इसलिए जानना जरूरी है कि मोटर की क्षमता प्राय: हार्स पावर (एचपी)/अश्व - शक्ति में होती है उसे ही किलोवाट और केवीए में आसानी से बदलकर ट्रांसफार्मर की क्षमता लोड/भार के अनुसार निकाल लेते हैं, सामान्यत: ट्रांसफार्मर की क्षमता लोड/भार से अधिक ही रखते हैं, भविष्य की मांग और ट्रांसफार्मर ओवर लोडिंग/अति भार से बचाने के लिए ।

16 – अ - आउट डोर एरिया – (सब - स्टेशन यार्ड) -

यह एरिया यार्ड फेंसिंग या चार दीवारी के अंदर का एरिया होता है जहां खंभे/पोल, बसबार, पावर ट्रांसफार्मर, वीसीबी (ब्रेकर), आइसोलेटर, एबी स्विच, लाइटिनिंग अरेस्टर (33 केवी व 11 केवी सब) - स्टेशन यार्ड स्टेशन ट्रांसफार्मर (11/0.4 केवी), अर्थिंग सिस्टम, कंट्रोल केबिल, यार्ड लाइटिंग, कैपेसिटर बैंक आदि होते हैं ।

16 – ब - इन्डोर एरिया – (कंट्रोल रूम - नियंत्रण कक्ष) -

इंडोर एरिया - (कंट्रोल रूम - नियंत्रण कक्ष) - कंट्रोल रूम के अंदर कन्ट्रोल पैनल (33 केवी, 11 केवी ट्रांसफार्मर/फीडर पैनल रिले सहित), बैटरी एवं चार्जर (30 वोल्ट डीसी), एसी डिस्ट्रीब्यूशन बोर्ड, डीसी डिस्ट्रीब्यूशन बोर्ड, कंट्रोल केबिल, टी एंड पी व सुरक्षा उपकरण, ओथराइजेशन चार्ट, फ़र्स्ट ऐड बॉक्स तथा उपकेंद्र से संबन्धित रिकॉर्ड (अभिलेख) आदि ।

17 – वीसीबी –

इसका पूरा नाम वेक्यूम सर्किट ब्रेकर है इसमें लाइन का सर्किट वैक्यूम (हवा रहित) चेम्बर में काटा जाता है । वीसीबी का उपयोग फीडर सप्लाई को चालू/बंद करने के लिए उपयोग होता है ।

18 – कंट्रोल पैनल –

वीसीबी को संचालित करने के लिए कंट्रोल पैनल लगाए जाते हैं जिसमें से दो ओवर करेंट की रिले, एवं एक अर्थ फाल्ट की रिले लगी होती है । साथ ही उसमें वोल्टेज एवं करेंट नापने हेतु वोल्ट मीटर एवं एम्पीयर मीटर लगे होते हैं । बिजली की खपत नापने के लिए के डब्ल्यू एच मीटर लगा होता हैं ।

19 – रिले –

रिले एक विशेष प्रकार का उपकरण होता है जो कि वीसीबी में लगा होता है । लाइनों में जब निर्धारित मात्रा से ज्यादा करेंट बहने लगता है या कंडक्टर टूटता या लाइन के तार आपस में टकराने पर सीटी के द्वारा असामान्य करेंट रिले को मिलता है, तब रिले के कॉंटेक्ट आपस में मिल जाते हैं एवं बैटरी की डीसी सप्लाई ही वीसीबी की ट्रिप क्वाइल को चार्ज कर देती है, तब उसमें लगी घुंडी मेकेनिज़्म बॉक्स में लगे लीवर को धक्का मार देती है, जिसके फलस्वरूप वीसीबी ट्रिप हो जाती है ।

वीसीबी में लगने वाली रिले दो प्रकार की होती हैं – 1 - ओवर करेंट और 2 - अर्थ फाल्ट

ओवर करेंट रिले – जब लाइन में निर्धारित मात्रा से अधिक करेंट बहता है, अर्थात लोड अधिक हो जाता है या फेज आपस में टकरा जाएं, तब ओवर करेंट रिले स्वत: (ओटोमेटिक) उपरोक्त अनुसार कार्य करती है । यह वीसीबी में आर एवं बी फेज पर स्थापित होती है । इसमें लाइन में बहने वाले करेंट की मात्रा निर्धारित करने की व्यवस्था होती है ।

अर्थ फाल्ट रिले – जब लाइन के फेज किसी तरह से अर्थ हो जाएं जो कि कंडक्टर के टूटने या इंसुलेटर के फूटने इत्यादि से होते हैं, पर अर्थ फाल्ट रिले स्वत: (ओटोमेटिक)
संचालित होकर लाइन की वीसीबी को ट्रिप कर देती है ।

20 - आइसोलेटर/एबी स्विच –

ये उपकरण अधिकतर बंद लाइन को खोलने या चालू करने के लिए उपयोग होते हैं, एबी स्विच को एयर ब्रेकर स्विच कहते है, कहीं - कहीं इसे जीओडी (गैंग ऑपरेटिंग डिवाइस) भी कहते हैं । क्योंकि यह खुली हवा में खोलना/लगाना होता है । इसमें एक मेल तथा दूसरा फ़ीमेल पार्ट होते हैं, एबी स्विच खुले होने की स्थिति में मेल फेमेल पार्ट एक दूसरे से अलग होते हैं या इसी को एबी स्विच का खुला होना कहते हैं । जब मेल और फ़ीमेल पार्ट्स एक दूसरे के संपर्क में होते हैं उस स्थिति को एबी स्विच का चालू रहना या लगा होना कहते हैं । आइसोलेटर एबी स्विच इस प्रकार भिन्न होता है कि वह दो तरफ से खुलता और लगता है कहने का आशय यह है कि इसमें दो मेल और दो फ़ीमेल पार्ट्स होते हैं अर्थात यह दो स्थान पर खुलता है और दो ही स्थान पर लगता है ।

21 – डीओ फ्यूज यूनिट (सेट) –

डीओ फ्यूज यूनिट (सेट) को ड्रॉप आउट फ्यूज यूनिट (सेट) कहते हैं । एक यूनिट (सेट) में तीन डीओ होते हैं जो प्रत्येक फेज के लिए अलग - अलग होता है । आपूर्ति व्यवस्था में खराबी (फाल्ट) आने पर डीओ फ्यूज यूनिट के फ्यूज फाल्ट करेंट के कारण डीओ बैरल में जल जाते हैं और बैरल डीओ सेट से नीचे लटक जायेगा और संबन्धित फेज के फाल्ट होने की जानकारी मिल जाती है । फाल्ट निकालकर कर पुन: डीओ फ्यूज डीओ बैरल में डालकर उसे डीओ सेट में लगाकर लाइन की आपूर्ति चालू/बहाल करते हैं ।

22 - बुकोहल्ज़ रिले –

यह ट्रांसफार्मर के ऊपर कंजरवेटर टैंक के नीचे लगी रहती है । जब ट्रांसफार्मर में अंदरूनी खराबी के कारण अनचाही गैस बनती है तब यह रिले कार्य करती है एवं कंट्रोल रूम में लगी बुकोहल्ज़ रिले वाली घंटी बजने लगती है एवं ट्रांसफार्मर की सुरक्षा हेतु वीसीबी को ट्रिप कर देती है ।

23– एक्सप्लोजन वेंट –

ट्रांसफार्मर टैंक के टॉप पर काफी परिधि वाला एक संकरा पाइप लगाया जाता है । इसके दोनों तरफ डाइफ्रेम फिट कर दिए जाते हैं । एक डाइफ्रेम आयल टैंक के बीच और दूसरा डाइफ्रेम पाइप के आखिर में कॉपर का लगा होता है ।

जब भी ट्रांसफार्मर के अंदर कोई बड़ा फाल्ट आता है अथवा बड़ी मात्रा में ट्रांसफार्मर टैंक के अंदर गैसें बन जाती हैं तो इन गैसों के प्रेशर के कारण नीचे वाला डाइफ्रेम फट जाता है और ऊपर वाले डाइफ्रेम से गैस व तेल का दबाव पड़ने पर वह टूट जाता है जिससे ट्रांसफार्मर के अंदर फाल्ट होने की हालत का पता चलता है । इस बचाव के कारण ट्रांसफार्मर टैंक से तेल बाहर निकल जाता है और ट्रांसफार्मर फटने से बच जाता है । कभी - कभी नीचे वाला डाइफ्रेम बिना किसी फाल्ट के भी तेल का दबाव पड़ने से फट जाता है और ऐसे मामले में तेल ग्लास विंडो से दिखाई देने लगता है ऐसी हालत में फटे हुए डाइफ्रेम को बदल देने की कार्यवाही तुरंत की जाती है ।

24 – कंजरवेटर टैंक –

ट्रांसफार्मर के अंदर तेल का प्रसारण अथवा संकुचन (बढ़ना या सिकुड़ना) के कारण कंजरवेटर टैंक लगाया जाता है । कंजरवेटर टैंक को एक्स्पेंशन टैंक भी कहते हैं । यह टैंक एक पाइप के जरिए वाल्वों से होकर मेन टैंक से जुड़ा होता है । कंजरवेटर टैंक में तेल का स्तर जितनी मात्रा आ सकती है उसके आधे पर बनाये रखी जाती है । कंजरवेटर टैंक के बाहर दिखाई देने के लिए एक आई लेवल इंडीकेटर भी लगाया जाता है । जब भी ट्रांसफार्मरर का लोड बढ़ जाता है, ट्रांसफार्मर के अंदर का तेल गर्मी के कारण फैलता है और आयल लेवल बढ़ जाता है । ऐसी हालत में अगर काफी जगह उपलब्ध न हुई, तो ट्रांसफार्मर टैंक का ऊपरी कवर अत्यधिक दबाव के चलते फट जाता है । लेकिन कंजरवेटर टैंक लगा होने के चलते यह बढ़ा हुआ तेल कंजरवेटर टैंक में चला जाता है और मेन टैंक में तेल का लेवल ज्यों का त्यों बना रहता है, इस कारण से वाईंडिंग और रेडिएटर्स को एक्सपोजर के चलते होने वाला नुकसान बच जाता है क्योंकि आंशिक रूप से वैक्यूम नहीं बन पाता ।

25 - इक्वेलाइजर पाइप –

कंजरवेटर टैंक और एकसप्लोजन वेंट को जोड़ने वाली पाइप को इक्वेलाइजर पाइप कहा जाता है । अगर कम मात्रा में गैस ट्रांसफार्मर टैंक में बनती भी है, तो वह कनजरवेटर टैंक में इकट्ठी हो जाती है । ये गैसें एक्सप्लोजन वेंट और कंजरवेटर टैंक पर बराबर दबाव बनाये रखती हैं और इक्वेलाइजर पाइप इस काम में उनकी सहायता करता है ।

26 – ब्रीदर –

ट्रांसफार्मर में लोड कम ज्यादा होने से ट्रांसफार्मर का तेल फैलता या संकुचित होता है । जब भी तेल फैलता है, कंजरवेटर टैंक की हवा बाहर निकाल जाती है और जब कंजरवेटर के अंदर हवा घुसती है तो तेल में संकुचन होता है । इस एक्शन को ब्रीडिंग एक्शन कहा जाता है । इस काम के लिए कंजरवेटर टैंक के नीचे एक ब्रीदर कनेक्ट कर दिया जाता है । यह एक पाइप होता है जो अंदर की ओर निकलता है । ब्रीदर में सिलीका जेल क्रिस्टल भरे होते हैं और इसके नीचे एक छोटा कप लगाया जाता है जिसमें छेद होता हैं । इसमें बहुत कम मात्रा में तेल भरा होता है । सिलिका जेल क्रिस्टल हवा से नमी सोख लेते हैं और कंजरवेटर टैंक में हवा को जाने देते हैं जबकि ब्रीदर के नीचे के कप में स्थित तेल ब्रीदर में जाने से पहले ही धूल के कणों को खींच लेता है ।

हवा जाने के लिए रास्ता – नमी सोखने के कारण, सिलिका जेल क्रिस्टल का नीला रंग गुलाबी हो जाता है । इस प्रकार के रंग के (गुलाबी रंग) सिलिका जेल के क्रिस्टल गरम करके अथवा किसी कागज पर बिछा कर धूप में सुखाने से फिर से एक्टीवेट (पुन: नीला रंग हो जाना) कर दिए जाते हैं । इन्हें एक धातु के बर्तन में धीरे - धीरे गरम करने से एक्टीवेट हो जाते हैं । जब भी ये क्रिस्टल सफ़ेद हो जाते हैं, ये बेकार हो जाते हैं और इनकी जगह दूसरे सिलिका जेल क्रिस्टल लगाने/भरने पड़ते हैं । नीचे के कप में तेल भी गंदा हो जाने पर बदलने की जरूरत पड़ती है ।

जब भी नए ब्रीदर के कप में आयल भरे तब कप के नीचे सांस लेने के लिए बने छेद से लगे टेप को अवश्य हटा दें अन्यथा कि स्थिति में ब्रीदर ब्रीडिंग का कार्य नहीं करेगा ।

27- टेप चेंजर –

पावर ट्रांसफार्मर में टेप चेंजर दो कारणों से वोल्टेज कंट्रोल करने के लिए जरुरी होता है –

क - जेनरेटिंग स्टेशनों को जोड़ने वाली लाइनों में केडब्ल्यू और केवीए ओवर फ्लो पर नियंत्रण के लिए ।

ख – भारतीय विद्युत नियमों के अनुसार उपभोक्ता के लिए एलटी वोल्टेज स्तर (+ 6% या – 6 %) बनाये रखने के लिए ।

टैंक के बाहर लगे टेप चेंजर स्विच और टेपिंग्स की मदद से एचवी वाईंडिंग पर मोड़ों (टर्न्स) की संख्या बदलकर वोल्टेज नियन्त्रण किया जाता है । किसी तीन फेज वाले ट्रांसफार्मर में स्विच इस तरह से लगाए जाते हैं कि तीनों बाइण्डिनग्स का संपर्क एक साथ ही बदला जा सके इस टेप चेंजिंग एसेम्बली को टेप चेंजर कहा जाता है । टेप चेंजर दो प्रकार के होते हैं – 1 - ऑफ लोड टेप चेंजर और 2 - ऑन लोड टेप चेंजर

28. - रेडियेटर्स - इनका इस्तेमाल ट्रांसफार्मरों में सुरक्षित सीमा तक तापमान नियंत्रण करने के लिए होता है । रेडियेटर्स में फिन लगे होते हैं जिसके जरिए तेल की गर्मी बेहतर ढंग से निकल जाती है । तेल गरम होकर रेडियेटर्स ट्यूब/फिन में जाता है और इस तरह से गर्मी वायुमंडल में चली जाती है । यहाँ पर कंडक्शन और रेडियेशन का सिद्धांत काम करता है । रेडियेटर्स तेल को नीचे की ओर सरकुलेट करता है क्योंकि मेन टैंक में गरम तेल ऊपर की ओर जाता है और बाद में रेडियेटर्स में पहुंचता है । वायुमण्डल में गर्मी निकल जाने के बाद तेल ठंडा हो जाता है और मेन टैंक में चला जाता है ।

29 - लाइटिनिंग अरेस्टर –

उपकेंद्र पर 33 केवी एवं 11 केवी के लाइटिनिंग अरेस्टर पावर ट्रांसफार्मर की सुरक्षा के लिए लगाए जाते हैं । ये ट्रांसफार्मर के पास 33 केवी एवं 11 केवी दोनों तरफ निकट लगाए जाते हैं । उपकेंद्र में जोड़ने वाली मीलों लंबी 33 केवी एवं 11 केवी मीलों लंबी लाइनों पर बादलों द्वारा आकाशीय विद्युत का चार्ज पैदा होता है जिसकी तीव्रता विद्युत लाइन के वोल्टेज से कई हजार गुना अधिक होती है जिससे ट्रांसफार्मर को नुकसान पहुँच सकता है । 33 केवी एवं 11 केवी के तरफ क्रमश: 30 केवी (आरएमएस) एवं 9 केवी (आरएमएस) क्षमता के लाइटिनिंग

अरेस्टर लगाने से आकाशीय विद्युत का चार्ज लाइटिनिंग अरेस्टर के माध्यम से अर्थ हो जाता है, जिससे ट्रांसफार्मर को नुकसान से बचाव होता है । इनकी डबल अर्थिंग अलग से अर्थ पिट बनाकर करना चाहिए ।

30 - यूनिट – बिजली मीटर में एक यूनिट की खपत एक किलोवाट लोड को एक घंटे प्रयोग/इस्तेमाल करने पर जो बिजली खर्च होती है उसे एक यूनिट (एक किलोवाटआवर) की खपत कहते हैं । एक 100 वाट का लेंप 10 घंटे जलाने/चलाने पर एक यूनिट बिजली खर्च/बनाता है, 25 वाट का लेंप 40 घंटे जलाने/चलाने पर एक यूनिट बिजली खर्च/बनाता है । इस तरह से आप अपने लोड और प्रयोग/इस्तेमाल के आधार पर खपत का आंकलन कर सकते हैं । और बिजली की टेरिफ़ रेट अनुसार कीमत/मूल्य की गणना भी कर सकते हैं । इसी गणना से मीटर के तेज, धीमा और सही/ठीक चलने का पता लगा लेते हैं । जैसे 100 वाट के बल्व को 10 घंटे जलाने पर मीटर यदि 1 यूनिट बनाता है तो मीटर सही/ठीक है, यदि 1 यूनिट से कम बनाता है तो मीटर धीमा/स्लो चल रहा है और यदि मीटर 1 यूनिट से अधिक बनाता है तो मीटर तेज/फास्ट चल रहा है ।

31 - केपेसिटर – केपेसिटर उप केन्द्रों और वितरण ट्रांसफार्मरों तथा उपभोक्ता परिसर में मीटर के बाद इंडक्सन मोटर पर लगाए जाते हैं । इनका मुख्य कार्य पावर फेक्टर में सुधार करना होता, यद्यपि पावर फेक्टर सुधार के साथ - साथ वोल्टेज सुधार भी होता है, बिजली की खपत कम होती है जिससे बिजली बिल भी कम होता है और एक समान लोड के लिए बिना केपेसिटर व केपेसिटर सहित, करंट केपेसिटर सहित स्थित में कम होगा और केपेसिटर रहित स्थिति में करंट ज्यादा होगा । एक 11 केवी फीडर पर लोड 120 एम्पीयर है बिना केपेसिटर के तो केपेसिटर चालू रखने की स्थित में वह 100 एम्पीयर होगा अर्थात 20 एम्पीयर करंट की बचत होगी, उसी प्रकार एक 10 अश्व शक्ति की मोटर 15 - 16 एम्पीयर करंट लेती है तो केपेसिटर चालू रहने की स्थिति में करें 12 - 13 एम्पीयर होगा अर्थात 3 एम्पीयर करंट का बचत होगी जिसका सीधा प्रभाव/असर बिलिंग पर होगा (केपेसिटर चालू रखने की स्थिति में कम बिजली का बिल लगेगा/आयेगा । यदि 10 अश्व शक्ति की मोटर 15 - 16 एम्पीयर करंट ले रही है तो स्पष्ट है कि पावर फेक्टर कम या वोल्टेज कम की वजह से है, इसका निराकरण केपेसिटर लगाकर किया जा सकता है तब मोटर 12 या 13 एम्पीयर करंट लेगी) ।

उप – केंद्र/सब - स्टेशन – केपेसिटर -

33/11 केवी उप - केंद्र पर प्रायः 1500 केवीएआर और 1200 केवीएआर क्षमता के केपेसिटर लगे/स्थापित होते हैं, ये 11 केवी साइड में बस या 11 केवी फीडर विशेष पर लगे/स्थापित होते है । 1500 केवीएआर क्षमता के केपेसिटर ओटोमेटिक होते हैं और फीडर लोड के अनुसार कार्य करते हैं । 1200 केवीएआर क्षमता के केपेसिटर लोड के अनुसार मेनुअल रूप से उपयोग में लाते हैं, 100 एम्पीयर लोड से अधिक होने पर 1200 केवीएआर क्षमता का प्रयोग करते है । जब लोड 75 से 100 एम्पीयर हो तब प्रत्येक फेज की तीन - तीन यूनिट (900 केवीएआर क्षमता) चालू रखते हैं, और लोड जब 50 से 75 एम्पीयर हो तब प्रत्येक फेज की दो - दो यूनिट (600 केवीएआर क्षमता) चालू रखते हैं । जब लोड 50 एम्पीयर से कम हो तब केपेसिटर बंद रखते है ।

शब्दावली – संक्षेप अक्षर (सूक्ष्म)

शब्दावली – संक्षेप अक्षर (सूक्ष्म)

1 - पी एफ सी - पावर फाइनेन्स कॉरपरेशन (ऊर्जा वित्त निगम)

2 - पी एफ सी लिमिटेड – पावर फाइनेन्स कॉरपरेशन लिमिटेड (ऊर्जा वित्त निगम मर्यादित)

3 - गी औ आई - गवरमेंट आफ इंडिया (भारत सरकार)

4 - ए पी डी आर पी - एक्सीलरेटिड पावर डिवलपमेंट रिफॉर्म प्रोग्राम (त्वरित ऊर्जा विकास सुधार कार्यक्रम)

5 - आर ए पी डी आर पी - रिस्ट्रक्चरड एक्सीलरेटिड पावर डिवलपमेंट रिफॉर्म प्रोग्राम (पुर्ननिर्माण त्वरित ऊर्जा विकास सुधार कार्यक्रम)

6 - आर ई सी – रुरल इलेक्ट्रीफिकेशन कॉरपरेशन (ग्रामीण विद्युतीकरण निगम)

7 - जेनको – जेनरेशन कंपनी

8 - ट्रांसको - ट्रांसमीशन कंपनी

9 - डिस्कोम - डिस्ट्रीव्युशन कम्पनी (वितरण कम्पनी)

10 - डिमांड – बिल की गई विद्युत की राजस्व मांग (रुपयों में)

11 - कलेक्शन – बिल की गई विद्युत की राजस्व मांग से वसूली गई राजस्व राशि (रुपयों में)

12 – एरीयर - विद्युत बिल की वकाया राजस्व राशि जो उपभोक्ता को देना शेष है

13 - यूनिट – एक किलोवाट लोड को एक घंटे उपयोग करने में हुई विद्युत की खपत = एक यूनिट

14 - लोड – वह भार जो उपभोक्ता अपने परिसर में प्रयोग करता है, किलो वाट या हार्स पावर (अश्व शक्ति) तथा केवीए और एम्पीयर में भी नापते हैं

15,वोल्टेज- वी – लाईन का फेस से फेस वोल्टेज (वोल्ट)

16 – करैंट - आई - लाईन में प्रवाहित करैंट (विद्युत धारा) (एम्पीयर)

17 – फ्रीकुएंसी - एफ - हर्ट्ज़ में (50 साइकिल प्रति सेकेंड)

18 - पावर फैक्टर – पी एफ - ऊर्जा गुणांक (कॉस फाई)

19 - एन एस सी – न्यू सर्विस कनेक्शन (नवीन कनेक्शन)

20 - आर सी डी सी – रिकनेक्शन – डिस्कनेक्शन

21 - एफ ओ सी – फ्यूज ऑफ कॉल

22 - लॉस – हानि (नुकसान) वितरण कम्पनी द्वारा खरीदी गई और बेची गई ऊर्जा का अन्तर

23 - टेकनीकल लॉस - वितरण कम्पनी द्वारा व्यवस्था में विद्युत प्रवाह में होने वाली हानि

24 - कोमर्शियल लॉस – वितरण कम्पनी द्वारा बेची गई ऊर्जा एवं बिल की गई ऊर्जा में होने वाली हानि

25 - आर पी यू – रूपीज़/रिकवरी(वसूली) पर यूनिट (रुपये प्रति यूनिट), क्रय तथा विक्रय दोनों अलग - अलग

26 - आर एम एस – रेवेन्यू मेनेजमेंट सिस्टम

27 - बी आर आर – बिलिंग रेवेन्यू रेट (बिलिंग राजस्व दर) = कुल बिल की गई राशि/कुल क्रय यूनिट

28 - सी आर आर - कलेक्शन रिकवरी रेट (भुगतान संग्रहण दर) = संग्रहित (वसूली गई) राशि/क्रय यूनिट

29 – बी. ई - बिलिंग एफीसीयेन्सी (बिलिंग दक्षता) = विक्रित यूनिट/क्रय यूनिट

30 - सी ई – कलेक्शन एफीसीयेन्सी (संग्रहण/वसूली गई - राशि -दक्षता) = संग्रहित (वसूली गई) राशि/बिल की गई राशि

31 - टेक्निकल लॉस – (तकनीकी हानि) - (1 - बिलिंग दक्षता) = {1 - (विक्रित यूनिट/क्रय यूनिट)}

32 - कोमर्सीयल लॉस – (वाणिज्यक हानि) – (1 - संग्रहण दक्षता) = {1 - (संग्रहित राशि/बिल की गई राशि)}

33 - ए टी एण्ड सी लॉस = एग्रीगेट टेकनीकल एण्ड कोमर्सीयल लॉस (समग्र तकनीकी और वाणिज्यक हानि)

= {1 - (बी ई) x (सी ई) } = {1 – (बिलिंग दक्षता) x (संग्रहण दक्षता)}

34 - एस ए आई डी आई (सेडी) - सिस्टम एवरेज इंटरप्शन ड्रेशन इंडेक्स (मिनिट में)

35 - एस ए आई एफ आई (सैफी) - सिस्टम एवरेज इंटरप्शन फ्रीकयूएनसी इंडेक्स (संख्या में)

36 - एम ए आए एफ आई (मैफी) - मोमेंट्री एवरेज इंटरप्शन फ्रीकुएंक्सी इंडेक्स (संख्या में)

37 - एस आर आई – सप्लाई रिलायबिलिटी इंडेक्स = [1 - {सेडी/(365 x 24 x 60)] x 100

38 - पी एम ए – प्रोजेक्ट मेंजमेंट एजेंसी

39 - आर पी एम - रिव्यू प्लानिंग मीटिंग

40 - डी आर सी - डिस्ट्रीब्यूशन रिव्यू कमेटी

41 - डी ई सी (दिसा) - डिस्ट्रिक्ट इलेक्ट्रीसिटी कमेटी

42 - एन पी पी - नेशनल पावर पोरटल

43 - यू डी ए वाय (उदय) - उज्ज्वल डिस्कोम एसोरेन्स योजना

44 - आई टी – (इन्फोर्मेशन टेक्नोलोजी) = सूचना प्रौद्यौगिकी

45 - सिम - सब्सक्राइवर आईडेन्टी मॉड्यूल

46 - एस एम एस - शॉर्ट मेसेज सर्विस

47 - एम एम एस – मल्टीमीडिया मेसेज सर्विस

48 - आई एम एस आई – इन्टरनेशनल मोबाइल सब्सक्राइयबर आईडेन्टी

49 - सी डी एम ए – कोड डिवीजन मल्टीपल एसेस

50 - जी एस एम - ग्लोबल सिस्टम ऑफ मोबाइल

51 - जी पी आर एस – जनरल पेकट रेडियो सर्विस, 2 जी. 3 जी. 4 जी,

52 - आर एफ - रेडियो फ्रीकुएनसी

53 - जी आई एस – जियोग्राफिकल इन्फोर्मेशन सिस्टम/गैस इंसुलेटिड सब स्टेशन

54 - जी पी एस - जियोग्राफिकल पोसीसनिंग सिस्टम

55 - सी आई – कंज्यूमर इंडेक्सिंग

56 - सी सी सी – कस्टमर केयर सेंटर

57 - एल ए एन – लेन - लोकल एरिया नेटवर्क

58 - इव्लु ए एन – वान - वाइड एरिया नेटवर्क

59 - एस इव्लु ए एन – स्वान – स्टेट वाइड एरिया नेटवर्क

60 - आई वी आर एस - इंटरएक्टिव वॉइस रेस्पॉंस सिस्टम

61 - वी एल एस आई - वेरी लार्ज स्केल इंटेग्रेशन

62 - पी डी एफ - पोर्टेबिल डाकुमेंट फॉर्मेट

63 - एच टी टी - हाइपर टेक्स ट्रांसफर

64 - इव्ल्यु इव्ल्यु इव्ल्यु - वर्ल्ड वाइड वेव

65 - ई सी ए ई - इलेक्ट्रीकल कम्प्युटर एडिड इंजीनीयरिंग

66- ई सी ए डी - इलेक्ट्रीकल कम्प्युटर एडिड ड्राइंग

67 - पी एल एम - प्रोडक्ट लाइफ साइकिल मेंजमेंट

68 - पी डी एम - प्रोडक्ट डाटा साइकल मेंजमेंट

69 - ओ ए – ओपिन - एसेस

70 - ए बी टी – एवेलीबिलिटी बेस्ड टेरिफ़

71 - ए एम आर – औटोमेटिक मीटर रीडिंग

72 - एम आर आई – मीटर रिकॉर्डिंग इन्स्ट्रुमेंट

73 - ए एम आई – एड्वान्स्ड मीटरिंग इन्फ्रा इस्ट्रक्चर

74 - एम डी ए एस (एमडास) - मीटर डाटा एक्यूजीसन सिस्टम

75 - एम डी एम एस – मीटर डाटा मेंजमेंट सिस्टम

76 - डी एल एम एस – डाटा लोड मेनेजमेंट सिस्टम

77 - एम आई एस – मंथली इन्फोर्मेशन सिस्टम

78 - एन ओ एफ एन – नेशनल ओप्टीकल फायबर नेटवर्क

79 - स्मार्ट मीटर - स्मार्ट मीटर मुख्यत: एएमआर मीटर से भिन्न होता है, क्योकि स्मार्ट मीटर मे एएमआर की सुविधा के अतिरिक्त, प्री पेड, आरसी - डीसी, नेट मीटरिंग, टेम्परअलर्ट आदि अन्य सुविधा भी होती है । विशेष यह है कि एक डी सी यू, एक सिम से लगभग 300 - 400 मीटर कनेक्शन की रीडिंग हो जाती है, जबकि एएमआर मीटर में प्रत्येक मीटर के लिए अलग - अलग सिम लगती है ।

80 - आर टी डी ए एस (आर टी डास) – रीयल टाइम डाटा एक्यूजीसन सिस्टम

81 - एफ एस आई - फीडर सेवेयरिटी इंडेक्स

82 - ई आर पी – एंटरप्राइयज रिसोर्स प्लानिंग

83 - स्काडा- (एस सी ए डी ए) - सुपरवायजरी कंट्रोल एंड डाटा एनेलेसिस – निरीक्षात्मक नियंत्रण और जानकारी (आकड़ा) विवेचना

84 - सी सी - कंट्रोल सेंटर - नियंत्रण कक्ष

85 - डी सी यू – डाटा कंट्रोल यूनिट

86 - आर टी यू - रिमोट टर्मीनल यूनिट

87 - एफ आर टी यू - फीडर रिमोट टर्मीनल यूनिट

88 - आर एम यू - रिंग मैन यूनिट

89 - एफ पी आई – फोल्ट पेसेज इंडीकेटर

90 - डी पी एम एस – डिस्कोम प्रोजेक्ट मॉनिटरिंग सिस्टम - प्रोजेक्ट मॉनिटरिंग - योजना वार, शहर वार, वृत वार, क्षेत्र (रीज़न) वार, डिस्कोम वार किया जाता है ।

विद्युत इतिहास

विद्युत इतिहास

विद्युत व्यवस्था – भारत –

विद्युत का इतिहास ज्यादा पुराना नहीं है । इस क्षेत्र की शुरुआत 18 वीं शताब्दी से तथा शुरुआती विकास 19 वीं शताब्दी से है । सन 1752 में बैंजामिन फ्रैंकलिन, सन 1800 में कुलम्बस नियम और अलेक्सजेंडर वोल्टाज़ - बैटरी, सन 1819 - 1820 में आंद्रे मेरे एम्पीयर, सन 1821 माइकल फैराडे, इलेक्ट्रिक मोटर, सन 1831 माइकल फैराडे - जेनरेटर, सन 1827 जॉर्ज ओहम - इलेक्ट्रिक सर्किट, सन 1834 में मोरिट्ज़ वॉन जलोबी इलेक्ट्रिक मोटर, सन 1861 - 1862 जेम्स क्लार्क मेक्सवैल - इलेक्ट्रो मेग्नेटिक फील्ड, सन 1879 - 1880 में थॉमस एडीसन – बल्व, सन 1879 वाल्टर बैली - इंडकसन मोटर, सन 1885 में जार्ज वेस्टिंग हाउस, सन 1887 निकोला टेसला में एसी ट्रान्सफार्मर आदि आए ।

भारत में विद्युत से संबन्धित रूपरेखा निम्नानुसार रही है जिसकी शुरुआत 19 वीं शताब्दी के आखिरी से होती है और 20 वीं शताब्दी में विकास शुरू हुआ है -

- 24 - 07 - 1879 – कलकत्ता (कोलकाता) में प्रकाश व्यवस्था हेतू लाइट
- 1882 – बॉम्बे इलेक्ट्रिक सप्लाई ट्रांस वे (बीईएसटी)
- 07- 01 - 1897 – कलकत्ता इलेक्ट्रिक सप्लाई कम्पनी
- 1897 हायडिल जेनरेशन दार्जलिंग 130 किलोवाट
- 1905 - बीईएसटी (बेस्ट - बॉम्बे इलेक्ट्रिक सप्लाई एंड ट्रामवेज कम्पनी) ने जेनरेशन (उत्पादन) स्टेशन स्थापित किया ट्रामवे के लिए ।
- 05 - 08 - 1905 - स्ट्रीट लाइट (सड़क बत्ती) बंगलोर में, एशिया की पहली स्ट्रीट लाइट (सड़क बत्ती)
- 1920 – हुसैन सागर (हैदराबाद) 22.5 मेगावाट
- 18 – 08 - 1925 – इलेक्ट्रिक ट्रांम बॉम्बे
- 1962 तारापुर बॉम्बे (शुरुआत) उत्पादन 1969 में 2x160 मेगावाट
- 18 – 08 - 2015 – कोचीन एयर पोर्ट - सोलर पेनल सिस्टम

विद्युत – व्यवस्था

- विद्युत भारत सरकार की समवर्ती (कोनकरेंट लिस्ट) सूची में सम्मलित है ।
- अत: भारत सरकार और प्रदेश सरकार दोनों के नियमों का पालन करना होता है ।
- विद्युत का उत्पादन भारत सरकार, प्रदेश सरकार और निजी क्षेत्रों द्वारा किया जाता है ।
- नाभिकीय (न्यूक्लीयर) उत्पादन (परमाणु - ऊर्जा) केवल भारत सरकार करती है ।
- थर्मल(तापीय), हायडिल (जल), उत्पादन सभी के द्वारा किया जाता है ।
- अक्षय ऊर्जा (सोलर/सौर, विंड/पवन, टायडल/ज्वारभाटा, भूगर्भीय/जिओथर्मल, बायोमास/अपशिष्ट) से भी ऊर्जा उत्पादन होता है ।

विद्युत – व्यवस्था – उत्पादन –

विद्युत का उत्पादन औसतन केंद्र 25 प्रतिशत, प्रदेश सरकार 32 प्रतिशत और निजी (प्राइवेट) क्षेत्र की 43 प्रतिशत की हिस्सेदारी है । जो विभिन्न श्रेणियों अनुसार निम्नांकित है, ये आंकड़े समयानुसार बदलते रहते हैं –

1. - कोयला - 58 प्रतिशत
2. - जल (हायडिल) - 15 प्रतिशत
3. - नाभिकीय (न्यूक्लीयिर) - 2.5 प्रतिशत
4. - हवा (विंड) – 10 प्रतिशत
5. - सौर ऊर्जा (सोलर) - 5 प्रतिशत

6.   - गैस - 7.5 प्रतिशत
7.   - जैविक (बायोमास) – 2 प्रतिशत

विद्युत उत्पादन (भारत) – इस जानकारी का आशय केवल विद्युत उत्पादन क्षेत्र में हुई प्रगति से है -
क्रमांक (1), - उत्पादन विवरण (समय स्थिति) (2), - थर्मल (मेगावाट) (3), - हायड्रो (मेगावाट) (4), - योग (मेगावाट) (5), - प्रतिशत वृद्धि (6), - पर केपिटा खपत (यूनिट में) (7) –

1.   31 – 12 – 1947, - 854, - 508, 1362 मेगावाट, - - - - , - 16 यूनिट .
2.   31 – 12 – 1950, - 1153, - 560, 1713 मेगावाट, - 8.59 %, - 18 यूनिट .
3.   31 - 03 - 1956 , 1825, - 1061, - 2886 मेगावाट, - 13.04 %, - 31 यूनिट .
4.   31 - 03 - 1961 , - 2763, - 1917, 4653 मेगावाट, - 12.25 %, - 46 यूनिट .
5.   1966, 4903, - 4124, - 9027 मेगावाट, 18.80 %, - 74 यूनिट .
6.   1974, - 9058, - 6956, - 16664 मेगावाट, - 10.58 %, - 126 यूनिट.
7.   1979, - 15207, - 10833, - 26040 मेगावाट, - 12.07 %, - 177 यूनिट .
8.   1985, - 27030, - 14480, - 41490 मेगावाट, - 9.94 %, - 289 यूनिट.
9.   1990, - 43764, - 18307, - 62071 मेगावाट, - 9.89 %, - 329 यूनिट.
10.   1997, - 61010, - 22560, - 83570 मेगावाट, - 4.94 %, - 465 यूनिट.
11.   2002, - 74429, - 27897, - 102326 मेगावाट, - 4.49%, -559 यूनिट.
12.   2007, - 86015, - 42414, - 128429 मेगावाट, - 5.19%, - 672 यूनिट .
13.   2012, - 131603, - 63493, - 195096 मेगावाट, - 9.00 %, - 844 यूनिट.
14.   2017, - 218330, - 108518, - 326848 मेगावाट, - 10.31 %, - 1122 यूनिट .
15.   2018, - 222906, - 114315, - 337221 मेगावाट, - 03.1 %, - 118 यूनिट .
16.   2019, - 226279, - 123040, - 349319 मेगावाट, - 03.59 %,
17.   2020, - 230600, - 132727, - 363327 मेगावाट, - 03.86 %,

भारत सरकार की संस्थाएं –

- आरईसी (रुरल इलेक्ट्रिफिकेशन कॉर्पोरेशन) - 1969 (पीएफसी में समाहित - 2019)
- एनटीपीसी (नेशनल थर्मल पावर कोरपोरेशन) - 1975
- एनएचपीसी (नेशनल हायडिल पावर कोरपोरेशन) - 1975
- पीएफसी (पावर फायनेंस कॉर्पोरेशन) - 1986
- एनपीसीआईएल (न्यूक्लीयर पावर कॉर्पोरेशन ऑफ इंडिया लिमिटिड) - 1987
- पीजीसीआईएल (पावर ग्रिड कॉर्पोरेशन ऑफ इंडिया लिमिटिड) - 1989
- एपीडीआरपी (एक्सीलरेटिड पावर डिवलपमेंट एंड रिफॉर्म प्रोग्राम)/त्वरित ऊर्जा विकास एवं सुधार कार्यक्रम – 2002,
- आरजीजीवीवाय (राजीव गांधी ग्राम विद्युतीकरण योजना) - 2005
- आरएपीडीआरपी (रिवाइज्ड एक्सीलरेटिड पावर डिवलपमेंट एंड रिफॉर्म प्रोग्राम)/पुन:निरीक्षित त्वरित ऊर्जा विकास एवं सुधार कार्यक्रम - 2008 . यह योजना 2 पार्ट में थी । पार्ट – ए – आईटी से सम्बन्धित तथा पार्ट – बी – तकनीकी कार्य से सम्बंधित ।
- आईपीडीएस (इंटीग्रेटिड पावर डिवलपमेंट स्कीम)/एकीकृत ऊर्जा विकास योजना - 2013
- डीडीयूजीजेवाय (दीन दयाल उपाध्याय ग्राम ज्योति योजना) - 2014
- उदय (यूडीएवाय - उज्ज्वल डिस्कोम योजना) - नवंबर 2015
- सौभाग्य योजना – 25 – 09 - 2017

विद्युत अधिनियम (इलेक्ट्रिसिटी एक्ट)

विद्युत अधिनियम (इलेक्ट्रिसिटी एक्ट)
नियम – कानून – भारत सरकार

- भारतीय विद्युत अधिनियम (आईईएक्ट/इंडियन इलेक्ट्रिसिटी एक्ट) - 1910
- विद्युत (आपूर्ति) अधिनियम (इलेक्ट्रीसिटी सप्लाई एक्ट) - 1948
- परमाणु ऊर्जा आयोग - एटोमिक एनर्जी कमीशन (एईसी) - 1948
- केंद्रीय विद्युत प्राधिकरण (सीईए) - 1951
- भारतीय विद्युत नियम (आईईरूल्स) - 1956
- एटोमिक एनर्जी एक्ट (परमाणु ऊर्जा अधिनियम) - 1962
- उपभोक्ता संरक्षण अधिनियम - 1986
- इलेक्ट्रीसिटी रेगुलेटरी कमीशन एक्ट (ईआरसीएक्ट)/विद्युत विनियामक आयोग अधिनियम -1998
- ऊर्जा संरक्षण अधिनियम (एनर्जी कंजर्वेशन एक्ट) – 2001, (सुधार) 2010
- भारतीय विद्युत अधिनियम - 2003
- ऊर्जा दक्षता मानक - ब्यूरो ऑफ एनर्जी एफीसीन्यसी (बीईई) – 2008

भारतीय विद्युत अधिनियम - 1910

- इस कानून के जरिए बिजली के लाइसेन्स, निर्माण कार्य, सप्लाई, ट्रांसमीशन और गैर लाइसेन्स वाले उपभोक्ताओं द्वारा ऊर्जा की खपत, प्रशासन और नियमन, आपराधिक और प्रक्रियाओं संबंधी विनियम है ।

विद्युत (आपूर्ति) अधिनियम (इलेक्ट्रीसिटी सप्लाई एक्ट) -1948 -
. इस कानून के जरिए बिजली का उत्पादन और सप्लाई विनियमित की गई है । इसके अंतर्गत निम्नलिखित संस्थाएं बनी हैं –

- केंद्रीय विद्युत प्राधिकरण/सेंट्रल इलेक्ट्रिसिटी अथॉरिटी/सीईए
- राज्य विद्युत मंडल/स्टेट इलेक्ट्रिसिटी बोर्ड, ट्रांसमिशन कम्पनियाँ, जेनरेटिंग कम्पनियाँ
- राज्य विद्युत मंडल/स्टेट इलेक्ट्रिसिटी बोर्ड, ट्रांसमीशमन कंपनियों और जेनरेशन कंपनियों के अधिकार और कर्तव्य
- बोर्डों और कंपनियों के कार्य और व्यापार के तौर तरीके
- बोर्डों के वित्त, लेखा और लेखा परीक्षा विभाग

भारतीय विद्युत नियम (आईईरूल्स) - 1956

- इन नियमों के तहत लाइन व उपकरणों के स्थापना संबन्धित नियमों का उल्लेख है । विशेषत: लाइन निर्माण में लाइनों की आपस में दूरी, जमीन से दूरी, मार्ग/सड़क के किनारे, क्रॉस करते समय दूरी, भवन/ मकान के ऊपर, सहारे से दूरी, अर्थिङ्ग, उपभोक्ता परिसर में मीटर, कट आउट आदि की स्थापना । सुरक्षा संबन्धित नियम आदि ।

अधिनियम - 1998
विद्युत विनियामक आयोग (इलेक्ट्रिसिटी रेगुलेटरी कमीशन)

- इस अधिनियम में निम्नलिखित की व्यवस्था है –
- केंद्रीय और राज्य विद्युत विनियामक आयोगों की स्थापना
- केंद्रीय और राज्य ट्रांसमीशन संगठन
- बिजली की दरों को तर्क संगत/ठीक ठाक करना

- सब्सिडी के बारे पारदर्शी नीतियाँ

भारतीय विद्युत अधिनियम (इंडियन इलेक्ट्रिसिटी एक्ट – आईई एक्ट) - 2003

भारतीय विद्युत अधिनियम (इंडियन इलेक्ट्रिसिटी एक्ट – आईई एक्ट) - 2003

- भारतीय विद्युत अधिनियम 2003 को राष्ट्रीय बिजली नीति के साथ भारत में बिजली क्षेत्र सुधारों का मुख्य बिन्दु कहा जाता है ।
- इसकी शुरुआत 1991 में तब हुई जब भारतीय विद्युत क्षेत्र में निजी क्षेत्र के प्रवेश की अनुमति दी गई । बिजली क्षेत्र में एमओयू (मेमोरंडम ऑफ अंडरस्टैंडिंग) रूट के जरिए बिजली उत्पादन में स्वतंत्र विद्युत उत्पादकों (आईपीपी/इंडिपेंडेंट पावर प्रोड्यूसर्स) को प्रवेश दिया गया ।
- विद्युत क्षेत्र के सुधारों का उद्देश्य यह सुनिश्चित करना रखा गया कि अधिक आत्म निर्भर, लाभकारी/किफायती और अच्छे परिणाम देने वाला बन सके ।

भारतीय विद्युत अधिनियम 2003, मुख्य पड़ाव

- 1991 – स्वतंत्र विद्युत उत्पादक (आईपीपी प्रोसेस)
- 1995 – प्रतिस्पर्धा बोली आवश्यक (कंपीटिटिव बिडिंग मैंडेटरी)
- 1996 – उड़ीसा सुधार अधिनियम, कॉमन मिनीमम एक्शन प्लान
- 1998 – केंद्रीय विद्युत विनियामक आयोग अधिनियम और विद्युत पारेषण में प्राइवेट सेक्टर की भागीदारी
- 1999 – अनेक राज्यों ने राज्य विद्युत विनियामक आयोगों का गठन और उड़ीसा में वितरण का निजीकरण
- 2001 – त्वरित विद्युत विकास एवं सुधार कार्यक्रम (एपीडीआरपी) बना
- 2002 – दिल्ली में बिजली वितरण व्यवसाय का निजीकरण
- 2003 – भारतीय विद्युत अधिनियम 2003
- 2004 – अंतरराज्य पारेषण विनियमन में प्रवेश में खुली छूट दी गई
- 2005 - आरजीजीवीवाई कार्यक्रम और राष्ट्रीय बिजली नीति
- 2006 – ग्राम विद्युतीकरण नीति
- 2013 - एकीकृत शक्ति विकास योजना (आईपीडीएस)
- 2014 - दीन दयाल उपाध्याय ग्राम ज्योति योजना (डीडीयूजीजेवाय)
- 2015 – उदय (यूडीएवाय – उज्ज्वल डिस्कोम योजना)
- 2017 - (25 सितंबर) - सौभाग्य योजना
- 2020 – उपभोक्ता द्वारा अपने परिसर में सोलर पेनल के माध्यम से ऊर्जा का उत्पादन करना और स्वयं के उपयोग के साथ यदि अधिक उत्पादन होता है तो उस उत्पादन को सप्लाई कंपनी को देना, उसके हिसाब – किताब के लिए तदानुसार मीटर स्थापना (नेट मीटरिंग, एक्सपोर्ट/इम्पोर्ट मीटर) की व्यवस्था देना, रेट तय करना, बिलिंग, भुगतान, आवेदन संबन्धित प्रक्रिया आदि ।

भारतीय विद्युत अधिनियम 2003 के उद्देश्य

- प्रतियोगिता, उपभोक्ता हितों की रक्षा एवं सभी क्षेत्रों में बिजली
- विद्युत विकास के लिए उदार संरचना का सृजन
- प्रतिस्पर्धी वातावरण का सृजन, निजी निवेश को सुविधाजनक बनाया गया
- बिजली उत्पादन को लाइसेन्स मुक्त किया गया
- वितरण में कई प्रकार के लाइसेन्स
- ग्रामीण क्षेत्र - स्टैंड अलोन जेनरेशन और वितरण को लाइसेन्स मुक्त
- ऊर्जा चोरी पर नियंत्रण के लिए कठोर उपाय
- बिजली बोर्डों का पुनर्गठन राज्यों के लिए अनिवार्य
- विनियामक आयोगों की स्थापना अनिवार्य

- दरों का निर्धारण विनियामक आयोगों द्वारा
- पारेषण क्षेत्र में शुरू से ही खुली पहुँच (ओपन एसेस - ओए)
- वितरण में राज्य बिजली विनियामक आयोगों द्वारा चरणबद्ध तरीके से खुली छूट
- सब्सिडी को धीरे - धीरे चरणबद्ध तरीके से समाप्त करना
- बिजली व्यापार विकसित करने के लिए व्यापार करने की गतिविधि को स्पष्ट लाइसेन्स
- सीईआरसी/एसईआरईसी (केंद्रीय/राज्य विद्युत विनियामक आयोग) के आदेशों के खिलाफ बिजली संबंधी मामलों की अपील सुनने वाले न्यायाधिकरणों का गठन

भारतीय विद्युत अधिनियम 2003

ग्राम विद्युतीकरण

- धारा/खंड 4 – केंद्र सरकार राज्य सरकारों से सलाह मशविरा करके एक नई नीति अधिसूचित करेगी जिसके जरिए स्टेंड अलोन व्यवस्थाओं की अनुमति होगी । इनमे ग्रामीण क्षेत्रों के लिए नवीकरणीय ऊर्जा स्रोतों और गैर परंपरागत स्रोतों पर आधारित परियोजनाएं शामिल होंगी ।
- धारा/खंड 2 (63) – स्टेंड अलोन सिस्टम का मतलब है वह बिजली व्यवस्था जिसकी स्थापना किसी खास ग्रामीण इलाके में बिजली देने के लिए की गई हो । इसमें ग्रिड का कनेक्शन जरूरी नहीं है ।
- धारा/खंड 5 – केंद्र सरकार राज्य सरकारों और राज्य आयोगों से सलाह मशविरा करके ग्राम विद्युतीकरण और बिजली की थोक खरीद तथा ग्रामीण क्षेत्रों में पंचायत निकायों, उपभोक्ता संघों, सहकारी समितियों और गैर सरकारी संगठनों जैसे संस्थानों द्वारा स्थानीय वितरण के प्रबंधन के लिए एक नीति तैयार करेगा । इस काम में फ्रेंचाइजियों को शामिल किया जावेगा । संबंद्ध राज्य सरकार इन क्षेत्रों के लिए जिनमे गाँव और पूरे शामिल हैं, बिजली सप्लाई का इंतजाम/व्यवस्था करेगा ।

भारतीय विद्युत अधिनियम - 2003

बिजली उत्पादन

- धारा/खंड 7 – अगर कोई बिजली उत्पादक, कम्पनी, तकनीकी मानकों का पालन करती हो (खासतौर से ताप बिजली घरों के बारे में) तो वह बिजली घर की स्थापना करके उसे संचालित और अनुरक्षित कर सकती है । इसके लिए उसे लाइसेन्स लेने की जरूरत नहीं होगी । लेकिन संबंद्ध एजेंसियों से उसे पर्यावरण संबंधी अनुमति प्राप्त करनी होगी ।
- धारा/खंड 8 – पन बिजली उत्पादन – इस खंड में किए गए प्रावधानों के अलावा कोई बिजली उत्पादक कम्पनी अगर किसी क्षेत्र में पन बिजली उत्पादन करना चाहती है तो उसे संबंद्ध अधिकारियों से लाइसेन्स लेना होगा ।

भारतीय विद्युत अधिनियम - 2003

कैप्टिव जेनरेशन

- धारा/खंड 9 – कोई भी व्यक्ति अपने उपयोग/इस्तेमाल के लिए कोई कैप्टिव बिजली घर अथवा ट्रांसमीशन लाइनों का निर्माण कर सकता है, उसका संचालन कर सकता है और उसका अनुरक्षण कर सकता है ।
- ऐसे व्यक्ति को अपने बिजली घर से अपने उपयोग के लिए बिजली पारेषण के लिए खुली छूट का अधिकार होगा ।
- धारा/खंड 10 – बिजली उत्पादक कम्पनी के कर्तव्य –
- ऐसी कम्पनी बिजली घर की स्थापना, संचालन और अनुरक्षण करेगी, अपने उपयोग के लिए नई लाइने बनायेगी, अगर ऐसी कम्पनी चाहे तो वह बिजली वितरण के लिए लाइसेन्स प्राप्त कर सकती है ।

भारतीय विद्युत अधिनियम - 2003

लाइसेन्स

- धारा/खंड 12 – लाइसेन्स – कोई व्यक्ति बिजली का प्रसारण, बिजली का वितरण और बिजली की खरीद विक्री तब तक नहीं करेगा जब

तक किसी समुचित आयोग द्वारा उसे ऐसा करने के लिए लाइसेन्स देकर प्राधिकृत नहीं कर दिया जाता ।

- धारा/खंड -13 – छूट देने का अधिकार – कोई उपयुक्त आयोग अधिसूचना जारी करके ये प्रावधान कर सकता है कि उक्त खंड 12 किसी स्थानीय प्राधिकरण अथवा फ्रेंचाईजी पर लागू नहीं होगा ।

भारतीय विद्युत अधिनियम - 2003
वितरण लाइसेन्स का निलंबन

- धारा/खंड 24 - वितरण लाइसेन्स का निलंबन – कोई समुचित आयोग निम्नलिखित स्थितियों में वितरण लाइसेन्स का निलंम्बित कर सकेगा यदि –
- वितरण लाइसेन्स धारक अपने उपभोक्ताओं को निरंतर बिजली सप्लाई में विफल हो जाता है ।
- वितरण लाइसेन्स धारक काम करने में असमर्थ हो जाता है ।
- निरंतर चूक करता है ।
- वितरण लाइसेन्स धारक लाइसेन्स की शर्तों का पालन नहीं कर पाता और उन्हें भंग कर देता है ।

भारतीय विद्युत अधिनियम - 2003
बिजली का प्रसारण

- धारा/खंड 25 – केंद्र सरकार अंतर राज्य, अंतर क्षेत्र पारेषणों के लिए क्षेत्र निर्धारित कर सकती है ।
- धारा/खंड 26 – केंद्र सरकार राष्ट्रीय स्तर पर और क्षेत्रीय स्तरों पर लोड डिस्पैच सेंटर (भार नियंत्रण केंद्र) कायम कर सकती है ।
- धारा/खंड 30 – किसी राज्य का आयोग अंतर संपर्क व्यवस्थाओं सुपर बनायेगा, पारेषण एक स्थान से दूसरे स्थान बिजली ले जाने और परस्पर सन्योज्यता को प्रोत्साहित करेगा ।
- धारा/खंड 31 – राज्य सरकार एक केंद्र की स्थापना करेगी जिसे राज्य स्तर का लोड डिस्पैच सेंटर (भार नियंत्रण केंद्र) कहा जायेगा ।
- धारा/खंड 34 – ट्रांसमीशन लाइसेन्स धारक ट्रांसमीशन लाइनों के रखरखाव और संचालन के तकनीकी मानकों का परिपालन करेगा ।
- धारा/खंड 39 – राज्य पारेषण संगठन - स्टेट ट्रांसमीशन यूटिलिटी – राज्य सरकार किसी बोर्ड अथवा सरकारी कंपनी को राज्य पारेषण संगठन को अधिसूचित कर सकती है । राज्य पारेषण संगठन बिजली के व्यापार में संलिप्त नहीं होगा ।

भारतीय विद्युत अधिनियम - 2003
बिजली वितरण

- धारा/खंड - 42 – वितरण लाइसेन्स धारक के कर्तव्य निम्नलिखित होंगे –
- लाइसेन्स धारक एक कुशल तालमेल वाली और किफ़ायती वितरण व्यवस्था विकसित करेगा और उसका रखरखाव करेगा ।
- राज्य आयोग वितरण में खुली पहुँच (ओपन एसेस) सुनिश्चित करेगा ।
- राज्य वितरण व्यवस्था में किसी उपभोक्ता को वितरण लाइसेन्स धारक किसी व्यक्ति अथवा संगठन में अपने क्षेत्र में बिजली प्राप्त करने और किसी उपभोक्ता को दे सकेगा और इसके बदले वह उचित प्रभार देगा/लगा ।
- लाइसेन्स धारक उपभोक्ताओं के लिए एक शिकायत निवारण मंच स्थापित करेगा ।
- राज्य आयोग उन उपभोक्ताओं की शिकायतें सुनने के लिए एक लोकपाल नियुक्त करेगा जिन्हें मंच के शिकायत निवारण से संतुष्टि नहीं मिलती ।
- धारा/खंड 43 – हर वितरण लाइसेन्स धारक किसी भी मालिक को उसके आवेदन के जवाब में आवेदन प्राप्त करने के एक महीने के अंदर सप्लाई देगा ।
- धारा/खंड 50 – कोई भी वितरण लाइसेन्स धारक आयोग को पहले सूचना देकर कोई अन्य व्यापार भी शुरू कर सकता है ।
- धारा/खंड 53 - प्राधिकरण राज्य सरकार से सलाह मशविरा करके निम्नलिखित के लिए उपाय सुझा सकती है –
- बिजली उत्पादन पारेषण और वितरण के कारण पैदा होए वाले खतरों से जनता को बचाने के लिए । इनमें बिजली उत्पादन पारेषण और वितरण के काम में लगे कर्मचारियों का बचाव भी शामिल है ।
- धारा/खंड 55- कोई भी लाइसेन्स धारक किसी ऐसे व्यक्ति को बिजली सप्लाई नहीं करेगा जिसने सही मीटर नहीं लगवाया है ।

- धारा/खंड 56 – अगर कोई व्यक्ति बिजली का प्रभार देने में लापरवाही करता है तो लाइसेन्स धारक 15 दिन का नोटिस देकर उसकी सप्लाई काट सकता है ।

भारतीय विद्युत अधिनियम - 2003

टैरिफ़, अपराध और दंड

- धारा/खंड 61 – दरों का विनियमन (टैरिफ़ रेग्युलेशन)आयोग दरों के निर्धारण की शर्तें तय कर सकेगा ।
- धारा/खंड 126 – मीटर से छेड़छाड़ गलत मंशा से नहीं की गई है तो बिजली कम्पनी इसमें खपत का आंकलन कर बिल वसूल सकती है । इससे पहले उपभोक्ता को नोटिस देकर पक्ष भी सुनने का अधिकार है । इसमे मीटर बंद, खराब, जले, अथवा टैरिफ के अनुचित उपयोग आदि गतिविधियां सम्मिलित है । यह भूलचूक लेनी देनी हैं ।
- धारा/खंड 135 – बिजली चोरी – जो कोई बेईमानी करके – ओवर हेड लाइनों अथवा भूमिगत केबिलों या लाइसेन्स वाले सर्विस तारों से हुक/कटिया डालकर बिजली लेता है, मीटर लूप कनेक्शन या किसी यंत्र में हेराफेरी करता है जिससे खपत की गई यूनिटें सही रिकार्ड नहीं होती, बिजली के मीटर को नुकसान पहुंचाता है, उसे सजा मिलेगी । ये दंड तीन वर्ष का कारावास/जेल अथवा जुर्माना दोनों हो सकते हैं ।
- धारा/खंड 136 – विद्युत संबन्धित लाइन से छेड़छाड़
- धारा/खंड 137 – विद्युत सम्पत्ति चोरी
- धारा/खंड 138 – मीटर के साथ छेड़छाड़, कटे हुए कनेक्शन को जोड़ना आदि ।
- धारा/खंड 139 – अज्ञानता पूर्वक ऊर्जा बरबादी करना
- धारा/खंड 150 - विभागीय कर्मचारी/अधिकारी के विरुद्ध कार्यवाही, यदि वह बिजली चोरी में अनदेखी/सहयोग करता है ।
- धारा/खंड 153 – कोई राज्य सरकार इन अपराधों की जल्दी से जल्दी सुनवाई के लिए खास अदालतें गठित कर सकती है । किसी खास अदालत में एक जज हो सकता है जिसके बारे में हाईकोर्ट (उच्च न्यायालय) ने सहमति दी हो ।
- धारा/खंड 156 – न्यायालय में प्रकरण दर्ज करना ।

विद्युत व्यवस्था – देश – प्रदेश सरकार

विद्युत व्यवस्था – देश – प्रदेश सरकार

- विद्युत भारत सरकार की समवर्ती (कोनकरेंट लिस्ट) सूची में सम्मलित है ।
- अतः भारत सरकार और प्रदेश सरकार दोनों के नियमों का पालन करना होता है ।
- विद्युत का उत्पादन भारत सरकार, प्रदेश सरकार और निजी क्षेत्रों द्वारा किया जाता है ।
- नाभिकीय (न्यूक्लीयर) उत्पादन (परमाणु - ऊर्जा) केवल भारत सरकार करती है ।
- थर्मल (तापीय), हायडिल (जल), उत्पादन सभी के द्वारा किया जाता है ।
- अक्षय ऊर्जा (सोलर/सौर, विंड/पवन, टायडल/ज्वारभाटा, भूगर्भीय/जिओथर्मल, बायोमास/अपशिष्ट) से भी ऊर्जा उत्पादन होता है ।

भारत सरकार की संस्थाएं –

- केंद्रीय विद्युत प्राधिकरण (सीईए) - 1951
- आरईसी (रुरल इलेक्ट्रीफिकेशन कॉर्पोरेशन) - 1969 (पीएफसी में समाहित - 2019)
- एनटीपीसी (नेशनल थर्मल पावर कोरपोरेशन) - 1975
- एनएचपीसी (नेशनल हायडिल पावर कोरपोरेशन) - 1975
- पीएफसी (पावर फायनेंस कॉर्पोरेशन) - 1986
- एनपीसीआईएल (न्यूक्लीयर पावर कॉर्पोरेशन ऑफ इंडिया लिमिटिड) - 1987
- पीजीसीआईएल (पावर ग्रिड कॉर्पोरेशन ऑफ इंडिया लिमिटिड) - 1989
- एपीडीआरपी (एक्सीलरेटिड पावर डिवलपमेंट एंड रिफॉर्म प्रोग्राम)/त्वरित ऊर्जा विकास एवं सुधार कार्यक्रम – 2002,
- आरजीजीवीवाय (राजीव गांधी ग्राम विद्युतीकरण योजना) - 2005
- आरएपीडीआरपी (रिवाइज्ड एक्सीलरेटिड पावर डिवलपमेंट एंड रिफॉर्म प्रोग्राम)/पुनिरीक्षित त्वरित ऊर्जा विकास एवं सुधार कार्यक्रम - 2008
- आईपीडीएस (इंटीग्रेटिड पावर डिवलपमेंट स्कीम)/एकीकृत ऊर्जाविकास योजना - 2013
- डीडीयूजीजेवाय (दीन दयाल उपाध्याय ग्राम ज्योति योजना) - 2014
- उदय (यूडीएवाय - उज्ज्वल डिस्कोम योजना) - नवंबर 2015
- सौभाग्य योजना – 25 – 09 – 2017

ग्रिड मेनेजमेंट (ग्रिड प्रबन्धन) –

- वर्ष 1960 – 5 ग्रिड मेनेजमेंट (नॉर्दर्न, ईस्टर्न, वेस्टर्न, नॉर्दर्न – ईस्टर्न, साउदर्न)
- वर्ष 1990 – नेशनल ग्रिड – राष्ट्रीय ग्रिड
- वर्ष 1991 – अक्टूबर - ग्रिड इंटरकनेक्शन – (नॉर्दर्न - ईस्टर्न और ईस्टर्न)
- वर्ष 2003 - मार्च – ग्रिड इंटरकनेक्शन – (वेस्टर्न)
- वर्ष 2006 - अगस्त - ग्रिड इंटरकनेक्शन – (नॉर्दर्न)
- वर्ष 2013 - दिसंबर 31 - ग्रिड इंटरकनेक्शन – (साउदर्न)
- वन नेशन – वन ग्रिड – वन फ्रीक्वेन्सी (एक राष्ट्र – एक ग्रिड – एक फ्रीक्वेन्सी) (One Nation – One Grid – One frequency)

लोड मेनेजमेंट (भार प्रबन्धन) –

- एनएलडीसी – नेशनल लोड डिस्पेच सेन्टर
- आरएलडीसी – रीजनल लोड डिस्पेच सेन्टर
- एसएलडीसी – स्टेट लोड डिस्पेच सेन्टर

- डीएलडीसी – डिस्कोम लोड डिस्पेच सेन्टर
- डीसीसीसी ज़ेड डॉट कॉम – डिस्ट्रीब्यूशन कन्ट्रोल सेन्टर – सेंट्रल जोन
- डीसीसी ई ज़ेड डॉट कॉम – डिस्ट्रीब्यूशन कन्ट्रोल सेन्टर – ईस्ट जोन
- डीसीसी डब्ल्यू ज़ेड डॉट कॉम – डिस्ट्रीब्यूशन कन्ट्रोल सेन्टर – वेस्टर्न जोन
- पीओएसओसीओ – पावर सिस्टम ऑपरेशन कोरपोरेशन ऑफ इण्डिया
- एजीसी – आटोमैटिक जेनरेशन सिस्टम
- आरआरएएस – रिजर्वस रेगुलेशन एन्सिलरी सर्विसेस
- यूएमपीपी – अल्ट्रा मेगा पावर प्लांट
- आईईजीसी – इंडियन इलेक्ट्रीसिटी ग्रिड कोड
- एफआरसी – फ्रीक्वेन्सी रेसपोन्स केरेक्टरेस्टिक
- सीईआरसी – सेंट्रल इलेक्ट्रीसिटी रेगुलेटरी कमीशन/केंद्रीय विद्युत विनियामक आयोग

- NLDC – National Load Despatch Centre
- RLDC – Regional Load Despatch Centre
- SLDC – State Load Despatch Centre
- DLDC – Discom. Load Despatch Centre
- DCCCZ.com – Distribution Control Centre , Central Zone
- DCCEZ.com – Distribution Control Centre , Eastern Zone
- DCCWZ.com – Distribution Control Centre , Western Zone
- POSOCO - Power System Operation Corporation of India
- AGC – Automatic Generation Control
- RRAS – Reserves regulation Ancillary Services
- UMPP – Ultra Mega Power Plant
- IEGC – Indian Electricity Grid code
- FRC - Frequency Response characteristic
- CERC – Central Electricity Regulatory commission

प्रदेश सरकार

सबसे पहले स्थानीय स्तर पर प्राइवेट इलेक्ट्रिक कम्पनियां अपना उत्पादन कर वितरण स्थानीय स्तर पर करती थीं । उसके बाद निम्नानुसार स्थिति रहीं है जैसे मध्य प्रदेश में -

प्रदेश सरकार – मध्य – प्रदेश सरकार

- मध्य प्रदेश विद्युत मण्डल (एमपीईबी) – 01 – 11 - 1956
- मध्य प्रदेश राज्य विद्युत मण्डल (एमपीएसईबी) 01 – 11 - 2000, जब छत्तीसगढ़ राज्य अलग से बना ।
- मध्य – प्रदेश विद्युत सुधार अधिनियम - 2000
- म प्र विद्युत प्रदाय संहिता (इलेक्ट्रीसिटी सप्लाई कोड) – 2004 संशोधित 2013
- लोक सेवा गारंटी अधिनियम - 2010
- विद्युत बोर्ड में उत्पादन (जेनरेशन), पारेषण (ट्रांसमीशन) तथा वितरण (डिस्ट्रीब्यूशन) विभाग थे ।
- नए सुधारों के अंतर्गत पाँच कम्पनियाँ बनी – 01 – 07 - 2002
- पांच कम्पनियाँ – जेनको (उत्पादन), ट्रांसको (पारेषण), तीन डिस्कोम (वितरण) - पूर्व क्षेत्र, मध्य क्षेत्र और पश्चिम क्षेत्र ।

इसके बाद इनके अलावा मेनेजमेंट कम्पनी एवं ट्रेडको और बनी ।

विद्युत व्यवस्था – उत्तर प्रदेश

- UPSEB – (Hydel) उत्तर – प्रदेश राज्य विद्युत बोर्ड, हायडिल

- UPRVUL - उत्तर – प्रदेश राज्य विद्युत उत्पादन लिमिटिड
- UPPCL – उत्तर – प्रदेश पावर कोरपोरेशन लिमिटिड
- UPPTCL – उत्तर – प्रदेश पावर ट्रांसमीशन कोरपोरेशन लिमिटिड
- UPJVNL – उत्तर – प्रदेश जल विद्युत निगम लिमिटिड
- UPPCL - उत्तर प्रदेश पावर कोरपोरेशन लिमिटिड के अन्तर्गत निम्नानुसार लिमिटिड -
- PVVNL - (पूर्वान्चल विद्युत वितरण निगम लिमिटिड)
- MVVNL - (मध्यांचल विद्युत वितरण निगम लिमिटिड)
- PVVNL - (पश्चिमांचल विद्युत वितरण निगम लिमिटिड)
- DVVNL - (दक्षिणांचल वियुत वितरण निगम लिमिटिड)
- KESCO - (कानपुर इलेक्ट्रिक सप्लाई कम्पनी)

 विद्युत व्यवस्था - राजस्थान सरकार –

- राजस्थान स्टेट इलेक्ट्रिसिटी बोर्ड (आरएसईबी - RSEB) – 1 जुलाई 1957
- राजस्थान विद्युत उत्पादन निगम लिमिटिड
- राजस्थान राज्य विद्युत पारेषण निगम
- राजस्थान ऊर्जा विकास निगम लिमिटिड
- जयपुर विद्युत वितरण निगम लिमिटिड
- अजमेर विद्युत वितरण निगम लिमिटिड
- जोधपुर विद्युत वितरण निगम लिमिटिड
- राजस्थान रिन्यूयेबिल एनर्जी (ऊर्जा नवकरणीय) कॉर्पोरेशन लिमिटिड – 4 - 12 - 2015

 विद्युत व्यवस्था हरियाणा सरकार –

- हरियाणा स्टेट इलेक्ट्रिसिटी बोर्ड -
- उत्तर हरियाणा बिजली वितरण निगम लिमिटिड (यूएचबीवीएनएल – UHBVNL)
- दक्षिण हरियाणा बिजली वितरण निगम लिमिटिड(डीएचबीवीएनएल -DHBVNL)

विद्युत – वितरण कम्पनी (डिस्कोम) कार्य क्षेत्र

विद्युत – वितरण कम्पनी (डिस्कोम) कार्य क्षेत्र -

- वितरण कम्पनी के कार्य क्षेत्र में 33 केवी लाइन, 33/11 केवी उपकेंद्र (पावर ट्रांसफार्मर), 11 केवी लाइन, 11/0.4 केवी उपकेंद्र (वितरण/ डिस्ट्रीब्यूशन ट्रांसफार्मर), एलटी लाइन, सर्विस लाइन, उपभोक्ता मीटर और उपभोक्ता आते हैं ।
- आपूर्ति व्यवस्था की दृष्टि से एक जिले का एक समूह बनाया जाता है ।
- विशेषत: 11 केवी फीडरों का वर्गीकरण ग्रामीण (आबादी) फीडर, ग्रामीण कृषि फीडर, शहरी फीडर, तहसील फीडर, जिला फीडर, कमिश्नरी (संभाग) फीडर, औद्योगिक (इंडस्ट्रियल) फीडर, विशेष (सेना क्षेत्र, रेलवे, आदि) फीडर
- उपभोक्ता जिनको निम्नदाब (एलटी) लाइन से कनेक्शन दिया जाता है उन्हें निम्नदाब (एलटी) उपभोक्ता (कंज्यूमर) कहते हैं । ये पुन: सिंगल फेज और थ्री फेज के होते हैं । एलटी लाइन के अलावा उच्चदाब लाइन से जिन्हें उच्चदाब (एचटी – हाई टेंशन) कहते हैं। ये अधिकतर 11 केवी, 33 केवी लाइन से कनेक्ट होते हैं । इससे अधिक वोल्टेज पर होने वाले कनेक्शन ईएचटी (एक्स्ट्रा हाई टेंशन) अति उच्चदाब उपभोक्ता कहते हैं ।

विद्युत – व्यवस्था, लाइन व ट्रांसफार्मर

- लाइन – लाइन की पहचान लाइन के वोल्टेज से की जाती है । 765, 400, 220, 132, 66 , 33, 11 और 0.4 केवी लाइन ।
- ट्रांसफार्मर की पहचान भी वोल्टेज से होती है, परंतु कितने वोल्टेज से कितने वोल्टेज निकलते हैं, कहने का अर्थ यह हुआ कि इनपुट और आउटपुट वोल्टेज एक नहीं होते, जबकि लाइन के एक वोल्टेज रहते हैं । 33/11 केवी पावर ट्रांसफार्मर, 11/0.4 केवी वितरण ट्रांसफार्मर । अपवाद स्वरूप सीटी (करंट ट्रांसफार्मर) भी एक प्रकार का ट्रांसफार्मर है परंतु इसमें वोल्टेज परिवर्तन नहीं होता है बल्कि करंट परिवर्तन होता है ।
- ट्रांसफार्मर की क्षमता केवीए या एमवीए में होती है, लाइन की क्षमता वोल्टेज में होती है ।
- लाइन में निरंतर करंट तथा ट्रांसफार्मर में करंट चुम्बकीय गुण के कारण बहता है जबकि एलटी से एचटी में कोई कनेक्शन नहीं होता ।

विद्युत – ट्रान्सफार्मर क्षमता केवीए/एमवीए में क्यों ?

- प्रत्येक ट्रान्सफार्मर में कोर लॉस और कॉपर लॉस होते हैं ।
- कोर लॉस इनपुट वोल्टेज पर निर्भर करते हैं ।
- कॉपर लॉस करंट के वाईंडिंग में प्रवाह पर निर्भर करते हैं ।
- इस प्रकार कुल लॉस वोल्टेज और करंट पर निर्भर करते हैं, परन्तु पावर फैक्टर पर नहीं ।
- इसलिए ट्रान्सफार्मर क्षमता केवीए/एमवीए में होती है किलोवाट/मेगावाट में नहीं होती है ।

विद्युत - वितरण कम्पनी (डिस्कोम) – करंट व पावर -

　इस तालिका में यह दर्शाया गया है कि एक निश्चित पावर के लिए विभिन्न वोल्टेज की लाइनों में कितने एम्पीयर करंट बहता है तथा विभिन्न वोल्टेज की लाइनों में 1 एम्पीयर करंट बहने/प्रवाहित होने पर कितनी पावर होती है ।

　1. - 1000 केवीए (1 एमवीए) पावर ले जाते समय 220 केवी लाइन का लोड (करंट) 2.6 एम्पीयर, 132 केवी लाइन का लोड (करंट) 4.4 एम्पीयर, 33 केवी लाइन का लोड (करंट) 17.5 एम्पीयर, 11 केवी लाइन का लोड (करंट) 52.5 एम्पीयर, एलटी (0.44 केवी) लाइन का लोड (करंट) 1312 एम्पीयर होगा ।

　2. - 1 एम्पीयर लोड (करंट) का मान केवीए में विभिन्न वोल्टेज की लाइनों में इस प्रकार होता है - 381 केवीए (220 केवी लाइन), 228.6 केवीए (132 केवी लाइन), 57 केवीए (33 केवी लाइन), 19 केवीए (11 केवी लाइन), 0.76 केवीए (एलटी लाइन) होता है जिसे साधारण तौर पर निम्नानुसार मानकर चलते हैं - 400 केवीए (220 केवी लाइन), 240 केवीए (132 केवी लाइन), 60 केवीए (33 केवी लाइन), 20 केवीए (11 केवी लाइन), 0.75 केवीए (एलटी लाइन) ।

3. - 1 एम्पीयर लोड (करेंट) यदि 220 केवी लाइन में है तब उसके अनुरूप 1.67 एम्पीयर लोड (करेंट) 132 केवी लाइन में, 6.68 एम्पीयर लोड (करेंट) 33 केवी लाइन में, 20.04 एम्पीयर लोड (करेंट) 11 केवी लाइन में, 501 एम्पीयर लोड (करेंट) एलटी लाइन में होगा ।

4. - 1 एम्पीयर लोड (करेंट) यदि एलटी लाइन में है तब उसके अनुरूप 0.002 एम्पीयर लोड (करेंट) 220 केवी लाइन में, 0.0033 एम्पीयर लोड (करेंट) 132 केवी लाइन में, 0.0133 एम्पीयर लोड (करेंट) 33 केवी लाइन में, 0.04 एम्पीयर लोड (करेंट) 11 केवी लाइन में होगा ।

विद्युत - वितरण कम्पनी (डिस्कोम) - करेंट व पावर -

लाइन करेंट प्रवाहित होने से लाइन लॉस की सामान्य विवेचना –

यदि 1 एमवीए पावर 100 किमी 11 केवी लाइन में सप्लाई होती है और इसी पावर को 90 किमी 132 केवी लाइन, 7 किमी 33 केवी लाइन और 3 किमी 11 केवी लाइन में सप्लाई होती है तब लॉस का अन्तर निम्नांकित से स्पष्ट है –

लाइन लॉस – करेंट x करेंट x आर (रजिस्टेन्स) x लेन्थ (लम्बाई) होता है, साधारण गणना के लिए आर (रजिस्टेन्स) का मान एक मान कर गणना की गई है –

1 – केवल 11 केवी लाइन 100 किमी लम्बाई की है, तब हानि (लोस) = 52.5x52.5x100 = 275625 होंगे ।

2 – यदि 90 किमी 132 केवी, 7 किमी 33 केवी, 3 किमी 11 केवी लम्बाई की लाइन है तब हानि (लोस) = (4.4x4.4x 90 = 1742.40) + (17.7x17.5 x 7 = 2143.75) + (52.5x 52.5x3 = 8268.75) = 12154.90

1 - पावर का एक ही 11 केवी लाइन पर लॉस ज्यादा होता है जबकि अलग अलग वोल्टेज की लाइनों से कम लॉस होता है ।

2 - पावर में एक ही केवी लाइन पर लम्बाई अधिक के कारण वोल्टेज ड्रॉप अधिक होता है ।

3 - पावर में एक ही केवी लाइन के लिए कंडक्टर साइज अधिक होने से कीमत अधिक होती है ।

4 - एक ही वोल्ट की लाइन में व्यवधान आने से पूरी विद्युत व्यवस्था बाधित होती है ।

5 - एक ही वोल्ट की लाइन में व्यवधान आने से पूरी लाइन को चेक करने में समय अधिक लगता है ।

विद्युत – वितरण कम्पनी (डिस्कोम) आपूर्ति व्यवस्था -

- 33 केवी फीडर समूह (ग्रुप) – ग्रुप (I – IV) – ग्रामीण क्षेत्र, ग्रुप (V – VI A) - तहसील क्षेत्र, ग्रुप (VII – VII A), ग्रुप (VIII) जिला क्षेत्र, ग्रुप (IX – XIII) – औद्योगिक क्षेत्र में विभाजित करते हैं ।

विद्युत – व्यवस्था, आपूर्ति – गुणवत्ता -

- आपूर्ति 24 x 7 (24 घंटे, सातों दिन) निर्बाध/लगातार होती रहे ।
- वोल्टेज ठीक हों, एलटी लाइन वोल्टेज +6 %, - 6 %, एचटी लाइन वोल्टेज +6 %, - 9%, ईएचटी लाइन वोल्टेज + 10%, - 12.5 % तथा वोल्टेज उतार – चढ़ाव व वोल्टेज डिप न हों । हार्मोन्स फ्री वोल्टेज ।
- फ्रीक्वेन्सी 50 हर्ट्ज़, = + 1 %, -1 %
- ब्रेक डाउन प्रति माह - कमिशनरी/संभागीय मुख्यालय पर 5 नंबर/5 घंटा, जिला मुख्यालय - 25 नंबर/15 घंटा ।
- सामान्य मौसम में 10 ट्रिपिंग प्रति माह और मानसून/वर्षाती मौसम में 30 ट्रिपिंग प्रति माह से अधिक न हों ।
- व्यवधान के कारण – पेड़, उपकरण खराव होना, जनता, मौसम (आंधी – तूफान, बाढ़, आगजनी), आकाशीय विद्युत, पशु आदि ।
- ट्रिपिंग 3 से 5 मिनिट तक का व्यवध्यान ट्रिपिंग कहलाता है ।

विद्युत – उपयोग

- लाइटिंग – प्रकाश उपयोग
- इलेक्ट्रोनिक ईक्विपमेंट – इलेक्ट्रिनिक उपकरण (टीवी, कंप्यूटर आदि)
- मोटर – पावर/घूर्णन उपयोग
- हीटिंग – गरम उपयोग
- केमीकल ईक्विपमेंट, इलेक्ट्रो प्लेटिंग, वेल्डिंग
- बैटरी चार्जिंग
- इलेक्ट्रिक वाहन चार्जिंग

टैरिफ के अनुसार उपयोग -

निम्न दाब टैरिफ और उच्च दाब टैरिफ

निम्न दाब टैरिफ –

घरेलू, गैर घरेलू (व्यावसायिक), कृषि, औद्योगिक, सड़क बत्ती, जल प्रदाय, अस्थाई/स्थाई कनेक्शन आदि ।

विद्युत खपत (उपयोग) प्रतिशत का सामान्य विशलेषण –

क्रमांक - विवरण खपत (उपयोग) - भारत (%)

1 - घरेलू उपयोग - 28 %

2 - व्यावसायिक उपयोग - 11 %

3 - औद्योगिक उपयोग - 28 %

4 - कृषि उपयोग - 22 %

5 - अन्य उपयोग - 11 %

6 - कुल उपयोग - 100 %

विद्युत व्यवस्था – समग्र तकनीकी एवं वाणिज्यिक हानियां (एटी एंड सी लासेस)

विद्युत व्यवस्था – समग्र तकनीकी एवं वाणिज्यिक हानियां (एटी एंड सी लासेस)

तकनीकी हानि (टेक्निकल लॉस) -

विद्युत प्रणाली में विद्युत आपूर्ति करते समय, 66 केवी लाईन, या 33 केवी लाईन, 66/11, या 33/11 केवी उप केंद्र (सब - स्टेशन), 11 केवी लाईन, वितरण ट्रांसफार्मर (डीटीआर), एलटी लाईन, उपभोक्ता की सर्विस लाईन, अर्थात उपभोक्ता मीटर से होने वाली हानि तकनीकी हानि कहलाती है ।

1 - वोल्टेज ड्रॉप (लम्बी लाईन, पतला कंडक्टर वायर, ढीले जम्फर, सीपेज/लीकेज/इंसुलेटर/ट्री ब्रांच) ।

समाधान/निराकरण – फीडर की लम्बाई तथा फीडर का लोड (भार) कम करें (अतिरिक्त नवीन फीडर निर्माण, फीडर के कंडक्टर वायर की क्षमता वृद्धि, लाइनों का संधारण) ।

2 - लोड - करंट – हानि, करंट x करंट x प्रतिरोध के अनुसार होती हे, लंबी लाईन, ज्यादा लोड, पतला कंडक्टर वायर ।

निराकरण – फीडर का भार (लोड) सामान्यतः 100 - 150 एम्पीयर से अधिक नही हों, उचित साइज का कंडेक्टर वायर और फीडर की लम्बाई कम हो, (अतिरिक्त नवीन फीडर निर्माण, फीडर के कंडक्टर वायर की क्षमता वृद्धि, लाइनों का संधारण), एलटी लाइनों में केबिल का उपयोग ।

3 – इम्पीडेंस – (प्रतिबाधा) - लाईन का इम्पीडेंस लाईन के कंडेक्टर की साईज़, लाईन लम्बाई, कंडेक्टर मेटीरियल आदि पर निर्भर ।

निराकरण – कम इम्पीडेंस के लिए उचित साइज का कंडेक्टर वायर, फीडर की लम्बाई कम हों ।

4 - पावर फेक्टर – (पी एफ)(शक्ति - गुणक) यह लाईन की लम्बाई, लाईन से संबन्धित लोड पर निर्भर।

निराकरण – इंडेक्टिव लोड के अनुसार केपेसिटर का उपयोग ।

5 – ट्रांसफार्मर - (परिणामित्र) – निम्न गुणवत्ता के ट्रांसफार्मर (स्टार रेटिंग नही), ट्रांसफार्मर लोड सेंटर में स्थापित न होना, ट्रांसफार्मर पर अंबेलेंस्ड लोड, खराव अर्थिंग/रख - रखाव ।

निराकरण – उच्च गुणवत्ता का ट्रांसफार्मर लगाना, (स्टार रेटिंग), ट्रांसफार्मर लोड सेंटर में स्थापित करना, भार (लोड) के अनुरूप ट्रांसफार्मर की क्षमता वृद्धि/अतिरिक्त स्थापना एवं लोड बेलेंसिंग करना, अर्थिंग ठीक करना/संधारण करना ।

6 – ऊर्जा - दक्ष उपकरणों का उपयोग न करना - बल्व, ट्यूब लाईट के स्थान पर एलईडी का प्रयोग न करना, स्टार रेटिंग उपकरण का उपयोग न करना, मितिव्ययता न वरतना आदि ।

निराकरण - जागरूकता अभियान चलाना, प्रचार/प्रसार – ऊर्जा दक्ष उपकरणो का उपयोग, एलईडी का उपयोग, स्टार रेटिंग उपकरण का उपयोग, मितिव्ययता वरतना आदि ।

वाणिज्यिक हानि (कोमर्सीयल लॉस) -

1 - मीटर – रीडिंग - गलत – रीडिंग, मीटर गुणांक, सीटी/पीटी रेशो ।

निराकरण – स्पॉट बिलिंग, औटोमेटिक मीटर रीडिंग ।

2 - मीटर – मीटर बन्द, खराव, जला, सीटी/पीटी बाई पास, तथा उचित बिलिंग न होना, मीटर वायपास अथवा चोरी ।

निराकरण - समय से ऐसे मीटरों का पता लगाना और बदलना, भारतीय विद्युत अधिनियम 2003 के अनुरूप मीटर बाहर लगाना, एलटी ओवर हेड लाइनों के स्थान पर केबिल का उपयोग, चोरी पकड़ना ।

3 - बिलिंग – उचित बिलिंग गणना नही, पावर फेक्टर, केपेसिटर/बेल्डिंग सर चार्ज की बिलिंग न करना, पुराने एरीयर पर ब्याज की गणना न होना, उचित टैरिफ के अनुसार बिलिंग न होना ।

निराकरण – उपभोक्ता से संबन्धित उचित जानकारी भरना, एएमआर व्यवस्था उपयोग करना ।

4 - बिल वितरण – समय से बिल वितरण न होना, संबन्धित उपभोक्ता को दूसरे उपभोक्ता का बिल वितरण, बिल वितरण ही न होना ।

निराकरण – स्पॉट बिलिंग, ई - मेसेज इंटर नेट द्वारा ।

5 - राजस्व संग्रहण (रेवेन्यू कलेक्शन) - समय पर भुगतान लेने की असुविधा (कार्यालीन समय के अतिरिक्त) गलत नोट ले लेना, नोटों की गिनती में त्रुटि करना ।

निराकरण – कलेक्शन किओस्क (एटीपी) स्थापित करना, इन्टरनेट बेंकिंग, व अन्य ई एप का उपयोग, तथा प्रीपैड मीटर लगाना ।

6 - उपभोक्ता संवाद/व्यवहार - उपभोक्ता की बिल संबन्धित शिकायत का निराकरण न होना, शासन द्वारा प्रचलित योजना का लाभ न मिलना, आदि ।

निराकरण – उपभोक्ता समस्याओं का समय से उचित निराकरण, उपभोक्ता संवाद बनाए रखना, नियमित भुगतान करने वाले उपभोक्ताओ के लिए प्रोत्साहन योजना, राजस्व वसूली अधिक करने वाले कर्मचारी/अधिकारियों को प्रोत्साहित करना, विभागीय कार्यशाला/ सेमीनार कर उचित नवीन नियमों पर चर्चा एवं उनका क्रियान्वन करना ।

एटी एंड सी लासेस – एग्रीग्रेट टेक्नीकल एंड कोमर्सियल लासेस (समग्र तकनीकी एवं वाणिज्यिक हानियां)

वितरण व्यवस्था (33 केवी लाइन, 33/11 केवी विद्युत पावर उपकेंद्र, 11 केवी लाइन, वितरण ट्रांसफार्मर/11/0.4 केवी डीटीआर, एलटी लाइन, सर्विस लाइन और मीटर तक) में होने वाली हानि, तकनीकी हानि कहलाती है, यह करंट के वर्ग के समानुपती होती है इन्हें ही कॉपर लॉस कहते हैं, ट्रांसफार्मर में कॉपर लॉस के अलावा कोर में लॉस होते हैं उन्हें आयरन लॉस कहते हैं ये एड्डी करंट और हिस्टरेसिस लॉस की वजह से होते हैं । ये लॉस ही तकनीकी लॉस होते हैं ।

तकनीकी हानि = क्रय (इनपुट) यूनिट – विक्रित (सोल्ड) यूनिट

वाणिज्यिक हानि (कोमर्सियल लॉस) - ये हानि मीटर से मीटरिंग, बिलिंग, कलेक्शन (एमबीसी) के कारण होती हैं । गलत मीटर रीडिंग, मीटर बंद/खराब, जलना, मीटर वाईपास होना, मीटर गुणांक गलत लगाना, गलत टैरिफ़ से बिल बनना, बिल समय से न वितरित होना, बिल न पहुचना, उपभोक्ता से बिल लेने की सुविधा न होना, अथवा बिल भुगतान न करना, कनेक्शन समय से न विच्छेदन/कटना आदि मुख्य हैं .

- वाणिज्यिक हानि = राजस्व देयक (रेवेन्यू बिल) राशि (डिमांड) – राजस्व संग्रहण (रेवेन्यू कलेक्शन)
- एटी एंड सी लासेस = (1 - बीई x सीई) x 100 प्रतिशत
- बीई – बिलिंग एफीसीऐन्सी (बिलिंग दक्षता) = विक्रित (सोल्ड) यूनिट/क्रय (इनपुट) यूनिट
- सीई – कलेक्शन एफीसीऐन्सी (संग्रहण दक्षता) = राजस्व संग्रहण राशि (रेवेन्यू कलेक्टिड)/राजस्व मांग राशि (रेवेन्यू डिमांड)
- उदाहरण – 100 यूनिट क्रय के बाद 80 यूनिट विक्रय हुई, तब
- बीई = बिलिंग दक्षता = 80/100 = 0.8 हुई ।
- रूपये 80 की मांग में से केवल रुपये 60 वसूल हुए, तब
- सीई = भुगतान दक्षता = संग्रहण दक्षता = 60/80 = 0.75 हुई ।
- तब एटी एंड सी लासेस = (1 - 0.8 x 0.75) x 100 =
- (1 - 0.6) x 100 = 40 प्रतिशत

सामान्यत: हानियां निम्नानुसार हों तो उचित होती हैं, यदि इनसे अधिक हो तो वहां सुधार आवश्यक है - 33 केवी लाइन (3.0 %), पावर ट्रान्सफार्मर (1.0 %), 11 केवी लाइन (6.0 %), वितरण ट्रांसफार्मर (2 %), एलटी लाइन (3.0 %) कुल हानि (15.0 %) यह एक आदर्श मानते हैं ।

1 - उपरोक्त से यह है कि जहां हानियाँ अधिक हैं, वहाँ सुधार आवश्यक है ।

2 - सबसे अधिक हानियां 11 केवी फीडर पर होती है, कोशिश करें फीडर लोड 100 – 150 एम्पीयर से अधिक न हो ।

1

विद्युत व्यवस्था - संचालन

विद्युत व्यवस्था - संचालन

विद्युत चालू – बंद (ऑन – ऑफ) प्रक्रिया -

- विद्युत की आपूर्ति (सप्लाई) फीडर के लिए निर्देशित समयानुसार फीडर को चालू किया जाता है ।
- 24 घंटे विद्युत आपूर्ति प्रवाहित करने वाले फीडर को हमेशा चालू रखना है, बशर्ते वह फीडर किसी व्यवधान/फाल्ट या पूर्व नियोजित/प्री अरेंजड कार्य हेतु निर्देशित समय को छोड़कर ।
- ऐसे फीडर जिनको निर्धारित समय के लिए विद्युत आपूर्ति प्रदाय किया जाना है, उस निर्धारित समय के लिए ही फीडर चालू रखना है । शेष समय के लिए फीडर बंद रखना है । इनमें मुख्यत: कृषि और मिक्स फीडर इस श्रेणी में आते हैं ।
- जब कोई फीडर व्यवधान (फाल्ट) के कारण बंद होता है तो व्यवधान दूर होने के बाद उसे चालू किया जा सकेगा ।
- जब कोई फीडर पूर्व नियोजित कार्य हेतु बंद होता है, कार्य पूर्ण होने के उपरांत तथा परमिट की प्रक्रिया का पालन करते हुए फीडर को चालू किया जाता है ।
- नवीन फीडर एवं उपकरण जिसका कार्य पूर्ण होता है उसको निर्धारित परीक्षण के उपरान्त निर्धारित निर्देशानुसार विद्युत आपूर्ति प्रदाय की जाती है ।

विद्युत आपूर्ति प्रदाय बंद करना/होना

- फीडर पर निर्धारित विद्युत आपूर्ति के समय के अतिरिक्त समय में फीडर को बंद किया जाता है ।
- फीडर पर पूर्व आयोजित कार्य (संधारण कार्य एवं नवीन कार्य) करने हेतु फीडर को नियमानुसार परमिट की प्रक्रियाओं का पालन करते हुए उसे बंद किया जाता है ।
- फीडर पर ट्रिपिंग – फाल्ट आने के उपरांत यदि फीडर पुन: चालू नहीं होता है तब उसे फाल्टी (बाधित) फीडर घोषित कर उसे बंद कर दिया जाता है ।
- विशेष आपातकालीन स्थिति (तेज आंधी – तूफान, चक्रवात, बाढ़, आगजनी, दुर्घटना विशेष, दंगे आदि) में भी फीडर वरिष्ठ अधिकारियों के मार्गदर्शन के अनुरूप बंद किया जाता है ।
- फीडर व्यवधान मुख्यत: उत्पादन, पारेषण, उपकेंद्र, वितरण अथवा पूर्व नियोजित कारणों से होता है ।

विद्युत व्यवस्था – लाइन बाधित/फाल्टी होना

- लाइन - लाइन का कोई फेज अर्थ होने पर, अर्थ फाल्ट के कारण बंद होती है –
- लाइन - लाइन के कोई फेज आपस में संपर्क होने से फेज टू फेज होने से ओवर करेंट फाल्ट के कारण बंद होती है –
- लाइन - लाइन अर्थ फाल्ट एवं ओवर करेंट फाल्ट दोनों के कारण भी बंद होती है –
- लाइन - लाइन के किसी फेज के जम्पर जलने, एबी स्विच पार्ट जलने, लाइन के एक फेज के डीओ जलने आदि से ओपन सर्किट होता है, परंतु लाइन बंद नहीं होती है तब भी सप्लाई पूरी (तीनों फेज) नहीं होने से बाधा आती है, ऐसे में उपकेंद्र ऑपरेटर के तीनों फेजों पर एक समान लोड नहीं होगा तथा जो फेज ओपन सर्किट हुआ है उस फेज से संबन्धित व थ्री फेज उपभोक्ताओं को विद्युत आपूर्ति/सप्लाई ठीक

नहीं मिलेगी ।

- उपरोक्त सभी परिस्थितियों में कर्मचारी नियमानुसार परमिट लेकर, लाइन डिस्चार्ज कर, शॉर्ट करके, फाल्ट निकाल कर फिर शॉर्ट निकालकर, डिस्चार्ज हटाकर अपने सभी साथियों को अवगत कराते हुए परमिट केन्सिल/निरस्त कराकर लाइन चालू करेगा ।

2

विद्युत - संधारण

विद्युत - संधारण

विद्युत आपूर्ति व्यवस्था (सप्लाई सिस्टम) का संधारण/अनुरक्षण (मेंटीनेंस) -

- वर्तमान में विद्युत ऊर्जा का उपयोग आम ब्यक्ति से लेकर समाज के हर स्तर के व्यक्तियों के लिए अत्यंत आवश्यक है । विद्युत के बिना किसी भी दैनिक क्रिया - कलाप की कल्पना भी संभव नहीं है ।
- वर्तमान में विद्युत शक्ति के रोज़मर्रा के साधन/इक्विपमेंट अधिक इस्तेमाल होने के कारण प्रत्येक घर/मकान/कार्यालय का विद्युत भार भी कई गुना बढ़ चुका है, परिणाम स्वरूप विद्युत लाइनों, ट्रांसफार्मरों एवं अन्य विद्युत प्रदाय के सब स्टेशन उपकरणों पर विद्युत भार बढ़ चुका है ।
- समय के साथ उपभोक्ताओं की संख्या तो बढ़ी ही है, साथ ही जागरूकता भी बढ़ी है, जिसके कारण उपभोक्ताओं को निर्बाध रूप से विद्युत सप्लाई दिया जाना अपेक्षित रहता है । परन्तु वर्तमान परिस्थितियों में कई बार विद्युत लाइनों, ट्रांसफार्मरों एवं संबन्धित उपकरणों में खराबी आने के कारण विद्युत व्यवस्था में व्यवधान पैदा हो जाते हैं । संधारण/अनुरक्षण/मेंटीनेंस पर ही ध्यान दिया जाकर विद्युत प्रदाय व्यवस्था में सुधार किया जा सकता है ।

विद्युत – संधारण/अनुरक्षण (मेंटीनेंस) –

- संधारण/मेंटीनेंस अर्थात सेवा में कार्यरत किसी विद्युत उपकरण का समय – समय पर किया गया निरीक्षण, परीक्षण, साफ - सफाई एवं एडजस्टमेंट का कार्य जिसके कारण उपकरण सुचारु रूप से कार्य करता रहे तथा किसी प्रकार का विद्युत अवरोध पैदा न करें । मेंटीनेंस का कार्य ब्रैक डाउन को कम करने हेतु किया जाता है, जो कि निश्चित अवधि के पश्चात किया ही जाना चाहिए । प्रिवेंटिव मेंटीनेंस एवं ब्रैक डाउन मेंटीनेंस में यही अंतर है कि ब्रैक डाउन मेंटीनेंस व्यवस्था भंग होने के पश्चात उपकरण को बंद करके रिपेयर/सुधार किया जाता है, जबकि प्रिवेंटिव मेंटीनेंस उपकरण को सेवा में रखते हुए तथा ब्रैक डाउन से बचाने के लिए किया जाता है ।

विद्युत व्यवस्था – संधारण/अनुरक्षण/मेंटीनेंस/सुधार

विद्युत व्यवस्था सुधार की दृष्टि से चार प्रकार के संधारण किए जाते है –

- 1- पीरिओडिक मेंटीनेंस/समय बद्ध संधारण – आमतौर पर एक वर्ष में दो बार (मानसून के बाद या दिवाली से पहले और दूसरा प्री मानसून/मानसून से पहले) ।
- 2 – करेक्टिव मेंटीनेंस/सुधारात्माक संधारण – जब कभी विद्युत व्यवस्था में ऐसी कमियाँ आ जाती हैं और समय रहते उनको सुधारा नहीं गया तो आगे आने वाले समय में व्यवधान होगा अतः ऐसे व्यध्यानों को पूर्व से ही सुधार लिया जाता है - जैसे पेड़ की डालियाँ, लूज जम्पर, ढीले तार, झुके पोल, स्टे ढीली आदि और वे सभी कार्य जो पीरिओडिक मेंटीनेंस में किए जाते हैं ।
- 3 - ब्रैक डाउन मेंटीनेंस/व्यवधान संधारण – जब विद्युत व्यवस्था फाल्ट के कारण बाधित हो गई तब फाल्ट को दूर कर/निकालकर ही व्यवस्था नियमित होती है । पहले दोनों सुधार कार्यों में विद्युत व्यवस्था ब्रैक डाउन नहीं होती अपितु शट्डाउन लेकर सुधार कार्य किया जाता है ।

- 4 – हॉट लाइन मेंटीनेंस/चालू लाइन संधारण – यह अधिकतर एलटी लाइन एवं अति उच्च दाब लाइनों में विशेष परिस्थितियों में किया जाता है । सामान्यत: की स्थिति में इस प्रक्रिया को नहीं अपनाया जाता है ।

विद्युत संधारण – प्रिवेंटिव मेंटीनेंस

प्रिवेंटिव मेंटीनेंस का कार्य मुख्य रूप से तीन भागों में विभाजित रहता है –

- 1- निरीक्षण (इंसपेक्शन) – किसी उपकरण को बगैर खोले, कार्य में रहते हुए आँखों से देखकर, आवाज सुनकर, सूंघकर या छूकर (जिनमें विद्युत प्रवाह नहीं होता) उसके कार्य निष्पादन तथा संभावित कमियों एवं भविष्यों में आने वाले फाल्ट का आंकलन करना होता है ।
- उदाहरण – लाइन का लोड चेक करके पता चलता है कि लाइन ओवर लोड तो नहीं है, ट्रांसफार्मर की बॉडी छूकर ठंडा अथवा गरम होने से लोड अथवा अन्य कोई डिफ़ेक्ट/फाल्ट पता चलता है ।
- 2- प्रिवेंटिव मेंटीनेंस – समय – समय पर उपकरण की टेस्टिंग करके उसकी कार्य प्रणाली की जांच करना, उपकरण की इलेक्ट्रिकल/मैकेनिकल सुदृढ़ता की जांच करना कि उपकरण सेवा में रखने लायक हेतु कोई फाल्ट आने के पूर्व कोई संधारण कार्य करना ताकि उपकरण में फाल्ट न आए । जैसे ट्रांसफार्मर ऑइल चेक कर परीक्षण करके तदानुसार कार्यवाही करना । ऑइल फिल्टर करना अथवा ऑइल बदलना आदि ।
- 3- ओवर हालिंग – ओवरहालिंग के अंतर्गत उपकरण को सेवा से हटाकर, खोलकर आवश्यक दुरुस्ती कार्य का सम्पादन करना तथा जरूरत होने पर पुराने पुर्जे बदल कर नए पुर्जे लगाना शामिल है ।

विद्युत संधारण – मानसून पूर्व (वर्षा से पहले)/मानसून बाद (दिवाली से पहले) -

- वर्ष में दो बार मानसून के आने के पहले (सामान्यत: 16 अप्रैल से 31 मई) और मानसून के बाद (सामान्यत: 1 सितंबर से 15 अक्टूबर) बिजली की लाइनों का और उपकरणों को फिट रखना जरूरी है । इसलिए संधारण से पहले निरीक्षण किया जाता है । साल में दो बार पहला मानसून पूर्व जो प्राय: बसंत के मौसम के बाद हिन्दी महीने चैत्र माह की नव दुर्गा और रामनवमी (चैत्र मास नवरात्रि) के आसपास क्योंकि बसंत के मौसम में हेमंत और शिशिर ऋतु के पतझड़ के बाद वृक्षों की डालियां, पत्तियां नई कोपलों के साथ बढ़ती है जिनको छांटना जरूरी होता है । दूसरे गर्मी के मौसम में हवा के कारण आंधी आदि अधिक चलती है । ठीक उसी प्रकार मानसून बाद, मानसून के कारण वृक्षों की डालियों, टहनियों और पत्तों में वृद्धि होती है, अत: पुन: उनको छांटना होता है । यह समय लगभग हिन्दी माह अश्विनी (क्वार) की नवरात्रि के आसपास आता है । अर्थात यह भी कह सकते हैं कि वर्ष में दोनों नवरात्रि के समय के आसपास संधारण कार्य करना होता है . निरीक्षण के बाद प्रायोजित कार्यक्रम निर्धारित कर ग्राहकों/उपभोक्ताओं को भी पूर्व सूचना देकर, मेंटीनेंस सामग्री तैयार का विधिवत संधारण किया जाता है । जिनमें मुख्य कार्य किए जाते हैं –
- पेड़ों की डाल/टहनियाँ छांटना/काटना, पोलों से घोंसले निकालना, लाइनों के ढीले तार खींचना, टेढ़े/झुके पोल सीधे करना, वी क्रॉस आर्म आदि के नट – बोल्ट कसना, अर्थिंग ठीक करना, टूटे/क्रैक इंसुलेटरों को बदलना, कट पॉइंट के जम्पर ठीक करना, स्टे ठीक करना, निचले कंडक्टर की जमीन से नियमानुसार ऊंचाई रखना, गार्डिंग ठीक करना, जहां जरूरी हो वहां गार्डिंग करना, एबी स्विच/आइसोलेटर के प्वाइंट और जम्पर ठीक करना आदि ।

3

विद्युत संधारण - लाइन - पोल

विद्युत संधारण – लाइन - पोल

- टेढ़े/झुके खम्भे सीधे करना – जो पोल किसी भी कारण झुक गए हैं, इससे तार ढीले व आपस में टकराने लगते हैं जिससे लाइन फाल्ट होकर तार भी टूटते हैं । पोलों के आधार/बेस में पानी डालकर तथा रस्सी से खींचकर पोल सीधे किया जाने के बाद निचले सिरे की नींव में बोल्डर/पत्थर भरकर करने से सीधे किए गए पोल को मजबूती मिलती है ।
- आंधी तूफान प्रभावित क्षेत्रों में स्टार्म गाई पोलों के दोनों ओर लगाई जानी चाहिए ताकि आंधी तूफान के दौरान हवा के दबाव का असर पोल एवं तारों पर न होकर स्टे द्वारा झेल लिया जाए एवं पोल टूटने से बचें तथा टूट - फूट एवं विद्युत आपूर्ति छिन्न - भिन्न होने से बचा जा सके ।
- ढीली स्टे को भी दुबारा खींच कर ठीक किया जावे ।
- पीसीसी पोल पर लगाई स्टे के बीच स्टे इंसुलेटर का लगा होना अति आवश्यक है, ताकि कोई विद्युत दुर्घटना न हो सके । यदि स्टे इंसुलेटर टूटा हुआ हो तो अवश्य बदला जावे । यह केवल एलटी लाइन के लिए ही है, अन्य वोल्टेज की लाइन के लिए नहीं क्योंकि वहां प्रत्येक पोल अर्थ किया जाता है और एलटी लाइन में हर पांचवाँ पोल अर्थ किया जाता है ।
- प्रत्येक पोल की अर्थिंग सही हालत में होना आवश्यक है । एलटी लाइन के न्यूट्रल की एल्यूमिनियम बॉबिन के द्वारा प्रत्येक पोल पर अर्थ करके लगातार न्यूट्रल अर्थिंग होना आवश्यक है । यदि पोल की अर्थिंग कटी/टूटी हो तो नई अर्थिंग की जाए ।
- उन स्थानों पर जहां लाइन का स्पान ज्यादा हो और तार अत्यधिक ढीले हों वहां पर मिड स्पान पोल लगाया जाए, ताकि तार आपस में न टकराएँ एवं जमीन से सुरक्षित दूरी बनी रहे ।
- यदि किसी वाहन की टक्कर या तूफान के कारण पीसीसी पोल क्रैक, लोहे के पोल टेढ़े हो जाए अथवा पोल जमीन से गल जाएं तो ऐसे पोलों को बदला जाना आवश्यक है ।

विद्युत संधारण – लाइन -

- लाइन के ढीले तार खींचना, तारों में ज्यादा जोड़ हैं तो उन्हें बदलना, लोड बढ़ने के कारण तार पुराने व पतले हैं तो उचित साइज के तार बदलना, नदी, नाले, सड़क मार्गों पर गार्डिंग न हो तो करना, यदि ढीली है तो पुन: ठीक करना । लाइन के टूटे/क्रैक पिन/डिस्क इन्सुलेटर बदलना, उनकी साफ सफाई, बाइंडिंग ठीक करना, पिन का तिरछा होने पर सीधा करना ।
- क्रॉस आर्म पोल से ठीक कसना, यदि तिरछा हो तो ठीक करना ।
- दो पोलों के बीच तारों में कट, जोड़ कमजोर न होना ।
- तारों का वृक्षों की डगाल/टहनियों, मकान/भवनों से निर्धारित दूरी पर रखना तदानुसार सुधार करना ।

विद्युत लाइनों से धरातल, भवनों से सुरक्षित दूरी आदि के लिए केंद्रीय विद्युत प्राधिकरण द्वारा निम्नलिखित मापदंड निर्धारित हैं –

1. ग्रामीण क्षेत्र जहां वाहन, ट्रैफिक न हो, वहाँ जमीन से कंडक्टर की दूरी -

अ - एलटी लाइन - 4.57 मीटर (15 फीट)

आ - 11 केवी लाइन - 4.57 मीटर (15 फीट)
इ - 33 केवी लाइन - 5.18 मीटर (17 फीट)

1. ग्रामीण एवं शहरी क्षेत्रों में सड़क के समानान्तर विद्युत लाइनों के निचले कंडक्टर से जमीन की दूरी –

अ - एलटी लाइन - 5.5 मीटर (18 फीट)
आ - 11 केवी लाइन – 5.8 मीटर (19 फीट)
इ - 33 केवी लाइन - 5.8 मीटर (19 फीट)

3. ग्रामीण एवं शहरी क्षेत्रों में सड़क क्रॉसिंग करती विद्युत लाइनों के निचले कंडक्टर की जमीन से दूरी

अ - एलटी लाइन - 5.8 मीटर (19 फीट)
आ - 11 केवी लाइन – 6.1 मीटर (20 फीट)
इ - 33 केवी लाइन - 6.1 मीटर (20 फीट)
4. किसी मकान के ऊपर से गुजरने वाली लाइन के निचले कंडक्टर एवं मकान के सबसे ऊपर हिस्से के बीच की दूरी -
अ - एलटी लाइन – 2.5 मीटर (8 फीट)
आ - 11 केवी लाइन – 3.04 मीटर (10 फीट)
इ - 33 केवी लाइन - 3.66 मीटर (12 फीट)
5. किसी मकान के पास से गुजरने वाली लाइन के नजदीक कंडक्टर की मकान से दूरी -
अ - एलटी लाइन – 1.2 मीटर (4 फीट)
आ - 11 केवी लाइन – 1.83 मीटर (6 फीट)
इ - 33 केवी लाइन - 2.5 मीटर (8 फीट)

6. लाइन एवं पेड़ की शाखा/डगाल की दूरी –

अ - एलटी लाइन – 1.2 मीटर (4 फीट)
आ - 11 केवी लाइन – 1.83 मीटर (6 फीट)
इ - 33 केवी लाइन - 2.5 मीटर (8 फीट)

7. 33 केवी लाइन से दूरी –

अ - एलटी लाइन – 3.04 मीटर (10 फीट)
आ - 11 केवी लाइन – 3.04 मीटर (10 फीट)
इ - 33 केवी लाइन - 3.04 मीटर (10 फीट)

विद्युत लाइन – कंडक्टर फेज से फेज दूरी

- सिंगल सर्किट लाइन त्रिभुज आकार में होती है जिसमें एक वी क्रॉस आर्म जिस पर दोनों तरफ के कंडक्टर खिंचे होते हैं तथा बीच का कंडक्टर टॉप क्लैम्प पर लगे पिन इंसुलेटर पर खिंचा होता है ।
- डबल सर्किट लाइन में तीन वी क्रॉस आर्म लगती हैं, एक तरफ एक लाइन के तीनों फेज तथा दूसरी तरफ दूसरी लाइन के तीनों फेज खिंचे होते हैं ।
- वी क्रॉस आर्म 11 केवी के बीच फेज से फेज की दूरी 1220 एमएम (4 फुट) तथा 33 केवी में 1530 एमएम (5 फुट) रहती है ।
- वी क्रॉस आर्म 11 केवी कंडक्टर और टॉप क्लैम्प के कंडक्टर के बीच लम्बवत दूरी 1065 एमएम (3.5 फुट) तथा 33 केवी में 1320 एमएम (4 फुट 3 इंच) रहती है ।
- एलटी लाइन में फेज टू फेज की दूरी 1 फुट (300 एमएम) तथा फेज से न्यूट्रल वायर की दूरी 10 इंच (250 एमएम) रहती है ।

विद्युत लाइन – पोल/खम्भा, डीपी – स्थल

लाइनों के पोलों की स्थिति हेतु निम्नलिखित पर ध्यान देना आवश्यक है –

- जहां तक सम्भव हो लम्बाई के मध्य अंतर समान रखें । क्षैतिज ग्रेड की अवस्थिति की जानकारी रखें ।
- ऊंचे स्थानों पर पोलों को लगाने से छोटे पोलों का उपयोग किया जा सकता है और दूरी के मध्य में उचित भूमि अंतर बना रहेगा । अत्यधिक पहाड़ी या पहाड़ वाले गांवों में पोलों को टीलों पर लगाया जाता है जिससे उनके मध्य अंतर बढ़ता है तथा कंडक्टर पर पोलों में ज्यादा वृद्धि नहीं होती । ऐसा इसलिए सम्भव होता है क्योंकि सैग (झूल) को काफी बड़ा रखते हुए अपेक्षित भूमि अंतर बनाए रखा जा सकता है ।
- पोलों को कटाव या तटबंधों के किनारों पर अथवा जल धाराओं के किनारों के साथ नहीं रखा जाना चाहिए ।
- किसी खंड (सेक्शन) हेतु कट पॉइंट 1.6 किमी लम्बाई वाला हो सकता है (सिवाय विशेष मामलों के) जहां दोहरे पोल (डबल पोल/डीपी/ जोड़ा) मुहैया करवाए जाने होते हैं, जिससे कंडक्टर पर दबाव कम हो । यह पहले ही अनुमान लगाया जा चुका है कि एचटी लाइनों के 1 किमी लम्बाई हेतु 10 पोल की जरूरत होती है अत: 1.6 किमी पर सेक्शन डीपी लगाते हैं । इसे ही लाइन डीपी कहते हैं यह 4 -5 फुट सेंटर की होती है तथा 6 स्टे लगते हैं तथा दोनों के बीच क्रॉस एंगल भी लगाए जाते हैं ।
- डीपी - 33 केवी 5 फुट और 11 केवी 4 फुट सेंटर तथा वितरण ट्रांसफार्मर डीपी 8 फुट सेंटर पर होती है ।

विद्युत लाइन – अर्थिंग -

- लाइन और बिजली के उपकरणों को अर्थ करना महत्वपूर्ण होता है । बिना अर्थिंग किये बिजली की दृष्टि से असुरक्षा होती है । पोल/किसी उपकरण के मुख्य अंश को ठोस रूप से मिट्टी से जोड़ देने को अर्थिंग कहा जाता है ।
- शॉर्ट सर्किट या लीकेज होने पर करंट मिट्टी की तरफ कम से कम रजिस्टेन्स के साथ आगे बढ़ेगा ताकि सर्किट के जरिए अधिकतम करंट बढ़े जिससे फ्यूज उड़ जाएगा और सर्किट ब्रेकर ट्रिप कर जाएगा । इस कारण से फाल्टी लाइन या उपकरण लाइव/चालू सर्किट से अलग हो जाएगा ।
- एलटी लाइन के हर पांचवे पोल को अर्थ करना चाहिए । एलटी पोल की सभी धातु की बनी फिटिंग और स्टे को अर्थ किया जाना चाहिए और उसे न्यूट्रल से जोड़ देना चाहिए क्योंकि यह न्यूट्रल मल्टीपल अर्थ न्यूट्रल होता है ।
- क्रॉस आर्म, टॉप क्लैम्प, पीसीसी पोल के इंसुलेटर पिनों की अर्थिंग पोल के साथ ही करनी चाहिए ।
- अगर अर्थ इलेक्ट्रोड उपलब्ध न हो तो उसकी जगह 8 एसडब्ल्यूजी जीआई वायर की लीड 2.5 मीटर लम्बाई और अर्थिंग कोइल 115 टर्न 50 एमएम डाया/व्यास जीआई वायर का इस्तेमाल किया जाना चाहिए ।

विद्युत लाइन – स्टे बाइंडिंग -

- स्टे बाइंडिंग – स्टे को जीआई वायर का उपयोग करते हुए खम्बे की अर्थिंग और अथवा न्यूट्रल वायर के साथ जोड़ा जाता है ताकि लीकेज करंट अर्थिंग या न्यूट्रल के माध्यम से जमीन तक पहुँच सके । ऐसी बाइंडिंग को 'स्टे बाइंडिंग' कहा जाता है ।
- याद रखें – अगर स्टे इंसुलेटर नहीं लगाया गया, तो 8 एसडब्ल्यूजी जीआई वायर का इस्तेमाल स्टे क्लैम्प के लिए किया जाये और उसे न्यूट्रल कंडक्टर के साथ जोड़ दिया जाये । जीआई वायर की लम्बाई इतनी काफी होनी चाहिए कि वह एलटी लाइन के मामले में स्टे वायर को एलटी लाइन/एचटी लाइन की अर्थिंग के न्यूट्रल से जोड़ सकें । इस जीआई वायर को अर्थिंग अथवा न्यूट्रल के साथ अच्छी तरह से बांध देना चाहिए ।
- स्टे इंसुलेटर को जमीन से 10 फुट/3 मीटर की दूरी से कम नहीं होना चाहिए ।
- स्टे की बाइंडिंग करते समय यह ध्यान रखना चाहिए कि पोल टेढ़ा न हो ।
- स्टे बाइंडिंग के लिए थिमबल जरूरी होता है । अगर थिमबल उपलब्ध न हो तो आई बोल्ट का स्टे वायर का हिस्सा ठीक से बंधा होना चाहिए ।

त्रैमासिक - लाइनों के निरीक्षण/इंस्पेक्शन/देखभाल का चार्ट –

निरीक्षण किया, किये जाने वाले उपकरण/सामान (1), - निरीक्षण/इंस्पेक्शन/देखभाल करने के बिन्दु (2), - निरीक्षण रिपोर्ट रिमार्क (3) .

1. पोल –

1. पोल में टूटफूट, जमीन में गाड़े स्थान पर कटाव, जंग लगने के कारण नुकसान होने से पोल लाइन का भार संभालने की स्थिति में है या नहीं ।
2. झुके हुए या टेढ़े पोल अधिक/कम कसाव के कारण ।
3. अवैध निर्माण, पोल दीवाल या मकान के किसी निर्माण का हिस्सा तो नहीं बचा है । अथवा पोल पर कोई अन्य तारों का खिंचाव तो नहीं है ।
4. पोल किसी वाहन के कारण अथवा जानवरों/बाहरी तत्वों का नुकसान तो नहीं झेल रहा है
5. पोल की नींव की स्थिति मजबूत है या नहीं ।
6. स्टील पोल की मफिंग है या नहीं ।
7. स्टील पोल की पेंटिंग की जाने की आवश्यकता है ताकि जंग न लगे।

2. स्टे सेट –

1. स्टे की दिशा तथा एंगल लाइन के मान से सही है या नहीं ।
2. स्टे सेट ढीला, टूटा हुआ अथवा किसी प्रकार से बिगड़ा तो नहीं है ।
3. क्या स्टे सेट की अर्थिंग है या नहीं ।
4. क्या स्टे रोड जंग लगने से जीर्ण तो नहीं हो चुका है ।

3. - क्रॉस आर्म एवं स्टे फिटिंग –

1. क्रॉस आर्म/क्लैम्प/ब्रेसिंग/टाई ब्रेसिंग अपनी जगह से खिसक तो नहीं गये हैं ।
2. अधिक/कम तनाव के कारण क्रॉस आर्म टेढ़ा तो नहीं हो गया है ।
3. जंग लगने के कारण क्रॉस आर्म/ब्रेसिंग कमजोर तो नहीं हो चुकी है ।
4. क्रॉस आर्म/ब्रेसिंग के नाट बोल्ट ढीले तो नहीं हैं ।

4. इंसुलेटर एवं हार्डवेयर –

1. टूटा - फूटा इंसुलेटर तो नहीं लगा है ।
2. इंसुलेटर घूम तो नहीं गया है ।
3. इंसुलेटर के ऊपर धूल/नमक/कोयला या अन्य केमीकल पदार्थ तो नहीं जमा है ।
4. इंसुलेटर के हार्डवेयर फिटिंग जंग के कारण कमजोर तो नहीं हो चुकी है ।
5. कंडक्टर तथा अर्थ वायर –

1. कंडक्टर इंसुलेटर के द्वारा क्रॉस आर्म एवं पोल से सही बंधा/खींचा है ।
2. कंडक्टर/निकटवर्ती मकान, पेड़ अथवा अन्य स्थानों से सुरक्षित दूरी पर है या नहीं ।
3. कंडक्टर अन्य विद्युत लाइनों/टेलीफोन लाइन से सुरक्षित दूरी पर है अथवा नहीं ।
4. कंडक्टर/जम्पर में यदि जोड़ लगा है तो सही स्थिति में है या नहीं ।
5. कंडक्टर के स्टेंड टूटे तो नहीं हैं ।
6. कंडक्टर की इंसुलेटर पर सही बाईडिंग की गई है अथवा लूज़/ढीली है ।
7. मिड स्पान जाइंट क्रेक अथवा कमजोर तो नहीं है ।
8. कंडक्टर के जोईंटिंग क्लैम्प/जोईंटिंग स्लीव सही हाल में हैं या नहीं ।

6- जम्पर एवं लाइन एसेसरीज़ -

1. जम्पर के दोनों सिरे पीजी क्लैम्प से सही कसे हैं या नहीं ।
2. जम्पर के तीनों फेस के मध्य के सुरक्षित दूरी है अथवा नहीं ।
3. जम्पर एवं स्टील सेक्शन/स्टे सेट के मध्य सुरक्षित दौरे है अथवा नहीं ।
4. जम्पर के ऊपर पीवीसी इंसुलेशन लगा है अथवा नहीं ।
5. जम्पर के अत्यधिक गर्म होने या जलने के निशान तो नहीं हैं ।
6. पीजी क्लैम्प के नट बोल्ट लूज/ढीले तो नहीं हैं ।

निरीक्षण किया, किये जाने वाले उपकरण/सामान (1), - निरीक्षण/इंस्पेकशन/देखभाल करने के उपरांत, कार्यवाही हेतु बिन्दु (2), - रिमार्क - किया गया सुधार कार्य (3) .

1. पोल –

1. 1- टूटे तथा खराब पोल बदलना ।
2. टेढ़े पोल सीधे करना एवं बोल्डर भरकर पोल के निचले सिरे की जमीन को मजबूत करना ।
3. रास्ते के बीच/नजदीक पोल जहां दुर्घटना की संभावना रहती है, सुरक्षित स्थान पर शिफ्ट करना ।
4. पोल पर पोल नंबर डालना ।
5. पोल की नींव मजबूत करना एवं स्टील पोल की मफिंग करना ।
6. जंग लगने की स्थिति में स्टील पोल पर रेड ऑक्साइड एवं एल्यूमिनियम पेंट करना ।

2. स्टे सेट –

1. ढीली स्टे सेट/टाइट करना ।
2. टूटी एवं ख़राब स्टे बदलना ।
3. स्टे की अर्थिंग ठीक करना ।
4. स्टे सेट पर कांटे की तार/क्रेडिल गार्ड लगाना ताकि गाय/भैंस स्टे को नुकसान न पहुचायें ।

3. क्रॉस आर्म -

1. टूटे – फूटे, क्रेक एवं झुके हुए क्रॉस आर्म बदलना ।
2. खिसके हुए क्रॉस आर्म/ब्रेसिंग/क्लैम्प सही स्थान पर कसना ।
3. क्रॉस आर्म/ब्रेसिंग एवं क्लैम्प आदि को जंग से बचाने हेतु पेंट करना ।
4. इंसुलेटर –

1. इंसुलेटर की धूल मिट्टी पोंछवाना/सफाई, यदि इंसुलेटर टूटे या क्रेक अथवा पंचर हो तो बदलना ।

5. कंडक्टर एवं अर्थ वायर –

1. ढीली वाईडिंग कसना एवं खराब/जाली की जगह दोबारा वाईडिंग करना ।
2. कंडक्टर एवं इंसुलेटर के जोड़ वाले हिस्से में यदि जंग लगा हो तो साफ करके दोबारा वाईडिंग करना ।
3. कंडक्टर के टूटे हुए स्ट्रेंडयदि दिखाई दें तो रिपेयर स्लीव या वाईडिंग से रिपेयर करना ।
4. कंडक्टर यदि मुड़ गया हो या फैल गया हो तो रिपेयर करना आवश्यक है ।

यदि मिड स्पान जाइंट ढीला हो या क्रेक हो तो बदलना ।

6. जम्पर एवं लाइन एसेसरीज़ –

1. टूटे हुए एवं जले हुए जम्पर के स्ट्रेंड चेक करना एवं जरूरत होने पर जम्पर बदलना ।
2. जम्पर के मेटेरियल की एवं साइज की जांच कर सही साइज के जम्पर से बदलना ।
3. जम्पर के लूज । ढीले कनेक्शन तथा जलने के निशान होने पर बदलना ।
4. जम्पर की वाईंडिंग वायर की जगह पीजी क्लैम्प लगा कर कसना ।
5. जम्पर के ऊपर की स्लीव चेक करना एवं यदि खराब हो तो बदलना ।
6. एलटी स्विच –

1. एलटी लाइन का विद्युत भार नापना, यदि अधिक भार हो तो एलटी केबिल के स्थान पर नई उचित क्षमता की केबिल लगाना ।
2. खराब/जली हुई एलटी केबिल के स्थान पर नई केबिल लगाना ।
3. एलटी स्विच सही काम कर रहा है, चेक करना यदि आवश्यक हो तो जरूरी रिपेयर करना ।
4. जले/टूटे - फूटे कट आउट बदलना ।
5. एलटी स्विच के कांटेक्ट खराब हो चुके हों तो बदलना ।
6. पुराने फ्यूज बदल कर सही क्षमता के नये फ़्यूज लगाना ।
7. सभी कनेक्शन टाइट करना ।
8. केबिल का सिरा जो कि स्विच से जुड़ता है उसमें प्लास्टिक कंपाउंड डालकर सील करके बारिश के पानी को अंदर आने से रोकना ।
9. स्विच यूनिट के अंदर एवं आस - पास लगे जालों एवं घोंसले निकालकर साफ करना ।

4

विद्युत संधारण - वितरण ट्रांसफार्मर

विद्युत संधारण – वितरण ट्रांसफार्मर

- वितरण ट्रांसफार्मर संधारण/मेंटीनेंस –
- ट्रांसफार्मर के एलटी और एचटी बुशिंग्स की साफ सफाई, बुशिंग्स से ऑइल लीकेज रोकना, खराब रबर, कोनिकल वाशर बदलना, क्रैक बुशिंग बदलना, बुशिंग्स से सही जम्पर बाईमेटेलिक क्लैम्प से करना, खराब जम्पर बदलना आदि ।
- ट्रांसफार्मर का ऑइल लीकेज रोकना, कंजरवेटर में ऑइल की जांच (आधा भरा होना) कम हो तो ऑइल टोपिंग करना, ऑइल का परीक्षण कराना और उसके अनुसार कार्यवाही ऑइल फिल्टर या ऑइल बदलना, ब्रीडर न लगा हो तो लगाना, ब्रीडर के ऑइल कप में सांस लेने वाला छेद स्थान खुला होना यदि टेप लगा हो तो उसे हटाना, सिलिका जेल का रंग नीला होना, गुलाबी रंग होने पर सिलिका जेल गरम करके रंग नीला होने पर पुन: लगाना, यदि रंग नीला नहीं होता तो उसे बदलना ।
- ट्रांसफार्मर के दोनों साइड के फ्यूज उचित क्षमता के लगे होना, सामान्यत: 20 केवीए 1 एम्पीयर क्षमता 11 केवी साइड और एलटी साइड 1 एम्पीयर के लिए 0.75 केवीए (0.75 एचपी), खराब डीओ सेट, डिस्ट्रीब्यूशन बॉक्स के कनेक्शन, उचित क्षमता की केबिल, जम्पर ठीक करना ।
- ट्रांसफार्मर की सभी अर्थिंग (तीनों पिट – एलए पिट, न्यूट्रल पिट और तीसरा अर्थ पिट बॉडी आदि के लिए) पिट (गड्डे) ठीक होना, अर्थ वैल्यू निर्धारित नियमानुसार होना, यदि कम है तो पानी डालना, बेंटोनाइड पावडर डालना, खराब अर्थिंग बदलना ।
- खराब/क्रैक/क्षतिग्रस्त - एलए, पिन इंसुलेटर, डिस्क, जम्पर बदलना, ट्रांसफार्मर सपोर्ट, टॉप चैनल, एबी स्विच, डीओ चैनल, ट्रांसफार्मर बेल्ट, डिस्ट्रीब्यूशन बॉक्स चैनल आदि जो लूज/ढीलें हो उन्हें टाइट कसना ।
- ट्रांसफार्मर के तीनों फेजों पर लोड बेलेन्सिंग करना, यदि स्वीकृत लोड ज्यादा है तो क्षमता वृद्धि अथवा अतिरिक्त ट्रांसफार्मर की स्थापना, यदि लोड अनाधिकृत है तो चोरी पकड़ना ।

वितरण ट्रांसफार्मर की सुरक्षा/रख - रखाव -

- सुरक्षा - प्राय: ट्रांसफार्मरों की सुरक्षा प्राइमरी साइड में डीओ फ्यूज अथवा सर्किट ब्रेकर और सेकेन्डरी साइड में किट - किट (कट – आउट फ्यूज), एचआरसी फ्यूज, एमसीसीबी, और एमसीबी सर्किट ब्रेकरों द्वारा की जाती है ।
- रख – रखाव – निम्नलिखित अवयवों/पार्ट्स का रख रखाव आवश्यक होता है – ट्रांसफार्मर बॉडी, कोर तथा वाईंडिंग, इंसुलेटर बुशिंग, केबिल सीलिंग सिरे, बाहरी कनेक्शन, संरक्षक/कंजरवेटर टैंक, ब्रीडर, बुकोल्ज़ रिले, विस्फोट निकास, गैस्किट्स, कूलर तथा ठंडा करने वाले पंखे, अर्थिंग और टेप चेंजर आदि मुख्य हैं ।
- रख – रखाव में तेल तापमान, तेल रिसाव, बुशिंग का रख – रखाव, ब्रीडर आदि अति आवश्यक हैं ।
- ट्रांसफार्मर विफलता के मुख्यत: कारण हैं – चुम्बकीय सर्किट, इलेक्ट्रिकल सर्किट, इंसुलेशन (डाई – इलेक्ट्रिक स्ट्रेंथ) पदार्थ और टैंक तेल आदि

ट्रांसफार्मर की खराबी के कारण -

- इंसुलेशन की क्षति, बुशिंग क्षति, स्विचिंग सर्ज अथवा लाइटिनिंग सर्ज, असंतुलन या ओवर लोडिंग, ओवर हीटिंग, तेल रिसाव/कम होना, वायुमंडल से नमी सोखना, टेप चेंजर का ठीक से काम न करना और अर्थिंग ठीक न होना, समुचित निर्धारित क्षमता के फ्यूज उपयोग न करना मुख्य कारण हैं ।
- एक चिन्हित न किए गए पुराने ट्रांसफार्मर की न्यूट्रल बुशिंग की पहचान करना -
- सामान्यत: जब आप ट्रांसफार्मर के एलटी साइड के सामने मुंह करके खड़े हों तो आपके बायें/सीधे – हाथ (राइट हैंड) के तरफ वाली बुशिंग न्यूट्रल बुशिंग होती है । परंतु परीक्षण भी आवश्यक होता है –
- प्राथमिक कनेक्शन कर और द्वितीयक/सेकेन्डरी कनेक्शनों के बिना चार्ज करना । सीरीज परीक्षण भूमि (अर्थात समान वाट के दो बल्व सीरीज कनेक्शन में होना) की सहायता से एलटी साइड पर 4 बुशिंग में से दो का परीक्षण जांच लैंप से करना । यदि बल्व पूरी चमक के साथ जलता है तो दोनों बुशिंग फेज हैं, और यदि मंद/कम चमकते हैं तो एक बुशिंग न्यूट्रल है । इस प्रकार सभी बुशिंग का परीक्षण करके न्यूट्रल को चिन्हित किया जा सकता है । तथा टेस्टर से निरीक्षण करके जिस बुशिंग में करंट आ रहा है वह फेज बुशिंग

ट्रांसफार्मर ऑइल/तेल – देखकर निरीक्षण अभिमतों की तुलना –

क्रमांक रंग (कलर) तेल की गुणवत्ता (क्वालिटी)

1 - पीला/पारदर्शी/चमकदार - बहुत अच्छा

2 - पीला/भद्दा - अच्छा

3 - भूरा - अच्छा नहीं

4 - काला/भूरा - मिलावटी

5 - काला - अनुपयोगी/फैंकने लायक

ट्रांसफार्मर आयल में नमी जानने हेतु –

ट्रांसफार्मर आयल का बीडीवी (ब्रेक डाउन वोल्टेज) टेस्ट 2.5 एमएम गेप पर एक मिनट 40 केवी एवं अधिक स्टैंड करना चाहिए । इसके अलावा भी निम्न टेस्ट रजिल्ट भी होते हैं –

बीडीवी ऑइल टेस्ट रजिल्ट –

क्रमांक (1), - गैप (2), - समय (3), - टेस्ट रजिल्ट (4)

नया तेल, - 2.5 एमएम, - 1 मिनट, - 50 केवी

पुराना तेल, - 2.5 एमएम, - 1 मिनट, - 30 केवी

वितरण ट्रान्सफार्मर (11/0.4 केवी) मेगर आईआर वेल्यू (मेगा ओहम) -

क्रमांक (1), - टेम्परेचर/तापमान (डिग्री सेल्सियस) (2), - एचटी – अर्थ (3), - एलटी – अर्थ (4), - एचटी – एलटी (5) .

1. 60 डिग्री सेल्सियस, - 50 मेगा ओहम, - 25 मेगा ओहम, - 50 मेगा ओहम .
2. 50 डिग्री सेल्सियस, - 100 मेगा ओहम, - 50 मेगा ओहम, - 100 मेगा ओहम .
3. 40 डिग्री सेल्सियस, - 200 मेगा ओहम, - 100 मेगा ओहम, - 200 मेगा ओहम .
4. 30 डिग्री सेल्सियस, - 400 मेगा ओहम, - 200 मेगा ओहम, - 400 मेगा ओहम .

नोट – तापमान में हर 10 से 15 डिग्री वृद्धि पर आईआर वैल्यू आधी हो जाती है ।

वितरण ट्रान्सफार्मर – नो लोड, फुल लोड लॉस एवं पर्सेंटेज इम्पीडेन्स तालिका –

क्रमांक (1), - ट्रान्सफार्मर क्षमता (केवीए) (2), - नो लोड लोस (वाट) (3), फुल लोड लोस (वाट) (4), परसेंटेज इम्पीडेन्स (5) .

1. 16 केवीए, - 80 वाट, - 475 वाट, - 4.5 %
2. 25 केवीए, - 100 वाट, - 685 वाट, - 4.5 %
3. 63 केवीए, - 180 वाट, - 1235 वाट, - 4.5 %
4. 100 केवीए, - 260 वाट, - 1760 वाट, - 4.5 %
5. 200 केवीए, - 570 वाट, - 3300 वाट, - 5 %
6. 315 केवीए, - 800 वाट, - 4600 वाट, - 5 %
7. 500 केवीए, - 1100 वाट, - 6500 वाट, - 5 %

8. 630 केवीए, - 1200 वाट, - 7500 वाट, - 5 %
9. 1000 केवीए, - 1800 वाट, - 11000 वाट, - 5 %

तेल संरक्षण प्रणाली – सिलिका जेल ब्रीदर -

- तेल में सरलता से नमी अवशोषित होती है । नमी की उपस्थिति से तेल की डाईइलेक्ट्रिक स्ट्रेंथ/शक्ति कम हो जाती है । नमी प्रवेश इनसे हो सकता है – तेल में वायु से संपर्क के जरिए, गैसकेट के बाहर लीकेज से, उच्च तापमान से पैदा विद्युत रोधन/रजिस्टेन्स विफलता के कारण ट्रांसफार्मर के भीतर गठन, नमी के साथ तेल के प्रदूषण को कम करने के लिए विभिन्न पद्धतियां उपलब्ध हैं ।
- सिलिका जेल – ब्रीदर – यह अत्यधिक प्रचलित तथा किफ़ायती पद्धति है जिससे वायु में नमी को सीमित किया जाता है ताकि ट्रांसफार्मर में तेल पूर्ण शुष्क वायु के संपर्क में आए । सिलिका जेल ब्रीदर को संरक्षक/कंजरवेटिव टैंक से जोड़ा जाता है । एक सिलिका जेल ब्रीदर की सिलिका जेल शोषित के साथ पैक किया हुआ होता है जिसमें सिलिका जेल तथा तेल वाला एक छोटा कप होता है । कंजरवेटर में वायु का आहरण/प्रवेश तेल कप के जरिए होता है जहां अधिकांश नमी अवशोषित होती है । सिलिका जेल को अवशोषित क्षमता सुधारने के लिए बार - बार सक्रिय करने की जरूरत होती है । अगर ब्रीदर को अच्छी तरह मेंटेन किया जाता तो उसमें 40 डिग्री सेन्टीग्रेड से नीचे ओस बिन्दु तक वायु को सुखाने की क्षमता होगी । वायु प्रवेश को कम करने के लिए कप में तेल स्तर को बनाए रखना होगा । जब सिलिका जेल का रंग नीले से गुलाबी हो जाता है तो इसे पुनः सक्रिय करने या बदलने की आवश्यकता होती है । यदि गुलाबी रंग गरम करने पर नीला नहीं होता तो सिलिका जेल बदलते हैं, और यदि गुलाबी से नीला रंग हो जाता है तो उसे प्रयोग करते हैं ।

वितरण ट्रांसफार्मर विफलताओं (फेल्योर) का वर्गीकरण -

प्रमुख विफलता - इंसुलेशन विफलता, एचटी कोइल को हानि, एलटी कोइल को हानि, कोर और लेमिनेशन को क्षति, तेल का खराब/रिसना होना, टेप स्विच और टेप व्यवस्था, एचटी जमफर टूटकर रेडिएटर पर गिरना ।

मामूली विफलता - तेल नमूना संतोषजनक नहीं होना, लीड कनेक्शन कटे हुए होना, बुशिंग रोड का घिस जाना, बुशिंग क्रेक होना/टूटना, गैस्किट्स में लीकेज होना, बेल्डिंग में लीकेज, आईआर वैल्यूज में कमी होना, गेज ग्लास/काँच टूटे होना, वेंट डायाफ्राम टूटा होना, ब्रीदर घिस जाना, ढीले/लूज जमफर ।

वितरण ट्रांसफार्मर विफलता/फेल्योर की जांच –

बाहरी चेक अप, - आन्तरिक सत्यापन, - (ठीक ठाक होने की जांच)

1. उपलब्ध तेल लेवल और मात्रा, - सभी तीन फेजों में एचटी क्वाइलों की हालत, - (एलवी साइड में 15 वोल्ट इंजेक्ट करके एचटी क्वाइल के स्टाक वोल्टेज की माप) ।
2. ऑयल लीकेज की जगहें, - क्वाइल (डेल्टा और स्टार) के लीड कनेक्शनों का चेक अप, - (एलवी फेज और न्यूट्रल में 15/03 वोल्ट इंजेक्ट करके एचटी फेज क्वाइल और अन्य क्वाइलों का वोल्टेज नापना) ।
3. ब्रीदर और सिलिका जेल की हालत, - कोर की स्थिति, - (400 वोल्ट एचवी साइड पर इंजेक्ट करके और एलवी साइड पर शॉर्ट सर्किटिंग के जरिए टेस्ट करना ।) ।
4. बुशिंग और बुशिंग रोड की हालत, - टेप स्विच और कनेक्शनों की स्थिति ।
5. वेंट डाइफ्रेम की हालत, - कोर अर्थिंग की स्थिति ।
6. वाल्वों की स्थिति, - तेल की भौतिक स्थिति और तेल में विद्यमान स्लज (कीचड़) और नमी ।
7. आईआर वैल्यू एवं कंटीन्युटी (निरन्तरता) ।
8. तेल पर बीडीवी (ब्रेक डाउन वोल्ट) टेस्ट ।

अर्थ रजिसटेन्स

- अर्थ रजिसटेन्स निम्नलिखित बातों पर निर्भर करता है –
- 1 - मिट्टी का प्रकार – कंकरीली, रेतीली, पीली, दोमट, मटियार, काली, पथरीली आदि, खराब मिट्टी की जगह अच्छी मिट्टी का उपयोग,
- 2 - जमीन का तापमान – मौसम अनुसार
- 3 - मिट्टी में नमी - मौसम अनुसार, गर्मी में पानी डालना

- 4 – मिट्टी में खनिज - मिट्टी में कोयला, काली मिट्टी, मुलतानी मिट्टी/बेंटोनाइड पाउडर का उपयोग
- 5 – मिट्टी में इलेक्ट्रोड की लम्बाई/गहराई – गहराई अधिक करना
- 6 – इलेक्ट्रोड की शक्ल/टाइप और आकार – वायर, फ्लेट, पाइप अर्थिंग
- 7 – दो इलेक्ट्रोडों के बीच की दूरी - दूरी कम रखना
- 8 – इलेक्ट्रोडों की संख्या - संख्या बढ़ाना, आपसी इंटरलिंकिंग

वितरण ट्रांसफार्मर – अर्थिंग अरेंजमेंट -

- वितरण ट्रांसफार्मर के लिए तीन अर्थ गड्डे/पिट 6500 मिमी लंबाई वाले समद्विभुज त्रिकोण तथा डीपी स्ट्रकचर के दोनों तरफ एक - एक अर्थ पिट और और तीसरा पिट डीपी के मध्य डीपी से समान दूरी पर होता है । प्रत्येक इलेक्ट्रोड ए ग्रेड जीआई पाइप का बना होता है । और उसकी मोटाई 50 मिमी और लम्बाई 8 फुट होती है । ये लंबाई में गाड़ दिये जाते हैं और इनका 4 इंच का सिरा जमीन के ऊपर होता है जिस पर अंग्रेजी के यू शेप वाली क्लैम्प जड़ी होती है ।
- डीपी के एक तरफ के पिट में तीनों एलए डबल वायर से जोड़ते हुए अर्थ पिट तक लाया जाता है ।
- दूसरे अर्थ पिट में ट्रांसफार्मर न्यूट्रल बुशिंग से डबल जीआई वायर (4 वर्ग एमएम, 8 एसडब्ल्यूजी) लगाया जाता है ।
- तीसरे पिट में नॉन करेंट कैरिंग पार्ट जुड़े होते हैं जो पोल के अर्थ टर्मिनल तक जाते हैं और ट्रांसफार्मर टैंक बॉडी से दो अर्थ वायर के द्वारा जुड़े होते हैं ।
- हर उपकरण के लिए दो अर्थ वायर होते हैं जो 4 वर्ग मिमी के जीआई वायर से अर्थ से जुड़े होते हैं ।
- अर्थ लीड में कोई जोड़ नहीं होते, अगर जोड़ पड़ ही जाए तो उन्हें ब्रैंज, रिवेटिड और बेलडिड होने चाहिए और इन पर बिटुमिनस पैंट लगा होना चाहिए ।

अर्थिंग के गड्डे 5 फुट लंबे, 2.5 फुट चौड़े, 6 से 9 फुट गहरे होने चाहिए ।

ट्रांसफार्मर भू - प्रतिरोध (अर्थ रजिस्टेन्स) -

विभिन्न अधोसंरचना के लिए मानक न्यूनतम भू – प्रतिरोध (अर्थ - रजिस्टेन्स) –

- पावर स्टेशन (उत्पादन) – 0.5 ओहम, अति उच्च दाब (ईएचटी) उपकेंद्र – 1.0 ओहम, 33/11 केवी उपकेंद्र – 2.0 ओहम तथा वितरण ट्रांसफार्मर (11/0.4 केवी उपकेंद्र) – 5.0 ओहम ।
- बेंटोनाइट कम्पाउन्ड अर्थ रजिस्टेन्स को अपने सामान्य स्तर से 25 % पर ला देता है । यह एक विशेष प्रकार की मिट्टी होती है जो पानी मिलाते ही अपने आयतन से कई गुना बढ़ जाती है तथा अपने आसपास की मिट्टी से नमी ले कर बहुत लंबे समय तक अपने अंदर बनाए रखती है । इस कारण अर्थिंग में बार - बार पानी डालने की आवश्यकता नहीं पड़ती । इसे साधारण बोल चाल की भाषा में मुलतानी मिट्टी भी कहते हैं । बेंटोनाइड कम्पाउन्ड के अलावा कोयला, बालू, रेती, एवं काली मिट्टी का मिश्रण डालकर काली मिट्टी भरना चाहिए ।
- पानी की व्यवस्था – उपकेंद्र में ट्यूब वेल अथवा कुएं/हैंड पम्प में मोटर लगाकर अथवा टैंकर से पानी देकर अर्थिंग के गड्डों में सदैव नमी बनाए रखना चाहिए ।

विद्युत – व्यवस्था - अर्थिंग खराब की पहचान/जानकारी

- सामान्यत: जीआई वायर का रंग ग्रे होता हैं, अर्थ फेल होने पर वायर गर्म होता है, रात के समय रेड हॉट दिखेगा, गर्म होने के बाद ठंडा होने पर वायर की कठोरता कम हो जाएगी, वायर मुलायम होगा, वायर का रंग उतर जाएगा, जंग/रस्टिंग लगना शुरू हो जाएगी । जंग लगा, रंग उतरा/बदला, मुलायम वायर खराब अर्थिंग की पहचान हैं ।
- ज्वाइंट ढीले होने से, पूर्ण संपर्क न होने से अर्थ पूरी तरह से काम नहीं करता ।
- टेस्टर से परीक्षण करने से वायर में करेंट बताएगा ।
- बल्ब होल्डर को एक फेस और अर्थ से चेक करने पर बल्व नहीं जलेगा ।

ट्रांसफार्मर कंटीन्युटी/निरंतरता - परीक्षण -

- किसी स्वस्थ/ठीक ट्रांसफार्मर के लिए मेगर रिजल्ट निम्नलिखित होने चाहिए –
- एचटी फेज टू फेज अर्थात आर - वाई, वाई - बी, बी - आर = 0
- एलटी फेज टू फेज अर्थात आर - वाई, वाई - बी, बी - आर = 0
- एलटी फेज टू न्यूट्रल अर्थात आर - एन, वाई - एन, बी - एन = 0
- न्यूट्रल टू बॉडी (अगर अर्थ किया गया हो) = 0
- इंसुलेशन टेस्ट – एचटी फेज टू अर्थ, एलटी फेज टू अर्थ, एचटी फेज टू एलटी फेज, न्यूट्रल तो बॉडी (अगर अर्थ नहीं किया गया हो) = आमतौर पर 500 मेगा ओहम से ज्यादा होती हैं ।
- नोट – तापमान में हर 10 से 15 डिग्री वृद्धि पर आईआर वैल्यू आधी हो जाती है ।

5

संधारण कार्य निष्पादन हेतु अधिकृत अधिकारियों/कर्मचारियों के अधिकार, कर्तव्य एवं उत्तरदायित्व

विद्युत व्यवस्था –

संधारण कार्य निष्पादन हेतु अधिकृत अधिकारियों/कर्मचारियों के अधिकार, कर्तव्य एवं उत्तरदायित्व –

क्रमांक, - कार्य सम्पादन के लिए जिम्मेदार अधिकारी, - कार्यों का विवरण जिसके लिए अधिकृत है, - कार्यों का विवरण जिसके लिए अधिकृत है ।

1. उपमहाप्रबंधक (डीई)/प्रबन्धक (एई)/सहायक प्रबन्धक (जेई)/लाइन इंस्पेक्टर/लाइन मेन, - 33 केवी तक बंद की गई लाइनों एवं उपकरणों के लिए अनुज्ञा पत्र (परमिट) जारी करने तथा अनुज्ञा पत्र लेने के लिए अधिकृत हैं । अपने निर्देशन में कार्य करने के लिए अधिकृत हैं ।, - उपमहाप्रबंधक (डीई)

2. सहायक लाइन मेन एवं ऊपर के कर्मचारी, - 11 केवी तक की बंद की गई लाइनों/उपकरणों जब लाइन अधिकृत व्यक्ति द्वारा बंद कर भू - संयोजित (अर्थ) कराई गई हो, सुरक्षात्मक उपायों को अपनाया गया हो तब ऐसी बंद 11 केवी लाइनों/उपकरणों पर परमिट लेकर कार्य करने/कराने हेतु अधिकृत हैं ।, - प्रबन्धक (मेनेजर)/सहायक इंजीनियर (एई)

3. लाइन हेल्पर एवं ऊपर के कर्मचारी, - 440 वोल्ट तक चालू लाइनों/उपकरणों पर विद्युत नियमों का पालन करते हुए तथा सुरक्षा उपकरणों का उपयोग करते हुए काम करने के लिए अधिकृत हैं ।, - सहायक प्रबन्धक (सहायक मेनेजर)/जूनियर इंजीनियर (जेई)

विद्युत व्यवस्था

संधारण कार्य निष्पादन हेतु अधिकृत अधिकारियों/कर्मचारियों के अधिकार, कर्तव्य एवं उत्तरदायित्व

नोट –

- जो लाइनमेन/सहायक लाइनमेन/लाइन हेल्पर ग्रामीण क्षेत्रों में स्वतंत्र रूप से नियुक्त किए जाते हैं । वे 11 केवी तक के लाइनों के एबी स्विच काटकर, स्विच में ताला लगाकर, बंद लाइन भू - संयोजित (अर्थ) कर लाइन पर फ्यूज बदलने जैसा अति आवश्यक कार्य कर सकते हैं । लेकिन ये उसका स्वयं का उत्तरदायित्व होगा कि वह सभी सुरक्षा नियमों का पालन व सभी सुरक्षा उपकरणों का उपयोग करते हुए कार्य करें ।

- ऐसे सहायक (हेल्पर) जिन्हें वरिष्ठ लाइनमेन के अधीन रहकर विद्युत लाइन रख - रखाव का 10 वर्षों से अधिक कार्य करने का अनुभव हो, ऐसे हेल्पर को 11 केवी तक के बंद लाइन एवं उपकरणों पर कार्य करने के लिए लाइनों के एबी स्विच काटकर, स्विच में ताला लगाकर, बंद लाइन को अर्थ कर लाइन पर फ्यूज बदलने जैसा अति आवश्यक कार्य कर सकते हैं, लेकिन उक्त कार्य करने के लिए कार्यपालन अभियंता/डिवीज़नल इंजीनियर/उप महाप्रबंधक द्वारा अधिकृत किया गया हो ।

33/11 केवी उप केंद्र से फाल्टी (बाधित) फीडर घोषित करना –

क्रमांक (1), - ट्रिपिंग समय (2), - संकेत/इंडीकेशन (3), - कार्यवाही (4) .

1. प्रथम ट्रिपिंग 0 समय, - सप्लाई बंद होने का संकेत, अलार्म का बजना,

- अलार्म से स्वीकृत कर पहले अलार्म का स्विच बंद कर पैनल की रिले पर आए संकेत/इंडीकेशन फ़्लैग को रि - सेट करके रजिस्टर में ट्रिपिंग समय दर्ज करना ।

2- प्रथम चार्जिंग 3 मिनिट बाद (अन्तराल), - अ – सप्लाई चालू होने का संकेत, - 3 मिनिट का अंतराल देकर ट्रिप होने वाले फीडर के पैनल की वीसीबी को प्रथम बार चार्ज करना ।

• यदि प्रथम चार्जिंग पर फीडर की सप्लाई चालू हो जाती है तो इस आशय की जानकारी रजिस्टर में लिखना ।

आ – यदि प्रथम चार्जिंग पर फीडर की सप्लाई चार्ज करते ही ट्रिप हो जाती है तो इसकी सूचना तत्काल संबन्धित जेई या एई को फोन से देना ।

3- लगभग 10 मिनिट बाद (द्वितीय चार्जिंग), - पुन: ट्रिपिंग बंद होने तथा सप्लाई बंद होने पर अलार्म का बजना, - प्रथम चार्जिंग पर लाइन चालू हो जाने के कुछ अंतराल जैसे 10 मिनिट के अंदर अथवा शीघ्र ही वही फीडर ट्रिप होता है तो इंडिकेशन देखकर नोट करें, यदि ओवर करंट के इंडिकेशन पर फीडर ट्रिप हुआ है, इस आशय की जानकारी संबन्धित जेई/एई (सहायक प्रबन्धक/प्रबन्धक) को देकर फोन पर निर्देश लेकर उनके अनुसार ऑपरेशन करें ।

1. फिर 5 मिनिट के अंतराल में, पुन: ट्रिपिंग होने पर लाइन फाल्टी घोषित करना ।, यदि पुन: एक बार और चार्जिंग के आदेश मिलते हैं तो 5 मिनिट रुककर ही फीडर चार्ज करें । फीडर चार्ज होने पर सूचित करें, यदि फीडर चार्ज करते ही ट्रिप हो जाता है तो उसी समय फीडर पर आए इंडिकेशन को रजिस्टर में नोट करें तथा अधिकारी को सूचित करें । लाइन को फाल्टी घोषित होने पर उपकेंद्र यार्ड में जाकर वीसीबी के आउट/बाहर में जाने वाले फीडर के एबी स्विच को हैंड ग्लब्स पहनकर काट दें । एवं आगे की कार्यवाही अधिकारी के आने के बाद उनके निर्देशों के अनुसार करें ।

विद्युत व्यवस्था
33/11 केवी उपकेंद्र से बाधित (फाल्टी) फीडर घोषित होने के उपरांत की कार्यवाही -

• फीडर फाल्टी (बाधित) घोषित हो गया है तो उसे बार - बार चार्ज न करें, इससे पावर ट्रांसफार्मर, वीसीबी आदि उपकरण को नुकसान पहुंचने की संभावनाएं बढ़ जाती हैं । फाल्टी फीडर को पुन: तभी चार्ज करना चाहिए जब उसकी पेट्रोलिंग कर ली गए हो तो बार - बार ट्रिपिंग होने के कारण ही पूर्ण जानकारी तथा समीक्षा संबन्धित अधिकारी ने कर ली या फिर फाल्ट को ढूंढकर ठीक कर दिया गया हो । फाल्ट ढूंढने हेतु लगाए गए लाइन कर्मचारियों को उपकेंद्र से अधिकृत परमिट (अनुज्ञा - पत्र) लेना अत्यंत आवश्यक है । इस हेतु ऑपरेटर को उपकेंद्र से निकलने वाले फीडर पर जिसे फाल्टी घोषित किया जा चुका है, उपकेंद्र में रखी परमिट पुस्तिका में अधिकृत लाइन कर्मचारी/ अधिकारी को परमिट जारी करना चाहिए । सप्लाई को पूर्ण रूप से बंद कर दी गई है इसका निरीक्षण पैनल पर दिखाई गए वीसीबी बंद के लाल इंडिकेटर की जाँचकर यार्ड में जाकर वीसीबी के पहले एवं बाद में लगे आइसोलेटर या एबी स्विच को रबड़ हैंड ग्लब्ज पहनकर काट लेना चाहिए तभी लाइन बंद मानी जाती है तथा प्रत्येक पर” लाइन बंद है “के निर्देश वाली पट्टिकाएँ लटकाना चाहिए । इसके बाद फीडर की डीपी जो यार्ड की बाउंड्री के बाहर स्थित है पर लगे एबी स्विच को काटकर ताला लगाकर उस पर भी पट्टिका लटकाना चाहिए तथा फीडर वीसीबी जो बंद है के आउटगोइंग तारों पर तीन डिस्चार्ज रोड को अर्थ में लगाकर तीनों फेजों पर लटकाना चाहिए ।

विद्युत व्यवस्था – परमिट (अनुज्ञा - पत्र) -

• फिर अधिकृत लाइन कर्मचारी को परमिट बुक में फीडर के नाम का उल्लेख करते हुए सप्लाई बंद करने के स्थान आइसोलेटर, एबी स्विच काटकर पट्टिकाएँ लटकाने की जानकारी तथा तीनों फेजों पर अर्थ रोड लगाए जाने की जानकारी भी लिखी जाना चाहिए । इसके बाद परमिट जारी करने वाले ऑपरेटर को परमिट पर यह भी अंकित (लिखना) करना चाहिए कि शट डाउन परमिट लेने वाला कर्मचारी लाइन पर अपनी एवं साथी कर्मचारियों की बंद लाइन पर कार्य करने के लिए सुरक्षित कार्य निष्पादन के नियमों का पालन करेंगे एवं वे स्वयं जवाबदार रहेंगे । लाइन पर जाने वाले कर्मचारियों की संख्या भी परमिट बुक में दर्ज होना चाहिए ।

- "बंद लाइन पर चढ़कर कार्य करने के पूर्व 'सुरक्षा जोन' अवश्य बनाएं "यह स्लोगन/नारा भी ऑपरेटर परमिट बुक में दर्ज करेगा तभी परमिट जारी करेगा तथा उपकेंद्र में रखी परमिट बुक की प्रति में परमिट लेने वाले व्यक्ति के हस्ताक्षर एवं परमिट जारी करने का समय तथा दिनांक दर्ज कराएगा । परमिट एवं शट डाउन देने का समय, दिनांक, एवं फीडर के नाम का उल्लेख उपकेंद्र के रजिस्टर में ऑपरेटर दर्ज करेगा । फाल्टी लाइन की पेट्रोलिंग या फाल्ट की खोज करने के बाद सुधार कार्य पूर्ण होने के बाद परमिट लेने वाले कर्मचारी की जवाबदारी रहती कि वो कार्य पूर्ण कर परमिट लौटाए ।

विद्युत व्यवस्था – परमिट -

- कर्मचारी द्वारा परमिट लौटाने पर ऑपरेटर को पहले कर्मचारी से परमिट पर ही फाल्ट मिलने एवं सुधार कार्य करने की संक्षिप्त जानकारी लेना चाहिए तथा इस आशय का प्रमाण पत्र भी उसी परमिट पर लिखवाना चाहिए कि उसके साथ गए सभी लाइन कर्मचारी सुरक्षित रूप से वापस आ गए हैं, कोई भी लाइन पर कार्यरत नहीं है । लाइन चालू करने हेतु पूर्ण सुरक्षित है । सभी जगह के शॉर्ट सर्किट या डिस्चार्ज रोड लाइन से हटा लिए गए हैं । लाइन फाल्ट सुधार दिया गया है, परमिट लौटाने का समय एवं दिनांक हस्ताक्षर सहित लेने के बाद ऑपरेटर को उपकेंद्र में लगाए गए तीनों डिस्चार्ज रोडों को उतारकर अलग करके फिर यार्ड के बाहर बनी डीपी के एबी स्विच को लगाकर वीसीबी के दोनों ओर लगे आइसोलेटरों/एबी स्विचों को ऑन करके परमिट केन्सिल करें । फिर दोनों आइसोलेटरों को रबड़ हैंड ग्लब्ज पहनकर लगाएंगे और कंट्रोल रूम में आकर पुनः परमिट लौटाने वाले कर्मचारी से एक बार फीडर चालू करने हेतु पूछेंगे तथा फीडर चालू करने के लिए सुरक्षित है और कोई भी कर्मचारी लाइन पर नहीं है, की मौखिक जानकारी लेंगे । फीडर चालू कर दिया जाए इस बारे में स्वीकृति लेकर पैनल के रिमोट से फीडर चालू करेंगे । फीडर स्टैंड होने के 5 मिनिट के बाद सप्लाई चालू हो गई की जानकारी संबन्धित अधिकारी को देंगे ।

33/11 केवी विद्युत उप केन्द्र (सब – स्टेशन/पावर हाउस) –

33/11 केवी उपकेन्द्र पर कर्मचारी ड्यूटी –

सामान्यतः उपकेन्द्र पर लगातार दिन - रात कर्मचारी पदस्थ रहते हैं यहां पर पदस्थ कर्मचारियों का कोई किसी प्रकार का शासकीय अवकाश नहीं होता हैं, केवल एक सप्ताह में एक दिन का ऑफ मिलता है अन्य विभागीय नियमानुसार रहता है । एक दिन - रात में तीन शिफ्ट (पाली) होती हैं और एक शिफ्ट 8 घंटे की होती है । सातवें दिन एक ऑफ रिलीवर ड्यूटी पर आता है । तीन शिफ्ट के कर्मचारी के तीन ऑफ अलग – अलग दिन के रहते हैं । इस तरह ऑफ रिलीवर एक उपकेन्द्र पर तीन दिन और शेष तीन दिन दूसरे उपकेन्द्र पर इस प्रकार दो उपकेन्द्रों पर 7 कर्मचारी शिफ्ट में चलते हैं । शिफ्ट कर्मचारी उपकेन्द्र आपरेटर (एसएसओ – सब स्टेशन आपरेटर) कहलाता है । उपकेन्द्र और कार्य की स्थिति अनुसार उसके साथ एक अथवा अधिक सहायक रखते हैं ।

शिफ्ट समय, - प्रथम शिफ्ट, - द्वितीय शिफ्ट, - तृतीय शिफ्ट, - ऑफ रिलीवर

समय - 00 से 08 बजे तक, - 08 से 16 बजे तक, - 16 से 24 बजे तक, - समय बदलता रहता है .

कर्मचारी (आपरेटर), - अ, - ब, - स, - द .

दिन – 1, - 8, - अ, - ऑफ़, - स, - द द्वितीय शिफ्ट

दिन – 2, - 9, - अ, - ब, - ऑफ़, - द तृतीय शिफ्ट

दिन – 3, - 10, - ऑफ़, - ब, - स, - द प्रथम शिफ्ट

दिन – 4, - 11, - अ, - ब, - स, - ऑफ़

दिन- 5, - 12, - अ, - ब, - स, - दूसरा उपकेन्द्र, द्वितीय शिफ्ट

दिन- 6, - 13, - अ, - ब, - स, - दूसरा उपकेन्द्र, तृतीय शिफ्ट

दिन- 7, - 14, - अ, - ब, - स, - दूसरा उपकेन्द्र, प्रथम शिफ्ट

33/11 केवी उपकेंद्र में स्थापित मीटरों के वाचन की प्रक्रिया –

- 33/11 केवी उपकेंद्र में जहां 33 केवी के वीसीबी लगे हैं, उनके पेनल पर एम्पीयर मीटर से प्रत्येक एक घंटे में एम्पीयर में भार (लोड) लोगशीट में नोट (लिखें) करें ।

- इसी प्रकार 11 केवी के मैन एवं प्रत्येक 11 केवी फीडर पर स्थापित वीसीबी की पेनल से भी हर एक घंटे में लोड करेंट और वोल्टेज नोट करें ।

- कई पेनल में सीटी की क्षमता के अनुसार गणना करके गुणांक (मल्टीप्लाइंग फेक्टर या एमएफ) लिखा होता है । अत: मीटर की रीडिंग पढ़कर उसमें एमएफ का गुणा करके ही लोगशीट में लिखें ।
- इन मीटरों में आने वाले एम्पीयर भार पर नजर रखें तथा यदि अधिकतम भार आता है तो उच्च अधिकारी/कार्यालय को सूचित करें ।

6

33/11 केवी उपकेंद्र में संधारित्र किया जाने वाला रिकार्ड (अभिलेख) रजिस्टर एवं चार्ट

33/11 केवी उपकेंद्र में संधारित्र किया जाने वाला रिकार्ड (अभिलेख) रजिस्टर एवं चार्ट -

- लोगशीट
- शिफ्ट रजिस्टर
- पावर ट्रांसफार्मर मेंटीनेंस रजिस्टर
- बैटरी मेंटीनेंस रजिस्टर
- ट्रिपिंग/इंटरप्शन रजिस्टर (फीडर वाइज़)
- मैसेज बुक (निर्देश - पुस्तिका)
- वीसीबी मेंटीनेंस रजिस्टर
- परमिट बुक (अनुज्ञा पत्रक)
- आथराइजेशन चार्ट, शॉक ट्रीटमेंट चार्ट, फर्स्ट ऐड बॉक्स, उपकरणों के रखरखाव का चार्ट, लाइन डाइग्राम व उपकरणों से संबन्धित निर्देश बुक आदि ।
- उपकेंद्र हिस्ट्री रजिस्टर (जिसमें जमीन के रिकार्ड से संबन्धित सामान्य जानकारी तथा उपकरणों के स्थापना/उन्नयन संबन्धित जानकारी का विवरण भी इस रजिस्टर में होना चाहिए)।
- टेलीफोन डायरेक्टरी/टेलीफोन/मोबाइल नम्बर रजिस्टर ।

33/11 केवी उपकेन्द्रों का संचालन – संधारण (आपरेशन एंड मेंटीनेन्स) –

क्षेत्र विशेष में स्थित विद्युत भार (लोड) के अनुसार ही उपकेन्द्र की स्थापना की जाती है । प्रत्येक 33 केवी उपकेन्द्र में विभिन्न उपकरण लगे होते हैं जो निम्न प्रकार हैं –

क – आउट डोर उपकरण –

ये सभी उपकरण यार्ड में फेंसिंग के अन्दर स्थित होते हैं –

1. पोल (खम्बे) – रेल पोल/आरएस ज्वाइस्ट/एचबीम/पीसीसी पोल/गेंट्री
2. बसबार – एसीएसआर/एएसी 100 स्क्वायर एमएम/80 स्क्वायर एमएम कंडक्टर, इन्सुलेटर, ग्रेपर आदि ।
3. पावर ट्रांसफार्मर – 33 / 11 केवी क्षमता - 1.6 / 3.15 / 5.0 / 8.0 एमवीए
4. वीसीबी/ओसीबी – 33 केवी एवं 11 केवी
5. आइसोलेटर/एबी स्विच – 33 केवी एवं 11 केवी
6. एलए (लाइटिनिंग अरेस्टर) तरंग – निरोधक – 33 केवी एवं 11 केवी
7. सब स्टेशन यार्ड ट्रान्सफार्मर – 33/ 0.4 केवी या 11/ 0.4 केवी – 100 केवीए

8. सीटी, पीटी और सीटी पीटी कम्बाइन्ड यूनिट (एमई – मीटरिंग एक्युपमेंट) – 33 केवी एवं 11 केवी
9. अर्थिंग सिस्टम - सम्पूर्ण अर्थिंग व्यवस्था
10. कन्ट्रोल केबिल एवं ट्रेंच
11. 11 केवी कैपेसिटर बैंक
12. यार्ड लाइटिंग (प्रकाश व्यवस्था)

ख – इंडोर उपकरण –
ये सभी उपकरण कन्ट्रोल रूम (नियंत्रण कक्ष) के अन्दर स्थापित होते हैं –

1. कन्ट्रोल पेनल रिले सहित – 33 केवी एवं 11 केवी
2. बैटरी एवं चार्जर – 30 वोल्ट डीसी
3. एसी डिस्ट्रीब्यूशन बोर्ड/डीसी डिस्ट्रीब्यूशन बोर्ड
4. कन्ट्रोल केबिल व्यवस्था
5. मीटर एवं मीटरिंग व्यवस्था

33/11 केवी उप केन्द्र विद्युत वितरण व्यवस्था का एक मुख्य अंग है, जहां से सतत बिना अवरोध के विद्युत आपूर्ति क्षेत्रों को की जाती है । अतएव उपकेन्द्र में स्थापित समस्त उपकरणों का स्वस्थ एवं सुचारु रूप से कार्य करना अत्यन्त अनिवार्य है । साथ ही उपकरणों की भारी कीमत होने से भी इनको नुकसान या फेल होने से बचाने हेतु समय - समय पर निर्धारित नियमों के अनुसार इनका रखरखाव करना भी अत्यन्त आवश्यक होता है । इस हेतु उपकरण के प्रत्येक अवयवों की जानकारी भी इसके लिए नियुक्त कर्मचारी/आपरेटर/अधिकारी को भली भांति होना जरूरी है । उपकेन्द्र में मुख्य उपकरण पावर ट्रान्सफार्मर होता है जिसके विषय में संक्षिप्त जानकारी निम्नानुसार है –

पावर ट्रान्सफार्मर –
पावर ट्रान्सफार्मर के मुख्य अवयव (मेंन पार्ट) –
बाहरी अवयव (आउटर पार्ट) और आन्तरिक अवयव (इंटरनल पार्ट) होते हैं –
बाहरी अवयव (आउटर पार्ट) वे अवयव होते है जो बाहर दिखते हैं – जैसे -

1. मेन टैंक
2. रेडिएटर
3. कंजरवेटर टैंक
4. एक्सप्लोजन वेंट
5. लिफ्टिंग लग्स/हुक्स
6. एयर रिलीज प्लग
7. ऑइल एवं वाईंडिंग टेम्प्रेचर इंडीकेटर (मीटर)
8. टेप चेंजर
9. व्हील्स
10. एचटी/एलटी पोर्सिलेन बुशिंग्स
11. फिल्टर वाल्व्स
12. ऑइल फिलिंग प्लग्स
13. सिलिका जेल ब्रीदर
14. बुकोल्ज़ रिले
15. नेम प्लेट
16. केबिल बॉक्स

भीतरी (अन्दर) अवयव (पार्ट) –

1. - ट्रांसफार्मर ऑइल (तेल)
2. - ट्रांसफार्मर कोइल (बाइंडिंग) एचटी और एलटी
3. - ट्रांसफार्मर कोर (लेमीनेशन)
4. - टेप चेंजर मेकेनिज़्म
5. - एचटी और एलटी बुशिंग्स कनेक्शन

    1. - ट्रांसफार्मर टैंक – इसे इस्पात की मोटी चादरों को आपस में बेल्डिंग करके बनाया जाता है । मुख्य टैंक में कोर, वाईंडिंग तथा ट्रान्सफार्मर तेल को रखा जाता है । इस्तेमाल करने से पहले इसका लीकेज और प्रेशर टेस्ट किया जाता है ।

    2. - रेडिएटर्स – ट्रान्सफार्मर में भरे हुए तेल के तापमान को कम करने के लिए रेडिएटर्स लगाए जाते हैं ।

- रेडिएटर का उपयोग ट्रांसफार्मरों का तापमान एक सुरक्षित सीमा तक सीमित करने के लिए किया जाता है । फिन अथवा रेडिएटर ट्यूब का प्रावधान रेडिएटर में तेल की गर्मी को अधिक प्रभावी ढंग से वायुमंडल में छोड़ने के लिए किया जाता है । गरम तेल रेडिएटर के माध्यम से परिचालित होता है और ऊष्मा को कंडकशन तथा रेडिएशन के सिद्धांतों के अनुसार वायुमंडल में छोड़ा जाता है । रेडिएटर में तेल नीचे की ओर परिचालित होता है क्योंकि मुख्य टैंक में गरम तेल मुख्य टैंक के ऊपरी भाग पर चला जाता है और फिर रेडिएटर में जाता है । ऊष्मा के रेडिएटर के माध्यम से वायुमंडल में जाने के पश्चात यह ठंडा हो जाता है और फिर से रेडिएटर के निचले वाल्वों के माध्यम से मुख्य टैंक में जाने के लिए नीचे की ओर जाता है ।
- नोट – रेडिएटर लगाते समय इस बात का ध्यान रखा जाता है कि रेडिएटर के मुंह पर लगे पैकिंग (कार्क) शीट जो उसके मुंह बंद करने लगी होती है उसे निकाल कर लगाते हैं ।
- रेडिएटर लगाने के बाद यह भी सुनिश्चित करना आवश्यक होता है कि सभी रेडिएटर वाल्व खुली हालत में रहें अन्यथा की स्थित में ऑइल सर्क्युलेशन रेडिएटर द्वारा नहीं होगा ।

3 – कंजरवेटर/संरक्षक टैंक -

- इसे ट्रांसफार्मर के ऊपर लगाया जाता है ताकि लोड/भार में घट - बढ़ के अनुसार यह तेल का संकुचन और फैलाव बर्दाश्त कर सके । इसे इक्वीलाइजर पाइप नामक एक पाइप के जरिए ट्रांसफार्मर मुख्य टैंक से जोड़ा जाता है । जब ट्रांसफार्मर पर लोड/भार बढ़ता है तब तापमान में वृद्धि होती है, मुख्य टैंक में तेल फेलता है तथा तेल स्तर बढ़ता है । जब इस बढ़े हुए तेल के लिए पर्याप्त स्थान नहीं होता, ट्रांसफार्मर निरोधक या विस्फोट छेद फटकर खुल जाएगा । कंजरवेटर लगे होने से में तेल विस्तारण को जगह मिल जाती है । इस कारण से, मुख्य टैंक में तेल स्तर एक समान स्तर पर रहेगा । कंजरवेटर को तेल स्तर पैमाने के साथ भी फिट किया जाता है । कंजरवेटर को पूरी तरह तेल से भरा नहीं होना चाहिए । कंजरवेटर सामान्यत: आधा भरा होता है और आधा खाली होता है ।

4. – ट्रांसफार्मर एक्सप्लोजन – वेंट (ट्रांसफार्मर धौकनी) –
ट्रांसफार्मर टैंक के टॉप पर काफी परिधि वाला एक संकरा पाइप लगाया जाता है । इसके दोनों तरफ डाइफ्रेम फिट कर दिए जाते हैं । एक डाइफ्रेम आयल टैंक के बीच और दूसरा डाइफ्रेम पाइप के आखिर में कॉपर या एल्यूमिनियम फोइल का लगा होता है ।
जब भी ट्रांसफार्मर के अंदर कोई बड़ा फाल्ट आता है अथवा बड़ी मात्रा में ट्रांसफार्मर टैंक के अंदर गैसें बन जाती हैं तो इन गैसों के प्रेशर के कारण नीचे वाला डाइफ्रेम फट जाता है और ऊपर वाले डाइफ्रेम से गैस व तेल का दबाव पड़ने पर वह टूट जाता है जिससे ट्रांसफार्मर के अंदर फाल्ट होने की हालत का पता चलता है । इस बचाव के कारण ट्रांसफार्मर टैंक से तेल बाहर निकल जाता है और ट्रांसफार्मर फटने से बच जाता है । कभी - कभी नीचे वाला डाइफ्रेम बिना किसी फाल्ट के भी तेल का दबाव पड़ने से फट जाता है और ऐसे मामले में तेल ग्लास विंडो से दिखाई देने लगता है ऐसी हालत में फटे हुए डाइफ्रेम को बदल देने की कार्यवाही तुरंत की जाती है ।
5- लिफ्टिंग लग्स/हुक्स - ये हुक्स प्राय: ट्रांसफार्मर को उठाने/रखने के लिए होते हैं ये टैंक के बाहरी साइड में टैंक में लगे होते हैं जो एक दूसरे के विपरीत दिशा में लगे होते हैं ।

6. - एयर रिलीज वाल्व – जब कभी एयर रिलीज करनी होती है इसका उपयोग किया जाता है । अक्सर बुकोल्ज़ रिले के आपरेट होने की बाद ऐसा करते हैं ।

7. - ऑइल एवं वाईंडिंग टेम्प्रेचर इंडीकेटर (मीटर) - यह ऑइल और वाईंडिंग के टेम्प्रेचर के मापन की व्यवस्था है । ट्रान्सफार्मर के मेन टैंक में दो मार्शलिंग किओस्क होते हैं जिसमें दो पाकेट बने रहते हैं । पहले में ऑइल टेम्प्रेचर इंडीकेटर (ओटीआई) तथा दूसरे में वाईंडिंग टेम्प्रेचर इंडीकेटर (डब्ल्यूटीआई) होता है । इन पाकेट्स में तेल भरा होना चाहिए जिसमें तापमान मापने का मीटर लगाया जाता है जिससे टैंक के तेल एवं वाईंडिंग क्वाइल के तापमान का पता चलता है । तथा इन दोनों तापक्रमों को नियंत्रित करने हेतु अलार्म एवं ट्रिप सर्किट से केबिल कनेक्शन कर जोड़ा जाता है । निर्धारित तापमानों से अधिक तापमान होने पर ट्रिप सर्किट अपना कार्य कर सप्लाई बन्द कर देता है । यह ट्रान्सफार्मर की सुरक्षा के लिए आवश्यक है ।

8. - टेप चेंजर्स -

पावर ट्रांसफार्मर में टेप चेंजर दो कारणों से वोल्टेज कंट्रोल करने के लिए जरूरी होता है –

क - जेनरेटिंग स्टेशनों को जोड़ने वाली लाइनों में के डब्ल्यू और केवीए ओवर फ्लोपर नियंत्रण के लिए ।

ख – भारतीय विद्युत नियमों के अनुसार उपभोक्ता के लिए एलटी वोल्टेज स्तर (+ 6% या - 6 %) बनाये रखने के लिए ।

टैंक के बाहर लगे टेप चेंजर स्विच और टेपिंग्स की मदद से एचवी वाईंडिंग पर मोड़ों (टर्न्स) की संख्या बदलकर वोल्टेज नियन्त्रण किया जाता है । किसी तीन फेज वाले ट्रांसफार्मर में स्विच इस तरह से लगाए जाते हैं कि तीनों बाइण्डिनग्स का संपर्क एक साथ ही बदला जा सके इस टेप चेंजिंग एसेम्बली को टेप चेंजर कहा जाता है । टेप चेंजर सर्किट हमेशा एचटी बाइंडिंग के बाहरी सतह पर लगी व्यवस्था है, जो टैंक के बाहरी लगे टेप चेंजर से कंट्रोल की जाती है ।

. ये एक ट्रांसफार्मर की वोल्टेज को बदलने के लिए साधन है । संगत स्तरों पर द्वितीयक पक्ष में बस वोल्टता को बनाए रखने के लिए ये जरूरी है । वोल्टेज परिवर्तन प्राथमिक तथा द्वितीयक वाईंडिंग में चक्रों/टर्नों की संख्या परिवर्तित करके प्राप्त की जा सकती है । टेप चेंजरों की दो किस्में उपलब्ध हैं –

- ऑफ लोड - सर्किट टेप चेंजर, ऑन लोड - सर्किट टेप चेंजर

- ऑफ लोड - सर्किट टेप चेंजर – यह सस्ता है । टेप परिवर्तन प्राय: तब किया जाता है जब ट्रांसफार्मर बंद होता है । इसमें प्राय: ये समाविष्ट हैं –

- ट्रांसफार्मर ऑपरेटिंग क्रैंक, संरूपी वोल्टता के साथ टेप पोजीशन इंडीकेटर, चल संपर्क के साथ विद्युत रोधी साफ्ट, स्थायी संपर्क टर्मिनल पर उपलब्ध करवाए जाते हैं, अप्राधिकृत ऑपरेशन से बचाने के लिए यांत्रिक ताले, असावधानी से प्रचालन से बचाने के लिए एक इलेक्ट्रोमेग्नेटिक लैचस्विचिज

- ऑन लोड टेप चेंजर – (ओएलटीसी) - इस प्रकार के टेप चेंजर में ट्रांसफार्मर टेप को ट्रांसफार्मर 'ऑन' और लोडिड स्थितियों में होने के अधीन बदला जा सकता है इस प्रकार की चेंजर की आपूर्ति को बंद करना आवश्यक नहीं है । यह बड़े पावर ट्रांसफार्मरों में उपयोग होता है ।

- नोट – प्राय: यह चर्चा में बात आती है कि ट्रांसफार्मर स्वयं ही वोल्टेज परिवर्तन करता है तब टैप चेंजर की आवश्यकता क्यों होती है ? विद्युत विनियमन के अनुसार उपभोक्ता को एक निश्चित - स्थिर (सीमित) वोल्टेज देने का प्रावधान किया जाता है, परंतु विद्युत व्यवस्था में लोड कम होने पर वोल्टेज अधिक और लोड बढ़ने पर वोल्टेज कम होना स्वाभाविक प्रकिया है जिसका समय और मौसम के हिसाब से भी प्रभाव पड़ता है । ऐसी परिस्थितियों के निदान के लिए सेकन्डरी साइड वितरण ट्रांसफार्मर और उपभोक्ता के लिए निश्चित – स्थिर (सीमित) वोल्टेज प्रदान करने हेतु टैप चेंजर का प्रयोग आवश्यक हो जाता है । जैसे 33 केवी वोल्ट से 11 केवी वोल्ट बनेंगे, परंतु 30 केवी वोल्ट मिलने पर ट्रांसफार्मर से 10 केवी वोल्ट बनेंगे तब वोल्टेज को 10 केवी से 11 केवी करने के लिए टेप चेंजर का उपयोग करना पड़ता है ।

- टैप चेंजर का उपयोग अधिकारी के कुशल मार्ग दर्शन में ही किया जाता है ।

- प्राय: छोटी क्षमता (16, 25, 63 और 100 केवीए) के ट्रांसफार्मरों पर टैप चेंजर नहीं लगाए जाते हैं ।

- अपवाद स्वरूप 100 केवीए और इससे अधिक क्षमता के सभी ट्रांसफार्मरों पर टैप चेंजर का प्रावधान रहता है ।

- टैप चेंजर सर्किट ट्रांसफार्मर के अन्दर प्राइमरी वाईंडिंग (जो कोर के बाहरी साइड होती है) पर ही होते हैं, सेकेन्डरी साइड वाईंडिंग पर नहीं ।

9. - व्हील्स – पावर ट्रांसफार्मर को आसानी से इधर - उधर खिसकाने के लिए उपयोग किए जाते हैं । ये टैंक के बेस में चार की संख्या में लगे होती हैं । जब ट्रांसफार्मर को प्लिंथ पर रख दिया जाता है तब इन व्हील्स को निकाल लेते हैं अथवा ऐसी रोक लगा देते हैं जिससे पावर ट्रान्सफार्मर इधर - उधर न खिसक सके ।

10 - एचटी/एलटी पोर्सिलेन बुशिंग्स -

वाईंडिंग तारों को कनेक्शन के लिए ट्रांसफार्मरों से बाहर लाना होता है । ट्रांसफार्मर की बॉडी से वाईंडिंग तारों के लिए सुरक्षा हेतु उन्हें एचवी/एचटी तथा एलवी/एलटी साइड दोनों ओर से बुशिंग के जरिए निकाला जाता है । पोर्सिलेन बुशिंग कॉपर या ब्रास स्टड रोड को इंस्यूलेटिड करने के लिए लगाई जाती है ।

बुशिंग दो प्रकार की होती हैं –

पोर्सिलेन टाइप (33 केवी स्तर तक प्रयुक्त) बुशिंग - तारें बाहर, खोखली बुशिंग बॉडी तथा वाईंडिंग लीड के बीच स्थान के साथ निकाली जाती हैं तथा इसे विद्युत रोधी तेल से भरा जाता है वोल्टेज वृद्धि के साथ बुशिंग का आकार बड़ा हो जाता है ।

कंडेसर टाइप (ईएचवी ट्रांसफार्मर पर प्रयुक्त) बुशिंग – इसमें विद्युत रोधन इंसुलेशन वाल, कन्सेंट्रिक कंडक्टिंग सिलिन्डर के अनेक कैपेसिटरों वाली, जो वैद्युत तनाव को झेलने की बेहतर क्षमता प्रदान करती है ।

11. - फिल्टर वाल्व्स - जब ट्रान्सफार्मर के ऑइल को फिल्टर करना होता है तब इन वाल्वों को फिल्टर मशीन से जोड़ते हैं और ट्रान्सफार्मर का ऑइल फिल्टर करते हैं ।

12. - ऑइल फिलिंग प्लग्स - जब ट्रान्सफार्मर में ऑइल किन्हीं कारणों से कम हो जाता है तब ऑइल फिलिंग टोपिंग इनसे करते हैं ।

13 - सिलिका जेल ब्रीदर -

तेल संरक्षण प्रणाली – सिलिका जेल ब्रीदर

तेल में सरलता से नमी अवशोषित होती है । नमी की उपस्थिति से तेल की डाईइलेक्ट्रिक स्ट्रेंथ/शक्ति कम हो जाती है । नमी प्रवेश इनसे हो सकता है – तेल में वायु से संपर्क के जरिए, गैसकेट के बाहर लीकेज से, उच्च तापमान से पैदा विद्युत रोधन/रजिसटेन्स विफलता के कारण ट्रांसफार्मर के भीतर गठन, नमी के साथ तेल के प्रदूषण को कम करने के लिए विभिन्न पद्धतियां उपलब्ध हैं ।

सिलिका जेल – ब्रीदर – यह अत्यधिक प्रचलित तथा किफायती पद्धति है जिससे वायु में नमी को सीमित किया जाता है ताकि ट्रांसफार्मर में तेल पूर्ण शुष्क वायु के संपर्क में आए । सिलिका जेल ब्रीदर को संरक्षक/कंजरवेटिव टैंक से जोड़ा जाता है । एक सिलिका जेल ब्रीदर की सिलिका जेल शोषित के साथ पैक किया हुआ होता है जिसमें सिलिका जेल तथा तेल वाला एक छोटा कप होता है । कंजरवेटर में वायु का आहरण/प्रवेश तेल कप के जरिए होता है जहां अधिकांश नमी अवशोषित होती है । सिलिका जेल को अवशोषित क्षमता सुधारने के लिए बार - बार सक्रिय करने की जरूरत होती है । अगर ब्रीदर को अच्छी तरह मेंटेन किया जाता तो उसमें 40 डिग्री सेन्टीग्रेड से नीचे ओस बिन्दु तक वायु को सुखाने की क्षमता होगी । वायु प्रवेश को कम करने के लिए कप में तेल स्तर को बनाए रखना होगा । जब सिलिका जेल का रंग नीले से गुलाबी हो जाता है तो इसे पुन: सक्रिय करने या बदलने की आवश्यकता होती है । यदि गुलाबी रंग गरम करने पर नीला नहीं होता तो सिलिका जेल बदलते हैं, और यदि गुलाबी से नीला रंग हो जाता है तो उसे प्रयोग करते है ।

14 - बुकोल्ज़ रिले

बुकोल्ज़ रिले का उपयोग 500 केवीए से अधिक के ट्रांसफार्मरों हेतु किया जाता है । यह एक गैस प्रचालित रिले है और इसका उपयोग विद्युत ट्रांसफार्मरों में किया जाता है । जब कभी भी तेल के विघटन के कारण ट्रांसफार्मर में कोई दोष उत्पन्न होता है तो बुलबुलों में गैस बनती है । ये बुलबुले ट्रांसफार्मर टैंक और संरक्षक/कंजरवेटर टैंक को जोड़ने वाली पाइप के माध्यम से गुजरते हैं । इस मार्ग में बुकोल्ज़ रिले अवस्थित होती है । गैस के बुलबुले बुकोल्ज़ रिले में फंस जाते हैं जिससे दबाव बनता है । बुकोल्ज़ रिले कास्ट आयरन से बनी होती है जिसमें दो फ्लोट शामिल होते हैं । ऊपरी खोखले फ्लोट में एक मरकरी स्विच होता है जो बुकोल्ज़ अलार्म सर्किट के साथ जोड़ा जाता है । निचले बैफल पर अवस्थित मरकरी स्विच को ट्रिप सर्किट के साथ जोड़ा गया होता है । रिले चैम्बर के शीर्ष पर गैस नमूनाकरण हेतु एक पैट कॉक मुहैया करवाया जाता है । रिले चैम्बर में एक शीशे की खिड़की भी मुहैया करवाई जाती है जिसके माध्यम से गैस की मात्रा तथा रंग को देखा जा सकता है । ट्रिप तथा अलार्म तंत्र को हाथ से प्रचालन/ऑपरेट किए जाने का प्रावधान है । पैट कॉक के माध्यम से वायु को पम्प करना तथा रिले का प्रचालन करना रिले के कार्यकाल के परीक्षण हेतु सबसे सरल तरीकों में से एक है ।

पावर ट्रांसफार्मर पर अलार्म आने पर उपकेंद्र में कार्यरत ऑपरेटर हेतु दिशा – निर्देश –

क्रमांक, - अलार्म, आवश्यक कार्यवाही (क्रिया कलाप)

1. , ऑइल टेम्प्रेचर अलार्म, - अलार्म केन्सिल कर ट्रान्सफार्मर की बॉडी को छूकर गरम होना पता करें । वाईंडिंग एवं ऑइल टेम्परेचर की रीडिंग लें, इनके तापमान के आधार पर आवश्यक कार्यवाही करें एवं तत्काल उपमहाप्रबंधक/अधिशासी अभियंता व प्रबन्धक/एई/ एसडीओ को सूचित करें ।

2. , वाईंडिंग टेम्प्रेचर अलार्म, - अलार्म कंसिल कर ट्रान्सफार्मर की बॉडी को छूकर गरम होना पता करें, वाईंडिंग एवं ऑइल टेम्परेचर की रीडिंग लें, इनके तापमान के आधार पर आवश्यक कार्यवाही करें एवं तत्काल उप महाप्रबन्धक/अधिशासी अभियंता व प्रबन्धक/एई/ एसडीओ को सूचित करें अभियंता ।

3. बुकोल्ज अलार्म, - अलार्म कैंसिल करें एवं एचवी एवं एलवी साइड की सप्लाई अलग करें । तत्काल उप महाप्रबंधक/अधिशासी अभियंता, प्रबन्धक/एई/एसडीओ को सूचित करें ।

4. बुकोल्ज ट्रिप, - अलार्म कैंसिल करें, एवं एचवी एवं एलवी साइड की सप्लाई अलग करे ।

5. कैपेसिटर बैंक ट्रिप, - अलार्म कैंसिल करें एवं उपकेंद्र संचालन निर्देशानुसार कार्यवाही करें ।

6. फीडर ब्रेकर ट्रिप, - अलार्म कैंसिल करें, एवं एचवी एवं एलवी साइड की सप्लाई अलग करें ।

बुकोल्ज़ रिले – यह पावर ट्रांसफार्मर के आंतरिक फाल्ट की सूचना प्रदान करता है -
क्रमांक (1), - अलार्म आने का सम्भावित कारण (2), - ट्रिप होने का सम्भावित कारण (3)

1. कोर बोल्ट इंसुलेशन फेल्योर, - फेज का शॉर्ट सर्किट होना

2. कोर लेमिनेशन का शॉर्ट होना, - वाईंडिंग शॉर्ट होना

3. आंतरिक इलेक्ट्रीकल कोंटेक्ट ढीला होना, - इंटर - टर्न शॉर्ट होना

4. आंतरिक लोकल हीटिंग होना, - बुशिंग का पंचर होना

5. लीकेज के कारण ऑइल कम होना

6. हवा को ऑइल के द्वारा अंदर जा के ट्रिप होना

15 - नेम प्लेट – यह एक नेम प्लेट होती है जिस पर ट्रांसफार्मर से संबन्धित सामान्य जानकारी लिखी होती हैं । यथा – ट्रांसफार्मर क्षमता केवीए/एमवीए, वोल्टेज - प्राइमरी और सेकेन्डरी, करेंट रेटिंग दोनों साइड, निर्माण वर्ष, सीरियल नंबर, मेक (निर्माण कर्ता), गारंटी अवधि, कनेक्शन डायग्राम, वेक्टर ग्रुप, टेप सर्किट जानकारी, ट्रांसफार्मर के वजन (कुल वजन, ऑइल की मात्रा, कोर का वजन आदि), ट्रांसफार्मर पर्सनटेज इम्पीडेंस, कूलिंग टेम्प्रेचर (वाईंडिंग, ऑइल) क्रेता के क्रय आदेश संदर्भ, विक्रेता का संदर्भ आदि की जानकारी ।

16 - केबिल बॉक्स – इस बॉक्स के माध्यम से कन्ट्रोल रूम में स्थापित रिले के कनेक्शनों के लिए सर्किट किया जाता है ।
एक ट्रांसफार्मर में अन्दर मूलतः ये समाविष्ट (शामिल) हैं –

1. - चुम्बकीय सर्किट बनाने वाला एक चुम्बकीय कोर -

2. - विद्युत सर्किट बनाने वाली वाईंडिंग

3. - विद्युत रोधक/रजिसटेन्स जिसमे ट्रांसफार्मर तेल तथा ठोस विद्युत रोधी सामग्री जैसे कि कागज, प्रेस बोर्ड, लकड़ी आदि शामिल हैं ।

ट्रान्सफार्मर के टैंक अन्दर के मुख्य अवयव -
ट्रान्सफार्मर लेमीनेशन (कोर) -

• ट्रान्सफार्मर कोर – ट्रान्सफार्मर में कोर बीच में होती है । यह लेमीनेटिड स्टील की बनी होती है । जो पतली पट्टी की तरह की होती है । इन सभी पट्टियों के बीच में कम से कम एयर गेप होता है । ये भंवर धाराओं/एडी करेंट को कम करती हैं । कोर के चारों ओर वाईंडिंग लिपटी होती है ।

• चुम्बकीय कोर स्पेशल इलेक्ट्रीकल शीट स्टील(सीआरजीओ) के महीन लेमीनेशन से निर्मित एक बंद चुम्बकीय सर्किट है, मुख्य चुम्बकीय प्रवाह इस कोर से गुजरता है । ट्रांसफार्मर कोर का कार्य चुम्बकीय सर्किट के लिए एक उच्च चुम्बकशील मार्ग उपलब्ध करवाना होता है तथा ट्रांसफार्मर वाईंडिंग को सहारा देना होता है । कोर लेमीनेशन को बहुत महीन (0.27 मिमी) रखा जाता है । लेमीनेशन को तनाव मुक्त करने के लिए भट्टियों में 730 डिग्री सेन्टीग्रेड तक के तापमान पर तापानुशितित किया जाता है । लेमीनेशन को एयर ब्लास्ट कूलिंग सेक्शन जहां पर तापमान लगभग 500 डिग्री से 50 डिग्री सेंटीग्रेड तक घटाकर गुजारा जाता है तथा उन पर विद्युत रोधक/वार्निश (कोरलाइट कोटिंग) से ढक जाता है ताकि एडी करेंट कम हो तथा तत्पश्चात एडी करेंट खत्म हो जाता है । खड़े अंगों को अवयव (लिम्ब) तथा आड़े को योक्स कहा जाता है ।

इलेक्ट्रिकल क्वाइल वाईंडिंग -

- वाईंडिंग प्राय: आकार में बेलनाकार (सिलिंडरिकल) होती हैं क्योंकि गोलाकार कोइल वैद्युत चुम्बकीय बल के रेडियल घटक के लिए अधिक प्रतिरोधकता देती है । रेटिंग पर निर्भर करते हुए विभिन्न किस्म की वाईंडिंग का इस्तेमाल होता है । एचवी/एचटी तथा एलवी/एलटी कोइलों को बाहरी और एचवी/एचटी वाईंडिंग के साथ गहनता के साथ रखा जाता है ।
- वाईंडिंग के प्रकार – डिस्ट्रीप्प्युटेड क्रॉस ओवर वाईंडिंग, स्पाईरल वाईंडिंग, हलीकल वाईंडिंग, कंटिन्युयस डिस्क वाईंडिंग, इंटरलीव्डडिस्क वाईंडिंग ।

ट्रांसफार्मर तेल/ऑइल -

- ट्रांसफार्मर तेल हाइड्रोकार्बन आधारित खनिज तेल होता है । यह अशुद्धताओं और नमी से मुक्त होता है । इसकी भौतिक, रसायानिक, तथा इलेक्ट्रिकल विशेषताओं और साथ ही उनके मान को आईएस 335 : 1989 के अनुसार निर्धारित किया गया है । ट्रांसफार्मर तेल ऊष्मा का सुचालक, विद्युत का कुचालक और अन्य तेलों की तुलना में अधिक तापमान पर ज्वलनशील होता है ।
- ट्रांसफार्मर तेल/ऑइल को देखना – तेल स्तर/ऑइल लेवल की जांच । तेल/ऑइल का तापमान/टेम्परेचर । तेल की बीडीवी (ब्रेक डाउन वोल्टेज) - डाई - इलेक्ट्रिक स्ट्रैंथ/परा वैद्युत - शक्ति न्यूनतम 1 मिनट हेतु 50 केवी होनी चाहिए । एसिडिटी (0.5 से 1 एमजी केओएच के मध्य), तेल की बीडीवी, रंग, गंध संकेतात्मक, कचरे धूल गंदगी, नमी को फिल्टरेशन द्वारा हटाया जाना ।
- ट्रांसफार्मर तेल के संदूषण हेतु कारण – ट्रांसफार्मर की ओवर लोडिंग, नमी को सोखना, गैसें, कचरा और एसिड आदि ।

ट्रांसफार्मर ऑइल/तेल – देखकर निरीक्षण अभिमतों की तुलना –
क्रमांक (1), - रंग (कलर) (2), - तेल की गुणवत्ता (क्वालिटी) (3)

1. , - पीला/पारदर्शी/चमकदार, - बहुत अच्छा
2. , - पीला/भद्दा, - अच्छा
3. , - भूरा, - अच्छा नहीं
4. , - काला/भूरा, - मिलावटी
5. , - काला, - अनुपयोगी/फैंकने लायक

33/11 केवी पावर ट्रान्सफार्मर मेगर आईआर वेल्यू (मेगा ओहम) –
क्रमांक (1), - टेम्परेचर/तापमान (डिग्री सेल्सियस) (2), - एचटी – अर्थ (3), - एलटी – अर्थ (4), - एचटी – एलटी (5) .

1. 60 डिग्री सेल्सियस, - 75 मेगा ओहम, - 35 मेगा ओहम, - 75 मेगा ओहम .
2. 50 डिग्री सेल्सियस, - 150 मेगा ओहम, - 65 मेगा ओहम, - 150 मेगा ओहम .
3. 40 डिग्री सेल्सियस, - 300 मेगा ओहम, - 150 मेगा ओहम, - 300 मेगा ओहम .
4. 30 डिग्री सेल्सियस, - 600 मेगा ओहम, - 300 मेगा ओहम, - 600 मेगा ओहम .

33/11 केवी उपकेन्द्र उपकरण : -

- वीसीबी/ओसीबी –

इसका पूरा नाम वेक्यूम सर्किट ब्रेकर है इसमें लाइन का सर्किट वैक्यूम (हवा रहित) चेम्बर में काटा जाता है । वीसीबी का उपयोग फीडर सप्लाई को चालू/बंद करने के लिए उपयोग होता है । ओसीबी ऑइल सर्किट ब्रेकर कहलाता है इनका वर्तमान में उपयोग नहीं किया जा रहा है, पुराने जहां लगे हैं वे ही उपयोग में लाये जा रहें हैं क्योंकि वीसीबी में ऑइल की जरूरत नहीं होती है ।

वीसीबी से दोनों ही वोल्टेज (33 केवी एवं 11 केवी) पर विद्युत सप्लाई काटने (ऑफ) एवं जोड़ने (ऑन) का कार्य किया जाता है जिसे संचालित करने के लिये कन्ट्रोल रूम में कन्ट्रोल पैनल स्थापित होती है, जिनमें एम्पीयर तथा वोल्टमीटर लगा होता है, जिससे लगे रिले की सहायता एवं 30 वोल्ट डीसी सप्लाई को कन्ट्रोल केबिल की मदद से ओसीबी/वीसीबी के मैकेनिज़्म को स्विच ऑन, स्विच ऑफ किया जाता है । लाइन फाल्ट होने पर सेक्शन की सप्लाई ट्रिपकर विद्युत बन्द करने का काम भी होता है ।

ऑइल सर्किट ब्रेकर में ऑइल इंस्यूलेटिंग माध्यम के रूप में उपयोग किया जाता है । इसमें फाल्ट होने या सप्लाई बन्द करने के लिए आटोमेटिक तरीके से रिले सिस्टम के द्वारा ब्रेकर के अन्दर कोनटेक्ट (मेल/फीमेल) खुलते/बन्द (ऑन/ऑफ) होते हैं तथा लाइन में लोड से स्पार्क होता है जो ऑइल में ही बुझ जाता है । इसी तरह वैक्यूम सर्किट ब्रेकर में वैक्यूम को इंस्यूलेशन मीडियम बनाकर स्पार्क (चिंगारी) को बुझाया जाता है । वैक्यूम में स्पार्क या आर्क उत्पन्न नहीं हो पाता क्योंकि इसके कोनटेक्ट बट कोनटेक्ट होते हैं जिनका गैप बहुत ही कम होता है । ट्रिपिंग के समय कोनटेक्ट के बीच की जगह का डी आयोजनाइजेशन अधिक तीव्रता से होता है जिससे विद्युत इन्सुलेशन की क्षमता प्राप्त हो जाती है तथा स्पार्क नहीं हो पाता । दोनों प्रकार के ब्रेकर को ट्रिप करने हेतु अर्थ फाल्ट, ओवर करेंट रिले, बुकोल्ज़ रिले, वाईंडिंग टेम्परेचर हाई ट्रिप अथवा कन्ट्रोल पैनल से ब्रेकर की ट्रिप क्वाइल को कमांड के द्वारा आपरेट किया जाता है । दोनों ही सर्किट ब्रेकर का रख - रखाव निर्माता कम्पनी के द्वारा सुझाए गए मैन्युअल के अनुसार ही करना चाहिए । चालू हालात में सर्किट ब्रेकर की आईआर वैल्यू 2000 मेगाओहम से ज्यादा ही होना चाहिए । इसी तरह ऑफ पोजीशन में भी आईआर वैल्यू चेक करना चाहिए ।

कंट्रोल पैनल –

वीसीबी को संचालित करने के लिए कंट्रोल पैनल लगाए जाते हैं जिसमें से दो ओवर करेंट की रिले, एवं एक अर्थ फाल्ट की रिले लगी होती है । साथ ही उसमें वोल्टेज एवं करेंट नापने हेतु वोल्ट मीटर एवं एम्पीयर मीटर लगे होते हैं । बिजली की खपत नापने के लिए केडब्ल्यूएच मीटर लगा होता हैं ।

उपकेन्द्र के कन्ट्रोल रूम में पैनल स्थापित किए जाते हैं जो मुख्य रूप से चार उपकरणों को जोड़कर बनाए जाते हैं –

1. जीआई शीट का बॉक्स
2. रिले
3. एम्पीयर/वोल्टमीटर
4. इंडीकेशन लैम्पस एवं स्विच तथा वायरिंग

कन्ट्रोल पैनल का मुख्य कार्य उपकेन्द्र यार्ड में लगे उपकरण ट्रान्सफार्मर ओसीबी/वीसीबी, सीटी/पीटी को नियंत्रित (चालू/बन्द – ऑन/ ऑफ) करने, विद्युत लाइनों पर बहने वाले करेंट एवं वोल्टेज की जानकारी तथा लाइनों या उपकरणों पर फाल्ट होने की दशा में विद्युत सप्लाई को ओसीबी/वीसीबी के द्वारा सुरक्षित तरीके से बन्द करने के लिए होता है ।

फीडर ओसीबी/वीसीबी पर लगे करेंट ट्रान्सफार्मर (सीटी) की सेकेन्डरी वाईंडिंग से कन्ट्रोल केबिल द्वारा पैनल रिले को जोड़ा जाता है । जब लाइन में कोई अर्थ फाल्ट या ओवर करेंट फाल्ट आता है तो सीटी सेकेन्डरी सर्किट से रिले को करेंट मिलेगा जो सक्रिय होगा और रिले की डिस्क को घुमाकर कोनटेक्ट जोड़ेगा । डीसी बैटरी से आने वाली 30 वोल्ट की सप्लाई जो रिले में उपलब्ध रहती है, जिससे सर्किट पूरा होकर ओसीबी/वीसीबी में लगे ट्रिप क्वाइल को इनरजाइज़ (ऊर्जित) करेगी, जिससे ट्रिप क्वाइल का पुलिंजर ओसीबी/वीसीबी के मैकेनिज़म को धक्का देकर ओसीबी/वीसीबी को ट्रिप कर देगा, जिससे लाइन की विद्युत सप्लाई बन्द हो जाएगी । रिले में लगे इंडीकेशन प्लग अर्थ फाल्ट या ओवर करेंट फाल्ट दर्शायेंगे/प्लग को पुन: रिसेट करके कन्ट्रोल पैनल के रिमोर्ट चार्जिंग स्विच की मदद से ओसीबी/वीसीबी को पुन: चालू कर विद्युत सप्लाई चालू की जाती है । पैनल में लगे एम्पीयर व वोल्ट मीटर में कितना करेंट व वोल्टेज आता है, पढ़ा जाता है । पैनल पर लगे इंडीकेटर्स के द्वारा हरा बल्ब सप्लाई चालू तथा लाल बल्ब सप्लाई बन्द होने का संकेत देते हैं । इसी तरह ट्रिप सर्किट हेल्दी (स्वस्थ/ ठीक) की सूचना हमेशा पैनल पर लगे इंडीकेटर बल्ब के स्विच को दबा कर जानी जाती है । पैनल पर ट्रान्सफार्मर ओसीबी/वीसीबी से कन्ट्रोल केबिल के द्वारा वायरिंग कनेक्ट की जाती है तथा इस पर अलार्म भी फिट किया जाता है जिसके अलग - अलग सर्किट दिये जाते हैं । फाल्ट होने पर अलार्म बजता है जिससे आपरेटर को शीघ्र सूचना मिलती है और सिस्टम की जानकारी हो जाती है ।

रिले –

रिले एक विशेष प्रकार का उपकरण होता है जो कि वीसीबी में लगा होता है । लाइनों में जब निर्धारित मात्रा से ज्यादा करेंट बहने लगता है या कंडक्टर टूटता या लाइन के तार आपस में मिलने या टकराने पर सीटी के द्वारा असामान्य करेंट रिले को मिलता है, तब रिले के कोनटेक्ट आपस में मिल जाते हैं एवं बैटरी की डीसी सप्लाई ही वीसीबी की ट्रिप क्वाइल को चार्ज कर देती है, तब उसमें लगी घुंडी मेकेनिज़म बॉक्स में लगे लीवर को धक्का मार देती है, जिसके फलस्वरूप वीसीबी ट्रिप हो जाती है ।

वीसीबी में लगने वाली रिले दो प्रकार की होती हैं – 1- ओवर करेंट और 2- अर्थ फाल्ट

ओवर करेंट रिले – जब लाइन में निर्धारित मात्रा से अधिक करेंट बहता है, अर्थात लोड अधिक हो जाता है या फेज आपस में टकरा जाएं, तब ओवर करेंट रिले स्वत: (ओटोमेटिक) उपरोक्त अनुसार कार्य करती है । यह वीसीबी में आर एवं बी फेज पर स्थापित होती है । इसमें लाइन में बहने वाले करेंट की मात्रा निर्धारित करने की व्यवस्था होती है ।

अर्थ फाल्ट रिले – जब लाइन के फेज किसी तरह से अर्थ हो जाएं जो कि कंडक्टर के टूटने, पेड़ की डाल का हवा चलने पर लाइन को छूना या इंसुलेटर के फूटने इत्यादि से होते हैं, पर अर्थ फाल्ट रिले स्वत: (ओटोमेटिक) संचालित होकर लाइन की वीसीबी को ट्रिप कर देती है ।

बुकोल्ज़ रिले - यह ट्रान्सफार्मर के ऊपर कंजर्वेटर टैंक के नीचे लगी रहती है । जब ट्रान्सफार्मर में अंदरूनी खराबी के कारण अनचाही गैस बनती है, तब यह रिले कार्य करती है एवं कंट्रोल रूम में लगी बुकोल्ज़ रिले वाली घंटी बजने लगती है एवं ट्रांसफार्मर की सुरक्षा हेतु वीसीबी को ट्रिप कर देती है ।

सीटी – करंट ट्रांसफार्मर –

सीटी को करंट ट्रांसफार्मर कहते हैं यह ज्यादा करंट को कम करंट में करने के काम आता है । दोनों वोल्टेज प्राइमरी (33 केवी, 11 केवी) तरफ की करंट को सेकेन्डरी तरफ 5 एम्पीयर करंट में बदलकर कंट्रोल पैनल के प्रोटेक्शन सिस्टम में अर्थ फाल्ट रिले, ओवर करंट रिले, डिफरेंशियल रिले, बुकोल्ज़ रिले तथा मीटर रीडिंग में मीटरिंग एम्पीयर के लिए उपयोग किया जाता है । एलटी सीटी में भी सेकेन्डरी तरफ 5 एम्पीयर रहता है । ईएचवी में सेकेन्डरी तरफ 1 एम्पीयर रहता है ।

नोट – चालू हालत (सर्किट) में सीटी की सेकेन्डरी बाइंडिंग (साइड) को कभी भी ओपन नहीं छोड़ना चाहिए इससे प्राण घातक शॉक लगने या सीटी जल जाने का खतरा रहता है अत: सीटी के सेकेन्डरी साइड को शॉर्ट करके रखना चाहिए । यदि सीटी की सेकेन्डरी खुली रह जाती है तो सीटी सेच्यूरेट हो जाती है ।

सीटी की क्षमता विद्युत लाइन/उपकरण में बहने वाले करंट पर आधारित रहती हैं तथा प्राइमरी रेंज एक अथवा दो होती हैं । एक रेंज की सीटी जैसे – 50/5, 75/5, 100/5, 150/5, 200/5, 300/5, 400/5, 500/5, 600/5, 800/5 आदि

दो रेंज (डबल रेंज) की सीटी जैसे – 50 - 25/5, 100 - 50/5, 150 - 75/5, 200 - 100/5, 300 - 150/5, 400 - 200/5, 600 - 300/5, 800 - 400/5 आदि

पीटी – पोटेन्सियल ट्रांसफार्मर –

पीटी को पोटेन्शियल ट्रांसफार्मर कहते हैं, यह ज्यादा वोल्टेज को कम वोल्टेज में नापने में काम आता है । इसे सब - स्टेशन यार्ड में दोनों तरफ (33 केवी एवं 11 केवी तरफ) बसबार के समीप लगाया जाता है जो वोल्टेज नापने के काम आता है । प्राइमरी (33 केवी/11 केवी) वोल्टेज का सेकेन्डरी तरफ 110 वोल्ट में बदलकर मीटरिंग में केडब्ल्यूएच मीटर तथा वाट मीटर में उपयोग होता है ।

सीटी पीटी यूनिट – एमई (मीटरिंग - उपकरण)

सीटी पीटी यूनिट को करंट ट्रांसफार्मर पोटेन्शियल ट्रांसफार्मर संयुक्त यूनिट कहते हैं । यह उपकरण ऊर्जा खपत हेतु लगे मीटरों में करंट को 5 एम्पीयर और वोल्टेज को 110 वोल्ट के अनुपात में देकर मीटरिंग कार्य में मदद करते हैं, इसलिए इसे एमई (मीटरिंग एक्यूपमेंट – मीटरिंग उपकरण) भी कहते हैं ।

बैटरी एवं बैटरी चार्जर –

सब स्टेशन में ट्रिपिंग सर्किट के लिए 30 वोल्ट डीसी (डायरेक्ट करंट) सप्लाई की आवश्यकता होती है । इससे उपकेन्द्र को तकनीकी सुरक्षा का पूरा तंत्र जोड़ा रहता है अर्थात सब स्टेशन की प्राण वायु का काम बैटरी करती है । इससे 30 वोल्ट की डीसी प्राप्त होती है । प्रत्येक बैटरी सेल 2.15 वोल्ट का रहता है इस तरह 15 बैटरी सेलों को जोड़ कर 30 वोल्ट की सप्लाई प्राप्त की जाती है । साधारणत: लेड एसिड, केडमियम या अल्कलाइन बैटरियों का ही उपयोग किया जाता है । 30 वोल्ट 100 एएच (एम्पीयर आवर) लेड एसिड बैटरियाँ 33/11 केवी उपकेन्द्र में उपयोग की जाती हैं । इसके साथ ही सतत बैटरियाँ चार्ज रहे इस हेतु एक आटोमेटिक बैटरी चार्जर का उपयोग भी किया जाता है । बैटरी की शक्ति उसमें भरे इलेक्ट्रोलाइट (सल्फ्यूरिक एसिड + डिस्टिल वाटर) के घोल के आपेक्षिक घनत्व (स्पेसिफिक ग्रेविटी) 1180 से 1200 ही रहती है । बैटरी को लकड़ी के बने फ्रेम में ही रखा जाता है ।

30 वोल्ट की बैटरी को उपयोग में लेने के पूर्व चार्ज करने की विधि –

नई बैटरियों के सेल को जोड़कर एसिड एवं डिस्टिल वाटर के घोल को भरा जाता है तथा घोल भरने के 12 घंटे बाद एवं 24 घंटे के अन्दर चार्जर से जोड़कर चार्ज किया जाता है । प्रथम चार्जिंग 80 घंटे में पूरी होती है तथा चार्ज होने पर बैटरी के सोल्युशन का आपेक्षिक घनत्व (स्पेसिफ़िक ग्रेविटी) 1200 तीन घंटे तक लगातार बना रहने पर बैटरी को चार्ज समझना चाहिए । फिर इसे एक बार डिस्चार्ज करना चाहिए जिसमें कोई प्रतिरोध का उपयोग करना चाहिए । डिस्चार्ज का समय 10 घंटे होना चाहिए । बैटरियों को एक बार डिस्चार्ज करने के बाद पुन: चार्ज करना चाहिए एवं ग्रेविटी 1180 से 1200 रहने पर उपयोग में लेना चाहिए । बैटरी का तापमान 27 डिग्री सेन्टीग्रेड से अधिक नहीं होना चाहिए । लम्बे समय तक बैटरी को बगैर चार्जिंग के नहीं रखना चाहिए ।

बैटरी के प्रत्येक सेल को छोटे वोल्ट मीटर से सप्ताह में एक बार नापना चाहिए । वोल्ट मीटर 3 - 0 – 3 के स्केल वाला होना चाहिए जिसे सेल टेस्टर भी कहते हैं । इसे बैटरी सेल के धन/ऋण (पोजीटिव/नेगेटिव) टर्मिनलों पर रख कर नापते है । प्रत्येक सेल 2 वोल्ट से कम नहीं होना चाहिए ।

अम्ल (एसिड) का सोल्यूसन जो प्रत्येक सेल में भरा रहता है उसे बैटरी की प्लेटों के ऊपर कम से कम आधा इंच से एक इंच तक होना चाहिए । यदि प्लेटें दिखने लगें तो शीघ्र डिस्टिल वाटर सेलों में भरना चाहिए । इसे प्रतिदिन सुबह चेक करना अनिवार्य है । बैटरी में एसिड नहीं डालना चाहिए । टर्मिनलों की फफूंदी जो हरे रंग या सफ़ेद रंग की बनती है उसे प्रतिदिन हटाना चाहिए या जीरो नम्बर के एमी पेपर से घिसकर अलग करना चाहिए । कनेक्टर साफ करके उन पर पेट्रोलियम जेली लगाना चाहिए जिससे फफूंदी या आक्सीडेसन न होने पाये

बैटरी चार्जर को बैटरी से कनेक्ट करके रखना चाहिए । बैटरी चार्जर में स्टेप डाउन ट्रान्सफार्मर 230 वोल्ट को 30 वोल्ट एसी में बदलता है फिर रैक्टीफायर द्वारा 30 वोल्ट डीसी में बदला जाता है जो बैटरियों को चार्ज करता है । साधारण तौर पर बैटरी को ट्रिकिल चार्ज पर प्रतिदिन चार्ज करना चाहिए । विशेष परिस्थितियों में जब सेल का वोल्टेज कम हो गया हो या आपेक्षित घनत्व (स्पेसिफिक ग्रेविटी) में 1180 से कम की गिरावट आ गई हो तो इसे बूस्ट चार्जिंग में लगाना चाहिए जब तक कि ग्रेविटी 1180 से 1200 तक न आ जावे । बैटरी चार्जर की अर्थिंग अलग से करना चाहिए । इसे उपकेन्द्र के अर्थिंग सिस्टम से नहीं जोड़ना चाहिए क्योंकि चार्जर की क्षमता न्यून करंट की होती है यदि यह उपकेंद्र के अर्थिंग सिस्टम से जोड़ी जाती है तो फीडर की फाल्ट करंट चार्जर की अर्थिंग में आ जाने से हैवी फाल्ट करंट के कारण चार्जर खराब हो जाते हैं ।

एसी/डीसी डिस्ट्रीब्यूशन बोर्ड –

कंट्रोल रूम के अन्दर एक दीवाल के पास लकड़ी के बड़े 4 फुट बाय 3 फुट (1200 एमएम बाय 900 एमएम) के बोर्ड पर एसी 230 वोल्ट की सप्लाई के किटकेट (कट आउट) लगाकर रखी जाती हैं, जहां से पैनल को एसी इंडीकेशन लैम्प के लिए तथा वीसीबी/ओसीबी की मोटर को सप्लाई दी जाती है । पृथक से कन्ट्रोल रूम से स्विच बोर्ड के द्वारा लाइट एंड फेन के लिए सप्लाई दी जाती है । डिस्ट्रीब्यूशन बोर्ड पर ही अलग - अलग सर्किट बनाकर डीसी सप्लाई को बैटरी से केबिल लाकर एचआरसी (हाई रपचरिंग केपेसिटी) फ्यूज लगे किटकेट के माध्यम से इनडोर या आउट डोर पैनल या वीसीबी/ओसीबी, बुकोल्ज़ रिले आदि को डीसी सप्लाई भेजी जाती है । इसमें 2.5 स्क्वायर एमएम की कॉपर केबिल उपयोग की जाती है जो टू (2) कोर, फोर (4) कोर, आठ (8) कोर या 16 कोर की होती हैं । इसी से रिले आदि में डीसी सप्लाई दी जाती है । केबिल को कन्ट्रोल रूम से, ट्रान्सफार्मर/ओसीबी/वीसीबी तक केबिल ट्रेंच के द्वारा ले जाया जाता है जहा पर उसको रेत में केबिल दबाकर डाली जाती हैं । समय - समय पर केबिल का निरीक्षण होना चाहिए ।

आइसोलेटर/एबी (एयर ब्रेक) स्विच –

ये उपकरण अधिकतर बंद लाइन को खोलने या चालू करने के लिए उपयोग होते हैं, एबी स्विच को एयर ब्रेकर स्विच कहते है, कहीं - कहीं इसे जीओडी (गैंग ओपरेटिंग डिवाइस) भी कहते हैं । क्योंकि यह खुली हवा में खोलना/लगाना होता है । इसमें एक मेल तथा दूसरा फ़ीमेल पार्ट होते हैं, एबी स्विच खुले होने की स्थिति में मेल फेमेल पार्ट एक दूसरे से अलग होते हैं या इसी को एबी स्विच का खुला होना कहते हैं । जब मेल और फ़ीमेल पार्ट्स एक दूसरे के संपर्क में होते हैं उस स्थिति को एबी स्विच का चालू रहना या लगा होना कहते हैं । आइसोलेटर एबी स्विच इस प्रकार भिन्न होता है कि वह दो तरफ से खुलता और लगता है कहने का आशय यह है कि इसमें दो मेल और दो फ़ीमेल पार्ट्स होते हैं अर्थात यह दो स्थान पर खुलता है और दो ही स्थान पर लगता है । यह होरीजेंटल लगा होता है और होरीजेंटल ही खुलता है ।

डीओ (ड्रॉप आउट) फ्यूज यूनिट (सेट) –

डीओ फ्यूज यूनिट (सेट) को ड्रॉप आउट फ्यूज यूनिट (सेट) कहते हैं । एक यूनिट (सेट) में तीन डीओ होते हैं जो प्रत्येक फेज के लिए अलग - अलग होता है । आपूर्ति व्यवस्था में खराबी (फाल्ट) आने पर डीओ फ्यूज यूनिट के फ्यूज फाल्ट करंट के कारण डीओ बैरल में जल जाते हैं और बैरल डीओ सेट से नीचे लटक जायेगा और संबन्धित फेज के फाल्ट होने की जानकारी मिल जाती है । फाल्ट निकालकर कर पुन: डीओ फ्यूज डीओ बैरल में डालकर उसे डीओ सेट में लगाकर लाइन की आपूर्ति चालू/बहाल करते हैं ।

33/11 केवी उपकेन्द्रों को संचालित (आपरेट) करने के तरीके –

33/11 केवी उपकेंद्र के निर्माण के बाद अहम भूमिका इसे सिस्टम से जोड़कर प्रतिदिन संचालित (आपरेट) करने की होती है । उपकेंद्र को विद्युत सिस्टम से जोड़कर संबन्धित कार्यपालन अभियन्ता/अधिशासी अभियन्ता (ईई)/डीवीजनल इंजीनियर (डीई)/उपमहाप्रबंधक द्वारा क्षेत्र के लिए बनाए गए विद्युत सप्लाई (आपूर्ति) के निर्देशों का पालन उपकेंद्र के आपरेटर्स (संचालकों) द्वारा किया जाता है । इस हेतु उपकेंद्र में आवश्यक व्यवस्थाएँ होना अनिवार्य हैं । जिनकी जानकारी निम्नानुसार है –

1. अधिकृत चार्ट या आथराइजेशन चार्ट - उपकेंद्र से की जाने वाली विद्युत आपूर्ति के क्षेत्र में कार्यरत वितरण केन्द्रों के अधिकारियों एवं कर्मचारियों के नामों की अधिकृत सूची । जिसे सम्भाग (डिवीजन) के कार्यपालन अभियन्ता (ईई) के हस्ताक्षर से जारी किया जाना चाहिए । उन सभी के नाम व पद एवं कार्यालय का उल्लेख तथा सिस्टम पर कार्य करने हेतु लिए जाने वाले शट डाउन/विद्युत लाइन बंद करने के अधिकार का विवरण तथा कर्मचारी के हस्ताक्षर का भी उल्लेख अधिकृत सूची में होना चाहिए जिसे अधिकृत चार्ट या आथराइजेशन चार्ट कहते हैं । इस चार्ट को समय - समय पर संशोधित होना चाहिए क्योंकि कर्मचारी/अधिकारी का स्थानान्तरण होता रहता है तथा नए कर्मचारी/अधिकारी उपकेन्द्र के विद्युत प्रदाय क्षेत्र से जुड़ते जाते हैं । उपकेन्द्र के आपरेटर्स (संचालक) भी बदलते रहते

हैं अतएव आपरेटिंग स्टाफ को सिस्टम से जुड़े कर्मचारियों की जानकारी होना चाहिए कि कौन लाइन कर्मचारी किस वोल्टेज के लिए कार्य करने या शट डाउन के लिए अधिकृत है । इसका प्रारूप अलग से प्रस्तुत है ।

2. सुरक्षा उपकरण - का नियमानुसार उपलब्ध होना आवश्यक है जिसकी सूची अलग से संलग्न है जिसमें डिस्चार्ज रोड कम से कम 6, रबर हेंड ग्लोव्ज, रबर मेटिंग, इंसुलेटिड कटिंग प्लायर, स्क्रू ड्राइवर, हेलमेट, सेफ्टी बेल्ट, टॉर्च, गमबूट, रेनकोट इत्यादि । सूची संलग्न है ।

3. टी एंड पी – नियमानुसार टी एंड पी मुख्यतः स्पेनर सेट, रस्सा, हथौड़ा, हेक्साब्लेड, कुल्हाड़ी इत्यादि । सूची संलग्न है ।

4. फ्यूज – पर्याप्त मात्रा में पावर ट्रान्सफार्मर (33/11 केवी) एवं सब स्टेशन ट्रान्सफार्मर (33/0.4 केवी या 11/0.4 केवी) के लिए डीओ (ड्रॉप आउट) और टीसी (टिंड कॉपर) फ्यूज स्थापित ट्रान्सफार्मर की क्षमतानुसार तथा डीसी सप्लाई हेतु लगे किटकिट के लिए फ्यूज वायर की उपलब्धता । क्षमतावार फ्यूज सूची संलग्न है ।

5. बैटरी – बैटरी हेतु डिस्ट्रिल्ड वाटर एवं पेट्रोलियम जेली ।

6. उपकरण परीक्षण हेतु – मेगर 500 वोल्ट, हाइड्रोमीटर, सेल टेस्टर 3 – 0 – 3 रेंज का डीसी वोल्ट नापने हेतु

7. इंडीकेशन लैम्प - पैनल के इंडीकेटर लैम्प, ओसीबी, वीसीबी चालू बंद दर्शाने वाले इंडीकेटर लैम्प स्येयर में तथा याॅर्ड लाइट से संबन्धित बल्व आदि ।

8. की (चाबी) बोर्ड – कन्ट्रोल रूम में एक की (चाबी) बोर्ड जिसमें आइसोलेटर/एबी स्विच, टी एंड पी बॉक्स, ब्रेकर स्विच आदि में लगाए जाने वाले तालों का क्रमश: नाम डालकर चाबी (की) रखी जावे ।

9. अर्थिंग सिस्टम का पूर्ण स्वस्थ रहना अत्यन्त आवश्यक है । इसका मुख्य रूप से रजिसटेन्स (प्रतिरोध) 0 से 1 ओम होना चाहिए तभी फाल्ट करेंट सिस्टम में अर्थ होकर विद्युत प्रवाह बन्द होता है जिससे उपकरण सुरक्षित रहते है । विस्तृत जानकारी अलग से प्रस्तुत है ।

10. अग्निशामक यंत्र – अग्निशामक (आग बुझाने) के यंत्र जैसे फायर एक्सटिंगुसर, रेत भरी बाल्टियाँ, प्रथम उपचार किट (फर्स्ट एड बॉक्स) जिसमें मुख्य रूप से कॉटन पट्टी, बरनाल, टिंचर आयोडीन, कॉटन रोल, कैंची जैसी प्रथम उपचार की सामग्री रखी जानी चाहिए । विस्तृत जानकारी अलग से संलग्न है ।

11. परमिट बुक - सप्लाई चालू/बन्द रहने के संकेतक (पट्टिका) समुचित मात्रा में उपलब्ध होना । पट्टिका जैसे विद्युत सप्लाई बन्द है चालू न करे, "कर्मचारी सुधार कार्य पर हैं लाइन चालू करें आदि

12. निर्देश चार्ट – एसओपी (स्टैंडर्ड आपरेटिंग प्रसीजर/प्रक्टिसेस) सम्भाग के कार्यपालन अभियन्ता द्वारा जारी किए गए विद्युत आपूर्ति हेतु सम्पूर्ण निर्देशों का चार्ट हिन्दी में लिखा हुआ उपकेंद्र के कन्ट्रोल रूम में लगाना चाहिए ।

7

उपकेन्द्र संचालन के निर्देश (सब स्टेशन आपरेटिंग इन्सट्रक्शन)

उपकेन्द्र संचालन के निर्देश (सब स्टेशन आपरेटिंग इन्सट्रक्शन) –

33/11 केवी उपकेन्द्र को प्रतिदिन संचालित करने के नियम स्पष्ट रूप से हिन्दी में लिखकर आपरेटिंग स्टाफ के उपकेन्द्र में उपलब्ध होना चाहिए ।

1. प्रत्येक 11 केवी के अनुसार उसे चालू बन्द करने तथा लोड शेडिंग के दिन एवं समय का पूरा कार्यक्रम का वर्णन हो । विशेष कर ग्रामीण क्षेत्र के कृषि फीडर ।
2. सिंगल फेजिंग करने के समय की जानकारी, विशेषत: ग्रामीण मिक्स फीडर ।
3. विद्युत आपूर्ति के समय परिवर्तित सारणी के लिए उचित निर्देश ।
4. उपकेन्द्र के फीडर से साधारण ट्रिपिंग होने तथा सप्लाई बन्द होने पर बजने वाले अलार्म स्विच बन्द कर कन्ट्रोल पैनल के रिले पर आए इंडीकेशन फ़्लैग को रिसेट करके रजिस्टर में ट्रिपिंग समय लिखना तथा 3 मिनट का अंतराल (गैप) देकर ट्रिप होने वाले फीडर के पैनल की वीसीबी या ओसीबी को प्रथम बार चार्ज करना । यदि फीडर वीसीबी/ओसीबी पुन: चार्ज करते ही ट्रिप हो जाती है तो इसकी सूचना तत्काल संबन्धित जेई या एई को फोन से देना । यदि प्रथम चार्जिंग पर लाइन फीडर की सप्लाई चालू हो जाती है तो इस आशय की जानकारी रजिस्टर में नोट करना ।

प्रथम चार्जिंग पर लाइन के चालू हो जाने पर कुछ अंतराल जैसे 10 मिनट के अन्दर पुन; वही फीडर ट्रिप होता है तो इंडीकेशन देखकर नोट करें । यदि ओवर करंट के इंडीकेशन पर फीडर ट्रिप हुआ है तो इस आशय की जानकारी संबन्धित जेई/एई को देकर उनसे फोन पर ही निर्देश लेकर उनके अनुसार ही आपरेशन करें । यदि पुन: एक बार और चार्जिंग के आदेश मिलते हैं तो पाँच मिनट रुककर ही फीडर चार्ज करे । चार्ज होने पर फिर सूचित कर । यदि फीडर चार्ज करते ही तुरन्त ट्रिप होता है तो उस समय फीडर पर आए इंडेकेशन को रजिस्टर में नोट करें तथा अधिकारी को सूचित करें । लाइन को फाल्टी घोषित होने पर सब स्टेशन यार्ड में जाकर वीसीबी/ओसीबी के आउट (बाहर) में जाने वाले फीडर के एवी स्विच/आइसोलेटर को हैंड ग्लव पहनकर काट दें । संबन्धित अधिकारी/कर्मचारी के आने के बाद निर्देशों के अनुसार आपरेशन करें । जेई के उपलब्ध न होने पर एई अथवा ईई/डीई को सूचित कर उचित निर्देश लेकर ही आगे के कार्य करे ।

5 – यदि लाइन फाल्टी घोषित हो गई है तो उसे बार - बार चार्ज न करें इससे पावर ट्रान्सफार्मर ओसीबी/वीसीबी आदि उपकरणों को नुकसान पहुंचने की संभावनाएं बढ़ जाती हैं । फाल्टी फीडर को पुन: तभी चार्ज करना चाहिए जब उसकी पूरी पेट्रोलिंग कर ली गई हो और बार - बार ट्रिपिंग होने के कारण ही पूर्ण जानकारी तथा समीक्षा संबन्धित अधिकारी ने कर ली या फिर फाल्ट को ढूंढकर ठीक कर दिया हो । फाल्ट ढूंढने हेतु लगाए गए लाइन कर्मचारियों को उपकेन्द्र से अधिकृत परमिट लेना अत्यन्त आवश्यक है । इस हेतु आपरेटर को उपकेन्द्र से निकलने वाले फीडर पर जिसे फाल्टी घोषित किया जा चुका है, उपकेन्द्र में रखी परमिट पुस्तिका (आथरेजाइसन चार्ट) में अधिकृत लाइन कर्मचारी को ही परमिट जारी करना चाहिए । सप्लाई को पूर्ण रूप से बन्द कर दी गई है इसका निरीक्षण पैनल पर दिखाए गए ओसीबी/ वीसीबी बन्द के लाल इंडीकेटर की जाँचकर यार्ड में जाकर ओसीबी या वीसीबी के पहले एवं बाद में लगे आइसोलेटर या एबी स्विच को हैंड ग्लोब पहनकर काट लेना चाहिए तथा प्रत्येक पर " लाइन बन्द है के निर्देश वाली पट्टिकाएँ लटकाना चाहिए । इसके बाद फीडर की डीपी जो यार्ड की बाउंड्री के बाहर स्थिति है पर लगे एबी स्विच को काटकर (खोलकर) ताला लगाकर उस पर भी पट्टिका लटकाना चाहिए तथा फीडर ओसीबी या वीसीबी जो बन्द भी है के आउट गोइंग तार (लाइन/फीडर) पर तीन डिस्चार्ज रोड को अर्थ में लगाकर तीनों फेजों पर लटकना

चाहिए । फिर अधिकृत लाइन कर्मचारी को परमिट बुक में फीडर के नाम का उल्लेख करते हुए सप्लाई बन्द करने के स्थान आइसोलेटर या एबी स्विच काटकर पट्टिकाएँ लटकाने की जानकारी तथा तीनों फेजों पर अर्थ रोड लगाए जाने की जानकारी भी लिखी जाना चाहिए । इसके परमिट जारी करने वाले आपरेटर को परमिट पर यह भी लिखना चाहिए कि शट डाउन परमिट लेने वाला कर्मचारी लाइन पर अपनी एवं साथी कर्मचारियों की बन्द लाइन पर कार्य करने के लिए सुरक्षित कार्य निष्पादन के नियमों का पालन करेंगें एवं वे स्वयं जबावदार रहेंगें । लाइन पर जाने वाले कर्मचारियों की संख्या भी परमिट बुक में लिखना चाहिए ।

" बन्द लाइन पर चढ़कर कार्य करने के पूर्व "सुरक्षा जोन अवश्य बनाएँ" यह स्लोगन (नारा) भी आपरेटर परमिट बुक में दर्ज करेगा (लिखेगा) तभी परमिट जारी करेगा तथा उपकेन्द्र में रखी परमिट बुक की प्रति में परमिट लेने वाले व्यक्ति के हस्ताक्षर पर एवं परमिट जारी करने का समय तथा दिनांक लिखवाएगा । परमिट एवं शट डाउन देने का समय, दिनांक एवं फीडर के नाम का उल्लेख उपकेन्द्र के रजिस्टर में आपरेटर लिखेगा । फाल्टी लाइन की पेट्रोलिंग या फाल्ट की खोज करने के बाद सुधार कार्य पूर्ण होने के बाद परमिट लेने वाले कर्मचारी की जबाबदारी रहती है कि वे कार्य पूर्ण कर परमिट लौटाएँ ।

कर्मचारी द्वारा परमिट लौटाने पर आपरेटर को पहले कर्मचारी से परमिट पर ही फाल्ट मिलने एवं सुधार करने की संक्षिप्त जानकारी लेना चाहिए तथा इस आशय का प्रमाण पत्र भी उसी परमिट पर लिखवाना चाहिए कि उसके साथ गए सभी लाइन कर्मचारी सुरक्षित रूप से वापिस आ गए, कोई भी लाइन पर कार्यरत नहीं हैं । लाइन चालू करने हेतु पूर्ण सुरक्षित है । सभी जगह के शॉर्ट सर्किट या डिस्चार्ज रोड लाइन से हटा लिये गए हैं । फाल्ट सुधार दिया गया है, परमिट लौटाने का समय एवं दिनांक हस्ताक्षर सहित लेने के बाद आपरेटर को उपकेन्द्र में लगाए गए तीनों डिस्चार्ज रोडों को उतार कर अलग करके फिर यार्ड के बाहर बनी डीपी के एवी स्विच को लगाकर ओसीबी या वीसीबी के दोनों ओर लगे आइसोलेटरों या एबी स्विचों को ऑन करने के पहले परमिट कैंसिल करें । फिर दोनों आइसोलेटरों को हैंड ग्लोब पहनकर लगावें और कन्ट्रोल रूम में आकार पुन: परमिट लौटाने वाले कर्मचारी से एक बार फीडर चालू करने हेतु पूछेंगे तथा फीडर चालू करने के लिए सुरक्षित है और कोई भी कर्मचारी लाइन पर नहीं है कि मौखिक जानकारी लेंगे । संतुष्ट होने पर संबन्धित उपकेन्द्र अधिकारी जेई या एई से फोन पर पूरी जानकारी देंगे । फीडर चालू कर दिया जाए इस बारे में भी स्वीकृति लेकर पैनल के रिमोट से फीडर चालू करेंगे । फीडर स्टैंड होने के पाँच मिनट बाद सप्लाई चालू हो गई की जानकारी संबन्धित अधिकारी को देंगे ।

6 – यदि पावर ट्रान्सफार्मर की बुकोल्ज़ रिले ट्रिप होती है, अलार्म बजता पैनल में इंडीकेशन आता है और सप्लाई ट्रिप होती है तो आउट गोइंग फीडर ओसीबी/वीसीबी हैंड ट्रिप करके तुरंत संबन्धित जेई/एई तथा अन्य सक्षम अधिकारी को फोन से सूचित करेंगे । पावर ट्रान्सफार्मर को तब तक चार्ज नहीं करेंगें जब तक कि उसकी पूरी टेस्टिंग अधिकारियों द्वारा न कर ली जाए एवं उन्हीं के आदेश एवं निर्देशों का पालन करते हुए कार्य करेंगे ।

7 – उपकेन्द्र यार्ड में लगे अन्य उपकरण, ओसीबी, वीसीबी, सीटी, पीटी, सीटीपीटी (एमई) आइसोलेटर, एबी स्विच, बसबार जम्पर आदि में अचानक खराबी आ जाए, स्पार्क हो जाए तो तुरन्त फीडर के लोड को हैंड ट्रिप कर के बन्द कर दें एवं शीघ्र सूचना संबन्धित अपने अधिकारी को दें । पूर्ण विवरण रजिस्टर में समय लिखकर दर्ज करें ।

8 - हर घंटे में कन्ट्रोल पैनल पर लगे ट्रिप सर्किट हेल्दी स्विच को दबाकर डीसी सप्लाई सुनिश्चित कर लें । इसमें खराबी आने पर डीसी सप्लाई न दिखने पर पहले पैनल का बल्व चेक करें फिर बल्व सही होने पर डीसी सप्लाई के लगाए गए फ्यूज बोर्ड में पैनल में जाने वाले डीसी सप्लाई के किटकिट के फ्यूज को डीसी वोल्टमीटर से चेक कर सुनिश्चित करें कि उसका कहीं फ्यूज तो नहीं जल गया । यदि फ्यूज जला हो तो पुन: 2.5 एम्पीयर के टीसी फ्यूज वायर जो 39 एसडब्ल्यूजी गेज का हो को लगा के सुधारें एवं पुन: ट्रिप सर्किट हेल्दी चेक कर लें । फिर भी डीसी सप्लाई नहीं मिल रही हो तो बैटरी चार्जर में लगे मीटर को देखें एवं डीसी वोल्ट मीटर से बैटरी टर्मिनल पर चेक कर लें कि 30 वोल्ट डीसी सप्लाई आ रही है या नहीं । फिर बैटरी एवं चार्जर तथा डीसी बोर्ड पर कोई वायर ढीला तो नहीं है या निकल तो नहीं गया चेक कर ठीक करें । यदि फिर भी समझ में न आए तो शीघ्र ही अपने अधिकारी को इसकी जानकारी दें तथा रजिस्टर में लिखें । ध्यान रहे कि पैनल रिले पर और ओसीबी या वीसीबी पर डीसी सप्लाई न जाने से सिस्टम में होने वाले फाल्ट के कारण विद्युत सप्लाई बन्द नहीं होगी एवं उपकेन्द्र में उपकरणों को क्षति पहुँच सकती है । इस हेतु सतर्क रहकर शीघ्र ही डीसी फाल्ट ठीक कराने हेतु अधिकारियों से संपर्क करना आवश्यक है ।

9 – ध्यान रहे 33 केवी तरफ यदि वीसीबी लगी हो तो जब भी ट्रांसफार्मर को मेंटीनेंस या इमरजेन्सी होने पर बन्द करना पड़े तो वीसीबी हैंड ट्रिप करके ही 33 केवी सप्लाई बन्द करें । यदि 33 केवी तरफ डीओ फ्यूज लगे हों तो ट्रांसफार्मर को बन्द करना पड़े तो पहले 11 केवी तरफ सभी फीडर को पैनल से ओसीबी या वीसीबी को हैंड ट्रिप करके लोड काट लें और ट्रांसफार्मर को नो लोड पर करके संबन्धित 132 केवी जहां से 33 केवी लाइन से सप्लाई दी जा रही है, को पाँच मिनट का हैंड ट्रिप लेकर उपकेन्द्र के 33 केवी तरफ का इनकमिंग आइसोलेटर या एबी स्विच हैंड ग्लव्स पहन कर काट लें । तीनों ब्लेड्स अच्छी तरह से कट गए हैं सुनिश्चित कर लें । यह पूरा संचालन अपने अधिकारी की उपस्थिति में ही करें । उनके निर्देशों के अनुसार आगे कार्य करें ।

10 – किसी अनाधिकृत व्यक्ति को जिसका नाम आथराइजेशन चार्ट में नहीं है, सीधे कभी भी विद्युत सप्लाई बन्द करने का परमिट जारी न करें । ऐसे व्यक्ति को संबन्धित अधिकारी से लिखित अनुमति लाने हेतु कहें एवं अनुमति आ जाने पर उसे रजिस्टर में संलग्न कर

ही अग्रिम कार्यवाही करें ।

11 – किसी अपरिचित व्यक्ति या अनाधिकृत व्यक्ति को उपकेन्द्र के यार्ड में घुसने न देवें । उसे विनम्रता से वहाँ जाने से रोकें । कन्ट्रोल रूम में भी अपरिचित व्यक्ति को सीधे प्रवेश न दें । विद्युत वितरण कम्पनी या इससे संबन्धित विभाग के अधिकारियों/कर्मचारियों से कन्ट्रोल रूम में घुसने के पूर्व ही विनम्रता से परिचय प्राप्त कर ही प्रवेश देवें । शंका होने पर फोन द्वारा अपने अधिकारियों को उपकेन्द्र में आए व्यक्ति का विवरण देकर जानकारी दें एवं लिए गए आदेशों का पालन करें । उपकेन्द्र के मुख्य गेट को अपनी ड्यूटी पर बन्द कर ताला लगाकर ही कार्य करें । परिचित कर्मचारी या अधिकारी से गेट पर परिचय लेने के बाद ही प्रवेश देवें जिन्हें आप पहचानते हैं ।

12 – उपभोक्ताओं एवं अन्य व्यक्तियों को उपकेन्द्र में प्रवेश करने हेतु मनाही करें ।

13 – उपकेन्द्र पर तिमाही, छः माही (अर्द्ध वार्षिक) या वार्षिक मेंटीनेंस किया जाना हो और विद्युत सप्लाई बन्द की जाना हो तो ऊपर क्रमांक 8 में दिए गए निर्देशों का पालन कर विद्युत सप्लाई बन्द करें । 33 केवी सप्लाई बन्द कर आइसोलेटर काट लेने के बाद ट्रान्सफार्मर एवं आइसोलेटर या वीसीबी के बीच तीन डिस्चार्ज रोड अर्थ में लगाकर टांगे, इसी तरह 11 केवी तरफ आउट गोइंग एबी स्विच काटकर 11 केवी बस पर या वीसीबी या ओसीबी पर तीन डिस्चार्ज रोड टांगे तभी ट्रान्सफार्मर उपकेन्द्र के बसबार आदि पर मेंटीनेंस कार्य करावें । कार्य पूर्ण होने के बाद पूरे उपकेन्द्र यार्ड में बसबार अन्य उपकरणों का अच्छी तरह से निरीक्षण कर लें कि कहीं कोई तार या सामान उपकरणों पर तो नहीं रखा रह गया । चेक कर लेने के बाद सुनिश्चित हो जाने पर ही 11 केवी तरफ एवं 33 केवी तरफ के डिस्चार्ज रोड निकालें । उपकेन्द्र पर जिस कर्मचारी ने मेंटीनेंस के लिए परमिट लिया हो । उसके वापिस होने के बाद ही पहले 33 केवी तरफ यदि वीसीबी लगी हो तो इनकमिंग आइसोलेटर हेंड ग्लव्स पहनकर चालू करें । दो मिनट रुक कर इनकमिंग वीसीबी चालू करें एवं पावर ट्रान्सफार्मर की हमिंग (आवाज) उसकी एकरूपता को पाँच मिनट ध्यान से सुनें, फिर बारी - बारी से 11 केवी तरफ के आइसोलेटर/एबी स्विच लगाकर फीडर ओसीबी/वीसीबी पैनल के रिमोर्ट से चार्ज करें । प्रत्येक फीडर चार्ज करने के बाद तीन से पाँच मिनट रुके फिर दूसरा फीडर चार्ज करें । फीडर पैनल पर सभी की रीडिंग रिकार्ड कर लें । सप्लाई चालू करने का समय भी दर्ज करें ।

14 – यदि 33 केवी तरफ वीसीबी न लगी हो तो जिस विधि से शट डाउन लेने के पूर्व 132 या 220 केवी सब - स्टेशन से 5 मिनट की ट्रिपिंग 33 केवी लाइन पर ली गई थी और आइसोलेटर काटा गया था । उसी तरह पुनः 132 या 220 केवी उपकेन्द्र से फोन पर 33 केवी लाइन पर 5 मिनट की ट्रिपिंग लेकर, हेंड ग्लोब पहन कर ट्रान्सफार्मर के इनकमिंग का आइसोलेटर लगाना चाहिए फिर फोन से ही 132 या 220 केवी उपकेन्द्र से 33 केवी फीडर चालू करना चाहिए ।

15 – इसके अतिरिक्त संबन्धित ईई/कार्यपालन अभियन्ता द्वारा दिए गए निर्देशों के अनुसार उपकेन्द्र का आपरेशन एवं कार्य किया जाना चाहिए ।

उपकेंद्र - बैटरी :-

33/11 केवी उपकेंद्र में 30 वोल्ट डीसी सप्लाई का उपयोग किया जाता है । 2.15 वोल्ट के प्रत्येक सेल (15 नग) की स्पेसिफिक ग्रेविटी (आपेक्षिक घनत्व) 1180 से 1200 तक होना चाहिए । इस हेतु बैटरी को चार्जर द्वारा लगातार 2 एम्पीयर पर (ब्रिकिल चार्ज) पर रखा जाता है । आपेक्षिक घनत्व 1180 से कम होने पर बैटरी सेट को 4 एम्पीयर से एक एक घंटे के अंतर से बूस्ट चार्ज करना चाहिए ।

उपकेन्द्रों के रखरखाव हेतु दिशा निर्देश –

क – प्रत्येक माह उपकेन्द्रों के सभी जम्पर के कनेक्शन क्लेम्प टाईट करें ।

ख – प्रत्येक माह ट्रांसफार्मर में आइल लेबल चैक करें ।

ग - प्रत्येक माह ब्रीदर में सिलीकाजेल चैक करें व सफ़ेद होने पर नीला होने तक गर्म करें व पुनः भरें ।

घ - प्रत्येक दिन ट्रांसफार्मर आइल का लीकेज चैक करें तथा लीकेज होने पर तुरंत अपने अधिकारी को सूचित करें ।

इ- प्रतिदिन बैटरी का वोल्टेज चैक करें ।

च- प्रत्येक सप्ताह बैटरी के सेल का लेबिल चैक करें ।

- प्रत्येक छः माह में ट्रांसफार्मर आयल की डाईइलेक्ट्रिक स्ट्रेंथ चैक करें ।
- कनिष्ठ यंत्री/सहायक यंत्री द्वारा किए जाने वाले रखरखाव कार्य –
- कनिष्ठ यंत्री/सहायक यंत्री द्वारा 7 दिनों (एक सप्ताह) में एक बार उपकेंद्र का निरीक्षण कर बैटरी वोल्टेज, डिस्टिल वाटर टोपिंग, बैटरी चार्जर, पावर ट्रांसफार्मर का ब्रीदर, आइल लेबल/लीकेज व सर्किट ब्रेकरों की कार्य प्रणाली की जांच करना व उपकेंद्र पर उपलब्ध मेंटीनेंस रजिस्टर में रिपोर्ट दर्ज करना । किसी भी प्रतिकूल स्थिति में सहायक यंत्री (एसटीएम) को सूचित करना चाहिए ।

पावर ट्रांसफार्मर के रखरखाव (एसटीएम – सब ट्रांसमीशन मेंटीनेंस द्वारा किया जाना) एवं निर्देश चार्ट –

अ - त्रैमासिक रखरखाव –

1. कंजरवेटर टैंक में आयल लेबिल की जांच ।
2. ट्रांसफार्मर ब्रीदर में सिलीकाजेल, आइल सीलिंग व ब्रीदिंग होल (छेद) की जांच ।
3. ट्रांसफार्मर बुशिंग साफ करना व एक्सप्लोजन वेंट की जांच ।
4. अर्थ पिट के बीच इंटर कनेक्शनों तथा बोल्ट व नट की कसाई की जांच ।

ब - अर्धवार्षिक रखरखाव –

1. बुकोल्ज़ रिले की एयर पम्प द्वारा अलार्म व ट्रिप सर्किट की जांच व मर्करी कोनटेक्ट की जांच ।
2. ट्रांसफार्मर वाईंडिंग इंसुलेशन रजिसटेन्स की जांच ।
3. थर्मोमीटर पाकेट में आइल चैक करना एवं भरना ।
4. सब स्टेशनों के ट्रांसफार्मरों, लाइटनिंग अरेस्टर व अन्य उपकरणों की अर्थिंग की जांच, प्रत्येक अर्थ पिट की अलग - अलग और संयुक्त रूप से भी जांच ।

स – सर्किट ब्रेकर एवं रिले के अर्धवार्षिक (प्री मानसून व पोस्ट मानसून) रखरखाव कार्यों का चार्ट –

1. इंसुलेटरों की सफाई करना ।
2. ब्रेकर के इंसुलेशन रजिसटेन्स की जांच ।
3. सर्किट ब्रेकर की की ट्रिपिंग की जांच (लोकल एवं रिमोट द्वारा)।
4. ब्रेकर में 70 % अर्थात 21 वोल्ट डीसी सप्लाई पर ट्रिप टेस्ट लेना । ट्रिप नहीं होने पर एडजस्ट करना ।
5. क्लोजिंग/ट्रिपिंग क्वाइल के रजिसटेन्स की जांच ।
6. रिले की कार्यप्रणाली, टाइम सेटिंग एवं प्लग सेटिंग की जांच करना ।

द – वार्षिक रखरखाव –
प्रयोगशाला में ट्रांसफार्मर आयल की जांच ।
अर्थिंग पिट्स के अर्थ रजिसटेन्स नापना/मापना और कोई कमी हो तो आवश्यक सुधार करना ।
33/11 केवी उपकेंद्र में स्थापित मीटरों के वाचन (रीडिंग) की प्रक्रिया –

1. - 33/11 केवी उपकेंद्र में जहां 33 केवी के वीसीबी लगे हैं, उनके पेनल पर एम्पीयर मीटर से प्रत्येक एक घंटे में एम्पीयर में भार (लोड) लोगशीट में नोट (लिखें) करें, वोल्टेज भी लिखें ।
2. - इसी प्रकार 11 केवी के मैन एवं प्रत्येक 11 केवी फीडर पर स्थापित वीसीबी की पेनल से भी हर एक घंटे में लोड नोट करें, वोल्टेज भी लिखें ।
3. - कई पेनल में सीटी की क्षमता के अनुसार गणना करके गुणांक (मल्टीप्लाइंग फेक्टर या एमएफ) लिखा होता है । अत: मीटर की रीडिंग पढ़कर उसमें एमएफ का गुणा करके ही लोगशीट में लिखें ।
4. - इन मीटरों में आने वाले एम्पीयर भार पर नजर रखें तथा यदि अधिकतम भार आता है तो उच्च अधिकारी/कार्यालय को सूचित करें ।

8

33/11 केवी उपकेंद्र पर केपेसिटर बैंक का संचालन

विद्युत व्यवस्था – 33/11 केवी उपकेंद्र पर केपेसिटर बैंक का संचालन -

33/11 केवी उप - केंद्र पर प्राय: 1500 केवीएआर और 1200 केवीएआर क्षमता के केपेसिटर लगे/स्थापित होते हैं, ये 11 केवी साइड में बस या 11 केवी फीडर विशेष पर लगे/स्थापित होते है । 1500 केवीएआर क्षमता के केपेसिटर ऑटोमेटिक होते हैं और फीडर लोड के अनुसार कार्य करते हैं । 1200 केवीएआर क्षमता के केपेसिटर लोड के अनुसार मेनुअल रूप से उपयोग में लाते हैं ।

केपेसिटर बंद करने के बाद कम से कम 10 मिनट तक चालू न करें, इसी प्रकार ट्रिपिंग आने पर भी 10 मिनट तक आइसोलेटर/एबी स्विच आपरेट न करें –

1200 केवीएआर के कैपेसिटर का आपरेशन -

क्रमांक, - विवरण, - कैपेसिटर क्षमता उपयोग

1-, - जब 11 केवी फीडर लोड 100 एम्पीयर से अधिक हो, - 1200 केवीएआर केपेसिटर चालू रखें ।

2, - जब 11 केवी फीडर लोड 75 से 100 एम्पीयर तक हो, - 900 केवीएआर केपेसिटर चालू रखें ।

3, - जब 11 केवी फीडर लोड 50 से 75 एम्पीयर तक हो, - 600 केवीएआर केपेसिटर चालू रखें ।

4, - जब 11 केवी फीडर लोड 50 एम्पीयर से कम हो, - केपेसिटर बंद रखा जावे ।

नोट बचत का आंकलन - जब 11 केवी फीडर पर लोड 120 से 150 एम्पीयर बिना केपेसिटर के होता है तब केपेसिटर उपयोग करने पर लगभग 20 एम्पीयर करेंट कम हो जाता है ।

- 11 केवी फीडर पर 1 एम्पीयर लोड/करेंट का मान = (वर्गमूल 3) x (11केवी) x (1 एम्पीयर) = 19.052 केवीए जिसे 20 केवीए मानते हैं ।
- यदि पावर फेक्टर 0.8 मानते हैं तब लोड 16 किलोवाट होगा ।
- 16 किलोवाट लोड 1 घंटे लगातार उपयोग होने पर 16 किलोवाट आवर होते हैं जो 16 यूनिट बिजली की खपत को दर्शाते हैं ।
- सामान्यत: बिजली की दर रुपये 6 प्रति यूनिट के अनुसार रुपये 96 होंगे । यह राशि रुपये 100 के औसत में मान लेते हैं ।
- कहने/बताने का तात्पर्य यह है कि 11 केवी फीडर पर 1 एम्पीयर लोड 1 घंटा उपयोग करने पर 16 यूनिट और रुपये 100 की ऊर्जा की खपत होती है ।

20 एम्पीयर करेंट एक दिन में 10 घंटे उपयोग पर रुपये 20000 (बीस हजार) की बिजली बचाता है और 1 माह में रुपये 6 लाख की बचत करता है ।

जो कि कई कर्मचारियों के मासिक वेतन से अधिक है । यह बचत उप - केंद्र पर पदस्थ कर्मचारी/ऑपरेटर का योगदान है । इससे केपेसिटर की उपयोगिता स्वत; सिद्ध होती है । उसी प्रकार उपभोक्ता द्वारा केपेसिटर प्रयोग करने से आर्थिक लाभ के साथ वोल्टेज सुधार भी होता है ।

केपेसिटर पर कार्य करने से पूर्व यह सुनिश्चित करले कि केपेसिटर डिस्चार्ज अवश्य हो ।

केपेसिटर का समुचित उपयोग : -

प्राय: यह देखा गया है कि यदि केपेसिटर की एक यूनिट (100 केवीएआर क्षमता) किसी भी कारण से खराब/बंद हो गई है तब पूरा केपेसिटर बंद कर देते हैं और एक नई यूनिट की मांग कर/भेज देते है । परंतु समझदार कर्मचारी/ऑपरेटर उस केपेसिटर के दो अन्य फेज के एक - एक यूनिट के फ्यूज निकालकर उसे 900 केवीएआर क्षमता पर प्रयोग कर बिजली की बचत/पावर फेक्टर में सुधार कर लेगा और जब खराब यूनिट के बदले नई यूनिट आ जाएगी तब उसे बदलकर 1200 केवीएआर क्षमता पर प्रयोग कर लेगा । इसी प्रकार किसी दूसरे अन्य उपकेंद्र पर भी 1200 केवीएआर क्षमता के केपेसिटर की एक यूनिट (100 केवीएआर) खराब होने पर उसे दो और यूनिट दूसरे एक - एक फेज की बंद करके चलाने के बजाय, आपसी चर्चा, सामंजस्य से पहले वाले उपकेंद्र से एक केपेसिटर (100 केवीएआर) का मांगकर/लाकर अपना उपकेंद्र 1200 केवीएआर पर एक खराब यूनिट को बदल कर चला सकता है । तात्पर्य यह है कि दो उपकेन्द्रों पर एक - एक यूनिट केपेसिटर (100 केवीएआर) की खराव होने पर केपेसिटर बंद रखना उचित नहीं है, उचित है एक उपकेंद्र के केपेसिटर को 900 केवीएआर क्षमता पर तथा दूसरे उपकेंद्र के केपेसिटर को 1200 केवीएआर क्षमता पर चलाना उचित एवं लाभप्रद है । यदि तीसरे उपकेन्द्र पर एक यूनिट खराब होने पर, वह भी पहले उपकेन्द्र पर शेष बची एक यूनिट को मंगाकर/लाकर अपना केपेसिटर बैंक भी 1200 केवीएआर क्षमता पर चला लेगा ।

निष्कर्ष – आपसी सामंजस्य - उपरोक्त से यह निष्कर्ष निकला कि यदि 3 उपकेन्द्रों पर एक – एक यूनिट कैपेसिटर (100 केवीएआर) खराब होने पर भी 2 उपकेन्द्र के कैपेसिटर 1200 केवीएआर और 1 उपकेन्द्र का कैपेसिटर 900 केवीएआर क्षमता पर चलेगा जबकि तीनों उपकेन्द्रों के कैपेसिटर बंद रखने के बजाय या तीनों उपकेन्द्रों के कैपेसिटर 900 केवीएआर क्षमता के उपयोग करने से । इसमें केवल आपसी तालमेल और आपसी चर्चा व सामंजस्य की आवश्यकता है ।

विद्युत – व्यवस्था – कम पावर फेक्टर से नुकसान

- समान लोड के लिए ज्यादा करंट लेता है । अत: मोटा/बड़ा कंडक्टर की जरूरत होगी । कीमत बढ़ेगी ।
- हानि(लॉस) – करंट के वर्ग के अनुपात में होने से ज्यादा हानियाँ ।
- वोल्टेज ड्रॉप – कम वोल्टेज ।
- वोल्टेज रेगुलेशन में गिरावट ।

पावर फेक्टर सुधार से -

- कम करंट, पतला कंडक्टर ।
- हानि (लॉस) – करंट कम होने से हानियाँ कम होंगी ।
- वोल्टेज ड्रॉप में सुधार ।
- वोल्टेज रेगुलेशन में सुधार ।

विद्युत व्यवस्था - 11 केवी फीडर 1 एम्पीयर का मान केवीए में -

- 33/11 केवी विद्युत उपकेंद्र (सब स्टेशन) पर विद्युत आपूर्ति का वितरण 11 केवी फीडरों द्वारा होता है ।
- 11 केवी फीडर पर 1 एम्पीयर लोड/करंट का मान = (वर्गमूल 3) x (11केवी) x (1 एम्पीयर) = 19.052 केवीए जिसे 20 केवीए मानते हैं । इससे ही फ्यूज रेटिंग निकालते हैं ।
- यह लोड 33 केवी साइड पर 1/3 एम्पीयर तथा एलटी साइड पर 25 गुना होगा ।
- यदि पावर फेक्टर 0.746 मानते हैं तब केवीए = अश्व शक्ति (हार्स पावर) होगा ।
- यदि पावर फेक्टर 0.8 मानते हैं तब लोड 16 किलोवाट होगा ।
- 16 किलोवाट लोड 1 घंटे लगातार उपयोग होने पर 16 किलोवाट आवर होते हैं जो 16 यूनिट बिजली की खपत को दर्शाते हैं ।
- सामान्यत: बिजली की दर रुपये 6 प्रति यूनिट के अनुसार रुपये 96 होंगे । यह राशि रुपये 100 के औसत में मान लेते हैं ।
- कहने/बताने का तात्पर्य यह है कि 11 केवी फीडर पर 1 एम्पीयर लोड 1 घंटा उपयोग करने पर 16 यूनिट और रुपये 100 की ऊर्जा की खपत होती है ।

अनाधिकृत रूप से फीडर पर दी गई बिजली का मूल्यांकन उपरोक्तानुसार होता है ।

9

आपरेटर्स (संचालक) द्वारा अपनी ड्यूटी (कार्यकाल समय) में प्रतिदिन किए जाने वाली सामान्य जांच एवं रख रखाव

33/11 केवी उपकेन्द्र पर पदस्थ आपरेटर्स (संचालक) द्वारा अपनी ड्यूटी (कार्यकाल समय) में प्रतिदिन किए जाने वाली सामान्य जांच एवं रख रखाव के आवश्यक कार्य –

ड्यूटी आपरेटर को अपनी ड्यूटी में उपकेन्द्र पर उपस्थित होने के बाद निम्न प्रकार से कार्य प्रारम्भ करना चाहिए –

1 – उपकेन्द्र में अपनी ड्यूटी पर आने के तुरन्त बाद ही ड्यूटी रजिस्टर में अपनी उपस्थिति (हाजिरी) दर्ज करना चाहिए ।

2 – ड्यूटी छोड़ने वाले आपरेटर से उसकी ड्यूटी में हुई विशेष घटना या या निर्देशों की मौखिक और रजिस्टर में लिखित रिपोर्ट जानकारी एवं निर्देश लेना ।

3 – पूर्व की ड्यूटी में दिए गए किसी फीडर पर शट डाउन परमिट की पूरी जानकारी लेना तथा परमिट लौट आने के संभावित समय की जानकारी लेना तथा परमिट पर दिए गए / लिए गए कोड आदि की जानकारी लेना ।

1. – फाल्टी फीडर या अन्य फीडरों की ट्रिपिंग जानकारी लेना ।
2. – मेसेज रजिस्टर के मेसेज पढ़कर यथानुसार कार्यवाही ।
3. – इसके उपरांत पेनल में लगे मीटरों की रीडिंग पढ़कर समय डालकर रजिस्टर में दर्ज (अंकन) / करना/ लिखना । सभी फीडरों पर लोड पढ़कर लिखें ।
4. – पैनल में डीसी ट्रिप लगाकर हेल्दी चेक करना ।
5. – 33 केवी एवं 11 केवी तरफ के वोल्टेज को मीटर में चेक कर रजिस्टर में लिखना एवं रिले के फ़्लैग तो नहीं गिरे यह चेक करना ।
6. – बैटरी चार्जर का निरीक्षण करना । किस चार्जिंग रेट पर चालू है (कितने एम्पीयर पर चार्जिंग हो रही है) । ट्रिकिल या बूस्ट लिखें ।
7. - यार्ड में जाकर वाईंडिंग टेम्प्रेचर एवं ऑयल टेम्प्रेचर की रीडिंग रजिस्टर में लिखना ।
8. - यार्ड में केवी तरफ के भौतिक निरीक्षण करना 33 केवी बसबार से आइसोलेटर, लाइटिनिंग अरेस्टर, वीसीबी, ट्रान्सफार्मर फ्यूज यदि लगें हो तो सभी जम्पर पर निगाह/ नजर डालते हुए ट्रान्सफार्मर के न्यूट्रल जम्पर, क्लैम्प, सिलिकाजेल ब्रीदर, ट्रान्सफार्मर ऑयल लेवल, रेडिएटर आदि का ट्रान्सफार्मर के चारों तरफ घूमकर भौतिक निरीक्षण आँखों से देखकर करना ।
9. – इसी तरह चेक करना कि कहीं ट्रान्सफार्मर से कोई तेल का लीकेज तो नहीं चालू हुआ । यदि हुआ हो तो तुरन्त अधिकारी को फोन से सूचित करना ।
10. – इसके बाद 11 केवी तरफ की वीसीबी/ओसीबी, बसबार आइसोलेटर का आँखों से निरीक्षण कर कोई अप्रत्याशित गड़बड़ी की संभावनाएं देखकर पहले स्वयं सन्तुष्ट हो जो भी खराबी नजर आए तो शीघ्र संबन्धित अधिकारी को सूचित करें ।
11. – यार्ड में निरीक्षण के बाद सभी अर्थिंग प्वाइंट का निरीक्षण करें उनमें कोई स्पार्क का निशान तो नहीं आया देखें । अर्थ गड्डे (पिट) में पानी डालें ।

12. – सभी फीडरों पर लगे एनर्जी मीटरों की रीडिंग पढ़ें एवं जांच कर लें ठीक चल रहे हैं या नहीं । यदि नहीं तो फोन पर अधिकारी को सूचित कर रिपोर्ट रजिस्टर में लिखें ।

13. - ऑइल सर्किट ब्रेकर में यार्ड में घूमते समय ऑइल लेबिल इंडीकेटर में ऑइल की स्थिति देखें ।

14. – किसी फीडर पर परमिट टू वर्क जारी होने पर उसका निरीक्षण कर सुनिश्चित करें कि सप्लाई बंद है तथा नियमानुसार पट्टिकाएँ लगाई गई हैं ।

15. – कन्ट्रोल रूम में आकार सभी रिले मीटर पैनल आदि पर कपड़े से धूल साफ करें ।

16. – बोर्ड में लगी चाबियाँ, सुरक्षा उपकरणों की उपलब्धता का निरीक्षण करें ।

17. – फायर फाइटिंग उपकरणों का निरीक्षण करें ।

18. – अपनी ड्यूटी के पावर ट्रान्सफार्मर पर जब भी अधिकतम लोड पहुंचे और जितने समय तक अधिक लोड रहे तो आपरेटर को यार्ड में बाहर जाकर ट्रान्सफार्मर पर लगे वाईंडिंग एवं ऑइल टेम्प्रेचर मीटर को पढ़ना चाहिए एवं ट्रान्सफार्मर बॉडी को नीचे तरफ चारों ओर छूकर तथा रेडिएटर्स के तापमान में कितना फर्क/अन्तर है देखना चाहिए । यदि वाईंडिंग और ऑइल टेम्प्रेचर में 4 डिग्री से 5 डिग्री सेंटीग्रेड से ज्यादा हो रहा हो तो इसकी सूचना शीघ्र संबन्धित ईई/एई को दें तथा निर्देश लेकर कार्यवाही करें, हो सकता है कि अधिक लोड के कारण टेम्प्रेचर बढ़ गया हो जो विशेषकर गर्मी के दिनों में होना संभव है तो यदि ईई के निर्देश हो तो फीडर ट्रिप कर लोड कम करना चाहिए, जिससे तापमान कम किया जा सके ।

19. - रात्रिकालीन ड्यूटी के आपरेटर को कन्ट्रोल रूम से निकलकर सब – स्टेशन यार्ड में खड़े होकर हॉट प्वाइंट अर्थात सब – स्टेशन के बसबार व अन्य जम्पर पर निगाह/नजर दौड़ाकर देखना चाहिए कि कहीं कोई जम्पर या कनेक्टर लाल या गरम तो नहीं हो रहा है । यदि महसूस हो तो इसकी सूचना संबन्धित अधिकारी को देना चाहिए और रजिस्टर में भी लिखना चाहिए ।

20. – हाइड्रो मीटर से बैटरी के प्रत्येक सेल की ग्रेविटी चेक करना चाहिए । यदि किसी सेल की ग्रेविटी 1180 से बहुत कम मिले तो इसकी सूचना संबन्धित अधिकारी को देना चाहिए और रजिस्टर में इसे लिखना चाहिए ।

21. - यदि सभी सेलों में ग्रेविटी 1180 से कम मिले तो बैटरियों को समय नोट करके एक - एक घंटे के लिए बूस्ट चार्ज पर 4 एम्पीयर पर कर देना चाहिए तथा इसी विधि को आधे घंटे के अंतराल बाद तब तक दोहराते रहना चाहिए जब तक कि सेल की ग्रेविटी 1180 न पहुँच जावे । यह विधि दो से तीन बार करना चाहिए । बैटरी चार्जर को बन्द करके तीन मिनट पश्चात प्रत्येक सेल और पूरी बैटरी का अलग – अलग वोल्टेज नाप कर लिखना चाहिए तथा उसी समय ग्रेविटी भी चेक करना चाहिए जिससे यह सुनिश्चित हो सके कि बैटरी के सेल की ग्रेविटी बूस्ट चार्ज से निर्धारित मापदंड के अनुसार 1180 से 1200 के बीच में पहुँच गई है और बैटरी वोल्टेज भी 30 वोल्ट से आधिक है यह हो जाने पर बैटरी चार्जर को 2 एम्पीयर की चार्जिंग करेंट पर रखकर बैटरियाँ चार्ज करते रहना चाहिए ।

यदि उपरोक्त विधि से बैटरी वोल्टेज 30 वोल्ट से अधिक न पहुंचे तो ग्रेविटी भी 1180 से ऊपर न मिले तो इसकी सूचना संबन्धित अधिकारी ईई को फोन पर अवश्य सूचित करें और यह जानकारी रजिस्टर में भी लिखें ।

10

पावर ट्रान्सफार्मर का रख - रखाव एवं सुरक्षात्मक उपाय

पावर ट्रान्सफार्मर का रख - रखाव एवं सुरक्षात्मक उपाय –

33/11 केवी उपकेंद्र पर स्थापित पावर ट्रान्सफार्मर एक स्थिर एवं महत्वपूर्ण उपकरण है, जिसमें मुख्यत: 33 केवी को 11 केवी में बदला जाता है । पावर ट्रान्सफार्मर का कार्य करने के पूर्व सुरक्षा पर विशेष ध्यान देना आवश्यक है तथा सामान्यत: यार्ड में जाने के पूर्व पूरे सुरक्षात्मक उपायों का पालन करना आवश्यक है ।

पावर ट्रान्सफार्मर के रखरखाव का काम सुपरवाइज़र/कनिष्ठ/जूनियर इंजीनियर/यंत्री एवं ऊपर के अधिकारियों के निर्देश पर ही करना चाहिए । सामान्यत: उपकेन्द्र पर जब संधारण/मेंटीनेन्स कार्य किए जाते हैं तो पावर ट्रान्सफार्मर पर दोनों ओर से सप्लाई बंद कर दी जाती है, तदुपरान्त लाइन को डिस्चार्ज रोड के द्वारा जमीन में अर्थ से डिस्चार्ज किया जाता है । इसके बाद यह देखना आवश्यक है कि इसके आसपास आने वाली अथवा सब - स्टेशन ट्रान्सफार्मर की सप्लाई उपलब्ध तो नहीं है । यदि ऐसा है तो उसे भी कटवाना आवश्यक है । तात्पर्य यह है कि पावर ट्रान्सफार्मर का कार्य शुरू करने के पूर्व यह सुनिश्चित कर लिया जाए कि उसमें पावर सप्लाई की कोई सम्भावना न हो ।

इसके पश्चात पावर ट्रान्सफार्मर के रखरखाव में निम्नानुसार विशेष कार्य किए जाते हैं –

क - ट्रान्सफार्मर पर, ख – सब - स्टेशन (उपकेन्द्र) परिसर में, ग – कन्ट्रोल रूम के अन्दर

क – ट्रान्सफार्मर पर –

1 – 33 केवी तथा 11 केवी स्टड पर बाईमैटेलिक क्लैम्प अच्छी तरह टाइट हैं, यह सुनिश्चित करना ।

2 – न्यूट्रल वायर ट्रान्सफार्मर बॉडी टैंक से दूर तथा ऐंगल सपोर्ट के साथ बराबर टाईट है तथा अर्थ है यह सुनिश्चित करना । यदि अर्थिंग तार कटा है तो उसे सुरक्षा के साथ बदलना ।

3 – ट्रान्सफार्मर बॉडी के दोनों अर्थिंग भी टाईट तथा अच्छी अवस्था में हैं, यह भी चेक करना ।

4 – ट्रान्सफार्मर के ब्रीदर के अन्दर रखी सिलिका जेल का रंग नीला है, यह देखना । यदि पिंक (गुलाबी)/व्हाईट (सफ़ेद) हो या खराब हो चुकी हो तो उसे बदलना । इसी के साथ ब्रीदर के नीचे लगे कप में मौजूद ट्रान्सफार्मर ऑइल का निरीक्षण करना । यदि खराब हो या लेवल से कम हो तो उसे अच्छे ऑइल से लेवल तक भरना । ब्रीदर के सांस लेने का छिद्र भी चेक करना यदि कोई टेप या अन्य कुछ ऐसा हो तो उसे हटाकर सांस लेने वाला छिद्र खोलना आवश्यक है ।

5 – कंजर्वेटर टैंक में ऑइल की मात्रा आधा लेवल तक है यह सुनिश्चित करना, कम हो तो अच्छी गुणवत्ता के ऑइल से लेवल तक ऑइल टोपिंग करना ।

6 – ऑइल टेम्प्रेचर/वाईंडिंग टेम्प्रेचर मीटर तथा बुकोल्ज़ रिले बराबर कार्यरत हैं, यह सुनिश्चित करना ।

7 – टॉप वाल्व या बॉटम वाल्व से ऑइल लीकेज नहीं है यह देखना । आवश्यकतानुसार उन्हें टाईट करना । समस्त रेडिएटर के माध्यम से ऑइल सरक्यूलेशन बराबर हो रहा है यह देखना तथा उनमें लगे वाल्व बन्द अवस्था में तो नहीं हैं, यह सुनिश्चित करना, बन्द हो तो चालू अवस्था में रखना तथा उनमें लगे वाल्व बन्द अवस्था में हो तो यह सुनिश्चित करना, बन्द हो तो चालू अवस्था में रखना ।

8 – समय - समय पर ट्रान्सफार्मर की आईआर वैल्यू मेगर (1 केवी) से चेक करना तथा अर्थ टेस्टर से अर्थ रजिस्टेन्स नापना । आईआर वैल्यू 60 डिग्री सेल्सियस टेम्प्रेचर पर न्यूनतम 66 मेगा ओम तथा अर्थ रजिस्टेन्स 2 ओम से कम होना आवश्यक है । 33 केवी के लिए ।

ख – सब – स्टेशन (उपकेन्द्र) परिसर –

1 – सब - स्टेशन पर स्थापित समस्त एबी स्विच के मेल - फीमेल कोनटेक्ट अच्छी स्थिति में हो तथा एबी स्विच की ब्लेड बराबर खांचे (वी - गेप) में टाईट होती हैं, सुनिश्चित करना तथा हेंडिल अर्थ है यह चेक करना ।

2 – आईसोलेटर के कोनटेक्ट चेक करना उनका उचित ढंग से खुलना तथा लगना, एलाइनमेंट चेक करना ।

3 – डीओ फ्यूज सेट में उचित क्षमता के फ्यूज एलीमेंट बेरल के अन्दर बराबर हैं, यह चेक करना ।

4 – ड्रॉप आउट जम्पर तथा अन्य जम्पर उचित क्षमता कंडक्टर के हैं तथा अच्छी अवस्था में टी क्लैम्प/पीजी क्लैम्प से टाईट हैं यह चेक करना । वीसीबी/ओसीबी के जम्पर बाईमैटेलिक क्लैम्प से टाईट हैं, यह सुनिश्चित करना ।

5 – स्टेशन ट्रान्सफार्मर की उचित देखभाल करना, ब्रीदर, ऑइल लेवल, डीओ फ्यूज, जम्पर, डिस्ट्रीब्यूशन बॉक्स, केबिल आदि के कनेक्शन एवं अन्य मेंटीनेन्स समय – समय पर करना ।

6 – सब स्टेशन पर स्थापित 33 केवी तथा 11 केवी एलए (लाइटिनिंग अरेस्टर) के जम्पर लाइन में कनेक्ट हैं तथा उनके अर्थिंग तार जमीन में उचित तरीके के साथ अर्थ हैं यह सुनिश्चित करना, समय - समय पर अर्थ टेस्टर से उनका अर्थ रजिसटेन्स नापना (1 ओहम से कम होना चाहिए) ।

7 – यार्ड लाइटिंग के सभी कनेक्शन ठीक रखना , खराब बल्व व अन्य स्विच आदि हो उसे बदलना ।

8 – कन्ट्रोल केबिल एवं कन्ट्रोल केबिल ट्रेंच का उचित रखरखाव करना ।

ग – कन्ट्रोल रूम के अन्दर –

1 – बैटरी तथा बैटरी चार्जर दोनों कार्यप्रणाली (वर्किंग कंडीशन) में हैं तथा बराबर डीसी वोल्टेज उनमें समस्त वीसीबी पेनल/कन्ट्रोल बोर्ड को प्राप्त हो रहा है, यह वोल्ट मीटर से सुनिश्चित करना ।

2 – बैटरी में मौजूद डिस्टिल वाटर की बराबर मात्रा है, यह लेवल इंडिकेटर से चेक करना । यदि किसी सेल में लेवल कम हो तो उसका टोपिंग करना । समय - समय पर हाईड्रोमीटर से बैटरी में मौजूद सोल्युशन की स्पेसिफिक ग्रेविटी (विशेष घनत्व) हाईड्रोमीटर द्वारा नापना, यह 1180 न्यूनतम हो ।

3 – समय - समय पर बैटरी कोनटेक्ट स्ट्रिप को साफ करना तथा पेट्रोलियम जैली लगाना ।

4- कन्ट्रोल रूम में पेनल बोर्ड पर प्रत्येक पावर ट्रान्सफार्मर के बुकोल्ज़ रिले, ऑइल टेम्प्रेचर राईज़ मीटर तथा लो ऑइल लेवल के कनेक्शन, अलार्म, घंटी तथा इंडिकेशन लैम्प के साथ बराबर किए हैं तथा वह चालू हालत में हैं, यह समय - समय पर सुनिश्चित करें । बुकोल्ज़ में पम्प से हवा भरकर तथा टेम्प्रेचर मीटर की कोनटेक्ट रोड को गरम कर डमी टेस्ट करें ।

5 – वीसीबी/ओसीबी के पेनल तथा उस पर लगे एम्पीयर/वोल्ट मीटर चालू (वर्किंग) स्थिति में हैं, यह देखना । समय - समय पर रिले ट्रिप टेस्ट लेना ।

6 – उपकेन्द्र पर आवश्यक सुरक्षा उपकरण, टी एंड पी, प्राथमिक सहायता पेटी (फर्स्ट एड बॉक्स), अग्निशामक यंत्र की समुचित उपलब्धता होना ।

7 - उपकेन्द्र पर आवश्यक परमिट बुक (अनुज्ञा पत्र), आथराईजेशन चार्ट, एसओपी (स्टेंडर्ड आपरेटिंग प्रोसीजर/प्रक्टिसस) चार्ट, प्राथमिक उपचार चार्ट का होना ।

1. - आपातकालीन संपर्क सूची (विद्युत विभाग, स्वास्थ्य, पुलिस, राजस्व प्रशासन आदि) और सभी अभिलेखों के रजिस्टर एवं रिकाॅर्ड्स आदि

11

एलए (लाइटिनिंग अरेस्टर - सर्ज/तरंग निरोधक) - का मेंटीनेंस

एलए (लाइटिनिंग अरेस्टर – सर्ज/तरंग निरोधक) – का मेंटीनेंस : -

लाइटिनिंग अरेस्टर की पोर्सलीन इंसुलेटर को मेंटेनेंस के समय सफाई कर क्रेक चेक करना चाहिए । तथा अर्थ भी टाइट करना चाहिए । अर्थ की आईआर वैल्यू नियमानुसार करना चाहिए । इसका रजिसटेंट (प्रतिरोध) जीरो (शून्य) ओहम रखा जाना चाहिए।

उपकेंद्र पर 33 केवी एवं 11 केवी के लाइटिनिंग अरेस्टर पावर ट्रांसफार्मर की सुरक्षा के लिए लगाए जाते हैं । ये ट्रांसफार्मर के पास 33 केवी एवं 11 केवी दोनों तरफ निकट लगाए जाते हैं । उपकेंद्र में जोड़ने वाली मीलों लंबी 33 केवी एवं 11 केवी मीलों लंबी लाइनों पर बादलों द्वारा आकाशीय विद्युत का चार्ज पैदा होता है जिसकी तीव्रता विद्युत लाइन के वोल्टेज से कई हजार गुना अधिक होती है जिससे ट्रांसफार्मर को नुकसान पहुँच सकता है । 33 केवी एवं 11 केवी के तरफ क्रमश: 30 केवी (आरएमएस) एवं 9 केवी (आरएमएस) क्षमता के लाइटिनिंग अरेस्टर लगाने से आकाशीय विद्युत का चार्ज लाइटिनिंग अरेस्टर के माध्यम से अर्थ हो जाता है, जिससे ट्रांसफार्मर को नुकसान से बचाव होता है । इनकी डबल अर्थिंग अलग से अर्थ पिट बनाकर करना चाहिए ।

प्राय: यह पाया जाता है कि जब लाइटिनिंग सर्ज से या तो केवल एक लाइटिनिंग अरेस्टर अथवा तीनों लाइटिनिंग अरेस्टर बर्स्ट (जलना/ खराब होना) हो जाते हैं । तब लाइन फाल्ट के कारण बन्द हो जाती है । उसके बाद पेट्रोलिंग अथवा अथवा निरीक्षण के बाद उन खराब लाइटिनिंग अरेस्टर को लाइन से दूर कर (हटाकर/कनेक्शन काटकर) लाइन को चालू कर देते हैं, यदि उस समय लाइटिनिंग अरेस्टर उपलब्ध नहीं होते है । अन्यथा उपलब्ध होने पर खराब की जगह उन्हें बदल देते हैं ।

आवश्यक कार्य जो करना चाहिए -

जब केवल एक लाइटिनिंग अरेस्टर खराब होता है तब यह अधिकतर बीच का खराब होता हैं क्योंकि बीच का कंडक्टर सबसे ऊपर रहता है और वह ऊपर से लाइटिनिंग सर्ज से प्रभावित होता और बर्स्ट हो जाता है । ऐसी स्थिति में लाइटिनिंग अरेस्टर उपलब्ध न होने पर खराब लाइटिनिंग अरेस्टर को लाइन से डिस्कनेक्ट कर लाइन को चालू कर देते हैं जो कि एक गलत प्रक्रिया है । क्योंकि ऐसी स्थिति में लाइन तो चालू हो जाएगी परन्तु पुन: दोबारा लाइटिनिंग होने पर बीच का लाइटीनिंग अरेस्टर न होने पर लाइन अथवा कोई उपकरण ट्रान्सफार्मर आदि क्षति ग्रस्त हो जाते/सकते हैं ।

सुझाव – समझदार विद्युत कर्मचारी -

समझदार विद्युत कर्मचारी वह होता है जो पहली बार लाइटिनिंग अरेस्टर खराब होने पर उसके स्थान पर दूसरे बाहरी फेजों पर उपलब्ध लाइटिनिंग अरेस्टर बीच वाले फेज पर लगा देता है तो वह पुन: दुबारा लाइटिनिंग सर्ज के कारण से होने से होने वाली क्षति से बचा जा सकता हैं, यह कार्य विद्युत कर्मचारी की कुशल बुद्धिमिता का परिचायक है । समझदार विद्युत कर्मचारी वह होता है जो लाइन/उपकरण के लिए लगे लाइटिंग अरेस्टरों में से यदि एक भी लाइटिनिंग अरेस्टर उपलब्ध है तो वह उसे बीच के फेज पर लगा देगा/देता है जिससे लाइटिनिंग से होने वाले क्षति को रोका जाता/सकता है ।

लाइटिनिंग अरेस्टर की पोर्सलीन इंसुलेटर को मेंटेनेंस के समय सफाई कर क्रेक चेक करना चाहिए । तथा अर्थ भी टाइट करना चाहिए । अर्थ की आईआर वैल्यू नियमानुसार करना चाहिए । इसका रजिसटेंट (प्रतिरोध) जीरो (शून्य) ओम रखा जाना चाहिए ।

12

भूखंड/लेंड साइज - सब स्टेशन हेतु

भूखंड/लेंड साइज – सब स्टेशन हेतु –

1x5 एमवीए, 2 नंबर इंकमिंग 33 केवी, 3 नंबर आउट गोइंग 11 केवी फीडर केपेसिटर बैंक सहित = (37 मीटर x 20 मीटर)

1x5 एमवीए, 2 नंबर इंकमिंग 33 केवी, 3 नंबर आउट गोइंग 11 केवी फीडर केपेसिटर बैंक सहित, औक्सजरी बस बार अरेंजमेंट सहित = (44.4 मीटर x 20 मीटर)

2x5 एमवीए, 2 नंबर इंकमिंग 33 केवी, 6 नंबर आउट गोइंग 11 केवी फीडर केपेसिटर बैंक सहित = (37 मीटर x 30 मीटर)

2x5 एमवीए, 2 नंबर इंकमिंग 33 केवी, 6 नंबर आउट गोइंग 11 केवी फीडर केपेसिटर बैंक सहित, औक्सजरी बस बार सहित
= (45 मीटर x 20 मीटर)

1x5 एमवीए, 2 नंबर इंकमिंग 33 केवी, 3 नंबर आउट गोइंग 11 केवी फीडर केपेसिटर बैंक सहित = (37 मीटर x 20 मीटर)

1x5 एमवीए, 2 नंबर इंकमिंग 33 केवी, 3 नंबर आउट गोइंग 11 केवी फीडर केपेसिटर बैंक सहित, औक्सजरी बस बार अरेंजमेंट सहित
= (44.4 मीटर x 20 मीटर)

2x5 एमवीए, 2 नंबर इंकमिंग 33 केवी, 6 नंबर आउट गोइंग 11 केवी फीडर केपेसिटर बैंक सहित = (37 मीटर x 30 मीटर)

2x5 एमवीए, 2 नंबर इंकमिंग 33 केवी, 6 नंबर आउट गोइंग 11 केवी फीडर केपेसिटर बैंक सहित, औक्सजरी बस बार सहित
= (45 मीटर x 20 मीटर)

13

ट्रांसफार्मरों की टेस्टिंग/परीक्षण

ट्रांसफार्मरों की टेस्टिंग/परीक्षण (आईएस 2026 – पार्ट - 1) –

1. रूटीन टेस्ट - वाईंडिंग रजिसटेन्स की माप, वोल्टेज रेशो और वोल्टेज वेक्टर सम्बन्धों की चेकिंग, लोड लॉस और वोल्टेज शॉर्ट सर्किट इम्पीडेंस की माप, नो लोड लॉस और करेंट की माप, इंसुलेशन रजिसटेन्स की माप, डाई- इलेक्ट्रिक टेस्ट, ओएलटीसी पर टेस्ट .

2. टाइप टेस्ट - वाईंडिंग रजिसटेन्स की माप, वोल्टेज रेशो और वोल्टेज वेक्टर सम्बन्धों की चेकिंग, लोड लॉस और वोल्टेज शॉर्ट सर्किट इम्पीडेंस की माप, नो लोड लॉस और करेंट की माप, इंसुलेशन रजिसटेन्स की माप, तापमान वृद्धि.

3. स्पेशल टेस्ट - डाई – इलेक्ट्रिक टेस्ट, थ्री फेज ट्रांसफार्मर के जीरो (0) सीकुएंस इम्पीडेंस की माप, शॉर्ट सर्किट टेस्ट, एक्यूस्टिक नोइज़ लेबल की माप, नो लोड करेंट हारमोनिक्स की माप, पंखों और तेल पम्पों द्वारा ली जाने वाली बिजली की माप, ओएलटीसी पर टेस्ट, कोई अन्य टेस्ट .

कमीशनिंग से पहले टेस्टों के लिए जरूरी उपकरण और रख – रखाव के लिए टेस्ट –

क्रमांक (1), - टेस्ट परीक्षण (2), - आईएस रेफरेंस (3), - जरूरी उपकरण (4)

1. ट्रांसफार्मर आईआर वैल्यू, - आईएस 2026, - मेगर

2. ट्रांसफार्मर वाईंडिंग रजिसटेन्स, - आईएस 2026, - रेजिसटेन्स

3. ट्रांसफार्मर वाईंडिंग रेशो, - आईएस 2026, - रेशो मीटर

4. ट्रांसफार्मर ऑइल की इलेक्ट्रिक स्ट्रेंथ, - आईएस 6792, - इलेक्ट्रिक परीक्षण यंत्र

5. ट्रांसफार्मर ऑइल की रेसिस्टिविटी, - आईएस 6103, - रेसिस्टिविटी सेल, मेगा ओम मीटर, हॉट चेम्बर

6. ट्रांसफार्मर ऑइल – टेन – डेल्टा, - आईएस 6262, - शेयरिंग ब्रिज, रेसिस्टिविटी सेल, हॉट चेम्बर

7. ट्रांसफार्मर ऑइल नमी, - आईएस 2362, - कार्ल फिशर

8. ट्रांसफार्मर ऑइल एसिडिटी टेस्ट, - आईएस 335, - एसिडिटी टेस्ट

9. गैस एनालिसिस, - - - , - माइक्रो गैस एनालाइजर

10. बुशिंग आईआर वैल्यू, - - - , - मेगर

11. बुशिंग - कैपेसिटेन्स और टेन - डेल्टा, - - - , - शेयरिंग ब्रिज

ट्रांसफार्मर कंटीन्युटी/निरंतरता – परीक्षण -

- किसी स्वस्थ/ठीक ट्रांसफार्मर के लिए मेगर रिजल्ट निम्नलिखित होने चाहिए –
- एचटी फेज टू फेज अर्थात आर - वाई, वाई - बी, बी - आर = 0
- एलटी फेज टू फेज अर्थात आर - वाई, वाई - बी, बी - आर = 0
- एलटी फेज टू न्यूट्रल अर्थात आर - एन, वाई - एन, बी - एन = 0
- न्यूट्रल टू बॉडी (अगर अर्थ किया गया हो) = 0

- इंसुलेशन टेस्ट – एचटी फेज टू अर्थ, एलटी फेज टू अर्थ, एचटी फेज टू एलटी फेज, न्यूट्रल तो बॉडी (अगर अर्थ नहीं किया गया हो) = आमतौर पर 500 मेगा ओहम से ज्यादा होती हैं ।
- नोट – तापमान में हर 10 से 15 डिग्री वृद्धि पर आईआर वैल्यू आधी हो जाती है ।

14

विद्युत मीटर

विद्युत मीटर

बिजली की खपत को जिस उपकरण के द्वारा नापा जाता है, उसे विद्युत/बिजली मीटर कहते हैं । यद्यपि बिजली की खपत के अतिरिक्त भी विद्युत/बिजली के कई मापन के लिए अलग – अलग नाम से उपकरण हैं, जैसे विद्युत/बिजली करंट नापने के लिए अमीटर (एम्पीयर मीटर) टोंग टेस्टर, सीटी मीटर, वोल्टेज नापने के लिए वोल्ट मीटर, पीटी मीटर, इंस्यूलेशन (प्रतिरोध) नापने के लिए मेगर, अर्थ रजिस्टेन्स (भू प्रतिरोध) नापने के लिए अर्थ टेस्टर, मल्टी मीटर आदि ।

- विद्युत उपयोग में मीटर बहुत महत्वपूर्ण उपकरण होता है, आज के माहौल में यह और भी महत्वपूर्ण बन गया है जब ऊर्जा संरक्षण और संसाधन का संरक्षण पर बहुत ज़ोर दिया जा रहा है ।
- ऊर्जा की माप पर ध्यान देते समय यह स्पष्ट हो जाता है कि मीटर ऊर्जा माप का एक अंग है और इसलिए सही मीटर बहुत जरूरी हो जाता है बल्कि कुल मिलाकर, जिससे एसोसिएटिड करंट और पोटेन्शियल ट्रांसफार्मर और अन्य वायरिंग प्रैक्टिसेज शामिल हैं ।
- जब एनर्जी मीटर की बात करते हैं, तो हमारे सामने एक दृश्य आ जाता है जिसमें इंडकशन डिस्क बाएँ से दायें घूम रही है और ड्रम टाइप रजिस्टरों के सेट के जरिए एनर्जी दर्ज की जा रही है ।
- लेकिन अब नये - नये यंत्र निकल पड़े हैं और माइक्रोप्रोसेसर आधारित मीटर बाजार में आ गये हैं जिससे मीटर प्रणाली में क्रान्ति आ गई है ।
- अब बाजार में बड़ी संख्या में माइक्रोप्रोसेसर मीटर उपलब्ध हैं जिनमें कई प्रकार के आंकड़े/डाटा इकट्ठे किये जाते हैं । इन आंकड़ों को इलेक्ट्रोनिक यंत्रों द्वारा सीधे या परोक्ष (डायरेक्ट/इंडायरेक्ट) रूप से मॉडम पर निकाला जा सकता है ।
- विद्युत संरचना के अनुसार - विद्युत मीटर – फेरारी और स्टेटिक मीटर

- फेरारी मीटर– इलेक्ट्रोमैकेनिकल मीटर (डिस्क टाइप) -
- पुराने तरीके वाला मीटर एक इंडकशन डिस्क वाला मीटर होता है जिसमें खपत होने वाली बिजली के हिसाब से डिस्क घूमती है ।
- डिस्क क्योंकि घूमती है इसलिए उसमें घिसाव होता है और हल्की पालिश किये हुए सिंगल ज्वेल गियर, डबल ज्वेल गियरिंग अथवा मैगनेटिक सस्पेंशन टाइप स्टैंडर्ड में विनिर्दिष्ट किये जाते हैं ।
- आजकल इनका प्रचलन बंद हो गया है । इन्हें इलेक्ट्रो मैगनेटिव मीटर भी कहते हैं ।
- स्टेटिक मीटर – इलेक्ट्रोनिक मीटर –
- स्टेटिक मीटर को ही इलेक्ट्रोनिक मीटर भी कहते हैं ।
- स्टेटिक मीटर भी माइक्रोप्रोसेसर आधारित मीटर होते हैं और इनका डिजाइन ऐसा बनाया जाता कि ये समस्त एनर्जी की खपत किलोवाटआवर (केडब्ल्यूएच) के अतिरिक्त केवीएएच, केवीएआरएच आदि जैसे पैरामीटर्स में दर्ज करते हैं ।
- सीबीआईपी के टेक्निकल 88 में सटीकता वर्ग (एक्यूरेसी क्लास) 0.2 ,0.5 ,1.0 और 1.5 एनर्जी माप वाले एक्टिव, रिएक्टिव और अपरेंट एनर्जी माप की चर्चा है ।
- अब निर्माताओं से यूनिवर्सल मीटर रीडिंग इन्स्ट्रूमेंट जैसे मीटर बनाने को कहा गया है जो विभिन्न प्रकार के मीटरों को पढ़ सकते हैं । इस उद्देश्य से जरूरी सॉफ्ट वेयर उपलब्ध कराने को कहा गया है जिससे एमआई मीटरों को पढ़ा जा सके ।

विद्युत मीटर – भविष्य

- 1- स्टेटिक मीटरों का भविष्य उज्जवल है और माइक्रोप्रोसेसर आधारित मीटर भविष्य में सबसे ज्यादा लोकप्रिय हों रहे हैं ।
- 2- इस क्षेत्र में जिन जिन खास बातों पर पैरवी की जा रही, उनमें से कुछ इस प्रकार हैं –
- क - विभिन्न पैरामीटरों को स्टोर करने वाले तथा कुछ एमबी मेमोरी वाले हिस्टारिकल डाटा के साथ मीटर
- ख - हाथ में पकड़े हुए एमआरआई के जरिए पढ़े जाने वाले मीटर
- ग - रिमोट रीडिंग इन्स्ट्रुमेंट द्वारा पढ़े जाने वाले मीटर
- 3- ऊर्जा संरक्षण और लोड मैनेजमेंट (भार प्रबन्धन) सिस्टम की मांग है – इंटेलीजेंट मीटर । यह मीटर कमरे में कोई न हो तो लाइट स्विच ऑफ कर देते हैं और किसी के न रहने पर बल्ब अपने आप ही बंद हो जाते हैं
- 4- प्री पैड मीटर तथा नेट मीटरिंग (एक्सपोर्ट/इम्पोर्ट) मीटर, जीएसएम/जीपीआरएस मॉडम मीटर आदि

विद्युत मीटर – मीटर आवश्यकता/चुनाव -

- एनर्जी मीटरों की सटीकता और सही काम करना बहुत महत्वपूर्ण होता है । सही स्थिति बनाए रखने के लिए दोनों को लम्बी अवधि तक सटीक काम करना चाहिए ताकि वह विद्युत की सही खपत रिकार्ड कर सके ।
- मीटर का चुनाव लोड और वोल्टेज के हिसाब से करना चाहिए । मीटर लगाने से पहले उन्हें टेस्ट किया जाता है । कनेक्शन सही होने चाहिए और मीटर की कमीशनिंग के समय मीटर लोड/वोल्टेज पर चेक किया जाना चाहिए । समय समय पर चेकिंग करते रहना चाहिए ताकि उपकरण को अच्छी हालत में बनाए रखा जा सके । इससे उपकरण लम्बे समय तक ठीक काम करता रहेगा ।
- अगर मीटरों का सही रख – रखाव किया जावे तो वे 15 - 20 वर्षों तक अच्छी सेवा दे सकते हैं । लोड में घट बढ़ होने पर कोई फर्क नहीं पड़ेगा बशर्ते कि उन्हें ठीक से स्थापित एवं कमीशन किया जाये, धूल से बचाया जाए और मिस हैंडलिंग न हो लेकिन टेस्ट और चेकिंग समय – समय पर करते रहा जाये ।

विद्युत मीटर – प्रकार/टाइप –

मीटर एक स्थिर उपकरण होता है । जिसका कई प्रकार से वर्गीकरण किया जाता है –

अ – उपभोक्ता के लोड (भार) के अनुसार अथवा फेज के अनुसार -

- फेज अनुसार – सिंगल और थ्री फेज मीटर –
- सिंगल फेज मीटर – सामान्यत: 2 से 3 किलोवाट भार (लोड) तक के लिए (सिंगल फेज 2 वायर क्षमता 2.5 – 5 एम्पीयर, 5 - 10 एम्पीयर और 5 - 30 एम्पीयर)
- थ्री फेज मीटर – सभी प्रकार के भार (लोड) के लिए परंतु इनमें एक विभाजन निम्न दाब (एलटी) मीटर तथा उच्च दाब (एचटी) मीटर होते हैं । समान्यत: निम्न दाब मीटर 75 किलोवाट (100 अश्व शक्ति/हार्स पावर) तक के लिए तथा उच्च दाब मीटर 75 किलोवाट (100 अश्व शक्ति/हार्स पावर) से अधिक भार के लिए ।
- वोल्टेज अनुसार – एलटी (फेज टू फेज - 0.4 केवी, फेज टू न्यूट्रल 0.230 केवी) मीटर और एचटी मीटर (11 केवी और ऊपर के वोल्टेज)
- थ्री फेज मीटरों का पुन: विभाजन इस प्रकार है –
- एलटी मीटर – (1) - थ्री फेज थ्री वायर मीटर, (2) - थ्री फेज फोर वायर मीटर – ये दोनों प्रकार के मीटर डायरेक्ट हॉल करेंट मीटर कहलाते हैं, जो प्राय: - 0 – 10 एम्पीयर, 5 – 30 एम्पीयर, 10 – 40 एम्पीयर, 10 – 60 एम्पीयर तथा 20 - 100 एम्पीयर क्षमता के होते हैं ।
- (3) - सीटी मीटर – इनको पुन: 2 श्रेणी (एलटी सीटी मीटर तथा एचटी सीटी मीटर) में वर्गीकृत किया गया है । और पुन: थ्री फेज थ्री वायर सीटी मीटर एमडी संकेत सहित, थ्री फेज फोर वायर सीटी मीटर एमडी संकेत सहित वर्गीकरण ।
- एलटी सीटी मीटर में सीटी प्राय: 100/5, 150/5, 200/5, 300/5 अनुपात (रेशो) की होती हैं ।
- उच्च दाब सीटी मीटर के लिए पीटी प्राय: 11 केवी/110 वोल्ट, 33 केवी/110 वोल्ट, और 132 केवी/110 वोल्ट की उपयोग होती हैं अत: पीटी रेशों - /110 वोल्ट तथा सीटी का रेशो - /5 एम्पीयर अथवा - /1 एम्पीयर (ईएचवी सब स्टेशन) होता है ।
- सीटी मीटर में मीटर गुणांक (मल्टी प्लाइंग फ़ैक्टर) तथा सीटी पोलरेटी का विशेष ध्यान रखा जाता है ।
- स्पेशल मीटर – थ्री फेज थ्री वायर अथवा थ्री फेज फोर वायर ट्राई वैक्टर या बाई वैक्टर मीटर (एचटी मीटर), एचटी मीटर (सीटी/करेंट ट्रांसफार्मर – पीटी/पोटेन्शियल ट्रांसफार्मर – मीटर) सीटी - पीटी कम्बाइन्ड को एमई (मीटरिंग इक्विपमेंट) भी कहते हैं ।

समेशन मीटर – उपभोक्ता की तरफ समानान्तर फीडरों के साथ –

उपभोक्ता भार अनुसार मीटर कनेक्शन प्रकार : -

क्रमांक (1), - सप्लाई वोल्टेज (2), - न्यूनतम कोनटेक्ट डिमांड (3), - अधिकतम कोनटेक्ट डिमांड (4) .

1-, 230 वोल्ट (सिंगल फेज - एलटी – निम्न दाब), - - - - , - 2 किलोवाट ।

2-, 400 वोल्ट (थ्री फेज – एलटी - निम्न दाब), - 2 किलोवाट से अधिक, - 75 किलोवाट या 100 हॉर्स पावर ।

3-, 11 केवी (उच्च दाब – एचटी), - 60 केवीए, - 300 केवीए ।

4-, 33 केवी (उच्च दाब – एचटी), - 60 केवीए, - 8000 केवीए (8 एमवीए) ।

5-, 132 केवी (अति उच्च दाब – ईएचटी), - 2500 केवीए, - 40,000 केवीए (40 एमवीए) ।

6-, 220 केवी (अति उच्च दाब – ईएचटी), - 40,000 केवीए (40 एमवीए), - और अधिक ।

टिप्पणी – उपरोक्त स्थिति विद्युत सप्लाई कम्पनी के नियमानुसार अलग – अलग भी हो सकती हैं । तथा समयानुसार नियम बदलाव के कारण भी भिन्न – भिन्न हो सकती है ।

लोड (भार) के अनुसार मीटर की क्षमता की जानकारी का साधारण नियम -

मीटर किस क्षमता का हो, इसका चयन उपभोक्ता द्वारा स्वीकृत लोड (भार) और उससे कुछ अधिक क्षमता के मीटर का चयन करना होता है ।

सिंगल फेज मीटर – प्राय 2 किलोवाट लोड तक के लिए प्रदाय किए जाते हैं । साधारण रूप से करंट की क्षमता किलोवाट का 2 गुना करके जानी जाती है, इसलिए उससे अधिक क्षमता का मीटर उपयोग करते हैं । 2 किलोवाट का 2 गुना 4 होता है, अत: 4 एम्पीयर से अधिक 5 एम्पीयर का मीटर उपयोग करते हैं । साधारणत: सिंगल फेज मीटर 2.5 – 5 एम्पीयर, 5 – 10 एम्पीयर और 5 – 30 एम्पीयर क्षमता के होते हैं ।

थ्री फेज मीटर – थ्री फेज मीटर एलटी मीटर और एचटी मीटर दोनों ही होते हैं ।

थ्री फेज एलटी मीटर - थ्री फेज मीटर उपभोक्ता लोड (भार) किलोवाट या एचपी (अश्व शक्ति) में होता है । करंट की क्षमता जानने के लिए साधारण रूप से एचपी का सवाया (1.25) से डेढ़ (1.5) गुना करते हैं । यदि लोड किलोवाट में है तो उसका 2 गुना करते हैं कहने के लिए 10 एचपी की मोटर का करंट 12.5 से 15 एम्पीयर होगा । अत 15 एम्पीयर से अधिक क्षमता अर्थात 20 एम्पीयर का मीटर का चयन करना होगा । थ्री फेज एलटी मीटर 0 - 10, 5 – 30, 10 - 40, 10 - 60 और 20 – 100 एम्पीयर क्षमता के होते हैं इनको डायरेक्ट होल करंट मीटर भी कहते हैं ।

एलटी सीटी मीटर - एलटी मीटर की सेकेन्डरी साइड 5 एम्पीयर रहती है । तथा प्राइमरी साइड किलोवाट का 2 गुना या एचपी का 1.5 गुना करके उससे अधिक क्षमता की सीटी का चयन करते हैं । जैसे 60 एचपी (45 किलोवाट) कनेक्शन के लिए क्षमता 90 एम्पीयर से अधिक होनी चाहिए तब सीटी 100/5 की उपयोग की जावेगी ।

एचटी कनेक्शन –

एचटी कनेक्शन के लिए पीटी का सेकेन्डरी 110 वोल्ट रहता है । अत 11 केवी के लिए 11 केवी/110 वोल्ट, 33 केवी के लिए 33 केवी/ 110 वोल्ट, 132 केवी के लिए 132 केवी/110 वोल्ट, 220 केवी/110 वोल्ट का उपयोग किया जाता है ।

सीटी का चयन – 11 केवी पर 20 केवीए लोड के लिए 1 एम्पीयर, 33 केवी पर 60 केवीए लोड के लिए 1 एम्पीयर, 132 केवी पर 240 केवीए लोड के लिए 1 एम्पीयर तथा 220 केवी पर 400 केवीए लोड के लिए 1 एम्पीयर के अनुसार सीटी की क्षमता निकालते हैं । सीटी की सेकेन्डरी साइट 11 केवी और 33 केवी के लिए 5 एम्पीयर रहती है तथा 132 केवी और उससे अधिक पर 1 एम्पीयर रहती है ।

मीटर एवं लोड के अनुसार सर्विस केबिल का चयन –

क्रमांक (1), - मीटर लोड किलोवाट (2), - सर्विस केबिल (एल्यूमिनियम साइज वर्ग मिमी) (3) .

1-, 2 किलो वाट तक, - 2 कोर 10 वर्ग मिमी .

2-, 3 से 10 किलोवाट तक, - 4 कोर 16 वर्ग मिमी

3-, 11 से 20 किलोवाट, - 4 कोर 25 वर्ग मिमी

4-, 21 से 50 किलोवाट, - 4 कोर 50 वर्ग मिमी .

5-, 51 से 99 किलोवाट, - 4 कोर 150 वर्ग मिमी .

6-, 100 से 140 किलोवाट, - 4 कोर 300 वर्ग मिमी .

विद्युत मीटर – मानक (स्टेंडर्ड) –

ब्यूरो ऑफ इंडियन स्टेंडर्ड (बीआईएस) के अनुसार ही मीटर होना आवश्यक है यदि ब्रिटिश स्टेंडर्ड (बीएस) मीटर भारतीय विद्युत आयोग (इंडियन इलेक्ट्रिसिटी कमीशन) के मानकों को पूरा करता है तो उपयोग किये जा सकते हैं ।

मीटर स्वामित्व (ओनरशिप) –

उपभोक्ता के परिसर में स्थापित मीटर का स्वामित्व विद्युत प्रदाय करने वाली संस्था का ही होगा । यदि किसी कारणवश उपभोक्ता स्वयं का मीटर क्रय करता है तो भी मीटर परीक्षण, स्थापना, सीलिंग कार्य विद्युत प्रदाय करने वाली संस्था द्वारा ही किया जाएगा ।

मीटर स्थापना स्थल – मीटर समान्यत: परिसर के बाहर (भवन में तथा सीमा बाउंड्री वाल के अंदर) इस तरह से स्थापित किया जावेगा ताकि हवा, पानी धूप इत्यादि से सुरक्षित रहे तथा मीटर रीडर द्वारा इसकी रीडिंग बाहर से ही की जा सके । तथा मात्र – रीडिंग के लिए परिसर (यदि वह विद्यमान है) को खोलने की आवश्यकता न हो, मीटर बॉक्स सामान्यत: ऐसी ऊंचाई पर स्थापित किया जावेगा ताकि मीटर रीडिंग काउंटर/डिस्प्ले विंडों को मीटर रीडर द्वारा खड़े रहकर आसानी से पढ़ा जा सके । मीटर की स्थापना टैम्पर प्रूफ बॉक्स में ही करना है ।

सीलिंग – इंटरफेस मीटर से संबन्धित कार्य दोनों (आपूर्ति कर्ता व क्रेता) के द्वारा संयुक्त रूप से कराया जावेगा । तथा उपभोक्ता मीटर के सीलिंग कार्य अनुज्ञप्तिधारी द्वारा ही किया जावेगा ।

सील – सील – पोलीकार्बोनेट, एक्रेलिक, प्लास्टिक, होलोग्राफिक होना आवश्यक है । लेड सील का उपयोग बंद कर दिया गया है ।

सामान्य स्थल परीक्षण –

उपरोक्त के अतिरिक्त मीटर के सामान्य रूप से कार्य करने की जांच मीटर स्थापना स्थल पर मीटर पर लोड लेकर कर ली जाती हैं, जिससे मीटर के सही कार्य करने का पता चल जाता हैं । जैसे 1 किलोवाट लोड को एक घंटे इस्तेमाल करने पर मीटर खपत एक यूनिट (एक किलोवाट आवर) होती है, यदि –

मीटर एक यूनिट खपत दर्शाता है तब मीटर सही है ।

मीटर एक यूनिट से कम खपत दर्शाता है तब मीटर धीमी (स्लो) गति से चल रहा है ।

मीटर खपत एक यूनिट से अधिक दर्शाता है तब मीटर तेज (फास्ट) चलना दर्शाता है ।

मीटर सुरक्षा – (सेफ़्टी ऑफ मीटर) –

मीटर सुरक्षा परिसर से संबन्धित उपभोक्ता की होगी । मीटर से संबन्धित किसी विघ्न बाधा डालने वाले के प्रति भारतीय विद्युत अधिनियम 2003 की धारा 138 के अनुसार कार्यवाही होगी ।

मीटर वाचन/लेखन – (रीडिंग/रिकॉर्डिंग) – समान्यत: उपभोक्ता रीडिंग का कार्य मासिक रूप से दिन के समय ही किया जावेगा । अन्यथा की स्थिति में अन्य व्यवस्था जैसे एएमआर (औटोमेटिक मीटर रीडिंग) आदि से की जा सकती है ।

मीटर खराब/फेल होना –

मीटर निरीक्षण की शिकायत का 7 दिवस में निराकरण करना होगा । बंद/खराब मीटर शहरी क्षेत्र में 15 दिवस तथा ग्रामीण क्षेत्र में 30 दिवस में बदलना होगा । जला मीटर 7 दिवस में (मीटर जलने की कीमत जमा करने की दिनांक से) बदलना होगा । यह विद्युत नियामक आयोग (ईआरसी) के नियमों के निर्देशानुसार करना होता है ।

- विद्युत विभाग को दोषपूर्ण मीटरों का कुल सेवारत मीटरों का प्रतिशत कायम रखना होगा जो शहरी क्षेत्र में 1.5 प्रतिशत और ग्रामीण क्षेत्र में 3 प्रतिशत होगा ।
- टिप्पणी – नियम परिवर्तन के अनुसार समय सीमा में बदलाव संभव हैं ।

संचालन, परीक्षण, संधारण/अनुरक्षण (ऑपरेशन, टेस्टिंग, मेंटीनेन्स) का कार्य विद्युत अनुज्ञप्तिधारी (लाइसेन्सी) द्वारा ही किया जावेगा ।

मीटर परीक्षण (टेस्ट) –

मीटर परीक्षण प्राय: तीन प्रकार के होते हैं –

1 – रूटीन टेस्ट -

2 – टाइप टेस्ट -

3 – एसेप्टेन्स टेस्ट –

रूटीन टेस्ट – ये टेस्ट अधिकतर पंजीकृत लेब में किए जाते है । रूटीन टेस्ट में नो लोड टेस्ट, एसी वोल्टेज टेस्ट (2 केवी पर), स्टार्टिंग करंट टेस्ट, इंसुलेशन रजिसटेन्स टेस्ट और क्रीपिंग टेस्ट किए जाते हैं ।

एक्यूरेशी टेस्ट – यह टेस्ट विभिन्न लोड के साथ विभिन्न पावर फैक्टर के साथ किए जाते हैं – यथा –

1. 5 % बेसिक करेंट, 10 % बेसिक करेंट यूनिटी पावर फैक्टर पर
2. 10 % बेसिक करेंट, 20 % बेसिक करेंट 0.5 पावर फैक्टर लेगिंग पर
3. 5 % बेसिक करेंट, 10 % बेसिक करेंट 0.8 पावर फेक्टर लीडिंग पर

टाइप टेस्ट – ये टेस्ट हाई वोल्टेज लेब में किए जाते हैं । शॉक प्रूफ टेस्ट, डस्ट प्रूफ टेस्ट आदि

एसेप्टेन्स टेस्ट – ये निर्माता के यहाँ व अन्य स्थान पर किए जा सकते हैं । इनके दो तरीके हैं – एक – एक्वाचेक मीटर से टेस्ट, दो – पेरेलल (समानान्तर) मीटर से टेस्ट

केलीबरेशन एवं पीरिओडीकल मीटर परीक्षण –

अनुज्ञप्तिधारी (लाइसेन्सी) का यह उत्तरदायित्व होगा कि मीटर की स्थापना पूर्व मीटर की परिशुद्धता से अपने को संतुष्ट कर ले और इस प्रयोजन हेतु वह मीटर का परीक्षण कर सकता है । अनुज्ञप्तिधारी निम्नलिखित समयावधि के अनुसार मीटरों का नियतकालिक निरीक्षण/ परीक्षण करेगा -

- एकल फेज मीटर (5 वर्ष में कम से कम एक बार)

- निम्न्दाब तीन फेज मीटर (3 वर्ष में कम से कम एक बार)
- एचटी मीटर – एमडी मीटर - (प्रत्येक वर्ष में कम से कम एक बार)
- जहां संभव हो, सीटी एवं पीटी का परीक्षण भी मीटरों के साथ किया जावे ।

परीक्षण परिणामों को भारतीय विद्युत नियम 1956 के नियम 57 के अनुसार अनुरक्षित रखा जावेगा –

यदि आवश्यक हो तो अनुज्ञप्तिधारी विद्यमान मीटर को परीक्षण हेतु निकाल सकता है तथापि ऐसी स्थिति में लाइसेन्सी के प्रतिनिधि को इस तरह की प्राधिकृत सूचना प्रस्तुत करनी होगी और अनुज्ञप्तिधारी के प्रतिनिधि द्वारा मीटर निकालने से पूर्व नाम व पद सहित हस्ताक्षर कर उपभोक्ता को पावती का प्रपत्र/कागज देना होगा । उपभोक्ता ऐसी परिस्थितियों में मीटर निकालने पर प्रतिवाद नहीं करेगा ।

केलीबरेशन कार्य भी मानक अनुसार निर्धारित एनएबीएल से करायेगें

नवीन तकनीकियाँ –

पुराना तरीका लीगेसी था, वर्तमान में डीएलएमएस (डिवाइस लेंग्वेज मेनेजिंग सिस्टम) तरीका है । मेन्युअल रीडिंग के स्थान पर एएमआर (आटोमेटिक मीटर रीडिंग), स्थाननीय रीडिंग (एमआरआई – मीटर रिकॉर्डिंग इन्स्ट्रूमेंट) के द्वारा की जा रही है । जीएसएम (ग्लोबल सिस्टम ऑफ मोबाइल) के द्वारा प्वाइंट टू प्वाइंट एचटी (उच्च दाब) कनेक्शन की मीटर रीडिंग की जा रही है । जीपीआरएस (जनरल पोकिट रेडियो सर्विस) मॉडम से मल्टीपिल कम्युनीकेशन द्वारा एलटी कनेक्शन का रीडिंग कार्य हो रहा है । मीटर में स्थापित विशेष मॉडम के माध्यम से एएमआर का कार्य किया जा रहा है ।

एलपीआर मीटर रीडिंग प्रणाली –

एलपीआर (लो पावर रेडियो फ्रीक्वेन्सी) प्रणाली का उपयोग किया जा रहा है । बार कोड उपकरण भी उपयोग में आ रहे हैं, तथा आधुनिक मीटर जिसे इंटेलिजेंट मीटर का नाम दिया गया है । ऊर्जा संरक्षण तथा लोड मेनेजमेंट सिस्टम की मांग के अनुरूप यह मीटर कमरे कोई न हो तो लाइट स्विच ऑफ कर देते हैं और किसी के न रहने पर बल्ब आप ही बंद हो जाते हैं । प्रीपेड मीटर भी बड़े – बड़े शहरों में बहुमंजिला भवनों में उपयोग किये जा रहे हैं । आयात – निर्यात (इम्पोर्ट – एक्सपोर्ट) मीटर का उपयोग भी चलन में है, इसे ही नेट मीटरिंग भी कहते हैं, जहां उपभोक्ता अन्य स्रोत सोलर, विंड पावर से स्वयं विद्युत का उत्पादन कर अधिक विद्युत निर्यात (एक्सपोर्ट) करता है ।

विभिन्न प्रकार की टैंपरिंग की जानकारी (संकेत) इन मीटरों के द्वारा मिलती है । -

1. मिसिंग ऑफ पोटेन्शियल
2. वोल्टेज असंतुलन (अनबेलेन्स ऑफ वोल्टेज)
3. करेंट असंतुलन
4. करेंट रिवर्सल
5. करेंट वायपास
6. करेंट सर्किट ओपन
7. न्यूट्रल डिस्टर्वेन्स
8. मैगनेट टैम्पर
9. फ्रंट कवर ओपन
10. नो टैम्पर प्रजेंट आदि

विद्युत मीटर – एचटी मीटर एमई उपकरण –

- मीटर में 3 वोल्ट लिथियम सर्किट वाली बैटरी लगी होती है ।
- मीटर पर रीडिंग के समय तीन सील लगाई जाती हैं – एक टर्मिनल कवर, एक एमडी रिसेट बटन पर और एक सामने वाले कवर पर ।
- सीटी के सेकेन्डरी साइड में सीटी रेशो 5 एम्पीयर या 1 एम्पीयर होता है । पीटी के सेकेन्डरी साइड में पीटी रेशो 110 वोल्ट होता है ।
- मीटर उपकरण जांच –
- सीटी और पीटी की सही सही पोलरिटी, प्राइमरी और सेकेन्डरी बाइंडिंग का कंटीन्यूटी टेस्ट, सीटी का प्राइमरी इंजेक्शन किट के लिए रेशो टेस्ट, प्राइमरी साइड पर एलटी वोल्टेज लागू करके पीटी के लिए वोल्टेज रेशो टेस्ट, इंसुलेशन रेशो, नेम प्लेट पर दिये गये विवरण के अनुसार टर्मिनल मार्किंग ।

विद्युत मीटर – पोलरिटी और रेशो की चेकिंग –

- पीटी रेशो सुनिश्चित करने के लिए पीटी के हाई वोल्टेज टर्मिनलों को 415 वोल्ट की थ्री फेज सप्लाई दी जाती है, और फेज टू फेज तथा फेज टू न्यूट्रल के बीच सेकेन्डरी वोल्टेज मापा जाता है । सही – सही फेजिंग की पहचान एक फेज के बाद दूसरे को वोल्टेज देकर किया जाता है ।
- पोलरिटी की चेकिंग प्राइमरी टर्मिनल को किसी बैटरी के पॉज़िटिव और नेगेटिव के तार छुआ कर और सेकेन्डरी साइड पर उसी फेज के सेंट्रल जीरो डीसी वोल्टमीटर पर जोड़ने से डिफ्लेक्शन की दिशा देखकर किया जाता है ।
- करंट ट्रांसफार्मर – रेशो का निर्धारण प्राइमरी इंजेक्शन किट के द्वारा किया जाता है । यह तब और महत्वपूर्ण हो जाता है जब सीटी के मल्टीपल रेशो होते हैं । क्योंकि ऊर्जा की बहुत बड़ी मात्रा की गणना करनी होती है, इसलिए यह टेस्ट बहुत सावधानी से करना चाहिए ।

विद्युत एचटी (उच्च दाब) मीटर –

एचटी उपभोक्ताओं के परिसर में अथवा उपकेन्द्रों (सब – स्टेशनों) में लगाने के लिए इलेक्ट्रोनिक ट्राई वेक्टर मीटर उपयोग किये जा रहे है इनकी खास बात निम्नानुसार प्रस्तुत है –

मीटर में डिस्प्ले सिस्टम की मुख्य जानकारियां -

1. एक्टिव एनर्जी यूटिलाइजेशन – केडब्ल्यूएच
2. रिएक्टिव एनर्जी यूटिलाइजेशन – केवीएआरएच
3. अपरेंट एनर्जी यूटिलाइजेशन – केवीएएच
4. पीक मैक्सीमम डिमांड – केवीए, केडब्ल्यू (लेगिंग – पीएफ - पावर फ़ैक्टर के साथ)
5. क्यूमूलेटिव डिमांड – केवीए
6. पिछले महीने के लिए एमडी बिलिंग
7. रीसेट काउंटर
8. पावर फ़ैक्टर
9. फ्रीक्वेन्सी
10. सप्लाई की वोल्टेज में मिसिंग पीटी होना
11. मीटरिंग का टाइम
12. मीटरिंग के टाइम में अंतराल (पिछली रीडिंग से)
13. ऊर्जा – आयात/निर्यात (इम्पोर्ट/एक्सपोर्ट)
14. टैम्पर जानकारी
15. बीते समय के साथ मांग प्रस्तुत करना

मीटर पर तीन सील लगाई जाती हैं । एक – सामने वाले कवर पर, एक – टर्मिनल कवर पर, एक - एमडी रिसेट बटन पर । मीटर में तीन वोल्ट लिथियम सर्किट वाली बैटरी लगी होती है । मीटर सेकेन्डरी साइड में सीटी रेशो 5 एम्पीयर (11 केवी व 33 केवी) या 1 एम्पीयर (132 केवी और अधिक वोल्टेज) पर बनाए जाते हैं । सेकेन्डरी साइड पर पीटी रेशो 110 वोल्ट होता है ।

सीटी और पीटी (एमई - मीटरिंग इक्युपमेंट) पर मीटरों की स्थापना –
सीटी और पीटी पर मीटर स्थापना से पहले मीटरिंग उपकरणों की जांच करते समय निम्नलिखित देखें –

1. सीटी और पीटी की सही पोलेरिटी
2. प्राइमरी और सेकेन्डरी वाईंडिंग्स का कंटीन्युटी टेस्ट
3. सीटी का प्राइमरी इंजेक्शन किट के लिए रेशो टेस्ट
4. प्राइमरी साइड पर एलटी वोल्टेज लागू करके वोल्टेज रेशो टेस्ट
5. इंस्युलेशन टेस्ट
6. नेम प्लेट पर दिये गये विवरण के अनुसार टर्मिनल मार्किंग

विद्युत मीटर – पोलरिटी और रेशो की चेकिंग –
पीटी रेशो सुनिश्चित करने के लिए पीटी के हाई वोल्टेज टर्मिनलों को 415 वोल्ट की थ्री फेज सप्लाई दी जाती है, और फेज टू फेज तथा फेज टू न्यूट्रल के बीच सेकेन्डरी वोल्टेज मापा जाता है । सही – सही फेजिंग की पहचान एक फेज के बाद दूसरे को वोल्टेज देकर किया जाता है ।

• पोलरिटी की चेकिंग प्राइमरी टर्मिनल को किसी बैटरी के पॉज़िटिव और नेगेटिव के तार छुआ कर और सेकेन्डरी साइड पर उसी फेज के सेंट्रल जीरो डीसी वोल्टमीटर पर जोड़ने से डिफ्लेक्शन की दिशा देखकर किया जाता है ।
• करंट ट्रांसफार्मर – रेशो (अनुपात) का निर्धारण प्राइमरी इंजेक्शन किट के द्वारा किया जाता है । यह तब और महत्वपूर्ण हो जाता है जब सीटी के मल्टीपल रेशो होते हैं । क्योंकि ऊर्जा की बहुत बड़ी मात्रा की गणना करनी होती है, इसलिए यह टेस्ट बहुत सावधानी से करना चाहिए ।

स्मार्ट मीटर (Smart Meter) –
स्मार्ट – मीटर – एक स्मार्ट मीटर एक इलेक्ट्रॉनिक उपकरण है जो एक घंटे या उससे कम समय के अंतराल में विद्युत ऊर्जा की खपत को रिकॉर्ड करता है और निगरानी के लिए उपयोगिता के लिए कम से कम दैनिक वापस उस जानकारी को संचारित करता है । स्मार्ट मीटर, मीटर और केंद्रीय प्रणाली के बीच दो - तरफा संचार को सक्षम बनाता है । घरेलू ऊर्जा मॉनिटरों के विपरीत, स्मार्ट मीटर दूरस्थ रिपोर्टिंग के लिए डेटा एकत्र कर सकते हैं, जैसे कि उन्नत मीटरिंग इंफ्रास्ट्रक्चर (एएमआई) पारंपरिक स्वचालित मीटर रीडिंग (एएमआर) से भिन्न होता है कि यह मीटर के साथ दो तरह के संचार को सक्षम करता है । वायरलेस का उपयोग करने में, कोई सेलुलर संचार (जो महंगा हो सकता है) वाई - फाई (आसानी से उपलब्ध) वाई - फाई, वायरलेस मेष नेटवर्क, कम बिजली लंबी दूरी के वायरलेस (LORA), ZigBee (कम बिजली) पर वायरलेस एडहॉक नेटवर्क का विकल्प चुन सकता है डेटा दर वायरलेस) WI SUN (स्मार्ट उपयोगिता नेटवर्क) आदि ।
दूर से सेवा और वास्तविक मीटर की खपत को जोड़ने/डिस्कनेक्ट करने की क्षमता उपयोगिता के लिए प्रमुख श्रम बचत है और इसके परिणाम स्वरूप मीटर रीडर्स की बड़ी छंटनी हो सकती/जाती है ।
रेडियो फ्रीक्वेंसी मीटर (Radio Frequency Meter) –
• उपभोक्ता मीटर (रेंज में शामिल, लगभग 50 मीटर), 1 और 3 फेज
• पोल (एलटी) स्थापित डीसीयू (डेटा कंट्रोल यूनिट) लोड 2 - 3 वाट

• वायरलेस नेटवर्क/इंटरनेट/जीपीआरएस
• डाटा सेंटर (डिस्कॉम यूजर) एपिस 15959 पार्ट 1 प्रोक्स 3 लाख उपभोक्ता एम आई एस जेनरेट, टेम्पर अलर्ट, 30 मिनट के लिए लोड सर्व, डेटा स्टोरेज क्षमता 6 महीने का रिकॉर्ड ।
• एएमसी - 5 वर्ष, मीटर का जीवन - 10 वर्ष, गारंटी - 2 वर्ष

15

उपभोक्ता और विद्युत कर्मचारी/अधिकारी

उपभोक्ता और विद्युत कर्मचारी/अधिकारी –

    उपभोक्ता एवं उपभोक्ता सेवा केंद्र (कस्टमर केयर सेंटर - सीसीसी)

    उपभोक्ता – राष्ट्रपिता महात्मा गांधी के विचार अनुसार उपभोक्ता –

- उपभोक्ता हमारे परिसर का महत्वपूर्ण आगुंतक है ।
- वह हम पर निर्भर नहीं है, हम उस पर निर्भर हैं ।
- वह हमारे कार्य में व्यवधान नहीं है ।
- वह हमारे कार्य का उद्देश्य है ।
- वह हमारे व्यवसाय का बाहरी व्यक्ति नहीं है बल्कि उसका एक अंग है ।
- हम उसकी सेवा करके, कोई उसका पक्ष नहीं ले रहे हैं ।
- वह हमको सेवा का अवसर प्रदान कर, हमारा पक्ष ले रहा है ।

उपभोक्ता सेवा केन्द्र : -

- टोल फ्री नंबर -1800 233 1912
- इस नंबर उपभोक्ता शिकायत पंजीयन (रजिस्टर्ड) करा सकता है और किसी प्रकार की समस्या के बारे में जान सकता है ।

केंद्रीय उपभोक्ता सेवा केंद्र (सीसीसीसी) उद्देश्य –

- केंद्रीय उपभोक्ता सेवा केंद्र का उद्देश्य लगातार 24 x 7 (24 घंटे, सातों दिन) गुणवत्ता पूर्ण सेवा प्रदान करना है ।
- उपभोक्ता की विद्युत व्यवधान से संबन्धित समस्याओं का निराकरण कम से कम समय में करना ।
- उपभोक्ता टोल फ्री नंबर के अलावा फोन, मोबाइल, कम्पनी वेब - साइड, जो उसे सुविधाजनक है, के द्वारा शिकायत पंजीयन करा सकता है ।
- कम से कम समय में समस्या निराकरण के प्रयास और सुधार

केंद्रीय उपभोक्ता सेवा केंद्र के क्या – क्या कार्य –

- उपभोताओं की समस्त शिकायतों का सभालना ।
- सॉफ्ट वेयर में वास्तविक समय (रीयल टाइम) में अंकन (एंट्री) करना और उपभोक्ता शिकायत आईडी तैयार (जेनरेट) करना ।
- उपभोक्ता को आदर देना
- नवीन सर्विस कनेक्शन (एनएससी) की सुविधा प्रदान करना
- पेपर लेस विद्युत बिल जारी करना और भुगतान लेना, आईटी (इन्फोर्मेशन टेक्नोलोजी – सूचना प्रौद्योगिकी) का उपयोग

केंद्रीय उपभोक्ता सेवा केंद्र से उपभोक्ता अपेक्षायें –

- लगातार विद्युत आपूर्ति
- सुविधाजनक
- सस्ती पावर
- कम विद्युत बिल
- शीघ्र कार्यवाही/सुनवाई
- गुणवत्ता पूर्ण कार्य
- शीघ्र निराकरण
- निर्धारित वोल्टेज
- व्यवधान रहित विद्युत आपूर्ति (अन इंटरपटिड सप्लाई)
- उचित मीटर रीडिंग
- उचित विद्युत बिल
- समय से विद्युत बिल का मिलना
- शीघ्र विद्युत आपूर्ति बहाल होना
- शीघ्र निराकरण शिकायतों का
- समय से नवीन कनेकशन का मिलना

उपभोक्ता सेवा केंद्र तकनीकी सेवा प्रदाय –
क्रमांक (1), - शिकायत विवरण (2), - शिकायत प्रकृति (3) .

1. , - वोल्टेज सम्बन्धित, - ज्यादा वोल्टेज, कम वोल्टेज, डीम सप्लाई, वोल्टेज उतार – चढ़ाव (फ्लक्चयूएशन) ।
2. , - आपूर्ति (सप्लाई) बंद से संबन्धित, - व्यक्तिगत, सम्पूर्ण क्षेत्र, एक फेज न आना ।
3. , - ट्रांसफार्मर, - केबिल लग्स जलना, आयल लीकेज, पोल पर स्पार्किंग, डीओ फ्यूज का जलना ।
4. , - लाइन संबंधी, - लाइन का टूटना, वृक्ष शाखाओं का लाइन छूना, लाइनों का आपस में उलझना, लाइन जम्पर जलना, डिस्क/पिन इंसुलेटर खराब होना ।
5. , - पोल संबन्धित, - पोल क्षतिग्रस्त होना, पोल का गिरना, पोल का झुकना, करेंट लीकेज पोल में ।
6. , - सर्विस कनेकशन, - सर्विस वायर क्षतिग्रस्त होना, तार टूटना, सर्विस लाइन ढीली (लूज) होना ।
7. , - बिलिंग , – अधिक बिलिंग, गलत मीटर रीडिंग, गलत टैरिफ़ लगना, गलत गुणांक (एमएफ - मल्टीप्लाइंग फ़ैक्टर) लगना, अनुमानित खपत लगना ।
8. , - मीटर संबन्धित, - दोष पूर्ण (डिफ़ेक्टिव), क्षतिग्रस्त (डेमेजड), जला (बरन्ट) मीटर ।
9. , - नवीन सर्विस कनेकशन, - नवीन कनेकशन मिलना ।
10. , - कनेकशन – विच्छेदन (डिसकनेक्शन)/उपयोग नहीं, - विच्छेदन लंबे समय से उपयोग न होने के कारण ।
11. , - उत्तरदायी – बदलाव, - उपभोक्ता नाम परिवर्तन, स्थान, भार (लोड) आदि परिवर्तन ।
12. , - उपभोक्ता सेवा केंद्र द्वारा, - प्रदाय गैर – तकनीकी सेवायें ।
13. , - उपभोक्ता सूचना, - डिस्कोम द्वारा प्रदाय विभिन्न प्रकार की सेवायें जैसे मीटरिंग, बिलिंग, भुगतान, आपूर्ति बंद संबन्धित सूचनायें ।
14. , - नवीन कनेकशन, - वर्तमान स्थिति की सूचना/जानकारी ।
15. , - शिकायत – मीटरिंग, बिलिंग, टीडीसी/पीडीसी, लोड बदलाव, चोरी, लाइन शिफटिंग आदि ।

उपभोक्ता सेवा केंद्र रियल टाइम सॉफ्टवेयर एंट्री-

- रियल टाइम लोगिन (उचित समय में सूचना अंकन)
- वास्तविक उपभोक्ता शिकायत स्थित (रियल कम्प्लेण्ट स्टेटस)
- निराकरण समय की वास्तविकता (कार्य पूर्ण का उचित समय)

- उपभोक्ता सेवा के डिस्कोम के लक्ष्य
- निष्ठा (लोयल्टी), सेवा (सर्विस), ग्रेडिंग, सेवा मूल्य, उपभोक्ता सुविधा, उपभोक्ता को सुलभता
- शतप्रतिशत शिकायत निराकरण, शीघ्र कार्यवाही, शून्य त्रुटि (जीरो एरर), अधिकतम उपभोक्ता संतुष्टि
- प्रतियोगी वातावरण, व्यवसायीकरण, उपभोक्ता – सह भागिता और जागरूकता, उपभोक्ता आशा अनुरूप बदलाव

उपभोक्ता सेवा केंद्र – उपभोक्ता शिकायत संभालना -
शिकायत संभालने (हैंडलिंग) के 5 आसान कदम (स्टेप) -

1. उपभोक्ता को ध्यान पूर्वक सुनिए उसे चुप करने का प्रयास न करें ।
2. उपभोक्ता की समस्या को महसूस/एहसास करें, कहीं न कहीं आप भी विद्युत उपभोक्ता हैं ।
3. उपभोक्ता को आरोपित (ब्लेम) न करे, अगर आप यह एहसास करते है कि आप समस्या के लिए जवाब देह नहीं हैं फिर भी ।
4. उपभोक्ता की समस्या निराकरण में अपनी प्रतिक्रिया इस प्रकार देवें कि उपभोक्ता असहज न हो ।
5. निराकरण में देरी न करें, तुरंत कार्यवाही करें, उपभोक्ता प्रसन्न/खुश होगा ।

सकारात्मक सहयोग – जहां चाह वहाँ निराकरण/मार्ग, है ।
देर के लिए पेनल्टी/जुर्माना भी है । निर्धारित समय सीमा के अंदर कार्य न होने पर पेनल्टी/जुर्माना हो सकता/ होता है ।
उपभोक्ता सेवा केंद्र डिस्ट्रीब्यूशन परफ़ोर्मेंस स्टेंडर्स – 2005 –
वोल्टेज बदलाव मानक -

- एलटी वोल्टेज +6 % और -6 %, एचटी वोल्टेज +6 % और – 9 %, ई एचटी वोल्टेज +10% और -12.5 % ।
- वोल्टेज शिकायत - 10 दिन यदि कुछ नया निर्माण नहीं करना, 180 दिन यदि कुछ निर्माण अथवा क्षमता वृद्धि करना हो तो ।
- खराब मीटर मानक – शहरी क्षेत्र – 1.5 % और ग्रामीण क्षेत्र – 3 %
- मीटर परीक्षण – कम से कम एक बार 5 साल में सिंगल फेज मीटर और कम से कम एक बार 3 साल में श्री फेज मीटर तथा एचटी मीटर कम से कम एक बार एक साल में
- शिकायत एफओसी शहरी क्षेत्र 4 घंटे कार्यालीन दिवस और 5 घंटे अकार्यालीन दिवस
- लोक सेवा गारंटी अधिनियम 2010 के अनुसार कार्यवाही जिसमे विद्युत से संबन्धित 20 सेवायें सम्मलित हैं ।

संगठन और व्यक्तिगत सफलता में टीम वर्क का महत्व –

- अपनी भूमिका को समझें ।
- टीम के लक्ष्य को अपना लक्ष्य समझें ।
- लोगों का विश्वास जीतें ।
- स्पष्ट रूप से अपने विचार व्यक्त करें ।
- विनम्र हों ।
- प्रभावी सम्प्रेषण के घटक – बोलना और मौन रहना ।

सक्रिय श्रवण के मुख्य तत्व –

- ध्यान देना – (वक्ता की ओर सीधे देखें, ध्यान भंग न करें, पर्यावरण संबंधी कारणों से ध्यान भंग न करें, वक्ता के हाव – भाव को ध्यान से समझें, यदि आप समूह में सुन रहे हो तो आपस में बात न करें)
- यह दर्शायें कि आप ध्यान से सुन रहें हैं (हाव – भाव, सिर हिलाना, मुसकराना, चेहरे से खुशी, भाव भंगिमा, वक्ता को 'जी हाँ' से प्रोत्साहित करना)
- फीडबैक दें –
- अपना निर्णय स्थाई रखें

- अपनी प्रतिक्रिया ठीक से व्यक्त करें

प्रभावी सम्प्रेषण (इफेक्टिव कम्यूनिकेशन) की बाधाएँ –

- वास्तविक बाधाएँ – (स्थान, कार्य स्थल का वातावरण, दूरी, शोर) ।
- प्रक्रिया संबंधी बाधाएँ – (अपर्याप्त चैनल, अनुदेशों को समझने में कठिनाई, बिलंब और घटिया फीडबैक) ।
- मनोवैज्ञानिक बाधाएँ – (आपकी मन स्थिति अर्थात आपका मूड, उत्तेजित ग्राहक, कठिन स्थिति) ।
- प्रभावी सम्प्रेषण में लहजे (टोन) और स्वर (पिच) का महत्व – (गुस्सा, शांति, अधीरता, बेचैनी, आश्वासन) ।
- अपशब्दों का प्रयोग न करें ।
- कमजोर सम्प्रेषण व्यवहारों का प्रभाव ।
- व्यावसायिक सफलता के लिए अनुशासन का महत्व – (समय के पाबंद बनें, प्रशिक्षण और बैठकों में व्यक्तिगत कॉल का उत्तर न दें, कार्य के मानकों को बनाएं रखें, कार्य के प्रति सही रवैया रखें, अपना और दूसरों का सम्मान करें, प्रबन्धक - वर्ग द्वारा निर्धारित नियमों और विनियमों का पालन करें) ।

- अनुशासित व्यवहार से दक्षता बढ़ती है, और कार्य निष्पादन में सुधार होता हैं ।

- उदाहरण – पति – पेट में गड़बड़ है । पत्नी – आजवाइन ले लो । पति – ठीक है, तुम कह रही हो तो, आज वाइन ले लेता हूँ ।

शिकायत –
शिकायतों को निम्नलिखित तरीके से निपटाया जा सकता है –

- तत्काल कार्यवाही करना ।
- शिकायतों को स्वीकार करना ।
- तथ्यों को एकत्रित करना ।
- शिकायतों के कारणों की जांच करना ।
- शिकायतों पर निर्णय लेना ।
- शिकायतों का निष्पादन करना ।
- शिकायतों की समीक्षा करना ।

आपसी टकराव –

- शांत रहें ।
- सुनें ।
- पीछे हटें ।
- अपने हाव – भाव पर ध्यान दें ।
- तीव्रता से बचें, जल्दवाजी न करें ।
- सच्चाई का सामना करें ।
- माफ/क्षमा करना ।

सकारात्मक रवैया/सोच –

- इससे आप अपने लक्ष्य को सफलता पूर्वक प्राप्त कर सकते हैं ।
- इससे आपके जीवन में अधिक गतिशीलता और ऊर्जा आती है ।
- इससे आपको कठिन स्थितियों को अवसरों के रूप में सीखने में मदद मिलती है ।
- इससे आपको अधिक भावनात्मक शक्ति मिलती है ।

- यह आपको और अन्य लोगों को कार्य करने के लिए प्रेरित करने में सहायक होता है ।
- इससे आप अपने आसपास को और सुखद बना सकते हैं ।
- सकारात्मक रवैये को विकसित करना – आभारी हों, असफलता से सीख लेना, माफ करना सीखें, शिकायत न करें, अपने अंदर की अच्छाईयों पर ध्यान केन्द्रित करना ।

आत्म विश्वास का निर्माण –

- दूसरों की सफलता को देखना ।
- सामाजिक बोध ।
- भावनात्मक सुरक्षा ।
- आत्म विश्वास निर्माण करने का तारीका – (समस्याओं की पहचान, गलतियों से डरें नहीं, उज्ज्वल पक्ष की ओर देखें) ।
- व्यक्तिगत स्वच्छता – (शरीर – शरीर से दुर्गंध न आने दें – रोज स्नान करें, मुख – मुख से दुर्गंध न आने दें – रोज अपने दातों को ब्रश करें, धूम्रपान न करें, तंबाकू न चबाएँ, माउथ फ्रेशनर का प्रयोग करें, आत्म – प्रदर्शन – अस्त – व्यस्त या फूहड़ न दिखें – अपने बालों को छोटा रखें, तेल लगाएँ, कंघा करे, दाड़ी/सेव बनाएं, अपने नाखूनों को छोटे और साफ रखें) ।

- उदाहरण - इंसान के गुण नमक की तरह होने चाहिए जो भोजन में रहता है मगर दिखाई नहीं देता । लेकिन अगर न हो तो उसकी बहुत कमी महसूस होती है ।

तनाव –

- तनाव के लक्षण – तनाव के कुछ अति आधारभूत लक्षण इस प्रकार हैं – (तेज गति से सांस लेना, नाड़ी का तेज चलना, भूख न लगना, रोग प्रतिरोधकता कम होना, मांस – पेशियों में तनाव या खिंचाव, नींद न आना) ।
- तनाव से बचाव – पर्याप्त नींद लें (7 - 8 घंटे), पानी पीना, नियमित अंतराल में पौष्टिक भोजन करें, व्यायाम नियमित रूप से करें ।
- तनाव के आंतरिक कारण – लगातार चिंता करना, निराशावाद, कठोर मानसिकता, नकारात्मक आत्म वार्ता, अवास्तविक अपेक्षाएँ, पूर्ण रूप से शामिल या पूर्णरूप से बाहर प्रवृत्ति ।
- तनाव के बाहरी कारण – जीवन में प्रमुख परिवर्तन, कार्य में कठिनाईयां, वित्तीय कठिनाईयां, अत्याधिक कार्य की मात्रा, अपने परिवार के विषय में चिंता करना ।

तनाव के लक्षण –

मानसिक लक्षण - यादस्त की समस्यायें, एकाग्रता की समस्यायें, निर्णय लेने की क्षमता का अभाव, निराशावाद, चिन्ता, लगातार चिन्ता करना, लगातार दर्द और कष्ट, दस्त या कब्ज, उबकाई, चक्कर आना, छाती में दर्द और/या तेज हृदय गति, अक्सर सर्दी या बुखार जैसा अहसास ।

भावनात्मक लक्षण – अवसाद, व्याकुलता, चिड़चिड़ापन, अकेला, चिन्ता, गुस्सा, भूख लगने में बढ़ोतरी या कमी, अत्यधिक सोना या अपर्याप्त सोना, सामाजिक रूप से अलग हो जाना, उत्तरदायित्वों को अनदेखा करना, शराव या सिगरेट का सेवन, नाखून चबाना, व्यग्रता से चलते - फिरते रहना आदि जैसे परेशान आदतें ।

. तनाव से बचने के उपाय –

तनाव आपके सोच को किस हद तक प्रभावित करता है और इसे दूर कैसे किया जाए ? परेशानी में साथियों की मदद लेने के क्या उपाय करेंगें ? खुद को कैसे विश्वास दिलाएंगें कि जीवन में हर अच्छी – बुरी स्थिति के लिए आप खुद जिम्मेदार हैं ? यह सब जानिए –

1. आपकी सोच को कैसे प्रभावित करता है तनाव – जब तनाव होता है तो काफी हद तक आपकी सोच प्रभावित होती है । ब्लड प्रेशर, हार्ट रेट बढ़ जाते हैं । शरीर में एड्रीनलिन और कार्टिसोल का बहाव तेज हो जाता है । इससे आपकी निर्णय लेने की क्षमता पर गहरा असर पड़ता है । तनाव में अक्सर गलत निर्णय ले लिए जाते हैं । इससे बचने के लिए अपने शारीरिक लक्षण पर ध्यान देना चाहिए । अपने अंदर चल रही प्रतिक्रिया पर ध्यान देना भी जरूरी है । इस तरह आप खुद को नकारात्मक होने से रोकते हैं । जैसे – यदि आपको कोई ईमेल मिला है अथवा जानकारी मिली है, जिसे देखकर/सुनकर लगता है कि इससे आप परेशान हो सकते हैं, तो उसका तब तक जवाब न दें जब तक

आप शांत नहीं हो जाएं ।

2. तनाव के स्रोत को सबसे पहले खत्म करना चाहिए – जब आप काम पर फोकस नहीं कर पाते हैं, तो काम न करने का तनाव रहता है, जो ध्यान को पहले से ज्यादा भटका देता है । इस चक्र को आत्म – जागरूकता के बल पर जोड़ा जा सकता है । अगली बार जब ध्यान भटके तो यह जानने की कोशिश करें कि इसकी वजह क्या है । क्या आप अपने काम से पूरी तरह बोर हो चुके हैं ? यह भी जानने की कोशिश करें कि आप कैसा महसूस कर रहे हैं । क्या आप इसलिए परेशान हैं कि कोई पुरानी लिस्ट नहीं मिल रही है, या इसलिए कि ईमेल लिखने के लिए सही शब्द नहीं मिल रहे ? आपको ध्यान भटकने की वजह खोजना जरूरी है । तनाव दूर करने के लिए सबसे पहले उसे दूर करना होगा, जहां से ये उत्पन्न हो रहा है ।

3. परेशानी में किस तरह लें साथियों की मदद – परेशान हैं तो निश्चित रूप से आप अपने साथियों की मदद ले सकते हैं । लेकिन हो सकता है उन्हें यह न पता हो कि वे आपके कितने और कैसे काम आ सकते हैं । यह जरूरी है कि बहुत सोच – विचार कर, केवल कुछ खास साथियों से मदद ली जाए । उन्हें विस्तार से अपनी बात समझाए कि आपको क्या मदद चाहिए और क्यों उनकी मदद आपके लिए बहुत मायने रखती है । अगर आपको किसी बेहद जरूरी काम से तुरंत ही कहीं जाना पद रहा है तो उनसे ये कह सकते हैं कि अगले कुछ दिनों के लिए उनकी मदद की जरूरत पड़ेगी । किसी प्रोजेक्ट पर आप सब साथ काम कर रहे हैं तो अगले कुछ दिनों में उसे पूरा करने की बात भी उनसे कर सकते हैं । यदि आप यह करेंगें तो आपका तनाव कुछ कम होगा और सभी काम ज्यादा आसानी से पूरे होंगें । शोध बताते हैं कि आप अपनी बात सामने वाले के आगे किस अंदाज में रखते हैं, इस पर भी उनका जवाब निर्भर करता है ।

व्यक्तिगत सोच – असफल व्यक्ति और सफल व्यक्ति -

असफल व्यक्ति - दूसरों की आलोचना करते हैं, मन में दुश्मनी पाल कर बैठ जाते हैं, केवल अधिकार की बात करते हैं, कर्तव्य की नहीं, अपनी असफलता का कारण दूसरों को बताते हैं, सारा समय व्यर्थ कामों में लगाते हैं, बदलाव से डरते हैं, जमीनी हकीकत से दूर, अति उत्साहित रहते हैं, दूसरों के बारे में बातें करते हैं, अपना ज्ञान किसी में नहीं बांटते हैं, हर वक्त गुस्से में रहते हैं, उन्हें लगता है कि वे सब कुछ जानते हैं, हर चीज में फायदा और नुकसान देखते हैं, मन ही मन दूसरों की असफलता चाहते हैं ।

सफल व्यक्ति - दूसरों की हमेशा सराहना करते हैं, सबको माफ कर देते हैं, अपनी गलतियों की ज़िम्मेदारी स्वयं लेते हैं, सबको खुश और जीतने देखना चाहते हैं, दूसरों के प्रति आभार प्रकट करते हैं और अपने आप में सुधार का प्रयास लाते हैं, अपनी असफलता का श्रेय सब में बांटते हैं, रोज कुछ नया पढ़ते हैं, नए आडिया की बात करते हैं, अपने विचारों को साझा करते हैं, खुशी बांटते हैं और परिवर्तन लाते हैं, अपने हर प्रोजेक्ट की लिस्ट रखते हैं, इन्हें क्या बनना होता है, इन्हें पता होता है, हमेशा लक्ष्य बनाते हैं, लगातार नया सीखते हैं, अपने आप में सुधार लाने का नजरिया लाते हैं ।

16

लाइन टेपिंग पर संधारण कार्य करने के दौरान बरती जाने वाली सुरक्षा सावधानियाँ

लाइन टेपिंग पर संधारण कार्य करने के दौरान बरती जाने वाली सुरक्षा सावधानियाँ –

उपभोक्ता संतोषण की दृष्टि से आवश्यक है कि उपकेंद्र से निर्मित फीडरों की टेपिंग लाइन पर यदि कार्य (व्यवधान संधारण/सुनियोजित संधारण) किया जाना है समस्त फीडर पर शट डाउन न लिया जाए ताकि कम से कम उपभोक्ता शट डाउन से प्रभावित हों परंतु इस कार्य पद्धति से कर्मचारियों को अतिरिक्त सावधानियाँ बरतने की आवश्यकता है जो इस प्रकार हैं : -

1. सर्व प्रथम उक्त फीडर पर (ट्रंक लाइन) संबन्धित उपकेंद्र से विधिवत (पूर्व में बताए अनुसार) परमिट लें ।

2. परमिट की पुष्टि होने के उपरांत टेपिंग का एबी स्वीच काटें । एबी स्वीच का ऑपरेशन सदैव रबर हैंड ग्लोब्ज/दस्ताने पहनकर ही करना चाहिए एवं एबी स्वीच हैंडल अर्थ होना चाहिए । एबी स्वीच ऑपरेट करने के पश्चात अपनी आखों से चेक करें कि एबी स्वीच के मेल – फीमेल कांटेक्ट अलग - अलग हुए हैं या नहीं ।

3. इसके उपरांत डिस्चार्ज रोड से टेपिंग लाइन डिस्चार्ज (पूर्व के बताए अनुसार) करें एवं एबी स्वीच पर ताला लगा दें । साथ ही एबी स्वीच से टेपिंग लाइन के अगले पोल पर तीनों फेजों को शॉर्ट कर ग्राउंड/अर्थ कर दें । (एबी स्वीच पर बर्ड/पक्षी फाल्ट के दृष्टिकोण से)

4. इसके पश्चात उपकेंद्र पर ट्रंक लाइन पर परमिट निरस्त कराया जा सकता है । इस समय उप केन्द्र ऑपरेटर को भी सचेत रहने की आवश्यकता है । पेनलों/फीडरों पर तख्ती लगाई जा सकती है – "ट्रंक फीडर ऑन (चालू), टेपिंग फीडर शट डाउन (बंद)"

5. उक्त एबी स्वीच पर किसी कर्मचारी को तैनात कर बाकी कर्मचारी उक्त टेपिंग पर कार्य करने जावें तथा उक्त टेपिंग पर किसी भी कार्य को करने से पूर्व सेफ्टी जोन का निर्माण अवश्य करें ।

6. कार्य समाप्त होने के उपरांत उपकेंद्र से पुन: परमिट प्राप्त करें । परमिट की पुष्टि होने के उपरांत एबी स्वीच जोड़ने के पूर्व यह सुनिश्चित करलें कि समस्त सेफ्टी जोन की अर्थिंग हटा ली गई है । इस प्रकार कार्य उपरांत परमिट निरस्त किया जाना चाहिए ।

सुरक्षा की दृष्टि से आवश्यक है कि यदि किसी फीडर की ट्रंक लाइन या टेपिंग लाइन किसी अन्य फीडर से क्रॉस होती है तो कार्य निष्पादन के पूर्व उक्त क्रासिंग फीडर का भी परमिट लेना चाहिए ।

17

सुरक्षा सावधानियाँ

सुरक्षा सावधानियाँ –

विद्युतीय निर्माण/संधारण कार्य करते समय सुरक्षा सर्वोपरि है । लगन और इच्छा के साथ सावधानी से काम करें। जल्दबाज़ी से दुर्घटना हो सकती है । आप जिस कार्य करने को जा रहें हैं, उसकी पूरी जानकारी आपको होनी चाहिए, यदि नहीं है तो पूरी जानकारी प्राप्त करने के बाद ही कार्य पर जाएँ एवं निम्नलिखित सुरक्षा सावधानियाँ बरतें ।

उपयोग में लेने के पूर्व समस्त सुरक्षा साधनों एवं औजारों, जैसे - रबर के दस्ताने, सीढ़ी, सेफ़्टी बेल्ट, इंसुलेटिड प्लायर, डिस्चार्ज रोड की जांच करलें ।

लाइन डिस्चार्ज करते समय अर्थ वायर को पहले अर्थिंग से जोड़ें । उसके पश्चात ही अर्थ रोड लाइन के तारों से टच कर लगाएँ । कार्य हो जाने के पश्चात पहले डिस्चार्ज रोड लाइन से अलग करें । इसके बाद अर्थ वायर को अर्थिंग से अलग करें । अर्थिंग से जोड़ते समय ध्यान रहे तारों को जंग अथवा मिट्टी तो नहीं लगी है । यदि जंग या मिट्टी लगी हो तो उसे साफ करके अर्थिंग से जोड़ें ।

लाइन डिस्चार्ज करते समय ध्यान रखें कि अर्थ वायर शरीर के किसी भी हिस्से से न छूए । डिस्चार्ज रोड के तार को अपने शरीर से कम से कम 3 से 4 फुट दूर रखें ।

जिस किसी पोल पर डबल लाइन हो या कट पॉइंट हो, उस पर दोनों तरफ से सप्लाई बंद कराकर अर्थिंग दोनों ही तरफ करें ।

लाइन बंद करके अर्थ करने के बाद उस खंभे की सभी लाइन के तारों को शॉर्ट करके अर्थ करलें । अपने कार्य करने के स्थान के दोनों ओर से लाइनों को शॉर्ट एवं अर्थ करके सेफ़्टी जोन का निर्माण करके ही कार्य करें ।

सुरक्षा जोन (सेफ़्टी जोन) बनाना –

33 केवी एवं 11 केवी लाइन जिस पर कार्य करना हो, सब स्टेशन (उप - केंद्र) से ही लिखित परमिट लेवें ।

11 केवी लाइन सब स्टेशन से ओसीबी या वीसीबी से बंद की गई हो तो उसको दोनों ओर के एवी स्वीच डायरेक्ट हो तो लाइन बंद कराकर डिस्चार्ज कर एबी स्वीच की डायरेक्ट की गई वाईडिंग अलग कर एबी स्वीच खोलें ।

बंद किए गए ओसीबी या वीसीबी और एबी स्वीच पर ऑपरेटर से तख्ती लगवायें जिस पर लिखा हो कि 'लाइन परमिट पर है, चालू न करें' ।

डिस्चार्ज रोड में लगे तार को अर्थिंग रोड से एक - एक फेज पर टाँगकर लाइन डिस्चार्ज करें । ध्यान रहे कि डिस्चार्ज रोड का तार आपसे 3 से 4 फुट के दूरी पर रहे ।

लाइन डिस्चार्ज करने के बाद के बाद लाइन के तारों को आपस में कंडक्टर की सहायता से शॉर्ट कर देवें एवं डिस्चार्ज रोड भी उपरोक्त शॉर्ट पर लटाकर रखें ।

हमेशा दो डिस्चार्ज रोडों का प्रयोग करें । प्रत्येक रोड प्रत्येक क्षेत्र पर खंभे के दोनों ओर टांगें ।

अर्थिंग –

निम्न दाब वाली लाइन विद्युत लाइन को साधारणत: 6 एसडब्ल्यूजी से लेकर 8 एसडब्ल्यूजी के गेल्वोनाइज्ड लोहे के तार से अर्थिंग किया जाता है । अर्थ का प्रतिरोध कम से कम होना चाहिए तथा पाँच ओम्स से अधिक नहीं होना चाहिए । एलटी लाइन के प्रत्येक पांचवे खंभे तथा इसके क्रॉस आर्म, इंसुलेटर का पिन का पिन अर्थ होना चाहिए । विशेष रूप से खंभा, जिस पर स्वीच, फ्यूज आदि लगें हो, अर्थ होना चाहिए । सभी सपोर्ट्स/पोल (धातु, लकड़ी, कांक्रीट) को जो आबादी वाले इलाके, सड़क, रेलवे लाइन, टेलीफोन लाइन, तथा अन्य इसी तरह के जगहों से गुजरते हों, भू - योजित (अर्थ) कर देना चाहिए । खंभों को पाइप द्वारा अर्थिंग करना बेहतर है । अर्थ तार को अक्सर लोग काटकर ले जाते हैं, अत: इसकी समय - समय पर जांच करते रहना चाहिए ।

11 केव्ही और उच्च दाब वाली लाइनों में प्रत्येक खंभे तथा क्रॉस आर्म, इंसुलेटर का पिन अर्थ होना चाहिए ।

अस्थायी अर्थिङ्ग –

किसी भी संस्थापन के रिपेयर अथवा निर्माण के दौरान कर्मचारियों और जानमाल की सुरक्षा हेतु कार्यस्थल पर अस्थाई अर्थिङ्ग की जाती है ।

अर्थिङ्ग उपकरण अनुमोदित होना चाहिए । इंसुलेटिड स्टिक (डिस्चार्ज रोड) लंबी होना चाहिए, जिससे कर्मचारी नीचे से आसानी से लगा सके और उसका हाथ चालू लाइन से दूर रहे । इंसुलेटिड डंडे में लगने वाला क्लेम्प सही डिजाइन का होना चाहिए, जिससे अर्थ की जाने वाली लाइन के कंडक्टर में ठीक से लग जायें । प्रत्येक लाइन क्लेम्प को फ्लेक्सिबल कापर अर्थिंग लीडको अर्थ क्लेम्प या अन्य उपकरण जिसे अस्थायी स्पाइक या स्ट्रक्चर में लगाना हो, जोड़ते हैं ।

सभी अर्थिंग जम्पर एल्यूमिनियम कंडक्टर के समतुल्य खुले और स्ट्रेण्डेड कापर के होने चाहिए । सब - स्टेशन और लाइन के काम में लाई जाने वाली अर्थिंग लीड कम से कम 0.645 वर्ग सेंटी मीटर (0.1 वर्ग इंच) व्यास की होनी चाहिए ।

अर्थिंग कनेक्शन के तार में किसी प्रकार का जोड़ नहीं होना चाहिए ।

अस्थायी अर्थिंग हेतु उपयोग में लाये जाने वाले इलेक्ट्रोड आयरन के होने चाहिए जो 1.9 सेंटीमीटर (3/4“) और 1.52 मीटर (5 फीट) लंबे होने चाहिए । इन इलेक्ट्रोड को कम से कम 3 फीट तक ऐसी जमीन में गाड़ना चाहिए, जिससे अच्छा अर्थ मिले । इलेक्ट्रोड में जंग या पोलिश आदि नहीं लगाना चाहिए ।

अस्थाई या स्थाई किसी भी प्रकार की अर्थिङ्ग के लिए चेन का उपयोग नहीं करना चाहिए ।

सभी अर्थिंग उपकरणों को काम के पहले प्रत्येक बार कंटिन्युटी अच्छी तरह से जाँचना चाहिए ।

अस्थाई अर्थिंग कनेक्शन के वक्त सामान्य सावधानियाँ –

किसी भी उपकरण या लाइन की अर्थिंग तब तक नहीं करनी चाहिए, जब तक कि यह सुनिश्चित न हो जाए कि उपकरण लाइन विद्युत स्त्रोत से काट दिए गए हैं ।

सक्षम कर्मचारी द्वारा ही लाइन या उपकरण में अर्थिंग लगाना या निकालना चाहिए ।

अर्थिंग लीड को पहले अर्थ सिस्टम में, उसके बाद लाइन कंडक्टर में लगाना चाहिए ।

अर्थिंग लीड को किसी ऐसे कम्पार्टमेंट में नहीं लगाना चाहिए जहां खुले हुए तार हों ।

जिस स्थान पर कार्य करना हो, उसके दोनों ओर अर्थ करना चाहिए ।

अंडर ग्राउंड केबिल में कार्य करने से पहले सप्लाई बंद करना चाहिए तथा डिस्चार्ज करने के बाद ही अर्थ करना चाहिए । डिस्चार्ज करने के लिए अर्थ वायर का उपयोग करना चाहिए और उसे हर बार प्रत्येक टर्मिनल से संपर्क कराना चाहिए ।

अर्थिंग लीड को हटाते समय पहले लाइन के तार से हटाना चाहिए, बाद में अर्थ सिस्टम से अर्थात कनेक्शन के दौरान जो प्रक्रिया अपनाई जाती है । उसका उल्टा डिस्कनेक्शन के दौरान करना चाहिए ।

बंद लाइन पर प्रत्येक कार्य दो अस्थायी अर्थ सेट के बीच में करना चाहिए ।

अर्थ कभी नंगे हाथ से नहीं लगाना या निकालना चाहिए । इसके लिए रबर हेंड ग्लोव्स/दस्ताने का इस्तेमाल करना चाहिए ।

पोल या स्ट्रक्चर पर अर्थ लगाते समय आदमी को उस कंडक्टर के नीचे नहीं रहना चाहिए, जिसे अर्थ कर रहे हैं, जिससे किसी भी प्रकार की चिंगारी आदि से बचे रहें ।

कर्मचारियों को अर्थ - वायर से दूर रहना चाहिए ।

कार्य के दौरान किसी भी अस्थाई अर्थिंग को नहीं हटाना चाहिए ।

जिस तार से अर्थिंग हटा ली गई है, उसे कर्मचारी को नहीं छूना चाहिए ।

एक कंडक्टर अर्थ करने से दूसरे कंडक्टर को कार्य करने के लिए सुरक्षित नहीं समझना चाहिए । यदि एक फेज पर कार्य कर रहे हो, तब भी सभी फेज को अर्थ करना चाहिए।

सभी को यह ध्यान रखना चाहिए कि अर्थिंग तार एक सुरक्षित साधन होता है, किसी यंत्र या वायरिंग में खराबी होने पर बिजली एकत्रित होकर उसमें से प्रवाहित होती है । उसे छूने पर वह मनुष्य के शरीर में से होकर धरती/जमीन में चली जाती है, जिससे झटका लगता है और मृत्यु भी संभव है । यदि उसी यंत्र का अर्थिंग ठीक से होगा तो अनियंत्रित विद्युत उसके सहारे धरती/जमीन में चली जायेगी और खतरा टल जायेगा ।

रजिस्टर एवं प्रपत्र

रजिस्टर एवं प्रपत्र

संधारण योजना (मेंटीनेंस प्लान) – प्री और पोस्ट मानसून मेंटीनेंस रजिस्टर -

क – 33 केवी और 11 केवी लाइन मेंटीनेंस प्लान –

क्रमांक (1), - मेंटीनेंस दिनांक (2), - डिवीजन/सब डिवीजन/वितरण केंद्र का नाम (3), - 33 केवी फीडर का नाम (4), - 33 केवी फीडर की लम्बाई (किमी) (5), - मेंटीनेंस प्रभारी का नाम व पद (6), - रिमार्क (7)

ख – प्री और पोस्ट मानसून मेंटीनेंस प्लान – 33/11 केवी उपकेंद्र - क्रमांक (1), - मेंटीनेंस दिनांक (2), - 33/11 केवी उपकेंद्र का नाम (3), - उपकेंद्र प्रभारी अधिकारी नाम पद (4), - उपकेंद्र क्षमता (5), - पीटीआर क्षमता व संख्या (6), - 33 केवी ब्रेकर संख्या (7), - 11 केवी ब्रेकर संख्या (8), - कैपेसिटर बैंक स्थापित - संख्या/क्षमता (9), - कैपेसिटर बैंक कार्यरत – संख्या/क्षमता (10), - रिमार्क (11)

ग – प्री और पोस्ट मानसून मेंटीनेंस प्लान एलटी लाइन और वितरण ट्रान्सफार्मर –

क्रमांक (1), - मेंटीनेंस दिनांक (2), - 11 केवी फीडर नाम (3), - डीटीआर लोकेशन व लोकेशन कोड (4), - डीटीआर क्षमता (5), - प्रभारी मेंटीनेंस नाम पद (6), - एलटी फीडर संख्या (7), - एलटी स्पान (8), - रिमार्क (9)

प्रपत्र – कर्मचारी द्वारा लाइन/फीडर ग्राउन्ड पेट्रोलिंग –

पेट्रोलिंग की दिनांक –

समय -

फीडर का नाम-

वितरण केन्द्र/उप संभाग/संभाग का नाम -

पेट्रोलिंग दल के प्रमुख का नाम व पद -

पेट्रोलिंग सेक्शन का नाम (कहाँ से कहाँ तक) –

प्रथम लोकेशन सिंगल पोल या डीपी (1), -

पोल का प्रकार रेल पोल, एच बीम, आरएस ज्वाइस्ट, पीसीसी पोल व लम्बाई (2), -

पोल झुका है या सीधा है (3), -

अर्थिंग ठीक है या नही हैं (4), -

वी क्रॉस आर्म ठीक है/झुका है/बदलने योग्य है (5), -

टॉप क्लैम्प ठीक है/झुका है । बदलने योग्य है (6), -

पोल टॉप क्लैम्प, वी क्रॉस आर्म/अन्य लोहे के फिटिंग पेंटेड हैं या नहीं (7), -

इंसुलेटर का प्रकार (8), -

इंसुलेटर की स्थिति (9), -

इंसुलेटर वाईंडिंग जाली है/टूटी है/कमजोर है/खुली दिख रही है (10), -

डीपी पर जम्पर ठीक हैं/जले हैं/लूज दिख रहे हैं (11), -

स्टे टूटे हैं/सभी ठीक हैं/कितने टूटे या खुले हैं/या लूज हैं/स्टे इंसुलेटर की स्थिति (12), -

जीआई पिन के नट ढीले हैं या नहीं/या ठीक दिखते हैं (13), -

पेड़ की डाली या पेड़ यदि तारों से 10 फीट से कम हैं तो स्थिति स्पष्ट लिखें (14), -

लाइन की भू सतह से ऊर्ध्वाधर दूरी मानक सुरक्षित मापदंड के अनुसार है अथवा नहीं (15), -

पोल का प्रकार रेल पोल/एचबीम/आरएस ज्वाइस्ट/पीसीसी पोल के स्थान पर जमीन गीली पोली अथवा वर्षा जल से क्षतिग्रस्त है अथवा सही है (16), -

मफिंग अथवा बेस कोंकरीट क्षतिग्रस्त है अथवा सही है (17), -

रोड क्रॉस/रेलवे लाइन क्रॉसिंग की स्थिति क्या है, ओवर हेड अथवा अंडर ग्राउंड (18), -

ओवर हेड लाइन की स्थिति में सड़क/रेलवे लाइन से सुरक्षित मानक ऊर्ध्वाकार दूरी है अथवा नहीं (19), -

ओवर हेड लाइन की स्थिति में सड़क/रेलवे लाइन गार्डिंग की स्थिति ठीक है अथवा नहीं व गार्डिंग को दो अलग – अलग अर्थ से संयोजित (जुड़े) अथवा नहीं (20), -

अंडर ग्राउंड लाइन की स्थिति में दोनों केबिल पैरेलल में संयोजित हैं अथवा नहीं/उनके लिए लगे एलए एवं उनकी अर्थिंग की स्थिति (21), -

अंडर ग्राउंड लाइन की स्थिति में दोनों छोर पर लाइटीनिंग अरेस्टर व उनकी अर्थिंग ठीक है अथवा नहीं (22), -

अंडर ग्राउन्ड लाइन की स्थिति में दोनों केबिल क्षतिग्रस्त/बदलने लायक हैं या ठीक हैं (23), -

नदी/घाटियों के क्रॉसिंग में दोनों छोर पर लगे पोल/स्ट्रैक्चर के होरिजॉंटलव क्रॉस ब्रेसिंग अथवा अन्य फिटिंग में सुधार की जरूरत है (24), -

अन्य समदाब/अति उच्च दाब/निम्न दाब कम्यूनिकेशन लाइन से सुरक्षित दूरी है अथवा नहीं (25), -

नदी के डूब क्षेत्र लोकेशन पर अधिकतम बाढ़ के जल स्टार से लाइन की दूरी सुरक्षित है या नहीं (26), -

नदी के डूब क्षेत्र के पोल/टावर के जमीन के स्थान पर कटाव अथवा भराव की स्थिति (27), -

अन्य विशेष (28)

प्रपत्र - लाइन मेंटीनेंस हेतु ग्राउंड पेट्रोलिंग श्येड्यूल –

दिनांक व समय -

फीडर का नाम –

वितरण केन्द्र/उप संभाग/संभाग का नाम –

फीडर/लाइन में खम्बे की लोकेशन (1), - पोल सही है/गला है/क्रेक है (बदलने की आवश्यकता है या नहीं) (2), - पोल टेड़ा (3), - वी क्रॉस आर्म टेड़ी (4), - टॉप क्लैम्प टेड़ा (5), - स्टे ढीला/कटा (6), - स्टे इंसुलेटर सही/फूटा (7), - पिन इंसुलेटर फूटा (8), - तार ढीला आर/वाई/बी फेज (9), - चैनल टेड़ी (10), - डिस्क फूटी/आर/वाई/बी फेज (11), - पेड़ की डाल तारों को छू रही है/पास है (क्लीयरेन्स कम है) (12), - रोड से तारों की क्लीयरेन्स कम है (13), - बिल्डिंग की क्षैतिज दूरी कम है (14), - अन्य लाइन के क्रॉसिंग में क्लीयरेन्स कम है/ठीक है (15), - डीपी में जम्पर की क्लीयरेन्स कम है/ठीक है (16), - डीपी में जम्पर (स्थिति) क्लैम्प लगे हैं या वाईंडिंग है (17), - गार्डिंग है या नहीं (18), - गार्डिंग है तो उसकी स्थित (19), - अन्य विशेष (20) .

हस्ताक्षर, - दल प्रमुख, - दल सदस्य – 1, - दल सदस्य – 2, - दल सदस्य – 3, - दल सदस्य – 4

दिनांक, समय, - - -, - - -, - - -, - - -, - - -

प्रपत्र – एलटी लाइन का गाउण्ड पेट्रोलिंग प्रारुप –

सर्वे दिनांक एवं समय –

11 केवी फीडर का नाम -

वितरण केंद्र का नाम –

वितरण केन्द्र प्रभारी का नाम -

वितरण ट्रान्सफार्मर की लोकेशन –

संधारण में कार्यरत कर्मचारियों के नाम –

लाइन का प्रकार – (सिंगल फेज 2 वायर, सिंगल फेज 3 वायर, 3 फेज 4 वायर, 3 फेज 5 वायर, अथवा केबिल) –

लाइन की लम्बाई –

लाइन का कंडक्टर/केबिल साइज –

फीडर/लाइन में पोल की स्थिति (1), - पोल सही है, गला है/क्रेक है (बदलने की आवश्यकता है या नहीं) (2), - पोल टेड़ा (3), - स्टे वायर सही/खराब (4), - स्टे इन्सुलेटर सही/फूटा (5), - तार ढीला आर/वाई/बी फेज (6), - पेड़ की डाल तारों को छू रही है/पास है (क्लीयरेन्स कम है) (7), - रोड से तारों की क्लीयरेन्स कम है (8), - बिल्डिंग की क्षैतिज दूरी कम है (9), अन्य लाइन के क्रॉसिंग में क्लीयरेन्स कम है/ठीक है (10), - रोड क्रॉसिंग/लाइन क्रॉसिंग में गार्डिंग है या नहीं (गार्डिंग का प्रकार भी लिखें) (11), - गार्डिंग के लेसेस सही हैं या नहीं (12), - गार्डिंग चैनल टेड़ी है या नहीं (13), - लाइन के तारों में ज्वाइंट बीच स्पान में हैं या पोल के पास (14), - स्पान (दो पोल के बीच) में कंडक्टर सही है या खराब (15), - शैकल इन्सुलेटर ठीक है/फूटा है (16), - तार के बीच का अन्तर (दूरी) सही/कम है (17), - कट प्वाइंट के जम्पर की हालत ठीक है/बदलने की जरूरत है (18), - डायमंड गार्डिंग है या नहीं (19), - सपोर्ट केबिल का वायर सही है या टूटा है (20), - केबिल की हालत (ज्वाइंट है या सही है/ज्वाइंट खुलते है या एमसील लगी है) (22), - अन्य विशेष (23).

हस्ताक्षर, - दल प्रमुख, - दल सदस्य – 1, - दल सदस्य – 2, - दल सदस्य – 3, - दल सदस्य – 4

दिनांक, समय, - - -, - - -, - - -, - - -, - - -

प्रपत्र – 33 केवी अथवा 11 केवी लाइन/फीडर संधारण/अनुरक्षण/मेंटीनेंस रजिस्टर –

फीडर का नाम –

फीडर प्रभारी का नाम

दिनांक –

अधिकारी का नाम जिसने पेट्रोलिंग की –

उपकेन्द्र का नाम, जहां से लाइन निकलती है –

कर्मचारियों के नाम –

परमिट (लेने का दिनांक व समय और वापस करने का दिनांक व समय, परमिट संख्या) –

कर्मचारी का नाम जिसने लाइन डिस्चार्ज कर अर्थ/शॉर्ट की और सेफ्टी जोन बनाया –

फीडर/लाइन में पोल की स्थिति (1), - पोल सही है/क्रेक है (बदलने की जरूरत है या नहीं) (2), - पोल टेड़ा (3), - वी क्रॉस आर्म टेड़ी (4), - टॉप क्लैम्प टेड़ा (5), - स्टे ढीला/कटा (6), - स्टे वायर सही/फूटा (7), - स्टे इन्सुलेटर सही/फूटा (8), - पिन इन्सुलेटर फूटा (9), - तार ढीला आर/वाई/बी फेज (10), - चैनल टेड़ी (11), - डिस्क फूटी आर/वाई/बी फेज (12), - पेड़ की डाल तारों को छू रही है/पास है (क्लीयरेन्स कम है) (13), - रोड से तारों की क्लीयरेन्स कम है (14), - बिल्डिंग की क्षैतिज दूरी कम है (15), - अन्य लाइन के क्रॉसिंग में क्लीयरेन्स कम है/ठीक है (16), - डीपी में जम्पर की क्लीयरेन्स कम है/ठीक है (17), - डीपी में जम्पर ढीले हैं या नहीं, क्लैम्प लगे हैं या वाईंडिंग है (18), - रोड क्रॉसिंग/लाइन क्रॉसिंग में गार्डिंग है या नहीं (गार्डिंग का प्रकार भी लिखें) (19), - गार्डिंग के लेसेस सही हैं या नहीं (20), - गार्डिंग के चैनल टेड़ी है या नहीं (21), - लाइन के तारों में ज्वाइंट बीच स्पान में या पोल के पास (22), - स्पान (दो पोल के बीच की दूरी) में कंडक्टर सही है या खराब (23), - कर्मचारी का नाम (24), - हस्ताक्षर (25), - अन्य विशेष (26) .

प्रपत्र – पावर ट्रान्सफार्मर (नवीन/रिपेयर्ड/रिकंडीशंड/क्षमता वृद्धि/अतिरिक्त) संस्थापना सूचना (कमीशनिंग रिपोर्ट) – प्रारूप – क्रमांक (1), - विवरण – पावर ट्रान्सफार्मर (2), - विवरण – जानकारी (3)

1. 33/11 केवी उप केन्द्र का नाम
2. वृत (सर्किल) का नाम
3. संभाग (डिवीजन) का नाम
4. उप संभाग/वितरण केन्द्र का नाम
5. पावर ट्रान्सफार्मर (नवीन/रिपेयर्ड/रिकंडीशंड/क्षमता वृद्धि/अतिरिक्त)
6. ट्रान्सफार्मर निर्माता/रिपेयरर का नाम
7. पावर ट्रान्सफार्मर सीरियल नम्बर
8. रिपेयरर का नाम, सीरियल नम्बर, रिपेयर दिनांक
9. पावर ट्रान्सफार्मर क्षमता (एमवीए)
10. पावर ट्रान्सफार्मर वोल्टेज प्राइमरी/सेकेन्डरी
11. पावर ट्रान्सफार्मर % इम्पीडेंस
12. टेप्स नम्बर
13. स्थापना के समय टेप की स्थिति (टेप नम्बर)
14. पावर ट्रान्सफार्मर क्रय आदेश (परचेज़ ऑर्डर)/आरसीए (रेट कोनटेक्ट अवार्ड) संदर्भ
15. ट्रान्सफार्मर प्राप्ति – स्टोर/रिपेयरर
16. गेट पास नम्बर एवं दिनांक
17. ट्रान्सफार्मर स्थापना संदर्भ (स्वीकृत प्राकलन एवं कार्यादेश/एस्टीमेट एंड वर्क ऑर्डर)
18. पुराने ट्रान्सफार्मर का विवरण यदि हो (मेक, सीरियल नम्बर, केपेसिटी, निर्माण कर्ता/रिपेयरर का नाम आदि)
19. पुराने ट्रान्सफार्मर की स्थिति (स्टोर वापस किया/दूसरी जगह स्थापित किया/रिपेयरर को भेजा) संदर्भ (गेट पास नम्बर व दिनांक)
20. अन्य विवरण

हस्ताक्षर - --- हस्ताक्षर ---

अधिकारी नाम व पद -- अधिकारी नाम व पद –

पावर ट्रान्सफार्मर स्थापना दिनांक - -

33/11 केवी उपकेन्द्र का नाम - -

पावर ट्रान्सफार्मर निर्माता/रिपेयरर का नाम ---

पावर ट्रान्सफार्मर क्षमता व मेक -

पावर ट्रान्सफार्मर सीरियल नम्बर - -

पावर ट्रान्सफार्मर % इम्पीडेंस - -

1 - पावर ट्रान्सफार्मर आईआर वैल्यू –

वैल्यू 15 सेकेंड वाईंडिंग, - एचवी टू अर्थ, - एलवी टू अर्थ, - एचवी टू एलवी

वैल्यू 15 सेकेंड (मेगा ओहम), - - - - -, - - - - -, - - - - -

वैल्यू 60 सेकेंड वाईंडिंग, - एचवी टू अर्थ, - एलवी टू अर्थ, - एचवी टू एलवी

वैल्यू 60 सेकेंड (मेगा ओहम), - - - - -, - - - - -, - - - - -

2– पावर ट्रान्सफार्मर वाईंडिंग रजिसटेन्स दोनों साइड –

एचवी वाईंडिंग रजिसटेन्स – वाईंडिंग, - आरवाई, - वाईबी, - बीआर

एचवी वाईंडिंग रजिसटेन्स – वैल्यू, - - - - - -, - - - - -, - - - - -

एलवी वाईंडिंग रजिसटेन्स – वाईंडिंग, - आरवाई, - वाईबी, - बीआर

एलवी वाईंडिंग रजिसटेन्स – वैल्यू, - - - - - -, - - - - -, - - - - -

एलवी वाईंडिंग टू न्यूट्रल रजिसटेन्स – वाईंडिंग, - आरएन, - वाईएन, - बीएन

एलवी वाईंडिंग टू न्यूट्रल रजिसटेन्स – वैल्यू, - - - - - -, - - - - -, - - - - -

1.   – पावर ट्रान्सफार्मर वोल्टेज रेशो टेस्ट –

टेप पोजीशन (नम्बर), - - - 1, - - - 2, - - - 3, - - - 4, - - - 5, - - - 6

आरवाई वोल्ट (एचटी), - - -, - - - , - - -, - - - , - - - , - - -

वाईबी वोल्ट (एचटी), - - -, - - - , - - -, - - - , - - - , - - -

बीआर वोल्ट (एचटी), - - -, - - - , - - -, - - - , - - - , - - -

आरवाई वोल्ट (एलटी), - - -, - - - , - - -, - - - , - - - , - - -

वाईबी वोल्ट (एलटी), - - -, - - - , - - -, - - - , - - - , - - -

बीआर वोल्ट (एलटी), - - -, - - - , - - -, - - - , - - - , - - -

आरएन वोल्ट (एलटी), - - -, - - - , - - -, - - - , - - - , - - -

वाईएन वोल्ट (एलटी), - - -, - - - , - - -, - - - , - - - , - - -

बीएन वोल्ट (एलटी), - - -, - - - , - - -, - - - , - - - , - - -

4- पावर ट्रान्सफार्मर मेग्नेटाइजिंग करेंट एचवी ओपिन सर्किट और एलवी ओपिन सर्किट –

फेज (एचवी ओपिन सर्किट), - आर – एचवी, - वाई – एचवी, - बी – एचवी

करेंट (मिली एम्पीयर) टेप नम्बर -2, ---, --- , ---

फेज (एलवी ओपिन सर्किट), आर- एलवी, - वाई – एलवी, - बी – एलवी

करेंट (मिली एम्पीयर) टेप नम्बर -2, ---, --- , ---

5– पावर ट्रान्सफार्मर मैग्नेटिक बेलेन्स टेस्ट –

टेप पोजीशन (नम्बर), -- 2, -- 2, -- 2

फेज आउट, - बी – एचवी, - आर – एचवी, - वाई – एचवी

आरवाई (फेज टू फेज एचवी साइड), - - - , - - - , - - -

वाईबी (फेज टू फेज एचवी साइड), - - - , - - -, - - -

बीआर (फेज टू फेज एचवी साइड), - - - , - - - , - - -

आरवाई(फेज टू फेज एलवी साइड), - - - , - - - , - - -

वाईबी (फेज टू फेज एलवी साइड), - - - , - - -, - - -

बीआर (फेज टू फेज एलवी साइड), - - - , - - -, - - -

आरएन (एलवी टू न्यूट्रल साइड), - - - , - - -, - - -

वाईएन (एलवी न्यूट्रल साइड), - - - , - - -, - - -

बीएन (एलवी टू न्यूट्रल साइड), - - - , - - - , - - -

6 – पावर ट्रान्सफार्मर वेक्टर ग्रुप टेस्ट –

वेक्टर ग्रुप टेस्ट के लिए एलटी (0.4 केवी) सप्लाई एचवी साइड देते हैं –

फेज, - आरवाई (एचवी), - वाईबी (एचवी), - वाईबी (एचवी)

वोल्ट, - - - , - - - , - - -

फेज, - आरएन (एचवी), - वाईएन (एचवी), - आर (एचवी) वाई (एलवी)

वोल्ट, - - - , - - - , - - -

फेज, - आर (एचवी) बी (एलवी), - बी (एचवी) बी (एलवी), - बी (एचवी) वाई (एलवी)

वोल्ट, - - - , - - - , - - -

एचवी साइड आर फेज और एलवी साइंड शॉर्ट सर्किट –

आरवाई (एचवी) = आर (एचवी) एन + वाई (एचवी) एन

आर (एचवी) = आर (एचवी) वाई (एलवी)

बी (एचवी) वाई (एलवी) ज्यादा होगा बी (एचवी) बी (एलवी)

7 – पावर ट्रान्सफार्मर शॉर्ट सर्किट टेस्ट –

एलटी (0.4 केवी) सप्लाई एचवी साइड देते हैं और एलवी साइड ट्रान्सफार्मर शॉर्ट सर्किटिड न्यूट्रल सहित –

फेज (एचवी), - आर, - वाई, - बी

करेंट (एम्पीयर), - - - , - - - , - - -

फेज (एलवी), - आर, - वाई, - बी

करेंट (एम्पीयर), - - - , - - - , - - -

न्यूट्रल, - न्यूट्रल

करेंट (एम्पीयर)

8 – पावर ट्रान्सफार्मर के टेस्टिंग रिजल्ट रिमार्क – यदि कोई हो -

हस्ताक्षर – हस्ताक्षर - -

अधिकारी नाम व पद - अधिकारी नाम व पद –

पावर ट्रान्सफार्मर ऊर्जित (चार्ज) करने से पहले सुरक्षा चेक (प्रोटेक्शन चेक) –

क्रमांक (1), - विवरण (2), - रिपोर्ट (3)

1. सभी रेडिएटर वाल्व बॉटम और टॉप
2. ऑइल लेवल तक ऑइल भरा है या नहीं
3. एयर रिलीज वाल्व – बुकोल्ज़, टॉप कवर, बुशिंग एचवी और एलवी साइड
4. बुकोल्ज़ अलार्म/ट्रिप टेस्ट चेक - एयर इजेक्शन द्वारा या बुकोल्ज़ से ऑइल रिसाब
5. कंजर्वेटर/एक्सपलोजन वेंट इक्विलाइजर पाइप खुला होना
6. ब्रीदर में सिलिकाजेल, ऑइल कप में ऑइल निशान तक, सांस लेने वाला छिद्र खुला होना
7. लीकेज – ट्रान्सफार्मर टैंक, बुशिंग, रेडिएटर, वाल्व आदि से
8. रिले ट्रिप टेस्ट – ओवर करेंट/अर्थ फाल्ट
9. रिले सेटिंग 33 केवी और 11 केवी साइड

अ - ओवर करेंट प्लग सेटिंग

आ - टाइम लीवर सेटिंग

इ - अर्थ फाल्ट प्लग सेटिंग

1. सीटी रेशो 33 केवी व 11 केवी साइड पावर ट्रान्सफार्मर क्षमता अनुसार

अ - 33 केवी साइड

आ - 11 केवी साइड

11. पावर ट्रान्सफार्मर चार्ज करने की दिनांक
12. पावर ट्रान्सफार्मर चार्ज के समय लिया गया लोड
13. अन्य कोई रिमार्क

हस्ताक्षर - हस्ताक्षर - -

अधिकारी नाम व पद - अधिकारी नाम व पद - - -

प्रपत्र – प्रथम सूचना – पावर ट्रान्सफार्मर में खराबी (डिफ़ेक्ट) –

दिनांक व समय – खराबी (डिफ़ेक्ट) होने का (1), - क्षमता (2), - मेक (3), - रिपेयरर कम्पनी का नाम, यदि हो तो (4), - सीरियल नम्बर (5), - पावर ट्रान्सफार्मर गारंटी अवधि (डब्ल्यूजीपी/बीजीपी) (6), - डिस्पेच दिनांक (7),- ट्रिपिंग समय और फ़्लैग इंडिकेशन यदि 33 केवी वीसीबी ट्रिप्ड (8), - समय और फ़्लैग इंडिकेशन यदि 11 केवी वीसीबी ट्रिप्ड - मेन वीसीबी (9), - समय और फ़्लैग इंडिकेशन यदि 11 केवी वीसीबी ट्रिप्ड - फीडर वीसीबी – फीडर नाम (10), - समय और फ़्लैग इंडिकेशन यदि 11 केवी वीसीबी ट्रिप्ड - फीडर वीसीबी – फ़्लैग इंडिकेशन (11), - याई और कन्ट्रोल रूम के ओबजरवेशन (खराबी/डिफेक्ट) के समय – जम्पर जलना, अर्थिंग, एबी स्विच कोनटेक्ट, ऑइल लीकेज आदि (12), - खराबी आने से पहले का लोड – 33 केवी साइड (13), - खराबी आने से पहले का लोड – 11 केवी - मेन वीसीबी (14), - खराबी आने से पहले का लोड – 11 केवी - फीडर का नाम यदि फीडर ट्रिप्ड (15), - खराबी आने से पहले का लोड – 11 केवी वीसीबी लोड (16), - खराबी (डिफ़ेक्ट) आने के समय का मौसम (वेदर) (17), - खराबी (डिफ़ेक्ट) आने के बाद चार्जिंग यदि किया हो – वीसीबी का नाम (33 केवी या 11 केवी फीडर) (18), - खराबी (डिफ़ेक्ट) आने के बाद चार्जिंग यदि किया हो – चार्जिंग का समय (19), - खराबी (डिफ़ेक्ट) आने के बाद चार्जिंग यदि किया हो - दिनांक व समय ट्रिपिंग इंडिकेशन (20), - अन्य विवरण (21)

प्रपत्र – पावर ट्रान्सफार्मर खराब (डिफ़ेक्ट) के बाद परीक्षण (टेस्टिंग) प्रारूप –

परीक्षण (टेस्टिंग) जानकारी - - -

दिनांक व समय - - -

क्षमता एमवीए पावर ट्रान्सफार्मर - - -

पावर ट्रान्सफार्मर विवरण (मेक, सीरियल नम्बर, टेप पोजीसन, गारंटी आवधि आदि) - - -

33/11 केवी उपकेंद्र - - -

संभाग का नाम - - -

परीक्षण (टेस्टिंग) - - -

1 – आईआर वैल्यू – 1 केवी मेगर से तापमान के साथ –

• एचवी और अर्थ
• एलवी और अर्थ
• एचवी और एलवी
• कंटिन्युटी एचवी और एलवी साइड

2 – रेशो टेस्ट – टेप पोजीसन नम्बर – 2 –

अ – एचवी साइड – आरवाई, वाईबी, बीआर

आ – एलवी साइड - आरवाई, वाईबी, बीआर

इ – एलवी और न्यूट्रल – आरएन, वाईएन, बीएन

3 – मैग्नेटिक बेलेन्स –

4 – मेग्नेटाइजिंग करेंट –

• आर फेज (मिली एम्पीयर)
• वाई फेज (मिली एम्पीयर)
• बी फेज (मिली एम्पीयर)

5 – वेक्टर ग्रुप टेस्ट –

6 – शॉर्ट सर्किट करेंट टेस्ट –

7 – अर्थ रजिसटेन्स टेस्ट

8 – विवरण – (33 केवी - वीसीबी, सीटी, एवं 11 केवी - वीसीबी, सीटी, कन्ट्रोल पैनल, बुकोल्ज़ रिले आदि)

9- रिले सेटिंग और ट्रिप टेस्ट

उपरोक्त परीक्षण (टेस्टिंग) उपरान्त –

पावर ट्रान्सफार्मर फेल – पावर ट्रान्सफार्मर को कोर इन्सपेक्शन या पावर ट्रान्सफार्मर गारंटी अवधि में फेल है तो निर्माता/रिपेयरर कम्पनी को भेजने की कार्यवाही ।

हस्ताक्षर हस्ताक्षर

अधिकारी नाम व पद अधिकारी नाम व पद

प्रपत्र – पावर ट्रान्सफार्मर कोर इन्सपेक्शन रिपोर्ट – प्रारुप –

पावर ट्रान्सफार्मर कोर इन्सपेक्शन रिपोर्ट-

1 – कोर इन्सपेक्शन दो या अधिक सक्षम अधिकारियों की उपस्थिति में होना चाहिए । तथा ओजर्वेशन सभी के चर्चा अनुसार हों उन्हें लिखा जावे ।

2 – क्षतिग्रस्त कोइल का मानचित्र (नक्शा) बनाया जाय ।

3 – पावर ट्रान्सफार्मर विफलता (फेल्यौर) के कारण –

4- कोर इन्सपेक्शन रिपोर्ट पर संयुक्त निरीक्षण टीम के हस्ताक्षर होने आवश्यक हैं ।

33/11 केवी उपकेन्द्र के प्रपत्र/रजिस्टर

33/11 केवी उपकेन्द्र के प्रपत्र/रजिस्टर –

रजिस्टर – 1- डेली लोग शीट -

1. डेली कन्ट्रोल रूम लोग शीट – 33/11 केवी उप केंद्र ----------- दिनांक -----------

- समय (बजे)
- वोल्टेज 33 केवी
- वोल्टेज 11 केवी
- ट्रांसफार्मर नंबर – 1 टेम्परेचर
- ट्रांसफार्मर नंबर – 1, 11 केवी साइड लोड एम्पीयर
- ट्रांसफार्मर नंबर – 2 टेम्परेचर
- ट्रांसफार्मर नंबर – 2, 11 केवी साइड लोड एम्पीयर
- 11 केवी फीडर -1 लोड एम्पीयर
- 11 केवी फीडर - 2 लोड एम्पीयर
- 11 केवी फीडर -3 लोड एम्पीयर

फाल्टी/हैंड ट्रिपिंग परमिट और लोड शेडिंग - फीडर नाम, समय कब से कब तक, इंडीकेशन/रिमार्क

ग्रुप लोड शेडिंग - ग्रुप का नाम, ग्रुप आपरेशन समय – कब से, ग्रुप आपरेशन समय – कब तक

शिफ्ट रिकार्ड – शिफ्ट, नाम, हस्ताक्षर, बैटरी वोल्ट, बैटरी करेंट

रजिस्टर – 2 – शिफ्ट रजिस्टर -

विद्युत 33/11 केवी उप केंद्र पारी पंजी (शिफ्ट रजिस्टर) –

33/11 केवी उपकेंद्र -------------------------

क्रमांक (1), दिनांक (2), समय (3), कार्य का विवरण (4), आपरेटर का नाम (5), हस्ताक्षर (6)

नोट – इस रजिस्टर में आपरेटर अपनी ड्यूटी पर चार्ज लेने के समय से लेकर दूसरे आपरेटर को चार्ज देने के समय तक रहना/रुकना (स्टे), उसके द्वारा किये गये/अथवा किसी अधिकृत अधिकारी/कर्मचारी द्वारा दिये गये कार्य का समस्त विवरण लिखेंगे ।

हस्ताक्षर एवं नाम -------------- हस्ताक्षर एवं नाम -------------

चार्ज देने वाला आपरेटर ----------- चार्ज देने वाला आपरेटर -----------

रजिस्टर – 3 – मेसेज बुक -

संदेश पुस्तिका (मेसेज बुक) –

क्रमांक (1), दिनांक (2), समय (3), कार्यालय अथवा नियंत्रण केन्द्र का नाम जहां से संदेश दिया गया (4), संदेश देने वाले अधिकारी/कर्मचारी का नाम और पद (5), संदेश (6), संदेश प्राप्त करने वाले अधिकारी/कर्मचारी का विवरण – नाम व पद (7), संदेश प्राप्त करने वाले अधिकारी/कर्मचारी का विवरण – फोन या मोबाइल नम्बर (8), हस्ताक्षर (9), अन्य टीप (10)

रजिस्टर 4 – बैटरी मेंटीनेंस रजिस्टर -

बैटरी संधारण (मेंटीनेंस) रजिस्टर –

क्रमांक (1), - दिनांक (2), - क्या कनेक्शन कसे गए (3),- क्या बैटरी टर्मिनलों पर पेट्रोलियम जेली लगाई गई (4),- बैटरी के प्रत्येक सेल की स्पेसिफिक ग्रेविटी की जांच रिपोर्ट (5), - इलेक्ट्रोलाइट स्तर की जांच रिपोर्ट (6),- चार्जर की कार्य कुशलता की जांच, करंट, वोल्टेज, स्विच आदि की स्थिति (7),- बैटरी को बिना चार्जर 30 मिनट तक रखने पर कितना वोल्टेज ड्राप हुआ (8),- बैटरी को 70 वोल्टेज पर ट्रिप की रिपोर्ट (9),- प्रत्येक सेल का वोल्टेज (10),- क्या डिस्टिल्ड वाटर डाला गया (11),- अन्य टीप (12) .

रजिस्टर – 5 – वर्क एट साइट रजिस्टर -

कार्य स्थल (वर्क एट साइट) रजिस्टर –

क्रमांक (1), - दिनांक (2), - समय (3), - संधारण कार्य करने वाले अधिकारी/कर्मचारी का विवरण – नाम पद, पद स्थापना (4), - किए गए कार्य का विवरण (5), - हस्ताक्षर (6), - अन्य – टीप (7)

रजिस्टर – 6 – इंट्रप्सन रजिस्टर (व्यवधान पंजी) -

व्यवधान पंजी (इंट्रप्सन रजिस्टर) –

क्रमांक(1), - दिनांक (2), - फीडर का नाम जिस पर ट्रिपिंग आई (3), - ट्रिपिंग का समय(4),- ट्रिपिंग के साथ गिरने वाले फ्लेग अथवा इंडिकेशन का विवरण (5),- चार्जिंग का समय (6), - चार्जिंग पर लाइन होल्ड हुई अथवा नहीं (7), - क्या फीडर फाल्टी घोषित किया गया (8),- फीडर फाल्ट घोषित होने की जानकारी जिस कर्मचारी/अधिकारी को दी गई उनका नाम, मोबाइल/फेन नम्बर आदि (9), - अन्य जानकारी (10), - ड्यूटी आपरेटर का नाम एवं हस्ताक्षर तथा समय (11) .

रजिस्टर – 7 – एमएएस रजिस्टर -

एमएएस (मेटेरियल एट साइट) रजिस्टर – सामग्री क्रमानुसार स्थल रजिस्टर –

पावती जानकारी -

क्रमांक (1), - पावती की दिनांक (2), - पावती का स्रोत (3), - पावती का संदर्भ गेट पास नम्बर (4),- पावती का संदर्भ दिनांक (5), - प्राप्त मात्रा (6), - कुल आवर्ती योग (प्रोग्रेसिव जोड़) (7),- रिमार्क (8)

इश्यू (देना/उपयोग) जानकारी –

क्रमांक (9), - किसे दिया गया (10), - दिये जाने का संदर्भ - गेट पास नम्बर (11), - दिये जाने का संदर्भ – दिनांक (12), - दी गई मात्रा (13), - कुल आवर्ती योग (प्रोग्रेसिव जोड़) (14),- शेष/बकाया मात्रा (15), - रिमार्क (16)

रजिस्टर 8 – उपकेंद्र ओसीबी वीसीबी रख रखाव रजिस्टर –

क्रमांक(1), - वीसीबी विवरण 33 केवी/11 केवी/मेन/फीडर (2), - ब्रेकर ऑन (3), - ब्रेकर ऑफ (4), - ट्रिप टेस्ट सही रहा - हाँ/नहीं (5), - अर्थ रजिस्टेन्स (6), - तीनों पोल के साथ ऑन/ऑफ हो रहे हैं - हाँ/नहीं (7), - मेकेनिज़म बॉक्स में ओइलिंग ग्रीसिंग की गई - हाँ/नही (8),- ओसीबी में ऑइल बदला गया हाँ/नहीं **(9)**, - वीसीबी में मेल/फीमेल कोनटेक्ट साफ किए - हाँ/नहीं (10), - पोल पेनीट्रेशन एडजस्ट किया - हाँ/नहीं (11), - टीम इंचार्ज का नाम व पद और हस्ताक्षर (12), - रिमार्क (13).

रजिस्टर 9 – पावर ट्रान्सफार्मर रख रखाव रजिस्टर –

क्रमांक (1), - दिनांक (2), - ट्रान्सफार्मर का विवरण (3), - आईआर वैल्यू (4), - हमिंग (5), - ऑइल लेवल (6), - टैंक की धुलाई (7), - बुशिंग की सफाई (8), - ओटीआई, डब्ल्यूटीआई केलिब्रेशन किया गया - हाँ/नहीं (9), - ओटीआई – अलार्म तापमान सेटिंग (10), - डब्ल्यूटीआई ट्रिप तापमान सेटिंग (11), - ओटीआई तथा डब्ल्यूटीआई अलार्म एवं ट्रिप टेस्ट किया - हाँ/नहीं (12), - बुकोल्ज़ एयर पम्प से अलार्म एवं ट्रिप टेस्ट सही हुआ - हाँ/नहीं (13), - डिफरेंशियल ट्रिप टेस्ट सही हुआ - हाँ/नहीं (14), - 70 बैटरी वॉल्ट पर ट्रिप टेस्ट (15), - एयर से रिले कोनटेक्ट्स क्लीनिंग की गई - हाँ/नहीं (16), - रिले कोआर्डिनेशन ईएचवी उपकेंद्र से किया गया - हाँ/नहीं (17), - अर्थ रजिसटेन्स की वैल्यू 2 ओहम से अधिक मिली, किसी उपकरण की कितने ओहम, 33 केवी या 11 केवी (18), - अर्थ रजिस्टेन्स 2 ओहम से अधिक की अर्थ स्ट्रिप खुदवाकर चेक करवाई - हाँ/नहीं (19), - अर्थिंग क्षतिग्रस्त मिलने पर ठीक कारवाई गई - हाँ/नहीं (20), - अर्थ पिट्स पर वाटरिंग (पानी डालना) की जा रही है - हाँ/नहीं (21), - ब्रीदर में सिलिकाजेल बदली एवं ऑइल पोट में ऑइल डाला - हाँ/नहीं (22), - ऑइल टेस्ट बीडीवी वैल्यू (23), - ऑइल टेस्ट क्रेकल टेस्ट में नमी मिली - हाँ/नहीं (24), - ट्रान्सफारमर न्यूट्रल करेंट (25), - दोनों साइड (तरफ) 33 केवी और 11 केवी के एलए (लाइटिनिंग अरेस्टर) की स्थिति (26), - रिमार्क (27).

रजिस्टर – 10 – क -

सप्लाई रिलाइबिलिटी इंडेक्स 33 केवी फीडर रजिस्टर

क्रमांक (1), - संभाग नाम, वृत नाम (2), - ईएचवी उपकेंद्र से निकले 33 केवी फीडर संख्या (3), - कुल उपभोक्ता संख्या(4), - ट्रिपिंग/ब्रेक डाउन/शट डाउन 33 केवी फीडर संख्या ट्रांजिएन्ट फाल्ट (5), - शट डाउन (6), - ब्रेक डाउन (7), - कुल योग (टोटल) (8), - व्यवधान समय (मिनट में) – ट्रांजिएन्ट (9), - शट डाउन (10), - ब्रेक डाउन (11), - कुल योग (टोटल) (12), - कुल प्रभावित उपभोक्ता संख्या (13), - रिमार्क – ट्रिपिंग कारण/कार्यवाही (14), - सैफी - (8)/(3) - (15), - सेडी (12)/(3) - (16), - रिलाइबिल्टी इंडेक्स फीडर {1 - (16)/(24 x 365 x 60)} x 100 – (17)

रजिस्टर 10 – ख -

सप्लाई रिलाइबिलिटी इंडेक्स 11 फीडर रजिस्टर –

क्रमांक (1), - संभाग नाम, वृत नाम (2), - 11 केवी फीडर संख्या (3), - कुल उपभोक्ता संख्या (4), ट्रिपिंग/ब्रेक डाउन/शट डाउन 11 केवी फीडर संख्या ट्रांजिएन्ट फल्ट (5), शट डाउन (6), - ब्रेक डाउन (7), - कुल योग (टोटल) (8), - व्यवधान समय (मिनट में) – ट्रांजिएन्ट (9), - शट डाउन (10), - ब्रेक डाउन (11), - कुल योग (टोटल) (12), - कुल प्रभावित उपभोक्ता संख्या (13), - रिमार्क – ट्रिपिंग

कारण/कार्यवाही (14), - सैफी - (8)/(3) – (15), - सेडी - (12)/(3) – (16), - रिलाइबिल्टी इंडेक्स फीडर {1 - (16)/(24 x 365 x 60)} x 100 – (17)

प्री और पोस्ट मानसून मेंटीनेंस प्लान – 33/11 केवी उपकेंद्र –

क्रमांक (1), मेंटीनेंस दिनांक (2), 33/11 केवी उपकेंद्र का नाम (3), उपकेंद्र प्रभारी अधिकारी नाम पद (4), उपकेंद्र क्षमता (5), पीटीआर क्षमता व संख्या (6), 33 केवी ब्रेकर संख्या (7), 11 केवी ब्रेकर संख्या (8), कैपेसिटर बैंक स्थापित - संख्या/क्षमता (9), कैपेसिटर बैंक कार्यरत – संख्या/क्षमता (10), रिमार्क (11)

विद्युत उपकरणों अथवा लाइनों पर कार्य करने की अनुज्ञा पत्रक (परमिट बुक)

विद्युत उपकरणों अथवा लाइनों पर कार्य करने की अनुज्ञा पत्रक (परमिट बुक)

मुख्य पृष्ठ – (प्रथम आधा भाग)

मध्य प्रदेश मध्य क्षेत्र विद्युत वितरण कंपनी लिमिटेड

अनुज्ञा बुक क्रमांक ---------,

अनुज्ञा सरल क्रमांक/दिनांक - - - - -

उपकेंद्र/उपसमभाग/संभाग - - - -

विद्युत उपकरण या लाइन पर काम हेतु अनुज्ञा (परमिट)

नाम (जिसे जारी किया गया) - - - - -

मैं एतद द्वारा घोषणा करता हूँ कि निम्नांकित उपकरण/लाइन निष्क्रिय कर दी गई हैं और उन्हें सभी विद्युतमय विद्युत परिचालकों (कंडक्टर) से अलग थलग कर दिया है ।

सभी जरूरी और नियंत्रक पर "सावधान" के फ़लक/पट्टी लगा दिये हैं । जिन उपकरणों/लाइनों पर काम करना सुरक्षित है उनका स्पष्ट उल्लेख करिये - -

- - - - - - - - - - - - - - - -

यहाँ उन स्थानों को स्पष्ट लिखिये जहां लाइन/उपकरण अर्थ किये गये हैं - - - - - - - - - - - - -

अन्य सभी उपकरण/लाइनें विद्युतमय हैं

जारी करने वाले अन्य विशिष्टि निर्देश - -

दिनांकित हस्ताक्षर, समय, पद (जब अनुज्ञा फोन पर दी गई हो तो विपरीत छोर पर अधिकृत व्यक्ति का नाम लिखना ही चाहिए) - - - - - - - -

- - - - - - जारी कर्ता
- - - - - - (प्रेषक छोर)
- - - - - - - अभिग्राही छोर

(यदि टेलीफोन पर अनुज्ञा निवेदन हो तो इसका पृष्ठ भाग देखिये)

मुख्य पृष्ठ – (शेष द्वितीय आधा भाग)

मध्य प्रदेश मध्य क्षेत्र विद्युत वितरण कंपनी लिमिटेड

अनुज्ञा बुक क्रमांक - - - - -

अनुज्ञा सरल क्रमांक/दिनाक - - - -

उपकेन्द्र/उपसमभाग/संभाग - - - -

विद्युत उपकरण या लाइन पर काम हेतु अनुज्ञा (परमिट)

नाम (जिसे जारी किया गया) - - - -

मैं एतद द्वारा घोषणा करता हूँ कि निम्नांकित उपकरण/लाइन निष्क्रिय कर दी गई हैं और उन्हें सभी विद्युतमय विद्युत परिचालकों (कंडक्टर) से अलग थलग कर दिया है ।

सभी जरूरी और नियंत्रक पर "सावधान" के फ़लक/पट्टी लगा दिये हैं । जिन उपकरणों/लाइनों पर काम करना सुरक्षित है उनका स्पष्ट उल्लेख करिये - -

- - - - - - - - - - - - - - - -

यहाँ उन स्थानों को स्पष्ट लिखिये जहां लाइन/उपकरण अर्थ किये गये हैं - - - - - - - - - - - -

अन्य सभी उपकरण/लाइनें विद्युतमय हैं

जारी करने वाले अन्य विशिष्टि निर्देश - -

दिनांकित हस्ताक्षर, समय, पद (जब अनुज्ञा फोन पर दी गई हो तो विपरीत छोर पर अधिकृत व्यक्ति का नाम लिखना ही चाहिए) - - - - - - - -

- - - - - - जारी कर्ता
- - - - - (प्रेषक छोर)
- - - - - - अभिग्राही छोर

(यदि टेलीफोन पर अनुज्ञा हो तो इसका पृष्ठ भाग देखिये)

पृष्ठ - 2 (प्रथम आधा भाग)

टिप्पणी – 1 - कार्यवाही करने के लिए सक्षम व्यक्ति द्वारा हस्ताक्षर करने के बाद अधिकृत कार्यप्रभारी को यह पत्रक दिया जाना चाहिए और उसके पास उस समय तक रहना चाहिए जब तक कि अधिकृत व्यक्ति द्वारा काम बंद नहीं कराया जाता या काम पूरा नहीं हो जाता ।

2- मुख पृष्ठ पर उल्लिखित विद्युत उपकरण/लाइन उस समय तक विद्युतमय नहीं किया जाना चाहिए जब तक कि कार्यप्रभारी द्वारा यह पत्रक हस्ताक्षर कर अनुज्ञा जारी कर्ता को वापिस नहीं हो जाता ।

मैं एतद द्वारा घोषित करता हूँ कि मेरे संरक्षण के सभी व्यक्ति, अर्थिंग तथा सामान, लाइन/उपकरण से अलग हटा दिये गये हैं और सभी व्यक्तियों को सावधान कर दिया गया है कि अब आगे इस पत्रक में उल्लिखित उपकरण/लाइन पर काम करना सुरक्षित नहीं है ।

दिनांक - - - -

हस्ताक्षर - - - - - -

समय - - - - - -

पद - - - - - - - - - -

मैं एतद द्वारा इस पत्रक को निरस्त करता हूँ।

दिनांक - - - - - - -

हस्ताक्षर - - - - - -

समय - - - - - - - -

पृष्ठ - 2 (शेष द्वितीय आधा भाग)

(जब अनुज्ञा टेलीफोन पर आवेदित हो तब इसका उपयोग करें)

आवेदन

प्रेषक - - - - - - प्रति - - - - - -

- - - - - - - - -

(स्थान)

- - - - - - -

(समय) - - - - -

कृपया निम्नांकित करने की अनुज्ञा जारी करें

- - - - - - - - - - -

- - - - - - - - - - -

हस्ताक्षर - - - -

पद - - - - - -

सुरक्षा नियमों के अनुसार सक्षम एवं अधिकृत व्यक्ति परमिट जारी एवं प्राप्त कर सकता है ।

1. बहुत से हालातों में जबकि आदमी को बिजली का सदमा पहुँच जाता है, देखने में मृत प्रतीत होता है ऐसे हालातों में तुरंत कोशिश करके आदमी का जीवन नीचे लिखे उपायों से बचाया जा सकता है : -

नोट – नीचे लिखे डाक्टर, प्रभारी अधिकारी या निकतम अस्पताल जो भी पास में हो को खतरे के समय तुरंत सूचित करना/बुलाना चाहिए : -

क्रमांक, नाम, पता, मोबाइल/टेलीफोन

1. डाक्टर - - - - -
2. एंबुलेंस - प्रभारी अधिकारी, 108 एंबुलेंस सेवा
3. अस्पताल - प्रभारी अधिकारी निकटतम अस्पताल
4. पुलिस - प्रभारी अधिकारी पुलिस नियंत्रण कक्ष
5. आग बुझाने वाले – प्रभारी अधिकारी फायर ब्रिगेड
6. बिजली घर/विद्युत आफिस - प्रभारी अधिकारी नियंत्रण कक्ष

आथराइजेशन चार्ट नमूना

आथराइजेशन चार्ट नमूना :-

संस्था का नाम – डिस्कोम कंपनी का नाम

संभाग/डिवीजन - - - - - वितरण केंद्र - - - - - -

विद्युत नियम, 1956 (संशोधित 2005) के अंतर्गत विद्युत लाइन/उपकरणों पर कार्य हेतु सक्षम/अधिकृत कर्मचारियों/अधिकारियों की सूची –

क्रमांक, नाम अधिकारी/कर्मचारी, पद, योग्यता, कार्य अनुभव, कार्यों का विवरण जिसके इए अधिकृत किया गया, हस्ताक्षर

- - - - - अ - 33000 के वोल्टेज तक बंद की गई विद्युत लाइनों एवं उपकरणों के लिए आज्ञा पत्र (परमिट) जारी करने तथा आज्ञा पत्र लेने के लिए अधिकृत है । कार्य करने तथा निर्देशन में में कार्य कराने के लिए अधिकृत है ।

- - - - अ - निम्न तथा मध्यम दाब वोल्टेज तक चालू लाइनों/उपकरणों पर सुरक्षा नियमों का पालन करते हुए तथा सुरक्षा उपकरणों का उपयोग करते हुए काम करने के लिए अधिकृत हैं ।

- ब - उच्च दाब लाइनों/उपकरणों पर जब लाइन अधिकृत व्यक्ति द्वारा बंद कर भू संयोजित (अर्थ) कराई गई हो, सुरक्षात्मक उपायों को अपनाया गया हो तब ऐसीबंद उच्च दाब (11000 वोल्टेज) तक लाइनों/उपकरणों पर परमिट लेकर कार्य करने/कराने हेतु अधिकृत है ।

- - - - अ - निम्न तथा मध्यम दाब वोल्टेज लाइनों पर सुरक्षा नियमों का पालन करते हुए तथा सुरक्षा उपकरणों का उपयोग करते हुए काम करने के लिए अधिकृत हैं ।

- ब - उच्च दाब (11000 वोल्टेज) लाइनों/उपकरणों जब लाइन अधिकृत व्यक्ति द्वारा बंद कर भू - संयोजित कराई गई हो साथ ही सभी सुरक्षात्मक उपायों को अपनाया गया हो तब ऐसी बंद लाइनों पर कार्य करने तथा निर्देशन में कार्य कराने के लिए अधिकृत है ।

- - - - - अ - सभी बंद भू संयोजित (अर्थ) की गई कम दाब/मध्यम दाब/उच्च दाब लाइनों पर सहायक लाइनमेन/लाइनमेन/इंस्पेक्टर/ कनिष्ठ अभियंता अथवा किसी अन्य सक्षम अधिकृत व्यक्ति के निर्देशन में कार्य करने के लिए अधिकृत है । साथ ही कम दाब/मध्यम दाब/ बंद लाइनों पर सहायक लाइनमेन अथवा लाइनमेन अथवा किसी अन्य अधिकृत व्यक्ति के निर्देशन में बल्ब बदलने, फ्यूज बदलने के लिए अधिकृत है ।

- ब - मीटर बोर्ड पर कम दाब/मध्यम दाब के लिए स्विच/कट आउट सब स्टेशन स्विच तथा कट आउट के फ्यूज बदलने के लिए अधिकृत है । लेकिन ये कर्मचारी का उत्तरदायित्व है

-

नोट – जो लाइनमेन/सहायक लाइनमेन ग्रामीण क्षेत्रों में स्वतंत्र रूप से पदस्थ किये जाते हैं वे 11000 वोल्टेज तक लाइनों के एबी स्विच काटकर एबी स्विच में ताला लगाकर बंद लाइन भू संयोजित (अर्थ) कर लाइन पर फ्यूज बदलने जैसा अति आवश्यक कार्य कर सकते हैं लेकिन ये उसका स्वयं का उत्तरदायित्व होगा कि वे सभी सुरक्षा नियमों का पालन व सभी सुरक्षा उपकरणों का उपयोग करते हुए कार्य करें । ऐसे सहायक (हेल्पर) जिन्हें विद्युत लाइनों पर रखरखाव का अनुभव किसी वरिष्ठ लाइनमेन के अधीन रहकर 10 वर्षों से अधिक का अनुभव हो ऐसे हेल्परों को कार्यपालन अभियंता (डिवीज़नल इंजीनियर)/अधिशासी अभियंता (ईई), या उप महाप्रबन्धक द्वारा लाइन एवं उपकरणों पर स्वतंत्र रूप से कार्य करने सक्षम एवं अधिकृत किया जा सकता है ।

हस्ताक्षर

कार्यपालन अभियंता (डिवीज़नल इंजीनियर)/अधिशासी अभियंता, उपमहाप्रबंधक

पावर - ट्रांसफार्मरों के लिए रख – रखाब समय तालिका (मेंटीनेंस शेड्यूल)

पावर - ट्रांसफार्मरों के लिए रख – रखाब समय तालिका (मेंटीनेंस शेड्यूल) –

क्रमांक, - पावर ट्रांसफार्मर विवरण रख – रखाव, - समय

1. तापमान – (एमबीएंट, वाईंडिंग, ऑइल टेम्परेचर), लोड (एम्पीयर), - प्रति घंटा
2. ट्रांसफार्मर ऑइल लेवल, बुशिंग ऑइल लेवल, रिलीफ डायफ्रेम, ब्रीदर, - प्रतिदिन
3. बुशिंग, टैंक की बाहरी सतह, ब्रीदर के तेल सील में ऑइल लेवल, सिलिकाजेल, एचटी/एलटी फ्यूज, निकास पाइप डायाफ्राम, सभी फेज में न्यूट्रल करेंट, कंजरवेटर, - मासिक
4. बुशिंग क्रेक, ऑइल डाई - इलेक्ट्रिक स्ट्रेंथ, ओएलटीसी चेक, मोटर, फेन बीयरिंग, - त्रैमासिक
5. ऑइल की बीडीवी, एसिडिटी की जांच, एलए, आईआर वैल्यू, अर्थ रजिसटेन्स, - छ माही (अर्ध वार्षिक)
6. ट्रांसफार्मर ऑइल, एसिडिटी, गैस्केट जोइंट्स, केबिल बॉक्स, अर्थ रजिसटेन्स, रिले, अलार्म रिले, कोंटेक्ट और उनके सर्किट, अर्थिंग पिट, - वार्षिक
7. ट्रांसफार्मर ओवर होलिंग, - 5 वर्ष में एक बार

पावर ट्रांसफार्मर 33/11 केवी फ्यूज क्षमता –

पावर ट्रांसफार्मर के एलटी (11 केवी) साइड और एचटी (33 केवी) साइड में वीसीबी का उपयोग करते हैं –

क्रमांक(1), - ट्रांसफार्मर क्षमता एमवीए (2), - एचटी (33 केवी) फुल लोड करेंट (एम्पीयर) (3), - एलटी (11 केवी) फुल लोड करेंट (एम्पीयर) (4), - एचटी (33 केवी) फ्यूज साइज (एम्पीयर) (5), - एलटी (11 केवी) फ्यूज साइज (एम्पीयर) (6), - एचटी साइड प्रोटेक्शन (7), - एलटी साइड प्रोटेक्शन (8),- 33 केवी सीटी (9), - 11 केवी सीटी (10)

1. 1.0 एमवीए, - 17 एम्पीयर, - 52 एम्पीयर, - 15 एम्पीयर, - 50 एम्पीयर, - डीओ, - डीओ/वीसीबी, - 25/5 एम्पीयर सीटी, - 100/5 एम्पीयर सीटी.
2. 1.6 एमवीए, - 28 एम्पीयर, - 85 एम्पीयर, - 25 एम्पीयर, - 75 एम्पीयर, - डीओ, - डीओ/वीसीबी, - 50/5 एम्पीयर सीटी, - 100/5 एम्पीयर सीटी.
3. 3.15 एमवीए, - 55 एम्पीयर, - 163 एम्पीयर, - 50 एम्पीयर, - 150 एम्पीयर, - डीओ/वीसीबी, - डीओ/वीसीबी, - 100/5 एम्पीयर सीटी, - 200/5 एम्पीयर सीटी.
4. 5.0 एमवीए, - 87.5 एम्पीयर, - 262 एम्पीयर, - 75/80 एम्पीयर, - 225/240 एम्पीयर, - वीसीबी, - वीसीबी, - 100/5 एम्पीयर सीटी, - 300/5 एम्पीयर सीटी.
5. 8.0 एमवीए, - 136 एम्पीयर, - 408 एम्पीयर, - 125/130 एम्पीयर, -375/400 एम्पीयर, - वीसीबी, - वीसीबी, - 150/5 एम्पीयर सीटी, - 400 - 500/5 एम्पीयर सीटी.

ट्रांसफार्मर की न्यूनतम आईआर वैल्यूज –

वोल्टेज (1), - 30 डिग्री सेन्टीग्रेड (2),- 40 डिग्री सेन्टीग्रेड (3), -50 डिग्री सेन्टीग्रेड (4), - 60 डिग्री सेन्टीग्रेड (5)

33 केवी, - 500 मेगाओम, - 250 मेगाओम, - 125 मेगाओम, - 62 मेगाओम

11 केवी, - 180 मेगाओम, - 90 मेगाओम, - 45 मेगाओम, - 25 मेगाओम

थम्ब रूल (अगूंठा छाप नियम)

विद्युत – व्यवस्था – थम्ब रूल (अगूंठा छाप नियम)

हर व्यवस्था में कुछ साधारण नियम होते हैं , जिन्हें आम व्यक्ति जनसाधारण की भाषा में अंगूठा छाप नियम (थम्ब रूल) कहते हैं । विद्युत विभाग भी इन नियमों से अछूता नहीं रहा है । आम कर्मचारी इन्हीं नियमों का उपयोग अक्सर करते हैं । उनमें से कुछ उल्लेख निम्नानुसार हैं -

- 1 एम्पीयर करंट एलटी सर्किट = 0.75 (3/4) केवीए
- 1 एम्पीयर करंट 11 केवी = 20 केवीए
- 1 एम्पीयर करंट 33 केवी = 57/60 केवीए
- सिंगल फेस मोटर लोड एम्पीयर = 3.5/4 एम्पीयर प्रति एचपी
- एलटी 3 फेस मोटर लोड एम्पीयर = 1.25/1.5 एम्पीयर प्रति एचपी (कैपेसिटर सहित और कैपेसिटर रहित)
- एलटी फुल लोड करंट ट्रांसफार्मर उपकरण (केवीए) = 1.33 एम्पीयर प्रति केवीए
- एलटी फुल लोड करंट उपकरण (किलोवाट) = 1.74 एम्पीयर प्रति किलोवाट
- एलटी करंट लोड डीटीआर= 1.4 एम्पीयर प्रति केवीए
- डीटीआर नो लोड करंट = 2 % फुल लोड करंट से कम
- केपेसिटर क्षमता केवीएआर =1/4 केवीए (100 केवीए के लिए 25 केवीएआर)

- केपेसिटर क्षमता केवीएआर = 1/3 किलोवाट (75 किलोवाट के लिए 25 केवीएआर)
- करंट कॉपर केबिल = 6 गुना कॉपर वायर केबिल साइज एमएम (6 x 2.5 =15 एम्पीयर)
- करंट एल्यूमिनियम केबिल = 4 गुना केबिल साइज एमएम (4 x 2.5 =10 एम्पीयर)

विद्युत व्यवस्था -11 केवी फीडर 1 एम्पीयर का मान केवीए में -

- 33/11 केवी विद्युत उपकेंद्र (सब स्टेशन) पर विद्युत आपूर्ति का वितरण 11 केवी फीडरों द्वारा होता है ।
- 11 केवी फीडर पर 1 एम्पीयर लोड/करंट का मान = (वर्गमूल 3) x (11 केवी) x (1 एम्पीयर) = 19.052 केवीए जिसे 20 केवीए मानते हैं । इससे ही फ्यूज रेटिंग निकालते हैं ।
- यह लोड 33 केवी साइड पर 1/3 एम्पीयर तथा एलटी साइड पर 25 गुना होगा ।
- यदि पावर फेक्टर 0.746 मानते हैं तब केवीए = अश्व शक्ति (हार्स पावर) होगा ।
- यदि पावर फेक्टर 0.8 मानते हैं तब 20 केवीए लोड 16 किलोवाट होगा ।
- 16 किलोवाट लोड 1 घंटे लगातार उपयोग होने पर 16 किलोवाट आवर होते हैं जो 16 यूनिट बिजली की खपत को दर्शाते हैं ।
- सामान्यत: बिजली की दर रुपये 6 प्रति यूनिट के अनुसार रुपये 96 होंगे । यह राशि रुपये 100 के औसत में मान लेते हैं ।
- कहने/बताने का तात्पर्य यह है कि 11 केवी फीडर पर 1 एम्पीयर लोड 1 घंटा उपयोग करने पर 16 यूनिट और रुपये 100 की ऊर्जा की खपत होती है ।

अनाधिकृत रूप से फीडर पर दी गई बिजली का मूल्यांकन उपरोक्तानुसार होता है ।

उदाहरण – जैसे एक 11 केवी फीडर का लोड 100 एम्पीयर चल रहा है । हम जानते हैं कि 1 एम्पीयर 11 केवी लाइन का लोड 20 केवीए या 20 हॉर्स पावर के समतुल्य होता है । इस तरह से गणना हुई कि 100 एम्पीयर 11 केवी फीडर का लोड 2000 केवीए (2000 हॉर्स पावर) होगा । यदि मान लें कि सभी मोटरें 10 हॉर्स पावर की तो 200 मोटर चल रहीं हैं उस समय । यदि आपके फीडर पर स्वीकृत भार 10 हॉर्स पावर की 150 मोटरे हैं तब कुल हॉर्स पावर 1500 या 1500 केवीए हुआ । इससे स्पष्ट हो गया कि 500 हॉर्स पावर ज्यादा लोड चल रहा है । जिसका यह अर्थ निकला कि 10 हॉर्स पावर की 50 मोटर अनाधिकृत चल रहीं हैं । फीडर क्षेत्र निरीक्षण किया जाना आवश्यक है ।

किसी भी ट्रांसफार्मर के लिए फ्यूज क्षमता जानना -

कितने एम्पीयर फ्यूज क्षमता के फ्यूज अमुख ट्रांसफार्मर के लिए उपयोग होते है । उसके लिए अधिकतर कर्मचारी/अधिकारी एक प्रकार की सारणी (टेबिल) का उपयोग करते हैं अथवा कार्य करते करते अनुभव से याद रहते हैं । परन्तु इनके अलावा जो थम्ब रूल (अंगूठा छाप नियम) यह है कि सबसे पहले ट्रांसफार्मर की क्षमता केवीए में जाने/देखें । उदाहरण के लिए वितरण ट्रांसफार्मर क्षमता 25, 63, 100, 200, 315, 500 केवीए वितरण ट्रांसफार्मर की होती हैं । थम्ब रूल के लिए पहले ट्रांसफार्मर की क्षमता के इकाई अंक को छोड़कर शेष बचे अंक का आधा करने से जो संख्या आती है , वह संख्या उस ट्रांसफार्मर के 11 केवी साइड की फ्यूज क्षमता होगी । जैसे इकाई का अंक छोड़ने पर शेष ये अंक (2, 6, 10, 20, 31, 50) रहे और इनका आधा करने पर संख्या (1, 3, 5,10, 15.5, 25) आई । अत: इसी तरह क्रमश: 1, 3, 5,10, 15, 25 एम्पीयर के फ्यूज उपयोग किया जाते हैं । इसी क्षमता का 25 गुना करने पर एलटी साइड की फ्यूज क्षमता होगी । यदि वह पावर ट्रांसफार्मर है तब भी 11 केवी की फ्यूज क्षमता इसी प्रकार होगी और 33 केवी साइड एक तिहाई हो जायेगी . उदाहरण के लिए पावर ट्रांसफार्मर 1600, 3150, 5000, 8000 केवीए के होते हैं । इनके इकाई अंक को छोड़ने के बाद शेष अंक 160, 315, 500, 800 हुए और इनका आधा 80, 157.5, 250, 400 ही फ्यूज क्षमता 11 केवी साइड होती है तथा इसके अनुरूप 75, 150, 250, 400 एम्पीयर फ्यूज क्षमता रखते हैं , और इसी का एक तिहाई क्षमता 33 केवी साइड होती है .

विद्युत सामान विवरण - विभिन्न कार्य हेतु

विद्युत सामान विवरण - विभिन्न कार्य हेतु

33 केवी लाइन 1 किमी में लगने वाले सामान का विवरण –

क्रमांक (1), - विवरण/सामान का नाम (2), - मात्रा (3)

1. पीसीसी पोल(280 केजी/9.1मीटर), - 8 नम्बर
2. 33 केवी वी क्रॉस आर्म, - 8 नम्बर
3. 33 केवी टॉप क्लैम्प, - 8 नम्बर
4. 33 केवी पिन इंसुलेटर, - 24 नम्बर
5. 33 केवी जीआई पिन, - 24 नम्बर
6. अर्थिंग सेट क्वाइल, - 8 नम्बर
7. एसीएसआर/एएएसी कंडक्टर (80 वर्गएमएम - डॉग),- 3.10 किमी
8. ज्वाइंटिंग स्लीव, - 6 नम्बर
9. स्टे सेट (20 वर्ग एमएम), - 3 नम्बर
10. बेक - फिलिंग ऑफ पोल, - 8 नम्बर
11. कोंक्रीटिंग ऑफ पोल/स्टे (0.3सीएमटी प्रति स्टे, 0.05प्रति पोल), - 1.4 सीएमटी
12. बारवेड वायर (कंटीले तार) एंटीक्लाइम्बिंग डिवाइस, - 16 किग्रा/8 नम्बर
13. डेंजर बोर्ड (खतरा पट्टिका)(33 केवी), - 8 नम्बर
14. नट - बोल्ट (विभिन्न साइज), - 16 किग्रा
15. बाइंडिंग वायर/टेप, - 3.5 किग्रा
16. जीआई वायर (तार), - 5 किग्रा

विशेष – 33 केवी लाइन में रेल पोल (52.5 केजी प्रति मीटर) तथा एचबीम (152x152 एमएम, 37.1 केजी प्रति मीटर भी प्रयोग करते हैं) ।

11 केवी लाइन 1 किमी में लगने वाले सामान का विवरण –

क्रमांक (1), - विवरण/सामान का नाम (2), - मात्रा (3)

1. पीसीसी पोल (140 केजी/8 मीटर), - 10 नंबर
2. वी क्रॉस आर्म (11 केवी), - 10 नंबर
3. टॉप क्लैम्प (11 केवी), - 10 नंबर
4. 11 केवी पिन इंसुलेटर, - 30 नंबर
5. जीआई पिन, - 30 नंबर
6. एसीएसआर/एएएसी कंडक्टर (50 वर्ग एमएम रेकून), - 3.10किमी
7. स्टे सेट (16 एमएम) कम्पलीट, - 4 नंबर
8. नट- बोल्ट (विभिन्न साइज), - 20 किग्रा
9. जीआई वायर (तार)(8 एसडब्ल्यूजी), - 15 किग्रा
10. बारवेड वायर (कंटीले तार)(एंटीक्लाइम्बिंग डिवाइस), - 20 किग्रा/10 नम्बर
11. 11केवी डेंजर बोर्ड (खतरा पट्टिका)(साइज 250x200 एमएम), - 10 नंबर
12. एल्यूमिनियम पेंट, - 2 लीटर
13. रेड ऑक्साइड पेंट, - 2 लीटर
14. बाइंडिंग वायर एंड टेप, - 5 किग्रा
15. ज्योइंटिंग स्लीव (50वर्गएमएम कंडक्टर), - 6 नम्बर

16. पोल हेतु बेक – फिलिंग बोल्डर (प्रति पोल),- 10 नम्बर
17. कोंक्रीटिंग (पोल व स्टे), - 0.8सीएमटी

विशेष – 11 केवी लाइन में आरएस जोईस्ट (175 x 85 एम एम) तथा रेल पोल भी उपयोग करते हैं ।

11 केवी डीपी (डबल पोल), टेपिंग डीपी, टीपी (ट्रिपल पोल) - पीसीसी पोल लाइन (1 डीपी प्रति 1 किमी लाइन) में लगने वाले सामान का विवरण -

क्रमांक(1), - विवरण/सामान का नाम (2), - डीपी (3), टेपिंग डीपी (4), टीपी(5)

1-, पीसीसी पोल (140 किग्रा, 8 मीटर लम्बाई), - 2 नंबर, - 1 नंबर, - 3 नंबर

2-, डीसी चैनल (100x50 एम एम) 4 फुट सेन्टर, - 1 सेट, 1 सेट, - 2 सेट

3-, क्लैंप (पीसीसी पोल), - 1 सेट, 1 सेट, - 4 सेट

4-, 11 केवी स्ट्रेन सेट एवं हार्ड वेयर फिटिंग, - 6 नंबर, - 3 नंबर, - 6 नंबर

5-, 11 केवी डिस्क इंसुलेटर (पॉलीमर), - 6 नंबर, - 3 नंबर, - 6 नंबर

6-, 11 केवी पिन एवं पिन – इंसुलेटर, - 6 नंबर सेट , - 3 नंबर सेट , - 6 नंबर सेट

7-, होरीजेंटल और क्रॉस ब्रेसिंग 4 फुट सेन्टर, - 1 सेट, 1 सेट, - 2 सेट

8-, क्लैंप (पीसीसी पोल),- 4 सेट, 4 सेट, - 4 सेट

9-, स्टे - सेट 16 स्क्युयायर एमएम कंपलीट, टर्न बक्कल, - 6 नंबर, - 2 नंबर, - 6 नंबर

10-, स्टे वायर 7/3.15 एमएम (5.5 किग्रा प्रति स्टे सेट), - 33 किग्रा, - 11 किग्रा, - 33 किग्रा

11-, स्टे क्लैंप (पीसीसी पोल), - 6 सेट, 2 सेट, - 6 सेट

12-, कोंक्रीटिंग - पीसीसी पोल (0.5 सीएमटी प्रति पोल) बेस पेडिंग व मफिंग (अनुपात/रेशो 1:3:6), - 1 सीएमटी, - 0.5 सीएमटी, - 1 सीएमटी

13-, कोंक्रीटिंग - स्टे (0.2 सीएमटी प्रति स्टे)(अनुपात/रेशो 1:3:6), - 1.2 सीएमटी, - 0.4 सीएमटी, - 1.2 सीएमटी

14-, अर्थिंग कोइल (115 टर्न, 50 एमएम डाया, 2.5 मीटर लीड 4 एमएम, जीआई वायर), - 2 नंबर, - 1 नंबर, - 3 नंबर

15-, अर्थिंग - पीसीसी पोल 4 एमएम, 8 एसडब्ल्यूजी, जीआई वायर (0.8 किग्रा प्रति पोल), - 1.6 किग्रा, - 0.8 किग्रा, - 2.4 किग्रा

16-, रेड ऑक्साइड पेंट, - 0.6 लीटर, - 0.6 लीटर, - 1.0 लीटर

17-, एल्यूमिनियम पेंट, - 0.6 लीटर, - 0.6 लीटर, - 1.0 लीटर

18-, एंटी क्लाइबिंग डिवाइस, - 2 नंबर, - 2 नंबर, - 3 नंबर

19-, डेंजर बोर्ड (खतरा पट्टिका) एनेमिल्ड टाइप 11 केवी (250x200 एमएम), - 1 नंबर, - 1 नंबर, - 2 नंबर

20-, एमएस नट और बोल्ट, - 6 किग्रा, - 6 किग्रा, - 10 किग्रा

विशेष – प्राक्लन (इस्टीमेट) बनाते समय स्टोर इन्सीडेंटल चार्जेज(2.5%), कंटेंजेंसीज (5%), वर्क चार्ज एस्टेब्लिशमेंट (2.5%), टी एंड पी (1.5%) के साथ लेबर चार्जेज (20%), ट्रांसपोर्टेशन चार्जेज (14%) और जीएसटी भी लगाई जाती है ।

वितरण ट्रांसफार्मर (11/.4 केवी) सब – स्टेशन (पीसीसी पोल) में लगने वाले सामान का विवरण –

क्रमांक(1), - विवरण/सामान का नाम (2), - 16 केवीए (3), 25 केवीए (4), 63 केवीए (5), 100 केवीए (6)

1-, ट्रांसफार्मर 11/0.4 केवी, - 1 नंबर, - 1 नंबर, - 1 नंबर, - 1 नंबर,

2-, पीसीसी पोल (140 केजी/8 मीटर), - 2 नंबर, - 2 नंबर, - 2 नंबर, - 2 नंबर,

3-, डीसी क्रॉस आर्म (100x50x6 एमएम) 8 फीट/2.5 मीटर सेंटर, - 1 सेट, - 1 सेट, - 1 सेट, - 1 सेट

4-, पोल क्लैम्प(610 एमएम, 1.46 किग्रा, 50x6 एमएम एमएस फ्लेट), - 2 सेट, - 2 सेट, - 2 सेट, - 2 सेट .

5-, 11 केवी (45 के एन) 16 एमएम, एफआरपी 25 एमएम प्रति केवी क्रीपेज डिस्क इंसुलेटर – पॉलीमर, - 3 नंबर, - 3 नंबर, - 3 नंबर, - 3 नंबर.

6-, 11 केवी स्ट्रेन सेट एवं हाईवेयर फिटिंग, - 3 नंबर, - 3 नंबर, - 3 नंबर, - 3 नंबर.

7-, 11 केवी डीओ फ्यूज, लाइटिनिंग अरेस्टर्स माउंटिंग चैनल (75x40x6 एमएम), - 2 सेट, - 2 सेट, - 2 सेट, - 2 सेट .

8-, पोल - बेक - क्लैम्प 448 एमएम, 1.075 किग्रा, 50x6 एमएम एमएस फ्लेट, - 2 नंबर, - 2 नंबर, - 2 नंबर, - 2 नंबर .

9-, 11 केवी डीओ फ्यूज यूनिट, - 1 सेट/3 नग, - 1 सेट/3 नग, - 1 सेट/3 नग, - 1 सेट/3 नग .

10-, लाइटिनिंग अरेस्टर (9 केवी आरएमएस, गेपलेस (5 के एम्पीयर), - 1 सेट/3 नग, - 1 सेट/3 नग, - 1 सेट/3 नग, - 1 सेट/3 नग

11-, ट्रांसफार्मर माउंटिंग डीसी क्रॉस आर्म (100x50x6 एमएम चैनल), - 1 सेट, - 1 सेट, - 1 सेट, - 1 सेट .

12-, ट्रांसफार्मर बेल्टिंग(50x50x6 एमएम एंगल 2 क्रॉस आर्म चैनल के साथ), - 1 सेट, - 1 सेट, - 1 सेट, - 1 सेट .

13-, पोल क्लैम्प 610 एमएम, 1.46 किग्रा, 50x6 एमएम एमएस फ्लेट), - 4 सेट, - 4 सेट, - 4 सेट, - 4 सेट .

14-, स्टे सेट 16 एमएम पेंटिड मय टर्न बक्कल, - 4 नंबर, - 4 नंबर, - 4 नंबर, - 4 नंबर

15-, स्टे वायर 7/3.15 एमएम (5.5 किग्रा स्टे वायर प्रति स्टे सेट), - . 22 किग्रा, - 22 किग्रा, - 22 किग्रा, - 22 किग्रा .

16-, स्टे - पोल - क्लैम्प 610 एमएम, 1.46 किग्रा, 50x6 एमएमएम एस चैनल), - 4 सेट, - 4 सेट, - 4 सेट, - 4 सेट .

17-, स्टोन ब्लॉक/प्री कॉस्ट ब्लॉक, 450x450x75 एमएम बेस पेडिंग, - 2 नंबर, - 2 नंबर, - 2 नंबर, - 2 नंबर .

18-, पोल कोंक्रीटिंग (0.5 सीएमटी प्रति पोल)(अनुपात/रेशो 1:3:6), - 1 सीएमटी, - 1 सीएमटी, - 1 सीएमटी, - 1 सीएमटी

19-, स्टे - कोंक्रीटिंग (0.2 सीएमटी प्रति स्टे)(अनुपात/रेशो 1:3:6), - 0.8 सीएमटी, - 0.8 सीएमटी, - 0.8 सीएमटी, - 0.8 सीएमटी .

20-, कनडक्टर (एएसी रेबिट, जमफर हेतु), - 30 मीटर, - 30 मीटर, - 30 मीटर, - 30 मीटर

21-, 11 केवी डेंजर बोर्ड (खतरा पट्टिका) 250x200 एमएम, इनेमीलिड टाइप, - 1 नंबर, - 1 नंबर, - 1 नंबर, - 1 नंबर .

22-, एचटी बायमेटेलिक क्लैम्प, ट्रांसफार्मर हेतु, - 3 नंबर, - 3 नंबर, - 3 नंबर, - 3 नंबर .

23-, एलटी बायमेटेलिक क्लैम्प 12 एमएम - ट्रांसफार्मर हेतु, - 4 नंबर, - 4 नंबर, - 4 नंबर, - 4 नंबर .

24-, अर्थिंग सेट, - 1 सेट, - 1 सेट, - 1 सेट, - 1 सेट .

25-, एंटीक्लाइम्बिंग डिवाइस (वारवेड वायर 2.24 एमएम, (14 एसडब्ल्यूजी) 3.5 किग्रा प्रति पोल), - 2 नंबर, - 2 नंबर, - 2 नंबर, - 2 नंबर .

26-, रेड ऑक्साइड पेंट, - 1 लीटर, - 1 लीटर, - 1 लीटर, - 1 लीटर .

27-, एल्यूमिनियम पेंट, - 1 लीटर, - 1 लीटर, - 1 लीटर, - 1 लीटर .

28-, एमएस नट और बोल्ट, - 14 किग्रा, - 14 किग्रा, - 14 किग्रा, - 14 किग्रा .

29-, मीटर, प्रोटेक्शन बॉक्स सहित, - 1 नंबर, - 1 नंबर, - - -, - - - .

30-, एक्सएलपीई इंसुलेटिड सिंगल कोर अनआर्मड केबिल 16 स्क्यूायर एमएम, - 80 मीटर, - 120 मीटर , - - - , - - - .

31-, एक्सएलपीई इंसुलेटिड सिंगल कोर अनआर्मड केबिल 50 स्क्यूायर एमएम, - - - , - - - , - 80 मीटर, - - - - .

32-, एक्सएलपीई इंसुलेटिड सिंगल कोर अनआर्मड केबिल 70 स्क्यूायर एमएम, - - - , - - - , - 40 मीटर, - 80 मीटर,

33-, एक्सएलपीई इंसुलेटिड सिंगल कोर अनआर्मड केबिल 150 स्क्यूायर एमएम, - - - , - - - , - - - , - 40 मीटर.

34-, डिस्ट्रीब्यूशन बॉक्स माउंटिंग चेनल (75x40x6 एमएम), - - - , - - - , - 2 नंबर, - 2 नंबर.

35-, थ्री फेस मीटर 20 - 80 एम्पीयर, बॉक्स सहित, - 1 नंबर, - 1 नंबर, - 1 नंबर, - -

36-, एलटी डिस्ट्रीब्यूशन बॉक्स 63 केवीए ट्रांसफार्मर हेतु, एमसीसीबी सहित, - - - , - - - , - 1 नंबर, - - - .

37-, एलटी डिस्ट्रीब्यूशन बॉक्स 100 केवीए ट्रांसफार्मर हेतु, एमसीसीबी सहित, - - - , - - - , - 1 नंबर .

38-, डीटीआर मीटर, - - - , - - - , - - - , - 1 नंबर .

39-, 11 केवी एबी स्विच, - - - , - - - , - - - , - 1 नंबर .

विशेष – प्राक्लन (इस्टीमेट) बनाते समय स्टोर इन्सीडेंटल चार्जेज(2.5%), कंटेंजेंसीज (5%), वर्क चार्ज एस्टेब्लिशमेंट (2.5%), टी एंड पी (1.5%) के साथ लेबर चार्जेज (11%), ट्रांसपोर्टेशन चार्जेज (7%) और जीएसटी भी लगाई जाती है ।

उच्च दाब (एचटी) उपभोक्ता मीटर उपकरण स्थापना (एचबीएम) में लगने वाले सामान का विवरण –

क्रमांक (1), - विवरण/सामान का नाम (2), - 33 केवी उपभोक्ता (3), 11 केवी उपभोक्ता (4)

1. एचबीम (152x152एमएम, 11 मीटर लंबाई) (37.1केजी प्रति मीटर), - 2 नंबर, - 2 नंबर

2. डीसी चेनल (100x50x6 एमएम) 12.5 फीट/3.8 मीटर, - 4 नंबर, - - -

3. एचबीम क्लैंप (610 एमएम, 1.46 किग्रा, 50x6 एमएम एमएस फ्लेट), - 8 नंबर, - - -

4. डीसी चेनल(100x50x6 एमएम) 8.9 फीट/2.7 मीटर, - - - , - 4 नंबर .

5. एचबीम क्लैंप, - - - - , - 8 नंबर .

6. 33 केवी डिस्क इंसुलेटर (पॉलीमर), - 3 नंबर, - - -

7. 33 केवी स्ट्रेन सेट एवं हार्डवेयर फिटिंग, - 3 नंबर, - - -

8. 33 केवी पिन इंसुलेटर (पॉलीमर), - 6 नंबर, - - -

9. 11 केवी (45 केएन) 16 एमएम, एफआरपी 25 एमएम प्रति केवी क्रीपेज डिस्क इंसुलेटर - पॉलीमर, - - - , - 3 नंबर

10. 11 केवी स्ट्रेन सेट एवं हार्डवेयर फिटिंग , - - - , - 3 नंबर
11. . 11 केवी पिन इंसुलेटर (पॉलीमर), - - - , - 6 नंबर .
12. स्टे सेट 20 एमएम पेंटिड मय टर्न बक्कल कंपलीट, - 4 नंबर, - - - .
13. स्टे वायर 7/40 एमएम (8.5 किग्रा स्टे वायर प्रति स्टे), - 34 किग्रा, - - -
14. स्टे - एचबीम क्लैंप, - 4 सेट, - - - .
15. स्टे सेट 16 एमएम पेंटिड मय टर्न बक्कल कंपलीट, - - - , - 4 नंबर
16. स्टे वायर 7/3.15 एमएम (5.5 किग्रा स्टे वायर प्रति स्टे सेट), - -, - 22 किग्रा
17. स्टे - एचबीम - क्लैंप 610 एमएम, 1.46 किग्रा, 50x6 एमएम एमएस चैनल), - - -, - 4 सेट .
18. एचबीम कोंक्रीटिंग (0.65 सीएमटी प्रति पोल) (अनुपात/रेशो 1:3:6), - 1.3 सीएमटी, - 1.3 सीएमटी .
19. स्टे - कोंक्रीटिंग (0.3/0.2 सीएमटी प्रति स्टे) (अनुपात/रेशो 1:3:6), - 1.2 सीएमटी, - 0.8 सीएमटी
20. अर्थिंग सेट, - 1 सेट, - 1 सेट
21. 33 केवी लाइटिनिंग अरेस्टर, - 3 नंबर, - - -
22. 11 केवी लाइटिनिंग अरेस्टर, - - - , - 3 नंबर .
23. 33 केवी सीटी पीटी यूनिट उचित क्षमता, - 1 नंबर, - - -
24. 11 केवी सीटी पीटी यूनिट उचित क्षमता, - - - , - 1 नंबर
25. जीआई पाइप 40 एमएम डाया, - 10 मीटर, - 10 मीटर
26. कॉपर कंट्रोल केबिल 12 कोर 2.5 स्क्यायर एमएम आर्मर्ड, - 10 मीटर, - 10 मीटर
27. 110 वॉल्ट, 5 एम्पीयर, ट्राई वेक्टर मीटर 0.5 एस, जीएसएम मॉडम सहित (11केवी व 33 केवी के लिए),- 1 नंबर, - 1 नंबर
28. मीटर बॉक्स टीटीबी सहित, - 1 नंबर, - 1 नंबर
29. 33 केवी/11 केवी डेंजर बोर्ड (खतरा पट्टिका) 250x200 एमएम, इनेमीलिड टाइप, - 1 नंबर, - 1 नंबर
30. एमएस नट और बोल्ट, - 5 किग्रा, - 5 किग्रा
31. रेड ऑक्साइड पेंट, - 2 लीटर, - 2 लीटर
32. एल्यूमिनियम पेंट, - 2 लीटर, - 2 लीटर

विशेष – प्राक्कलन (इस्टीमेट) बनाते समय स्टोर इन्सीडेंटल चार्जेज(2.5%), कंटेंजेंसीज (5%), वर्क चार्ज एस्टेब्लिशमेंट (2.5%), टी एंड पी (1.5%) के साथ लेबर चार्जेज (8%), ट्रांसपोर्टेशन चार्जेज (5%) और जीएसटी भी लगाई जाती है ।

ऊर्जा लेखा (एनर्जी ओडिट) हेतु - मीटर उपकरण स्थापना (33/11 केवी विद्युत उपकेंद्र) में लगने वाले सामान का विवरण –
क्रमांक (1), - विवरण/सामान का नाम (2), - 33 केवी (3), - 11 केवी (4)

1. 33 केवी सीटी पीटी यूनिट 400 - 200/5 एम्पीयर, - 1 नंबर, - -
2. 11 केवी सीटी पीटी यूनिट 300 - 150/5 एम्पीयर, - - - , - 1 नंबर
3. डीसी चेनल (100x50x6 एमएम) 12.5 फीट/3.8 मीटर, - 2 नंबर, - -
4. पोल क्लैंप (610 एमएम, 1.46 किग्रा, 50x6 एमएम एमएस फ्लेट), - 4 नंबर, - -
5. डीसी चेनल (100x50x6 एमएम) 8.9 फीट/2.7 मीटर, - - -, - 2 नंबर
6. पोल क्लैंप, - - - , 4 नंबर
7. अर्थिंग कोइल (115 टर्न 50 एमएम डाया और 2.5 मीटर लीड 4 एमएम, जीआई वायर), - 2 नंबर, - 2 नंबर
8. कॉपर कंट्रोल केबिल 12 कोर 2.5 स्क्यायर एमएम आर्मर्ड, - 40 मीटर, - 40 मीटर
9. मीटर बॉक्स टीटीबी सहित, - 1 नंबर, - 1 नंबर
10. मीटर बॉक्स टीटीबी सहित, - 1 नंबर, - 1 नंबर
11. एमएस नट और बोल्ट, - 5 किग्रा, - 5 किग्रा

विशेष – प्राक्कलन (इस्टीमेट) बनाते समय स्टोर इन्सीडेंटल चार्जेज(2.5%), कंटेंजेंसीज (5%), वर्क चार्ज एस्टेब्लिशमेंट (2.5%), टी एंड पी (1.5 %) के साथ लेबर चार्जेज (7%), ट्रांसपोर्टेशन चार्जेज (5%) और जीएसटी भी लगाई जाती है ।

मीटर (सिंगल फेस/थ्री फेस) स्थापना के लिए लगने वाली सामान का विवरण -

क्रमांक (1), - विवरण/सामान का नाम (2), - सिंगल फेस मीटर (3), - थ्री फेस मीटर (4)

1. स्टेटिक एनर्जी मीटर (सिंगल फेस इलेक्ट्रोनिक मीटर - डाटा डाउन लोडिंग सुविधा सहित एवं बॉक्स 5 - 30 एम्पीयर), - 1 नंबर, - - -
2. स्टेटिक एनर्जी मीटर (थ्री फेस इलेक्ट्रोनिक मीटर - 10 - 40 एम्पीयर, डाटा डाउन लोडिंग सुविधा सहित एवं बॉक्स), - - - , - 1 नंबर
3. पोली कार्बोनेट मीटर बॉक्स - सिंगल फेस मीटर के लिए, - 1 नंबर, - - -
4. पोली कार्बोनेट मीटर बॉक्स थ्री फेस मीटर के लिए, - - - - , - 1 नंबर
5. बूडिंन बोर्ड, - 1 नंबर, - 1 नंबर
6. सर्विस केबिल – पीवीसी इंसुलेटिड - 1100 वोल्ट्स ग्रेड आर्मर्ड एल्यूमिनयम केबिल 2.5/4 स्क्युयायर एमएम (2 कोर), - 30 मीटर, - - -
7. सर्विस केबिल – पीवीसी इंसुलेटिड - 1100 वोल्ट्स ग्रेड आर्मर्ड एल्यूमिनयम केबिल 6/10 स्क्युयायर एमएम (4 कोर), - - - , - 30 मीटर
8. जीआई वायर 4 एमएम (8 एसडब्ल्यूजी), - 5 मीटर, - - -
9. जीआई वायर 5 एमएम (5 एसडब्ल्यूजी), - - - , - 5 मीटर

विशेष – प्राक्लन (इस्टीमेट) बनाते समय स्टोर इन्सीडेंटल चार्जेज(2.5%), कंटेंजेंसीज (5%), वर्क चार्ज एस्टेब्लिशमेंट (2.5%), टी एंड पी (1.5%) के साथ लेबर चार्जेज (9%), ट्रांसपोर्टेशन चार्जेज (6%) और जीएसटी भी लगाई जाती है ।

33 केवी लाइन 1 किमी - पीसीसी पोल, एचबीम, रेल पोल (अधिकतम स्पान 70 मीटर) रेक्कून/डॉग कंडक्टर सहित सामान का विवरण –

क्रमांक (1), - विवरण/सामान का नाम (2), - 33 केवी लाइन (पीसीसी पोल, रेक्कून कंडक्टर) (3), - 33 केवी लाइन (पीसीसी पोल, डॉग कंडक्टर) (4), - 33 केवी लाइन (एचबीम, डॉग कंडक्टर) (5), - 33 केवी लाइन (रेल पोल, डॉग कंडक्टर) (6) .

1-, पीसीसी पोल 280 किग्रा, 9.1 मीटर लम्बाई, - 14 नंबर, - 14 नंबर, - - - , - - - .

2-, एच - बीम (152xx152 एमएम) 37.1 किग्रा प्रति मीटर, 13 मीटर लंबाई, - - - , - - - , - 14 नंबर, - - - - .

3-, रेल पोल 60 किग्रा प्रति मीटर, 13 मीटर लंबाई, - - - , - - - , - - - , - 14 नंबर .

4-, 33 केवी 'वी' क्रॉस आर्म्स (75x75xx6 एमएम एमएस एंगल), - 14 नंबर, - 14 नंबर, -14 नंबर, - 14 नंबर .

5-, बेक क्लैम्प पीसीसी पोल (50xx6 एमएम एमएस फ्लेट), - 28 नंबर, - 28 नंबर, - - - , - - - .

6-, बेक क्लैम्प एचबीम (65xx8 एमएम एमएस फ्लेट), - - -, - - - , - 28 नंबर, - - - .

7-, बेक क्लैम्प रेल पोल (50xx6 एमएम एमएस फ्लेट), - - - , - - - , - - - , - 28 नंबर.

8-, टॉप बेक क्लैम्प (75xx75xx6 एमएम एंगल), - 14 नंबर, - 14 नंबर, -14 नंबर, - 14नंबर.

9-, अर्थिंग कोइल (115 टन्स्, 50 एमएम डाया, 2.5 मीटर लीड, 4 एमएम जीआई वायर), - 14 नंबर, - 14 नंबर, - 14 नंबर, - 14 नंबर

10-, 33 केवी पिन इंसुलेटर पॉलीमर, - 42 नंबर, - 42 नंबर, - 42 नंबर, - 42 नंबर .

11-, एएएसी कंडक्टर रेक्कून (80 एमएम) 3% सेग सहित, - 3.1 किमी, - - , - - , - - .

12-, एएएसी कंडक्टर डॉग (100 एमएम) 3% सेग सहित, - - - , - 3.1 किमी, - 3.1 किमी, - 3.1 किमी .

13-, जोईंटिंग स्लीव रेक्कून कंडक्टर, - 6 नंबर, - - - , - - - , - - - .

14-, जोईंटिंग स्लीव डॉग कंडक्टर, - - - , - 6 नंबर, - 6 नंबर, - 6 नंबर .

15-, स्टे - सेट 20 एमएम कंपलीट टर्न बक्कल, - 3 नंबर, - 3 नंबर, - 3 नंबर, - 3 नंबर .

16-, स्टे - वायर 7/4.0 एमएम (8.5 किग्रा स्टे वायर प्रति स्टे सेट), - 25.5 किग्रा, - 25.5 किग्रा, - 25.5 किग्रा, - 25.5 किग्रा .

17-, स्टे - क्लैम्प - पीसीसी पोल, - 3 नंबर, - 3 नंबर, - - - , - - - .

18-, स्टे क्लैम्प - एचबीम/रेल पोल, - - - , - - - , - 3 नंबर, - 3 नंबर .

19-, बोल्डर - बेक फिलिंग पीसीसी पोल, - 14 नंबर, - 14 नंबर, - - - , - - - .

20-, कोंक्रीटिंग पीसीसी पोल (0.05 सीएमटी प्रति पोल) बेस पेडिंग, मफिंग सहित (अनुपात 1:3:6), - 0.7 सीएमटी, - 0.7 सीएमटी, - - - , - - - .

21-, कोंक्रीटिंग एचबीम/रेल पोल (0.65 सीएमटी प्रति पोल) बेस पेडिंग, मफिंग सहित (अनुपात 1:3:6), - - - , - - - , - 9.1 सीएमटी, - 9.1 सीएमटी .

22-, स्टे (20/25 एमएम) - कोंक्रीटिंग पीसीसी, एचबीम/रेल पोल (0.3 सीएमटी प्रति स्टे)(अनुपात 1:3:6), - 0.9 सीएमटी, - 0.9 सीएमटी, - 0.9 सीएमटी, - 0.9 सीएमटी .

23-, रेड ऑक्साइड पेंट, - 1 लीटर, - 1 लीटर, - 3 लीटर, - 3 लीटर .

24-, एल्यूमिनियम पेंट, - 1 लीटर, - 1 लीटर, - 3 लीटर, - 3 लीटर .

25-, एंटीक्लाइम्बिंग डिवाइस, - 14 नंबर, - 14 नंबर, - 14 नंबर, - 14 नंबर .

26-, डेंजर बोर्ड एनेमिल्ड 33 केवी, - 14 नंबर, - 14 नंबर, - 14 नंबर, - 14 नंबर .

27-, बाइंडिंग वायर और टेप, - 4 किग्रा, - 4 किग्रा, - 4 किग्रा, - 4 किग्रा .

28-, एमएस नट और बोल्ट, - 42 किग्रा, - 42 किग्रा, - 42 किग्रा, - 42 किग्रा .

विशेष – प्राक्लन (इस्टीमेट) बनाते समय स्टोर इन्सीडेंटल चार्जेज(2.5%), कंटेंजेंसीज (5%), वर्क चार्ज एस्टेब्लिशमेंट (2.5%), टी एंड पी (1.5 %), लेबर चार्जेज़ (16 – 8%) ट्रांसपोर्टेशन चार्जेज़ (10 - 5%)

33 केवी डीपी - पीसीसी पोल, एचबीम, रेल पोल (प्रत्येक 1 किमी 33 केवी लाइन में) में लगने वाले सामान का विवरण –

क्रमांक (1), - विवरण/सामान का नाम (2), - डीपी (पीसीसी पोल, 9.1 मीटर)(3), - डीपी (एचबीम, 13 मीटर) (4), - डीपी (रेल पोल, 13 मीटर) (5) .

1. विवरण/सामान का नाम, - 2 नंबर, - - -, - - - .
2. एच - बीम (152xx152 एमएम) 37.1 किग्रा प्रति मीटर, 13 मीटर लंबाई, - - -, -2 नंबर, - - - - .
3. रेल पोल 60 किग्रा प्रति मीटर, 13 मीटर लंबाई, - - -, - - -, - 2 नंबर .
4. डीसी क्रॉस आर्म्स (100xx50xx6 एमएम चेनल) 5 फुट सेन्टर, - 1 सेट, - 1 सेट, - 1 सेट .
5. क्लैम्प पीसीसी पोल (50xx6 एमएम एमएस फ्लेट), - 2 सेट, - - -, - - - .
6. क्लैम्प एचबीम (65xx8 एमएम एमएस फ्लेट), - - -, - 2 सेट, - - - .
7. क्लैम्प रेल पोल (50xx6 एमएम एमएस फ्लेट), - - -, - - -, 2 सेट .
8. 33 केवी डिस्क इंसुलेटर पॉलिमर, - 6 नंबर, - 6 नंबर, - 6 नंबर .
9. 33 केवी स्ट्रेन हार्ड वेयर फिटिंग, - 6 नंबर, - 6 नंबर, - 6 नंबर .
10. 33 केवी पिन इंसुलेटर पॉलीमर, - 2 नंबर, - 2 नंबर, - 2 नंबर .
11. होरीजोंटल एंड क्रॉस ब्रेसिंग 5 फुट सेन्टर, - 1 नंबर, - 1 नंबर, - 1 नंबर .
12. बेक क्लैम्प पीसीसी पोल, - 4 नंबर, - - -, - - - .
13. बेक क्लैम्प एचबीम, - - -, - 4 नंबर, - - - .
14. बेक क्लैम्प रेल पोल, - - -, - - -, - 4 नंबर .
15. स्टे - सेट 20 एमएम कंपलीट टर्न बक्कल, - 6 नंबर, - 6 नंबर, - 6 नंबर .
16. स्टे - वायर 7/4.0 एमएम (8.5 किग्रा स्टे वायर प्रति स्टे सेट), - 51 किग्रा, - 51 किग्रा, - 51 किग्रा .
17. स्टे - क्लैम्प - पीसीसी पोल, - 6 नंबर, - - -, - - - .
18. स्टे क्लैम्प – एचबीम, - - -, - 6 नंबर, - - - .
19. स्टे क्लैम्प – रेल पोल, - - -, - - -, - 6 नंबर .
20. बोल्डर- बेक फिलिंग पीसीसी पोल, - 2 नंबर, - - -, - - - .
21. कोंक्रीटिंग पीसीसी पोल (0.5 सीएमटी प्रति पोल) बेस पेडिंग, मफिंग सहित (अनुपात 1:3:6), - 1 सीएमटी, - - -, - - - .
22. कोंक्रीटिंग एचबीम/रेल पोल (0.65 सीएमटी प्रति पोल) बेस पेडिंग, मफिंग सहित (अनुपात 1:3:6), - - -, - 1.3 सीएमटी, - 1.3 सीएमटी.
23. स्टे (20/25 एमएम) - कोंक्रीटिंग पीसीसी, एचबीम/रेल पोल (0.3 सीएमटी प्रति स्टे)(अनुपात 1:3:6), - 1.8 सीएमटी, - 1.8 सीएमटी, - 1.8 सीएमटी .
24. अर्थिंग कोइल (115 टर्न्स 50 एमएम डाया, 2.5 मीटर लीड 4.0 एमएम जीआई वायर), - 2 नंबर, - 2 नंबर, - 2 नंबर .
25. रेड ऑक्साइड पेंट, - 0.5 लीटर, - 1.5 लीटर, - 1.5 लीटर .
26. एल्यूमिनियम पेंट, - 0.5 लीटर, - 1.5 लीटर, - 1.5 लीटर .
27. एंटीक्लाइम्बिंग डिवाइस, -2 नंबर, - 2 नंबर, - 2 नंबर .
28. डेंजर बोर्ड एनेमिल्ड 33 केवी, - 1 नंबर, - 1 नंबर, - 1 नंबर .

29.   एमएस नट और बोल्ट, - 7 किग्रा, - 7 किग्रा, - 7 किग्रा

विशेष – प्राक्लन (इस्टीमेट) बनाते समय स्टोर इन्सीडेंटल चार्जेज (2.5%), कंटेंजेंसीज (5%), वर्क चार्ज एस्टेब्लिशमेंट (2.5%), टी एंड पी (1.5%), लेबर चार्जेज़ (18 – 8%) ट्रांसपोर्टेशन चार्जेज़ (11 - 5%)

33 केवी 1 किमी लाइन - एचबीम 13 मीटर, एबी केबिल (औसत स्पान 50 मीटर) में लगने वाले सामान का विवरण –

क्रमांक (1), - विवरण/सामान का नाम (2), - एचबीम 13 मीटर (3)

1.   एच - बीम (152x152 एमएम) 37.1 किग्रा प्रति मीटर, 13 मीटर लंबाई, - 20 नंबर
2.   33 केवी सस्पेंशन क्लैम्प, एबी केबिल अटेचमेंट सहित, - 20 सेट
3.   अर्थिंग कोइल (115 टर्न्स 50 एमएम डाया, 2.5 मीटर लीड 4.0 एमएम जीआई वायर), - 20 नंबर
4.   33 केवी टेंशन क्लैम्प (डेड एंड क्लैम्प, एंकर क्लैम्प) एबी केबिल अटेचमेंट सहित, - 10 सेट
5.   33 केवी - 95 स्कूयार एमएम एरियल बंच केबिल, 5 % सेग सहित, - 1.05 किमी
6.   स्ट्रेट थ्रू हीट स्किंकेबिल केबिल जोईंटिंग किट लग्स सहित - 33 केवी ग्रेड एक्सएलपीई - 3 कोर/120 स्कूयायर एमएम, - 2 नंबर
7.   आउट डोर हीट स्किंकेबिल केबिल जोईंटिंग किट लग्स सहित - 33 केवी ग्रेड एक्सएलपीई - 3 कोर 95/120 स्कूयायर एमएम, - 2 नंबर
8.   स्टे - सेट 20 एमएम कंपलीट टर्न बक्कल, - 8 नंबर
9.   स्टे वायर 7/4.0 एमएम (8.5 किग्रा प्रति स्टे सेट), - 68 किग्रा
10. स्टे - क्लैंप - एच बीम, - 8 सेट
11. कोंक्रीटिंग एचबीम (0.65 सीएमटी प्रति पोल) बेस पेडिंग, मफिंग सहित (अनुपात 1:3:6), - 13 सीएमटी
12. कोंक्रीटिंग स्टे (0.3 सीएमटी प्रति स्टे) (अनुपात 1:3:6), - 2.4 सीएमटी
13. रेड ऑक्साइड पेंट, - 20 लीटर
14. एल्यूमिनियम पेंट, - 20 लीटर
15. एंटीक्लाइम्बिंग डिवाइस, - 20 नंबर
16. डेंजर बोर्ड एनेमिल्ड 33 केवी, - 20 नंबर
17. एमएस नट और बोल्ट, - 30 किग्रा

विशेष – प्राक्लन (इस्टीमेट) बनाते समय स्टोर इन्सीडेंटल चार्जेज (2.5%), कंटेंजेंसीज (5%), वर्क चार्ज एस्टेब्लिशमेंट (2.5%), टी एंड पी (1.5%), लेबर चार्जेज़ (13%) ट्रांसपोर्टेशन चार्जेज़ (8%)

33 केवी अंडर ग्राउंडिंग रेलवे क्रॉसिंग/नेशनल/स्टेट हाई वे क्रॉसिंग (1+1 केबिल), ओवर हेड क्रॉसिंग (नेशनल/स्टेट हाई वे छोड़कर)(70 मीटर स्पान) तथा अंडर ग्राउंड लाइन 1 किमी (1+1 केबिल) – में लगने वाले सामान का विवरण –

क्रमांक (1), - विवरण/सामान का नाम (2), - 33 केवी अंडर ग्राउंडिंग (1+1 केबिल) रेलवे क्रॉसिंग,- 33 केवी ओवर हेड क्रॉसिंग (नेशनल/स्टेट हाई वे छोड़कर), - 33 केवी अंडर ग्राउंड क्रॉसिंग (1+1 केबिल) 1 किमी .

1-, एच - बीम (152xx152 एमएम) 37.1 किग्रा प्रति मीटर, 13 मीटर लंबाई, - - - ,- 2 नंबर, - - - .

2-, 33 केवी 3 कोर 3x300 स्कूयायर एमएम एक्सएलपीई केबिल, - 300 मीटर, - - - , - 2300 मीटर .

3-, जीआई पाइप 150 एमएम 'बी' ग्रेड अंडर ट्रैक, - 250 मीटर, - - - , - 100 मीटर .

4-, जीआई पाइप 150 एमएम 'ए' ग्रेड डीपी के सहारे, - 32 मीटर, - - - , - 32 मीटर .

5-, हीट स्किंकेबिलकेबिल जोईंटिंग किट, लग्स सहित (33 केवी ग्रेड एक्सएलपीई केबिल 3 कोर 3x300 स्क्यायर एमएम), - 4 सेट, - - - - , - 4 सेट .

6-, हीट स्किंकेबिल केबिल (स्ट्रेट थ्रू) जोईंटिंग किट लग्स सहित 33 केवी ग्रेड एक्सएलपीई केबिल 3 कोर 300 स्क्यायर एमएम, - - - , - - - , - 4 सेट .

7-, अर्थिंग सेट, - 4 सेट, - - - , - 4 सेट .

8-, 33 केवी लाइटिंग अरेस्टर - गेपलेस टाइप, 6 नंबर, - - - , - 6 नंबर .

9-, जीआई वायर 6 एसडब्ल्यूजी (8 मीटर प्रति किग्रा), - 62 किग्रा, - 25 किग्रा, - 20किग्रा.

10-, जीआई वायर 8 एसडब्ल्यूजी (9.8 मीटर प्रति किग्रा), - - - , - 12 किग्रा, - - - .

11-, बाई - मेटेलिक क्लैम्प, - 6 नंबर, - - - , - 6 नंबर .

12-, एमएस नट और बोल्ट्स, - 10 किग्रा, - 5 किग्रा, - 37 किग्रा .

13-, एमएस फ्लेट, - 50 किग्रा, - - -, - 50 किग्रा .

14-, केबिल मार्कर, - 10 नंबर, - - -, - 40 नंबर .

15-, पीवीसी/एचडीपीई पाइप 8 इंच डाया, - - -, - - -, - 20 मीटर .

16-, सेंड फिलिंग ओवर केबिल, - - -, - - -, - 300 सीएमटी .

17-, भट्टा ब्रिक/ईंट कवरिंग ओवर सेंड फिलिंग, - - -, - - -, - 30,000 नंबर .

18-, कॉंक्रीटिंग - केबिल मार्कर (0.2 सीएमटी प्रति केबिल मार्कर) (अनुपात 1:3:6), - 2 सीएमटी, - - -, - 8 सीएमटी .

19-, 33 केवी 'वी' ब्रिडिल क्रोस्स आर्म्स (75x75x6 एमएम एंगल), - -, - 2 नंबर, - - .

20-, बेक क्लैम्प (75x75x6 एमएम एंगल), - - -, - 2 नंबर, - - - .

21-, 33 केवी ब्रिडिलिंग टॉप क्लैम्प (75x75x6 एमएम एंगल), - - -, - 2 नंबर, - - - .

22-, अर्थिंग कोइल (115 टर्न्स50 एमएम डाया, 2.5 मीटर लीड 4.0 एमएम जीआई वायर), - - -, - 2 नंबर, - - - .

23-, 33 केवी पिन इंसुलेटर (पॉलीमर), - - - -, - 6 नंबर, - - - .

24-, कंडक्टर - डॉग (100 एमएम) एएएसी, 3 % सेग सहित, - -, - 0.217 किमी, - - .

25-, 33 केवी गार्डिंग चेनल (75x40x6 एमएम), - - -, - 1 सेट, - - - .

26-, जोईंटिंग स्लीव्स डॉग कंडक्टर, - - -, - 10 नंबर, - - - .

27-, स्टे - सेट 20 एमएम कंपलीट टर्न बक्कल, - - -, - 2 नंबर, - - - .

28-, स्टे वायर 7/4.0 एमएम (8.5 किग्रा प्रति स्टे सेट), - - -, - 17 किग्रा, - - - .

29-, क्लैंप – स्टे (एचबीम), - - -, - 2 सेट, - - - .

30-, कॉंक्रीटिंग एचबीम (0.65 सीएमटी प्रति पोल) बेस पेडिंग, मफिंग सहित (अनुपात 1:3:6), - - -, - 1.3 सीएमटी, - - - .

31-, कॉंक्रीटिंग स्टे (0.3 सीएमटी प्रति स्टे)(अनुपात 1:3:6), - - -, - 0.6 सीएमटी, - - -.

32-, रेड ऑक्साइड पेंट, - - -, - 1.5 लीटर, - - - .

33-, एल्यूमिनियम पेंट, - - -, - 1.5 लीटर, - - - .

34-, एंटीक्लाइम्बिंग डिवाइस, - - -, - 2 नंबर, - - - .

35-, डेंजर बोर्ड एनेमिल्ड 33 केवी, - - -, - 2 नंबर, - - - .

36-, बाइंडिंग वायर और टेप, - - -, - 5 किग्रा, - - - .

37-, आई - बोल्ट 20 एमएम, - - -, - 8 नंबर, - - - .

विशेष – प्राक्लन (इस्टीमेट) बनाते समय स्टोर इन्सीडेंटल चार्जेज (2.5%), कंटेंजेंसीज़ (5%), वर्क चार्ज एस्टेब्लिशमेंट (2.5%), टी एंड पी (1.5%), लेबर चार्जेज़ (8%) ट्रांसपोर्टेशन चार्जेज़ (5%)

वितरण ट्रांसफार्मर (11/.4 केवी) सब – स्टेशन (आरएस जोईस्ट) में लगने वाले सामान का विवरण -

क्रमांक (1), - विवरण/सामान का नाम (2), - 63 केवीए वितरण ट्रांसफार्मर (11/.4 केवी), - 100 केवीए वितरण ट्रांसफार्मर (11/.4 केवी), - 200 केवीए वितरण ट्रांसफार्मर (11/.4 केवी), - 315 केवीए वितरण ट्रांसफार्मर (11/.4 केवी)

1-, ट्रांसफार्मर 11/0.4 केवी, - 1 नंबर, - 1 नंबर, - 1 नंबर, - 1 नंबर .

2-, आरएस जोईस्ट (175x85 एमएम, 11 मीटर लंबाई) (19.6 केजी प्रति मीटर), - 2 नंबर, - 2 नंबर, - 2 नंबर, - 2 नंबर .

3-, डीसी क्रॉस आर्म (100x50x6 एमएम) 8 फीट/2.5 मीटर सेंटर, - 1 सेट, - 1 सेट, -1 सेट, - 1 सेट

4-, आरएस जोईस्ट क्लैम्प(610 एमएम, 1.46 किग्रा, 50x6 एमएम एमएस फ्लेट), - 2 सेट, - 2 सेट, - 2 सेट, - 2 सेट .

5-, 11 केवी (45 केएन) 16 एमएम, एफआरपी 25 एमएम प्रति केवी क्रीपेज डिस्क इंसुलेटर – पॉलीमर, - 3 नंबर, - 3 नंबर, - 3 नंबर, - 3 नंबर .

6-, 11 केवी स्ट्रेन सेट एवं हार्डवेयर फिटिंग, - 3 नंबर, - 3 नंबर, - 3 नंबर, - 3 नंबर .

7-, 11 केवी डीओ फ्यूज, लाइटिनिंग अरेस्टर्स माउंटिंग चैनल (75x40x6 एमएम), - 2 सेट, - 2 सेट, - 2 सेट, - 2 सेट .

8-, पोल - बेक - क्लैम्प 448 एमएम, 1.075 किग्रा, 50x6 एमएम एमएस फ्लेट, - 2 नंबर, - 2 नंबर, - 2 नंबर, - 2 नंबर .

9-, 11 केवी डीओ फ्यूज यूनिट, - 1 सेट/3 नग, - 1 सेट/3 नग, - 1 सेट/3 नग, - 1 सेट/3 नग .

10-, लाइटिनिंग अरेस्टर (9 केवीआरएमएस, गेपलेस (5 के एम्पीयर), - 1 सेट/3 नग, - 1 सेट/3 नग, - 1 सेट/3 नग, - 1 सेट/3 नग

11-, ट्रांसफार्मर माउंटिंग डीसी क्रॉस आर्म (100x50x6 एमएम चैनल), - 1 सेट, - 1 सेट, - 1 सेट, - 1 सेट .

12-, ट्रांसफार्मर बेल्टिंग (50x50x6 एमएम एंगल 2 क्रॉस आर्म चैनल के साथ), - 1 सेट, - 1 सेट, - 1 सेट, - 1 सेट .

13-, पोल क्लैम्प 610 एमएम, 1.46 किग्रा, 50x6 एमएम एमएस फ्लेट), - 4 सेट, - 4 सेट, - 4 सेट, - 4 सेट .

14-, स्टे सेट 16 एमएम पेंटिड मय टर्न बक्कल, - 4 नंबर, - 4 नंबर, - 4 नंबर, - 4 नंबर .

15-, स्टे वायर 7/3.15 एमएम (5.5 किग्रा स्टे वायर प्रति स्टे सेट), - 22 किग्रा, - 22 किग्रा, - 22 किग्रा, - 22 किग्रा .

16-, स्टे - पोल - क्लैम्प 610 एमएम, 1.46 किग्रा, 50x6 एमएमएमएस चैनल), - 4 सेट, - 4 सेट, - 4 सेट, - 4 सेट .

17-, पोल कोंक्रीटिंग (0.5 सीएमटी प्रति पोल)(अनुपात/रेशो 1:3:6), - 1 सीएमटी, - 1 सीएमटी, - 1 सीएमटी, - 1 सीएमटी .

18-, स्टे - कोंक्रीटिंग (0.2 सीएमटी प्रति स्टे)(अनुपात/रेशो 1:3:6), - 0.8 सीएमटी, - 0.8 सीएमटी, - 0.8 सीएमटी, - 0.8 सीएमटी .

19-, कनडक्टर (एएएसी रेबिट, जमफर हेतु), - 30 मीटर, - 30 मीटर, - 30 मीटर, - 30 मीटर .

20-, 11 केवी डेंजर बोर्ड (खतरा पट्टिका) 250x200 एमएम, इनेमीलिड टाइप, - 1 नंबर, - 1 नंबर, - 1 नंबर, - 1 नंबर .

21-, एचटी बायमेटेलिक क्लैम्प, ट्रांसफार्मर हेतु, - 3 नंबर, - 3 नंबर, - 3 नंबर, - 3 नंबर .

22-, एलटी बायमेटेलिक क्लैम्प 12 एमएम - ट्रांसफार्मर हेतु, - 4 नंबर, - 4 नंबर, - 4 नंबर, - 4 नंबर .

23-, अर्थिंग सेट, - 1 सेट, - 1 सेट, - 1 सेट, - 1 सेट .

24-, एंटीक्लाइम्बिंग डिवाइस (वारवेड वायर 2.24 एमएम, (14 एसडब्ल्यू जी) 3.5 किग्रा प्रति पोल), - 2 नंबर, - 2 नंबर, - 2 नंबर, - 2 नंबर .

25-, रेड ऑक्साइड पेंट, - 2 लीटर, - 2 लीटर, - 2 लीटर, - 2 लीटर .

26-, एल्यूमिनियम पेंट, - 2 लीटर, - 2 लीटर, - 2 लीटर, - 2 लीटर .

27-, एमएस नट और बोल्ट, - 14 किग्रा, - 14 किग्रा, - 14 किग्रा, - 14 किग्रा .

28-, डिस्ट्रीब्यूशन बॉक्स माउंटिंग चेनल (75x40x6 एमएम), - 2 नंबर, - 2 नंबर, - 2 नंबर, - 2 नंबर .

29-, एलटी डिस्ट्रीब्यूशन बॉक्स 63 केवीए ट्रांसफार्मर हेतु - एमसीसीबी सहित, - 1 नंबर, - - -, - - -, - - - .

30-, एलटी डिस्ट्रीब्यूशन बॉक्स 100 केवीए ट्रांसफार्मर हेतु - एमसीसीबी सहित, - - - -, 1 नंबर, - - -, - - - .

31-, एलटी डिस्ट्रीब्यूशन बॉक्स 200 केवीए ट्रांसफार्मर हेतु - एमसीसीबी सहित, - - -, - - -, 1 नंबर, - - - .

32-, एलटी डिस्ट्रीब्यूशन बॉक्स 315 केवीए ट्रांसफार्मर हेतु - एमसीसीबी सहित, - - -, - - -, - - -, - 1 नंबर .

33-, एक्सएलपीई इंसुलेटिड सिंगल कोर अनआर्मड केबिल 50 स्क्यायर एमएम, - 80 मीटर, - - -, - - -, - - - .

34-, एक्सएलपीई इंसुलेटिड सिंगल कोर अनआर्मड केबिल 70 स्क्यायर एमएम, - 40 मीटर, - 80 मीटर, - - -, - - - .

35-, एक्सएलपीई इंसुलेटिड सिंगल कोर अनआर्मड केबिल 150 स्क्यायर एमएम, - - -, - 40 मीटर, - 80 मीटर, - 80 मीटर .

36-, एक्सएलपीई इंसुलेटिड सिंगल कोर अनआर्मड केबिल 300 स्क्यायर एमएम,- - -, - - -, - 40 मीटर, - 40 मीटर .

37-, 11 केवी एबी स्विच, - - -, - 1 नंबर, - 1 नंबर, - 1 नंबर .

38-, थ्री फेस मीटर 20 - 80 एम्पीयर बॉक्स सहित, - 1 नंबर, , - - -, - - -, - - - .

39-, डीटीआर मीटर, - - -, - 1 नंबर, - 1 नंबर, - 1 नंबर .

विशेष – प्राक्लन (इस्टीमेट) बनाते समय स्टोर इन्सीडेंटल चार्जेज(2.5%), कंटेंजेंसीज (5%), वर्क चार्ज एस्टेब्लिशमेंट (2.5%), टी एंड पी (1.5%) के साथ लेबर चार्जेज (7%), ट्रांसपोर्टेशन चार्जेज (5%) और जीएसटी भी लगाई जाती है ।

एलटी लाइन 1 किमी 3 फेज 5 वायर लाइन में लगने वाले सामान का विवरण –

एरीयल बन्चड एक्सएलपीई केबिल, अधिकतम स्पान - 50 मीटर शहरी क्षेत्र (आरएस जोइस्ट सपोर्ट)

क्रमांक (1), - विवरण/सामान का नाम (2), - एलटी (1100 वोल्ट ग्रेड एबी केबिल 3x25 स्क्यायर एमएम मात्रा) (3), - एलटी (1100 वोल्ट ग्रेड एबी केबिल 3x35 स्क्यायर एमएम मात्रा) (4), - एलटी (1100 वोल्ट ग्रेड एबी केबिल 3x50 स्क्यायर एमएम मात्रा) (5).

1. आरएस जोईस्ट (गर्डर) साइज 175x85x6 एमएम 9.3 मीटर लम्बाई (19.6 किग्रा प्रति मीटर), - 20 नंबर, - 20 नंबर, - 20 नंबर .

2. एबी केबिल हेंगिंग क्लैंप/टेंशन क्लैंप, - 20 नंबर, - 20 नंबर, - 20 नंबर .

3. सस्पेंशन क्लैंप कंपलीट, - 16 नंबर, - 16 नंबर, - 16 नंबर .

4. टेंशन क्लैंप (डेड एंड क्लैंप) कंपलीट, - 6 नंबर, - 6 नंबर, - 6 नंबर .

5. क्लैंप – न्यूट्रल हेतु, - 20 नंबर, - 20 नंबर, - 20 नंबर .

6. पायरेसिंग कनेक्टर टाइप -1 सिंगल/थ्री फेज (मैन – 16 - 50 स्क्यायर एमएम, टेप -16 - 50 स्क्यायर एमएम), - 60 नंबर, - 60 नंबर, - 60 नंबर .

7. पायरेसिंग कनेक्टर टाइप -2 सिंगल/थ्री फेज (मैन – 16 - 50 स्क्यायर एमएम, टेप – 16 - 50 स्क्यायर एमएम), - 40 नंबर, - 40

नंबर, - 40 नंबर .

8. 1100 वोल्ट ग्रेड एरीयल बंचड एक्सएलपीई केबिल (5 % सेग सहित), -

अ -3x25 +1x16 +1x35 स्क्यायर एमएम, - 1.05 किमी, - - - , - - - .

आ – 3x35 +1x16 +1x35 स्क्यायर एमएम, - - - , - 1.05 किमी, - - - .

इ - 3x50 +1x16 +1x35 स्क्यायर एमएम, - - - , - - - , - 1.05 किमी .

1. स्टे सेट 16 एमएम कंपलीट, टर्न बक्कलस, - 12 नंबर, - 12 नंबर, - 12 नंबर .
2. स्टे वायर 7/3.15 एमएम (5.5 किग्रा स्टे वायर प्रति स्टे सेट), - 66 किग्रा, - 66 किग्रा, - 66 किग्रा .
3. स्टे क्लैंप - आरएस जोईस्ट हेतु, - 12 सेट, - 12 सेट, - 12 सेट .
4. पोल कोंक्रीटिंग (0.3 सीएमटी प्रति पोल - बेस पेडिंग + मफिंग)(अनुपात/रेशो 1:3:6) , - 6 सीएमटी, - 6 सीएमटी, - 6 सीएमटी .
5. स्टे - कोंक्रीटिंग (0.2 सीएमटी प्रति स्टे), - 2.4 सीएमटी, - 2.4 सीएमटी, - 2.4 सीएमटी .
6. एमएस नट और बोल्ट, - 30 किग्रा, - 30 किग्रा, - 30 किग्रा .
7. अर्थिंग कोइल (115 टर्न्स, 50 एमएम डाया और 2.5 मीटर लीड 4 एमएम - जीआई वायर), - 5 नंबर, - 5 नंबर, - 5 नंबर .
8. स्प्रिंग लोडिड बसबार सिस्टम (1 इंकमिंग, 6 आउट गोइंग सिंगल फेस सर्किट), - 10 नंबर, - 10 नंबर, - 10 नंबर .
9. स्प्रिंग लोडिड बसबार सिस्टम (1 इंकमिंग, 3 आउट गोइंग श्री फेस सर्किट), - 10 नंबर, - 10 नंबर, - 10 नंबर .

विशेष – प्राक्लन (इस्टीमेट) बनाते समय स्टोर इन्सीडेंटल चार्जेज (2.5%), कंटेंजेंसीज (5%), वर्क चार्ज एस्टेब्लिशमेंट (2.5%), टी एंड पी (1.5%) के साथ लेबर चार्जेज (10%), ट्रांसपोर्टेशन चार्जेज (6%) और जीएसटी भी लगाई जाती है ।

एलटी लाइन 1 किमी 3 फेज 5 वायर लाइन में लगने वाले सामान का विवरण –

एरीयल बन्चड एक्सएलपीई केबिल, अधिकतम स्पान - 50 मीटर (पीसीसी पोल)

क्रमांक (1), - विवरण/सामान का नाम (2), - एलटी लाइन (1100 वोल्ट ग्रेड एबी केबिल 3x16 स्क्यायर एमएम) मात्रा (3), - एलटी लाइन (1100 वोल्ट ग्रेड एबी केबिल 3x25 स्क्यायर एमएम) मात्रा (4), - एलटी लाइन (1100 वोल्ट ग्रेड एबी केबिल 3x35 स्क्यायर एमएम) मात्रा (5), - एलटी लाइन (1100 वोल्ट ग्रेड एबी केबिल 3x50 स्क्यायर एमएम) मात्रा (6) .

1-, पीसीसी पोल 140 किग्रा, 8 मीटर लम्बाई, - 20 नंबर, - 20 नंबर, - 20 नंबर, -20 नंबर

2-, एबी केबिल हेंगिंग क्लैंप/टेंशन क्लैंप, - 20 नंबर, - 20 नंबर, - 20 नंबर, - 20 नंबर .

3-, सस्पेंशन क्लैंप कंपलीट, - 16 नंबर, - 16 नंबर, - 16 नंबर, - 16 नंबर .

4-, टेंशन क्लैंप (डेड एंड क्लैंप) कंपलीट, - 6 नंबर, - 6 नंबर, - 6 नंबर, - 6 नंबर .

5-, क्लैंप – न्यूट्रल हेतु, - 20 नंबर, - 20 नंबर, - 20 नंबर, - 20 नंबर .

6-, पायरेसिंग कनेक्टर टाइप-1 सिंगल/श्री फेज (मैन-16-50 स्क्यायर एमएम, टेप -16-50 स्क्यायर एमएम), - 60 नंबर, - 60 नंबर, - 60 नंबर, - 60 नंबर .

7-, पायरेसिंग कनेक्टर टाइप-2 सिंगल/श्री फेज (मैन-16-50 स्क्यायर एमएम, टेप -16-50 स्क्यायर एमएम), - 40 नंबर, - 40 नंबर, - 40 नंबर, - 40 नंबर .

8-, 1100 वोल्ट ग्रेड एरीयल बंचड एक्सएलपीई केबिल (5 % सेग सहित) –

8(i)-, 3x16 +1x16 +1x25 स्क्यायर एमएम,- 1.05 किमी, - - -, - - -, - - - .

8(ii), - 3x25 +1x16 +1x35 स्क्यायर एमएम, - - -, - 1.05 किमी, - - -, - - - .

8(iii), - 3x35 +1x16 +1x35 स्क्यायर एमएम, - - - , - - - , - 1.05 किमी, - - - .

8(iv), - 3x50 +1x16 +1x35 स्क्यायर एमएम, - - - , - - - , - - , - 1.05 किमी .

9-, स्टे सेट 16 एमएम कंपलीट, टर्न बक्कलस, - 12 नंबर, - 12 नंबर, - 12 नंबर, - 12 नंबर .

10-, स्टे वायर 7/3.15 एमएम (5.5 किग्रा स्टे वायर प्रति स्टे सेट), - 66 किग्रा, - 66 किग्रा, - 66 किग्रा, - 66 किग्रा .

11-, स्टे क्लैंप -140 किग्रा पीसीसी पोल हेतु, - 12 सेट, - 12 सेट, - 12 सेट, - 12 सेट .

12-, बोल्डर – पीसीसी पोल - बेक फिलिंग, - 20 नंबर, - 20 नंबर, - 20 नंबर, - 20 नंबर.

13-, पोल कोंक्रीटिंग (0.05 सीएमटी प्रति पोल- बेस पेडिंग + मफिंग)(अनुपात/रेशो 1:3:6), - 1 सीएमटी, - 1 सीएमटी, - 1 सीएमटी, - 1 सीएमटी .

14-, स्टे - कोंक्रीटिंग (0.2 सीएमटी प्रति स्टे), - 2.4 सीएमटी, - 2.4 सीएमटी, - 2.4 सीएमटी, - 2.4 सीएमटी .

15-, एमएस नट और बोल्ट, - 30 किग्रा, - 30 किग्रा, - 30 किग्रा, - 30 किग्रा .

16-, अर्थिंग कोइल (115 टर्न्स, 50 एमएम डाया और 2.5 मीटर लीड 4 एमएम - जीआई वायर), - 5 नंबर, - 5 नंबर, - 5 नंबर, - 5 नंबर

.

17-, पीसीसी पोल अर्थिंग- 4 एमएम, 8 एसडब्ल्यूजी - जीआई वायर, - 16 किग्रा, - 16 किग्रा, - 16 किग्रा, - 16 किग्रा .

18-, स्प्रिंग लोडिड बसबार सिस्टम (1 इंकमिंग ,6 आउट गोइंग सिंगल फेस सर्किट), - 10 नंबर, - 10 नंबर, - 10 नंबर, - 10 नंबर.

19-, स्प्रिंग लोडिड बसबार सिस्टम (1 इंकमिंग, 3 आउट गोइंग थ्री फेस सर्किट), - 10 नंबर, - 10 नंबर, - 10 नंबर, - 10 नंबर.

विशेष – प्राक्लन (इस्टीमेट) बनाते समय स्टोर इन्सीडेंटल चार्जेज(2.5%), कंटेंजेंसीज (5%), वर्क चार्ज एस्टेब्लिशमेंट (2.5%), टी एंड पी (1.5%) के साथ लेबर चार्जेज (20%), ट्रांसपोर्टेशन चार्जेज (12%) और जीएसटी भी लगाई जाती है ।

एलटी लाइन 1 किमी 1 फेज 3 वायर लाइन में लगने वाले सामान का विवरण –

एरीयल बन्चड एक्सएलपीई केबिल, अधिकतम स्पान - 50 मीटर ग्रामीण क्षेत्र (पीसीसी पोल सपोर्ट)

क्रमांक (1), - विवरण/सामान (2), - 1100 वोल्ट ग्रेड एबी केबिल 2x25 स्क्यायर एमएम मात्रा (3), 1100 वोल्ट ग्रेड एबी केबिल 2x35 स्क्यायर एमएम मात्रा (4)

1. पीसीसी पोल साइज 140 किग्रा 8 मीटर लम्बाई, - 20 नंबर, - 20 नंबर

2. एबी केबिल हेंगिंग क्लैंप/टेंशन क्लैंप, - 20 नंबर, - 20 नंबर

3. सस्पेंशन क्लैंप कंपलीट, - 20 नंबर, - 20 नंबर

4. टेंशन क्लैंप (डेड एंड क्लैंप) कंपलीट, - 6 नंबर, - 6 नंबर

5. पायरेसिंग कनेक्टर टाइप - 1 सिंगल/थ्री फेज (मैन – 16 - 50 स्क्यायर एमएम, टेप – 16 - 50 स्क्यायर एमएम), - 45 नंबर, - 45 नंबर

6. पायरेसिंग कनेक्टर टाइप-2 सिंगल/थ्री फेज (मैन – 16 - 50 स्क्यायर एमएम, टेप – 16 - 50 स्क्यायर एमएम), - 30 नंबर, - 30 नंबर

7. 1100 वोल्ट ग्रेड एरीयल बंचड एक्सएलपीई केबिल (5 % सेग सहित), - 2x25 +1x16 स्क्यायर एमएम, - 1.05 किमी, - - -

8. 1100 वोल्ट ग्रेड एरीयल बंचड एक्सएलपीई केबिल (5 % सेग सहित), - 2x35 +1x16 स्क्यायर एमएम, - - - 1.05 किमी

9. स्टे सेट 16 एमएम कंपलीट, टर्न बक्कलस, - 9 नंबर, - 9 नंबर

10. स्टे वायर 7/3.15 एमएम (5.5 किग्रा स्टे वायर प्रति स्टे सेट), - 49.50 किग्रा, - 49.50 किग्रा

11. स्टे क्लैंप - पीसीसी पोल हेतु, - 9 सेट, - 9 सेट

12. बोल्डर- पीसीसी फ्लो बेक फिलिंग, - 20 नंबर, - 20 नंबर

13. पोल कोंक्रीटिंग (0.05 सीएमटी प्रति पोल - बेस पेडिंग + मफिंग)(अनुपात/रेशो 1:3:6), - 1 सीएमटी , - 1 सीएमटी

14. स्टे - कोंक्रीटिंग (0.2 सीएमटी प्रति स्टे) (अनुपात/रेशो 1:3:6), - 1.8 सीएमटी, - 1.8 सीएमटी

15. एमएस नट और बोल्ट, - 22.5 किग्रा, - 22.5 किग्रा

16. अर्थिंग कोइल (115 टर्न्स, 50 एमएम डाया और 2.5 मीटर लीड 4 एमएम - जीआई वायर), - 4 नंबर, - 4 नंबर

17. अर्थिंग - पीसीसी पोल 4 एम एम – 8 एसडब्ल्यूजी, जीआई वायर (0.8 किग्रा प्रति पोल), - 16 किग्रा, - 16 किग्रा

18. स्प्रिंग लोडिड बसबार सिस्टम (1 इंकमिंग, 6 आउट गोइंग सिंगल फेस सर्किट), - 10 नंबर, - 10 नंबर

विशेष – प्राक्लन (इस्टीमेट) बनाते समय स्टोर इन्सीडेंटल चार्जेज(2.5%), कंटेंजेंसीज (5%), वर्क चार्ज एस्टेब्लिशमेंट (2.5%), टी एंड पी (1.5%) के साथ लेबर चार्जेज (18%), ट्रांसपोर्टेशन चार्जेज (11%) और जीएसटी भी लगाई जाती है ।

11 केवी लाइन भूमिगत (अंडर ग्राउंड) रेलवे क्रॉसिंग, रोड क्रॉसिंग (राष्ट्रीय राज मार्ग/नेशनल हाई वे, राज्य राज मार्ग/स्टेट हाई वे) 1+1 केबिल, में लगने वाले सामान का विवरण -

क्रमांक (1), - विवरण/सामान का नाम (2), - मात्रा (भूमिगत/अंडर ग्राउंड क्रॉसिंग) (3)

1. 11 केवी 3x300 स्क्युयायर एमएम एक्सएलपीई केबिल, - 300 मीटर

2. जीआई पाइप 150 एमएम बी ग्रेड अंडर ट्रेक, - 250 मीटर

3. जीआई पाइप 150 एमएम ए ग्रेड, डीपी के सहारे, - 32 मीटर

4. हीट स्त्रिंकेबिल केबिल जोईंटिंग किट, लग्स सहित, 11 केवी ग्रेड एक्सएलपीई केबिल साइज 3x300 स्क्युयायर एमएम, - 4 सेट

5. अर्थिंग सेट, - 4 नंबर
6. 11 केवी लाइटिंग अरेस्टर गेपलेस टाइप,- 6 नंबर
7. जीआई वायर 6 एसडब्ल्यूजी, - 20 किग्रा
8. 11 केवी एरीयल बंच केबिल 200 स्क्युयायर एमएम, जमफर के लिए,- 10 मीटर
9. बाई - मैटेलिक क्लैम्पस, - 6 नंबर
10. एमएस नट और बोल्ट्स, - 10 किग्रा
11. एमएस फ्लेट, - 50 किग्रा
12. केबिल मार्कर, - 10 नंबर
13. कोड्क्रीटिंग - केबिल मार्कर (0.2 सीएमटी प्रति केबिल मार्कर), - 2 सीएमटी

विशेष – प्राक्लन (इस्टीमेट) बनाते समय स्टोर इन्सीडेंटल चार्जेज(2.5%), कंटेंजेंसीज (5%), वर्क चार्ज एस्टेब्लिशमेंट (2.5%), टीएंडपी (1.5%) के साथ लेबर चार्जेज (14%), ट्रांसपोर्टेशन चार्जेज (8%) और जीएसटी भी लगाई जाती है ।

11 केवी लाइन ओवर हेड - रोड क्रॉसिंग (राष्ट्रीय राज मार्ग/नेशनल हाई वे, राज्य राज मार्ग/स्टेट हाई वे को छोड़कर) एचबीम 11 मीटर लंबाई, स्पान - 70 मीटर –लगने वाले सामान का विवरण -

क्रमांक (1), - विवरण/सामान का नाम (2), - मात्रा (ओवर हेड क्रॉसिंग) (3)

1. एच बीम (152x152 एमएम, 37.1 किग्रा प्रति मीटर, 11 मीटर लंबाई), - 2 नंबर
2. 11केवी 'वी' ब्रिडिल क्रॉस आर्मस (65x65x6 एमएम एंगल), - 2 नंबर
3. बेक क्लैम्प (65x65x6 एमएम एंगल), - 4 नंबर
4. 11 केवी ब्रिडिलिंग टोप क्लैम्प (65x65x6 एमएम), - 2 नंबर
5. अर्थिंग कोइल (115 टर्न्स 50 एमएम डायाऔर 2.5 मीटर लीड 4 एमएम, जीआई वायर), -2 नंबर
6. 11 केवी पिन इंसुलेटर पॉलीमर, - 12 नंबर
7. 11 केवी डिस्क इंसुलेटर पॉलीमर, स्ट्रेन हार्ड वेयर सहित, - 12 नंबर
8. एएएसी कंडक्टर - डॉग (100 एमएम) सेग 3 % सहित, - 0.22 मीटर
9. 11 केवी गार्डिंग चेनल (75x40x6एमएम), - 1 सेट
10. जोईंटिंग स्लीव्स डॉग कंडक्टर,- 10 नंबर
11. स्टे सेट 16 एमएम कंपलीट, टर्न बक्कल, - 2 सेट
12. स्टे - वायर 7/3.15 एमएम (5.5 किग्रा स्टे - वायर प्रति स्टे सेट), - 11 किग्रा
13. स्टे - क्लैम्प (एचबीम), - 2 सेट
14. जीआई वायर 6 एसडब्ल्यूजी (8 मीटर प्रति किग्रा) गार्डिंग के लिए, - 25 किग्रा
15. जीआई वायर 8 एसडब्ल्यूजी (9.8 मीटर प्रति किग्रा),- 12 किग्रा
16. कॉंक्रीटिंग - एचबीम (0.65 सीएमटी प्रति पोल (अनुपात/रेशो 1:3:6), - 1.3 सीएमटी
17. कॉंक्रीटिंग - स्टे सेट (0.2 सीएमटी प्रति स्टे)(अनुपात/रेशो 1:3:6),- 0.4 सीएमटी
18. रेड ऑक्साइड पेंट, - 2 लीटर
19. एल्यूमिनियम पेंट, - 2 लीटर
20. एंटीक्लाइम्बिंग डिवाइस्ज, - 2 नंबर
21. डेंजर बोर्ड एनेमिल्ड टाइप 11 केवी, - 2 नंबर
22. बाइंडिंग वायर और टेप, - 5 किग्रा
23. एमएस नट और बोल्ट्स, - 5 किग्रा
24. आई - बोल्ट -16 एमएम, - 8 नंबर

विशेष – प्राक्लन (इस्टीमेट) बनाते समय स्टोर इन्सीडेंटल चार्जेज (2.5%), कंटेंजेंसीज (5%), वर्क चार्ज एस्टेब्लिशमेंट (2.5%), टी एंड पी (1.5%) के साथ लेबर चार्जेज (7%), ट्रांसपोर्टेशन चार्जेज (5%) और जीएसटी भी लगाई जाती है ।

फेब्रीकेटिड आइटम्स - जानकारी साइज व वजन

फेब्रीकेटिड आइटम्स - जानकारी साइज व वजन -

क्र(1), - विवरण - फेब्रीकेटिड आइटम्स (2), - यूनिट (3), - वजन किग्रा (4)

1. एलटी 2 - पिन क्रॉस आर्म्स(50x50x6 एमएम एंगल), - नंबर, 7.0 किग्रा
2. एलटी 3 - पिन क्रॉस आर्म्स (50x50x6 एमएम एंगल), - नंबर, 7.2 किग्रा
3. एलटी 4 - पिन क्रॉस आर्म्स (50x50x6 एमएम एंगल), - नंबर, 8.4 किग्रा
4. एलटी 5 - पिन क्रॉस आर्म्स(50x50x6 एमएम एंगल), नंबर, - 10.0 किग्रा
5. एलटी 3 - पिन क्रॉस आर्म्स(50x50x5एमएम एंगल), नंबर, - 7.0 किग्रा
6. एलटी 4 - पिन क्रॉस आर्म्स (50x50x5एमएम एंगल), नंबर, - 8.28 किग्रा
7. एलटी 5 - पिन क्रॉस आर्म्स(50x50x5एमएम एंगल), नंबर, - 9.65 किग्रा
8. एलटी 3 - पिन क्रॉस आर्म्स (65x65x6 एमएम एंगल), नंबर, - 8.80 किग्रा
9. एलटी 5 - पिन क्रॉस आर्म्स (65x65x6 एमएम एंगल), नंबर, - 22.0 किग्रा
10. एलटी 5 - पिन क्रॉस आर्म्स (50x50x6 एमएम एंगल) टेनजेंट लोकेशन, नंबर, - 16.0 किग्रा
11. 11 केवी 'वी' क्रॉस आर्म एंगल टाइप (65x65x6 एमएम), नंबर, - 12.34 किग्रा
12. 11 केवी 'वी' क्रॉस आर्म क्लीट टाइप एंगल (65x65x6 एमएम), नंबर, -14.16 किग्रा
13. 11 केवी टॉप क्लैम्प एंगल टाइप (65x65x6 एमएम), नंबर, - 3.0 किग्रा
14. 11 केवी टॉप क्लैम्प क्लीट टाइप एंगल (65x65x6 एमएम), नंबर, - 3.54 किग्रा
15. 11 केवी 'वी' क्रॉस आर्म चेनल टाइप (75x40x6 एमएम), नंबर, - 14.60 किग्रा
16. 11 केवी टॉप क्लैम्प चेनल टाइप (75x40x6 एमएम), नंबर, - 3.50 किग्रा
17. 33 केवी 'वी' क्रॉस आर्म एंगल टाइप (75x75x6 एमएम), नंबर, - 24.60 किग्रा
18. 33 केवी टॉप क्लैप्म एंगल टाइप (75x75x6 एमएम), नंबर, - 3.58 किग्रा
19. डीसी चेनल 4.8 मीटर सेंटर टू सेंटर (100x50x6 एमएम), नंबर, - 99.80 किग्रा
20. डीसी चेनल 3.8 मीटर सेंटर टू सेंटर (100x50x6 एमएम), नंबर, - 72.72 किग्रा
21. लाइटिनिग अरेस्टर स्ट्रक्चर (175x85एमएम) आरएस जोईस्ट 7 मीटर लंबाई, नंबर, - 143.00 किग्रा
22. 11 केवी ब्रिडलिंग क्रॉस आर्म (65x65x6 एमएम) एंगल, नंबर, - 19.0 किग्रा
23. 11 केवी ब्रिडलिंग टॉप क्लैंप्स (65x65x6 एमएम) एंगल, नंबर, - 6.00 किग्रा
24. 33 केवी ब्रिडलिंग क्रॉस आर्म (75x75x6 एमएम) एंगल, नंबर, - 29.55 किग्रा
25. 33 केवी ब्रिडलिंग टॉप क्लैम्प्स (75x75x6 एमएम), नंबर, - 7.09 किग्रा
26. एलटी साइड ब्रेकिट 5 पिन (50x50x6 एमएम) एंगल, नंबर, - 23.72 किग्रा
27. एलटी साइड ब्रेकिट 4 पिन (50x50x6 एमएम) एंगल, नंबर, -22.12 किग्रा
28. स्टे क्लैम्प एलटी (50x6 एमएम) फ्लेट, नंबर, - 1.35 किग्रा
29. स्टे क्लैम्प एचटी (65x8 एमएम) फ्लेट, नंबर, - 3.0 किग्रा
30. स्टे क्लैम्प 600 पाउंड्स (65x8एमएम) फ्लेट, नंबर, - 3.0 किग्रा
31. स्टे क्लैम्प आरएस जोईस्ट (65x8 एमएम) फ्लेट, नंबर, - 3.0 किग्रा
32. स्टे क्लैम्प 'ए' टाइप (रेल पोल) (65x8 एमएम) फ्लेट, नंबर, - 3.0 किग्रा
33. स्टे क्लैम्प 'बी' टाइप (रेल पोल) (65x8 एमएम) फ्लेट, नंबर, - 3.0 किग्रा
34. ट्रांसफार्मर माउंटिंग व बेल्टिंग (50x50x6 एमएम एंगल) 2 क्रॉस फिक्सिंग चेनल्स, नंबर, - 31.0 किग्रा
35. यू क्लैम्प्स (65x6 एमएम फ्लेट), नंबर, - 0.73 किग्रा
36. 33 केवी लाइन सपोर्टिंग पोल (125x70 एमएम) आरएस जोईस्ट, नंबर, - 244.70 किग्रा
37. 33/11 केवी सब स्टेशन स्ट्रक्चर (बिना -बेलडिंड) (175x85 एमएम) आरएस जोईस्ट 8 मीटर लंबाई, नंबर, - 328.0 किग्रा
38. 33/11 केवी सब स्टेशन स्ट्रक्चर (बेलडिंड/जोइंटिड) (175x85 एमएम) आरएस जोईस्ट 8 मीटर लंबाई, नंबर, - 340.0 किग्रा

39. 11 केवी बर्ड गार्ड स्टूल (65x65x6 एमएम एंगल), नंबर, - 2.70 किग्रा
40. 33 केवी बर्ड गार्ड स्टूल (75x75x6 एमएम एंगल), नंबर, - 3.10 किग्रा
41. डीओ माउंटिंग चेनल(100x50x6एमएम), नंबर, - 28.16 किग्रा
42. डीओ माउंटिंग चेनल(75x40x6एमएम), नंबर, - 19.37 किग्रा
43. डीओ माउंटिंग एंगल (65x65x6 एमएम), नंबर, - 19.37 किग्रा
44. बेक क्लैम्प एफआरसी क्रोस्स आर्म्स, नंबर, - 1.6 किग्रा
45. बेक क्लैम्प रेल पोल, नंबर, - 3.0 किग्रा
46. बेक क्लैम्प एचबीम (50x8 एमएम) एमएस फ्लेट, नंबर, - किग्रा
47. बेक क्लैम्प एचबीम (65x8 एमएम) एमएस फ्लेट, नंबर, - 1.98 किग्रा
48. बेक क्लैम्प एचबीम (75x6 एमएम) एमएस फ्लेट, नंबर, - किग्रा
49. बेक क्लैम्प 140 किग्रा पोल (50x6 एमएम) एमएस फ्लेट, नंबर, - 1.1 किग्रा
50. बेक क्लैम्प 280 (50x8 एमएम) एमएस फ्लेट, नंबर, - 3.5 किग्रा
51. डीसी क्रॉस आर्म 4 फुट सेंटर टू सेंटर (100x50x6एमएम) चेनल, सेट, - 53.38 किग्रा
52. डीसी क्रॉस आर्म 4 फुट सेंटर टू सेंटर (75x40x6एमएम) चेनल, सेट, - 39.13 किग्रा
53. डीसी क्रॉस आर्म 4 फुट सेंटर टू सेंटर (65x65x6एमएम) चेनल, सेट, - 36.63 किग्रा
54. डीसी क्रॉस आर्म 5 फुट सेंटर टू सेंटर (100x50x6एमएम) चेनल, सेट, - 65.09 किग्रा
55. डीसी क्रॉस आर्म 5 फुट सेंटर टू सेंटर (65x65x6एमएम) एंगल, सेट, - 54.46 किग्रा
56. डीसी क्रॉस आर्म 8 फुट सेंटर टू सेंटर (100x50x6एमएम)चेनल, सेट, - 56.32 किग्रा
57. डीसी क्रॉस आर्म 8 फुट सेंटर टू सेंटर (75x40x6एमएम) एंगल, सेट, - 41.30 किग्रा
58. डीसी क्रॉस आर्म 8 फुट सेंटर टू सेंटर (65x65x6एमएम) एंगल, सेट, - 38.10 किग्रा
59. डीसी क्रॉस आर्म - विशेष स्ट्रक्चर, सेट, - 132.90 किग्रा
60. ट्रांसफार्मर माउंटिंग (100x50x6एमएम) चेनल, सेट,- 52.63 किग्रा
61. ट्रांसफार्मर माउंटिंग (75x40x6एमएम) चेनल, सेट, - 38.75किग्रा
62. ट्रांसफार्मर माउंटिंग एंगल (75x75x6एमएम), सेट, - 38.10 किग्रा
63. ब्रेसिंग सेट 4 फुट डीपी स्ट्रक्चर एंगल (50x50x6एमएम), सेट, - 45.02 किग्रा
64. ब्रेसिंग सेट 5 फुट डीपी स्ट्रक्चर एंगल (50x50x6एमएम), सेट, - 51.67 किग्रा
65. ब्रेसिंग सेट 8 फुट डीपी स्ट्रक्चर एंगल (50x50x6) एमएम), सेट, - 64.29 किग्रा
66. 11केवी गार्डिंग चेनल (75x40x6एमएम), सेट, - 37.58 किग्रा
67. 11केवी गार्डिंग एंगल (65x65x6एमएम), सेट, - 4.11 किग्रा
68. 11केवी गार्डिंग एंगल (50x50x6एमएम), सेट, - किग्रा
69. 33केवी गार्डिंग चेनल(100x50x6एमएम), सेट, - 52.77 किग्रा
70. 33केवी गार्डिंग चेनल(75x40x6एमएम), सेट, - 45.25 किग्रा
71. 33केवी सिंगल पोल कट पॉइंट फिटिंग (100x50x6एमएम)चेनल, सेट, - 28.18 किग्रा
72. 11केवी सिंगल पोल कट पॉइंट फिटिंग (100x50x6एमएम) चेनल, सेट, - 28.18 किग्रा
73. 33केवी सिंगल पोल कट पॉइंट फिटिंग (75x40x6एमएम) एंगल, सेट, - 24.62 किग्रा
74. 11 केवी साइड क्रॉस आर्म (50x50x5एमएम) एंगल, नंबर, - 41.76 किग्रा
75. 11 केवी साइड क्रॉस आर्म (75x40x6एमएम) एंगल, नंबर, -33.56 किग्रा
76. रेक - (50x50x6एमएम) (6' -3') एंगल , नंबर, - 37.03 किग्रा
77. डिस्ट्रीब्युशन ट्रांसफार्मर माउंटिंग स्ट्रक्चर (एचवीडीएस योजना हेतु), सेट, - 72.86 किग्रा
78. एमएस (100x50x6एमएम) 2.22 मीटर (4 फुट सेंटर टू सेंटर) लंबाई, सेट, - 45.40 किग्रा
79. माउंटिंग एंगल (पीएफ यूनिट) नट और बोल्ट रहित, नंबर, - 3.20 किग्रा
80. माउंटिंग एंगल (पीएफ यूनिट) नट और बोल्ट सहित, नंबर, - 3.70 किग्रा
81. एमएस टेंसन पट्टी (50x6एमएम) फ्लेट , नंबर, - 3.70 किग्रा
82. एच बीम (152x152 एमएम) 37.1 किग्रा प्रति मीटर 8 मीटर लंबाई स्ट्रक्चर (33/11 केवी सब स्टेशन हेतु), नंबर, - 296.80 किग्रा

83. डीसी चेनल (100x50x6एमएम) 2.70 मीटर लंबाई, सेट, - 53.50 किग्रा

84. पीएफ यूनिट सेट, नंबर, - 12.52 किग्रा

85. अपर और लोअर क्रॉस आर्म विशेष स्ट्रक्चर हेतु, सेट, - 154.23 किग्रा

86. ब्रेसिंग सेट क्रॉस आर्म (4 पोल हेतु), सेट, - 381.70 किग्रा

87. रेलवे क्रॉसिंग स्ट्रक्चर, सेट, - 233.92 किग्रा

88. रेलवे जोईंटिंग चेनल (75x40x6एमएम), सेट, - 22.40 किग्रा

89. डबल वेलडिड स्ट्रक्चर 9 मीटर, नंबर, - 244.80 किग्रा

90. माउंटिंग अरेंजमेंट (25 केवीए ट्रांसफार्मर), सेट, - 55.27 किग्रा

91. ट्रांसफार्मर क्लेम्पिंग सेट(50x50x6एमएम) एंगल 400 एमएम लंबाई, सेट, - किग्रा

92. फेंसिंग पोस्ट 4 फुट सेंटर, नंबर, - 6.17 किग्रा

93. फेंसिंग पोस्ट 8 फुट सेंटर, नंबर, - 12.34 किग्रा

94. फेंसिंग पोस्ट 10 फुट सेंटर, नंबर, - 18.52 किग्रा

95. एंगल क्लीट (65x65x8एमएम) एंगल, 250 एमएम लंबाई (हेंगिंग सस्पेंशन स्ट्रिंग), सेट, - 1.47 किग्रा

96. स्ट्रेन प्लेट (65x8एमएम) एमएस फ्लेट 250 एमएम लंबाई (डीसी क्रोस आर्म -3 सेट अपर और 6 सेट लोअर - स्ट्रेन्थनिंग हेतु), सेट, - 0.65 किग्रा

सुरक्षा उपकरण मापदंड

सुरक्षा उपकरण मापदंड

वितरण केंद्र/उपकेंद्र/लाइन कर्मचारियों के लिए सुरक्षा उपकरण मापदंड - -

विभाग/कम्पनी की दृष्टि से उसके कर्मचारियों की सुरक्षा सर्वोपरि है । चालू एवं बंद लाइनों में कार्य करने के लिए सुरक्षा उपकरणों का प्रयोग अत्यंत/नितांत आवश्यक है । ये उपकरण न केवल चोट एवं करंट लगने से हमारी सुरक्षा करते हैं वरन कार्य करने में सहयोग भी करते हैं । कार्यों को सुरक्षित ढंग से कम से कम समय में पूर्ण करवाने की जवाबदारी (उतरदायित्व) पर्यवेक्षक/सुपरवाइज़र अधिकारी की है, साथ ही साथ वितरण केंद्र/जोन प्रभारी को समय - समय पर अपने अधीनस्थ कर्मचारियों को सुरक्षित ढंग से कार्य करने की पद्धतियों/तरीकों का स्मरण/याद कराते रहना चाहिए एवं माह में कम से कम एक बार उनके सुरक्षा उपकरणों की जांच भी करनी चाहिए । दोषयुक्त होने पर शीघ्र बदलना चाहिए ।

पीपीई (पर्सनल प्रोटेक्शन इक्विपमेंट) - जब कर्मचारी विद्युत संबन्धित कोई भी कार्य करता है तब उसे पीपीई (पर्सनल प्रोटेक्शन इक्विपमेंट) का उपयोग आवश्यक है । ये उपकरण मुख्य हैं – नियोन टेस्टर, डिस्चार्ज रोड, रबड़ दस्ताने (रबड़ हेंड ग्लव्ज्स), हेलमेट, सेफ़्टी बेल्ट, सेफ़्टी शूज, मास्क और गोगिल आदि -

अतः सभी के लिए मापदंड (नॉर्म) निर्धारित किए गए हैं जो निम्नानुसार हैं -

(अ) – वितरण केंद्र/जोन पर निम्नलिखित सुरक्षा उपकरण (सेफ़्टी एपलायन्स) अवश्य होने चाहिए –

क्रमांक (1), - उपकरण का नाम (2), - मात्रा (संख्या) (3)

1. बांस की सीढ़ी (बम्बू लेडर) - - 6 नग
2. एक्स्टेंसेबल एलुमिनियम लेडर(30 फीट लंबाई) – 2 नग
3. टॉर्च – पांच सेल - 4 नग
4. टॉर्च – तीन सेल - 6 नग
5. डिस्चार्ज अर्थिंग्ग रोड - 12 नग
6. शॉक ट्रीटमेंट चार्ट - 1 नग
7. एसी वोल्टेज डिटेक्टर - 1 नग
8. एसी वोल्टेज डिटेक्टर - 1 नग
9. रबर दस्ताने (रबड़ हेंड ग्लोव्स) - 1 जोड़ी

(आ) – 33/11 केवी उपकेंद्रों हेतु सुरक्षा उपकरण –

क्रमांक (1), - उपकरण का नाम (2), - मात्रा (संख्या) (3)

1. टॉर्च – तीन सेल - 1 नग
2. इंसुलेटिड कटिंग प्लायर - 1 नग
3. इंसुलेटिड स्क्रू ड्रायवर - 1 नग
4. नियोन टेस्टर - 1 नग
5. रबर दस्ताने (रबड़ हेंड ग्लोव्स) - 2 जोड़ी
6. अर्थ डिस्चार्ज रोड - 8 नग
7. शॉक ट्रीटमेंट चार्ट - 1 नग
8. प्राथमिक चिकित्सा बॉक्स (फर्स्ट एड बॉक्स) - 1 नग

आवश्यक दवाईयाँ एवं पट्टियों के साथ

(इ) - लाइनमेन/सहायक लाइनमेन स्तर के कर्मचारी हेतु सुरक्षा उपकरण:-

क्रमांक (1), - उपकरण का नाम (2), - मात्रा (संख्या) (3)

1- लाईन मेन सेफ़्टी बेल्ट - 1 नग

1. इंसुलेटिड कटिंग प्लायर 8” ” - 1 नग
2. इंसुलेटिड स्क्रू ड्रायवर 12” “ - 1 नग
3. इंसुलेटिड स्क्रू ड्रायवर 8” “ - 1 नग
4. इंसुलेटिड स्क्रू ड्रायवर 6” - 1 नग
5. इंसुलेटिड स्क्रू ड्रायवर 3” - 1 नग
6. पेंसिल टाइप नियोन टेस्टर - 1 नग
7. डिस्चार्ज रोड - 2 नग
8. गम बूट - 1 जोड़ी
9. हेलमेट - 1 नग
10. इलेक्ट्रोनिक फेज टेस्टर - 1 नग
11. सुरक्षा बेग - 1 नग

(ई) - लाईन हेल्पर स्तर के कर्मचारी हेतु सुरक्षा उपकरण : -
क्रमांक (1), - उपकरण का नाम (2), - मात्रा (संख्या) (3)

1. रबड़ हेंड ग्लोव्स (रबर दस्ताने) - 1 जोड़ी
2. इंसुलेटिड कटिंग प्लायर 8 “ - 1 नग
3. इंसुलेटिड स्क्रू ड्राइवर 12 “” - 1 नग
4. इंसुलेटिड स्क्रू ड्राइवर 8 “” - 1 नग
5. इंसुलेटिड स्क्रू ड्राइवर 6 “” - 1 नग
6. इंसुलेटिड स्क्रू ड्राइवर 3 “” - 1 नग
7. पेन्सिल टाइप नियोन टेस्टर - 1 नग
8. डिस्चार्ज रोड - 2 नग
9. गम बूट - 1 जोड़ी
10. हेलमेट - 1 नग
11. इलेक्ट्रोनिक फेज टेस्टर - 1 नग
12. सुरक्षा बेग - 1 नग

विद्युत लाइन निर्माण एवं संधारण में प्रयुक्त उपकरण (टी एंड पी) का मानक – विद्युत लाइन/उपकेन्द्र निर्माण में उपयोग होने वाले औज़ार (टी एंड पी) निम्नानुसार है : -
क्रमांक औजारों के नाम

1. सब्बल (12 नग),
2. गैंती (6 नग),
3. फाबड़ा (6 नग),
4. तगारी (4 नग),
5. रिंग पानों का कंप्लीट सेट, दो मुंह वाले पाने का कंप्लीट सेट,
6. हेक्सा फ्रेम एक सेट,
7. इंसुलेटिड कटिंग प्लायर 12 इंच (2 नग),
8. डी शेकल स्टील (4 नग),
9. चैन पुली ब्लॉक – दो टन – एक नग
10. सिंगल वे पुली ब्लॉक - एक नग
11. टु वे पुली ब्लॉक - एक नग
12. थ्री वे पुली ब्लॉक - एक नग

13. एल्यूमिनियम रोलर 230 एमएम - 15 नग
14. कम अलोंग क्लेम्प फॉर एसीएसआर कंडक्टर - एक नग
15. कम अलोंग क्लेम्प फॉर जीआई वायर - एक नग
16. क्रीम्पिंग टूल - एक सेट
17. बाल्टी - 4 नग
18. एल्यूमिनियम लेडर 11 मीटर लम्बी - एक नग
19. मेटेलिक टेप 30 मीटर - एक नग
20. स्टील टेप 2 मीटर - एक नग
21. टॉर्च – पाँच सेल - एक नग
22. टेंक - एक नग
23. त्रिपाल - एक नग
24. हथौड़ा (हेमर) 5 किलो (एक नग) एवं 2 किलो (एक नग)
25. मनीला रोप (रस्सा) 25 एमएम (50 किलो), 20 एमएम (50 किलो)
26. लाइनमेन सेफ़्टी बेल्ट (4 नग)
27. हेलमेट (10 नग)
28. कुल्हाड़ी, कटर (एक - एक नग)
29. टायटनर, रेचिट, टर्फर (एक - एक नग)

नोट – एक गैंग में निम्नानुसार कर्मचारी रहते हैं : - -

1. एलटी लाइन के कार्य हेतु – एक गैंग लीडर और 8 कर्मचारी
2. एचटी लाइन एवं सब स्टेशन कार्य हेतु – एक गैंग लीडर और 12 कर्मचारी ।

सामान्य निर्माण कार्यकाल : -

1. एलटी लाइन निर्माण कार्य – 45 दिन प्रथम एक किमी के लिए और उसके बाद 15 दिन हर एक किमी के लिए ।
2. एचटी लाइन निर्माण कार्य – 90 दिन (3 माह) प्रथम एक किमी के लिए और 30 दिन (1 माह) हर एक अतिरिक्त किमी के लिए ।
3. वितरण ट्रांसफार्मर स्थापना कार्य – 60 दिन (2 माह)
4. 33/11 केवी सब – स्टेशन निर्माण कार्य – 270 दिन (9 माह) व अतिरिक्त वे लिए 180 दिन (6 माह)
5. 132/33 केवी सब – स्टेशन निर्माण कार्य – 365 दिन (12 माह/एक वर्ष)

टिप्पणी - - निर्माण कार्यकाल की अवधि देश - काल, सामाग्री/कर्मचारी उपलब्धता तथा कार्य स्थल की स्थिति (वाद/विवाद) आदि के कारण घट - बढ़ सकती है ।

लाइनों की सुरक्षात्मक दूरी मानक

लाइनों की सुरक्षात्मक दूरी मानक : -
लाइनों की धरातल, भवनों, मार्गों, आदि से सुरक्षात्मक दूरी मानक : -

1. ग्रामीण बिना आबादी क्षेत्र/खुले मैदान/जंगल - पोल से पोल की दूरी

* एलटी लाइन - 65 मीटर
* 11 केवी लाइन - 100 मीटर
* 33 केवी लाइन - 125 मीटर

1. ग्रामीण बाहरी आबादी क्षेत्र - पोल से पोल की दूरी

* एलटी लाइन - 50 मीटर
* 11 केवी लाइन - 80 मीटर
* 33 केवी लाइन - 100 मीटर

3. लाइन डीपी (डबल पोल) –

* एलटी लाइन - नहीं
* 11 केवी लाइन - 1.6 किमी पर
* 33 केवी लाइन - 1.6 किमी पर

4. डीपी (डबल पोल) पोल से पोल की दूरी –

* एलटी लाइन - नहीं
* 11 केवी लाइन - 4 फीट सेंटर/1.22 मीटर

* 33 केवी लाइन - 5 फीट सेंटर/1.5 मीटर

5. ग्रामीण खुले मैदान/जंगल - क्षेत्र - लाइन की जमीन से कम से कम उचाई -

* एलटी लाइन - 15 फीट/4.57 मीटर
* 11 केवी लाइन - 15 फीट/4.57 मीटर
* 33 केवी लाइन - 17 फीट/5.18 मीटर

6. सड़क के किनारे लाइन की ऊंचाई -

* एलटी लाइन - 18 फीट/5.5 मीटर
* 11 केवी लाइन - 19 फीट/5.8 मीटर
* 33 केवी लाइन - 19 फीट/5.8 मीटर

7. सड़क पार (क्रासिंग) करते समय लाइन की ऊंचाई –

- एलटी लाइन - 19 फीट/5.8 मीटर
- 11 केवी लाइन - 20 फीट/6.1 मीटर
- 33 केवी लाइन - 20 फीट/6.1 मीटर

8. मकान के ऊपर से गुजरती लाइन की ऊंचाई –

- एलटी लाइन - 8 फीट/2.5 मीटर
- 11 केवी लाइन - 10 फीट/3.04 मीटर
- 33 केवी लाइन - 12 फीट/3.66 मीटर

9. मकान के पास (आड़े) से गुजरती लाइन की दूरी-

- एलटी लाइन - 4 फीट/1.2 मीटर
- 11 केवी लाइन - 6 फीट/1.83 मीटर
- 33 केवी लाइन - 8 फीट/2.5 मीटर

10. पेड़ की डाली से दूरी –

- एलटी लाइन - 4 फीट/1.2 मीटर
- 11 केवी लाइन - 6 फीट/1.83 मीटर
- 33 केवी लाइन - 8 फीट/2.5 मीटर

11. 33 केवी लाइन से दूरी –

- एलटी लाइन - 10 फीट/3.0 मीटर
- 11 केवी लाइन - 10 फीट/3.0 मीटर
- 33 केवी लाइन - 10 फीट/3.0 मीटर

12. लाइन के फेस से फेस की दूरी –

- एलटी लाइन - 1 फीट/0.3048 मीटर
- 11 केवी लाइन - 3.5 फीट/1.07 मीटर
- 33 केवी लाइन - 5 फीट/1.52 मीटर

13. कंडक्टर एवं गार्ड वायर से दूरी –

- एलटी लाइन - 1 फीट
- 11 केवी लाइन - 2 फीट 3 इंच
- 33 केवी लाइन - 2 फीट 6 इंच

14. पोल अर्थिंग व उसकी वेल्यू –

- एलटी लाइन - 6 ठवाँ पोल, 10 ओम
- 11 केवी लाइन - प्रत्येक पोल, 5 ओम
- 33 केवी लाइन - प्रत्येक पोल, 5 ओम

वारबेड वायर (कंटीले तार) –

प्रत्येक पोल पर कंटीले वायर भी लगाए जाते हैं जिससे कोई अन्य/बाहरी व्यक्ति किसी पोल पर न चढ़े जिसका मानक निम्नानुसार है :-

एलटी लाइन - कंटीले तार/वारवेड वायर, पोल की जमीन से ऊंचाई जहां पर कांटेदार तार लपेटना है (7.0 फीट/2.01 मीटर), कंटीले तार लपेटने का स्पान (0.6 मीटर/2 फीट), हर 0.305 मीटर (एक फुट) पर घुमाओं (राउंड) की संख्या (12 नंबर)

एचटी लाइन - कंटीले तार/वारवेड वायर, पोल की जमीन से ऊंचाई जहां पर कांटेदार तार लपेटना है (7.0 फीट/2.01 मीटर), कंटीले तार लपेटने का स्पान (1.2 मीटर/4 फीट), हर 0.305 मीटर (एक फुट) पर घुमाओं (राउंड) की संख्या (12 नंबर)

उपरोक्त के साथ हर पोल पर डेंजर बोर्ड लगा जाता है जिससे कोई बाहरी व्यक्ति पोल पर न चढ़े, और दुर्घटना से बच सके ।

गड्डे खुदाई (पिट – डिगिंग) – कांक्रीटिंग

गड्डे खुदाई (पिट – डिगिंग) –

क्रमांक, - विवरण, - गड्डे खुदाई (लम्बाई, चौड़ाई, गहराई)

1. पीसीसी पोल 140 किग्रा, 8 मीटर, - 4x2x4.5 फुट = 36 घनफुट
2. पीसीसी पोल 280 किग्रा, 9.1 मीटर, - 4x2x5 फुट = 40 घनफुट
3. आरएस जोईस्ट/एचबीम/रेल पोल –

- 8 मीटर लम्बाई, - 4x2x4.5 फुट = 36 घनफुट
- 9 मीटर लम्बाई, - 4x2x5 फुट = 40 घनफुट
- 11 मीटर लम्बाई,- 4x2x6 फुट = 48 घनफुट
- 13 मीटर लम्बाई, - 4x2x7 फुट = 56 घनफुट
- 15 मीटर लम्बाई, - 4x2x8 फुट = 64 घनफुट
- 17 मीटर लम्बाई, - 4x2x9 फुट = 72 घनफुट

1. स्टे - पिट डिगिंग, - 5x2.5x5 फुट = 62.50 घनफुट
2. पीटीआर/डीटीआर - अर्थिंग - पिट डिगिंग, -5x2.5x9 फुट = 112.50 घनफुट
3. पिट - डिगिंग - केबिल ट्रेंच 1 मीटर लम्बाई, - 1x0.45x1 मीटर = 0.45 घनमीटर
4. वीसीबी प्लिंथ, - 3x2x0.6 मीटर = 3.6 घनमीटर
5. पीटीआर(3.15/5.0 एमवीए) प्लिंथ - सामान्य/काली मिट्टी, - 2x2x1.05 मीटर = 4.20 घनमीटर
6. पीटीआर(3.15/5.0 एमवीए) प्लिंथ -सॉफ्ट रॉक/हार्ड सॉइल, -2x2x1.56 मीटर =6.25 घनमीटर
7. पीटीआर(8/10 एमवीए) प्लिंथ - सामान्य/काली मिट्टी, -3.1x3.1x1.15 मीटर = 11.05 घनमीटर
8. पीटीआर (8/10 एमवीए) प्लिंथ - सॉफ्ट रॉक/हार्ड सॉइल, - 3.1x3.1x1.56 मीटर = 15 घनमीटर

सामान्यत: पोल गड्डे की गहराई - पोल की लंबाई का 6 ठवाँ भाग के बराबर होता है ।

स्टे गड्डे – 2.5 फीट चौड़ाई, 5 फीट लंबाई और गहराई 5 से 6 फीट सीढ़ीदार

अर्थिंग गड्डे – 2.5 फीट चौड़ाई, 5 फीट लंबाई और 6 से 9 फीट गहरे

कांक्रीटिंग – कांक्रीटिंग का अनुपात 1 :3 :6 का होता है, जिसमें एक हिस्सा सीमेंट, तीन हिस्सा रेत (सेंड) तथा 6 हिस्सा स्टोन (गिट्टी) होता है ।

क्रमांक (1), विवरण (2), - कांक्रीटिंग (3), - सीमेंट (4), - रेत (सेंड) (5), - स्टोन (गिट्टी) (6) .

1. बेस पेडिंग, - 0.05 सीएमटी, - 11 किग्रा, - 33 किग्रा, - 66 किग्रा .
2. पोल, - 0.5 सीएमटी, - 112 किग्रा, - 336 किग्रा, - 672 किग्रा .
3. स्टे, - 0.3 सीएमटी, - 67 किग्रा, - 201 किग्रा, - 402 किग्रा .
4. सामान्य, - 1 सीएमटी, - 224 किग्रा, - 672 किग्रा, - 1344 किग्रा .

क्रमांक (1), -विवरण(अनुपात) (2), - पानी(3), - सीमेंट (4), - रेत (सेंड) (5),- स्टोन (गिट्टी)(1x1/4)(6) . 1- (1 : 3 : 6), - 484 लीटर, -13 बेग, - 50 सीएफटी, - 100 सीएफटी .

1. (1 : 2 : 4), - 484 लीटर, - 20 बेग, - 50 सीएफटी, -100 सीएफटी .
2. (1 : 2 : 8), - 484 लीटर, - 10 बेग, -50 सीएफटी, - 100 सीएफटी .

क्रमांक (1), -विवरण (2), - कोंक्रीट(1:3:6) प्रति विवरण .

1. पीसीसी पोल 140 किग्रा, 8 मीटर बेस पेडिंग, - 0.05 सीएमटी .
2. पीसीसी पोल 140 किग्रा, 8 मीटर, - 0.10 सीएमटी .
3. पीसीसी पोल 140 किग्रा, 8 मीटर, डी पी (11 केवी), - 0.30 सीएमटी .
4. पीसीसी पोल 280 किग्रा, 9.1 मीटर बेस पेडिंग, - 0.05 सीएमटी .
5. पीसीसी पोल 280 किग्रा 9.1 मीटर, -0.15 सीएमटी .
6. पीसीसी पोल 280 किग्रा, 9.1 मीटर, डी पी (33 केवी), - 0.50 सीएमटी .
7. आरएस जोईस्ट/रेल पोल/एचबीम – 8 मीटर, 0.30 सीएमटी .
8. आरएस जोईस्ट/रेल पोल/एचबीम – 9 मीटर, 0.65 सीएमटी .
9. आरएस जोईस्ट/रेल पोल/एचबीम – 11 मीटर, - 0.70 सीएमटी .
10. आरएस जोईस्ट/रेल पोल/एचबीम – 13 मीटर, - 0.94 सीएमटी .
11. आरएस जोईस्ट/रेल पोल/एचबीम – 15 मीटर, -1.25 सीएमटी .
12. आरएस जोईस्ट/रेल पोल/एचबीम – 17 मीटर, - 1.5 सीएमटी .
13. स्टे - सेट 16 एमएम, - 0.20 सीएमटी .
14. स्टे - सेट 20/25 एमएम, - 0.30 सीएमटी .
15. प्लिंथ - पावर ट्रांसफार्मर (3.15/5 एमवीए) ब्लेक कॉटन सॉइल, - 7.7 सीएमटी .
16. प्लिंथ - पावर ट्रांसफार्मर (3.15/5 एमवीए) सॉफ्ट रॉक/नॉर्मल सॉइल, - 5.5 सीएमटी .
17. प्लिंथ - पावर ट्रांसफार्मर (8/10 एमवीए) ब्लेक कॉटन सॉइल, - 18.60 सीएमटी .
18. प्लिंथ - पावर ट्रांसफार्मर (8/10 एमवीए) सॉफ्ट, - 15 सीएमटी .
19. प्लिंथ - वीसीबी (33 केवी, 11 केवी) ब्लेक कॉटन सॉइल, - 3.5 सीएमटी .
20. प्लिंथ - वीसीबी (33 केवी, 11 केवी) - सॉफ्ट रॉक/नॉर्मल सॉइल,- 1.92 सीएमटी.
21. मेसेनरी कार्य - सीमेंट मोर्टार (अनुपात 1:6) - पावर ट्रांसफार्मर (3.15/5 एमवीए), -3.78 सीएमटी.
22. प्लास्टरिंग कार्य - सीमेंट मोर्टार (अनुपात 1:4) - पावर ट्रांसफार्मर (3.15/5 एमवीए), - 3.33 सीएमटी .
23. मेसेनरी कार्य - सीमेंट मोर्टार (अनुपात 1 : 6) - वीसीबी (33 केवी, 11 केवी), - 2.04 सीएमटी.
24. प्लास्टरिंग कार्य - सीमेंट मोर्टार (अनुपात 1 : 4) – वीसीबी (33 केवी, 11 केवी), - 1.75 सीएमटी

कंडक्टर्स एवं केबिल

वितरण लाइनों में उपयोगी कंडक्टर्स एवं करंट लेने की क्षमता

क्रमांक (1), - कंडक्टर का नाम एसीएसआर (2), - सांकेतिक तार का क्षेत्रफल कॉपर समतुल्य वर्ग मिमी में (3), - सांकेतिक तार का क्षेत्रफल कॉपर समतुल्य वर्ग मिमी (4), - तारों के करंट की क्षमता एम्पीयर में (5), - एसीएसआर तारों का वजन प्रति किमी में (6), एएएसी तारों का वजन प्रति किमी में (7), - उपयोग (8) .

1. स्क्वायरल, - 20 वर्ग मिमी, - 13 वर्ग मिमी, - 70 एम्पीयर, - 85 किग्रा, - 60 किग्रा, - एलटी लाइन
2. वीजल, - 30 वर्ग मिमी, - 20 वर्ग मिमी, - 100 एम्पीयर, - 128 किग्रा, - 94 किग्रा, - एलटी लाइन व 11 केवी लाइन
3. रेबिट, - 50 वर्ग मिमी, - 30 वर्ग मिमी, - 148 एम्पीयर, - 214 किग्रा, - 149 किग्रा, - एलटी लाइन व 11 केवी लाइन
4. रेकून, - 75 वर्ग मिमी, - 48 वर्ग मिमी, - 197 एम्पीयर, - 318 किग्रा, - 218 किग्रा, - 33 केवी लाइन
5. डॉग, - 100 वर्ग मिमी, - 65 वर्ग मिमी, - 254 एम्पीयर, - 394 किग्रा, - 273 किग्रा, - 33 केवी लाइन
6. पेंथर, - 200 वर्ग मिमी, - 130 वर्ग मिमी, - 510 एम्पीयर, - 976 किग्रा, - -, - 132 केवी लाइन
7. जेब्रा, - 400 वर्ग मिमी, - 260 वर्ग मिमी, - 740 एम्पीयर, - 1621 किग्रा, - -, - 220 केवी लाइन
8. मूस, - 500 वर्ग मिमी, - 325 वर्ग मिमी, - 840 एम्पीयर, - 1996 किग्रा, - -, - 400 केवी लाइन
9. नेट एसी, - 25 वर्ग मिमी, - - , - 115 एम्पीयर, - 73 किग्रा, - -, - एलटी व 11 केवी लाइन

नोट -1- सामान्यत: एक ड्रम एएएसी कंडक्टर में लगभग रेबिट - 6 किमी, रेकून 4.75 किमी तथा डॉग - 3.5 किमी होता है । एसीएसआर कंडक्टर रेबिट में लगभग 4 किमी होता है ।

वर्तमान में एलटी लाइनों में ओवर हेड कंडक्टर के स्थान पर एलटी केबिल का प्रयोग किया जा रहा है । तथा एसीएसआर (एलुमिनियम कंडक्टर स्टील रिइनफोर्सड) कंडक्टर के स्थान पर एएएसी कंडक्टर प्रयोग किया जाता है क्योंकि एएएसी (आल एल्यूमिनियम एलोय कंडक्टर) कंडक्टर चोरी के बाद बिकता नहीं है और न कोई उपयोग होता है ।

क्रमांक (1),- कंडक्टर साइज वर्ग मिमी (2), - सिंगल कोर केबिल करंट क्षमता एम्पीयर में – पीवीसी (3), - सिंगल कोर केबिल करंट क्षमता एम्पीयर में – एक्सएलपीई (4), - तीन कोर केबिल करंट क्षमता एम्पीयर में (5)

1. 1.5 वर्ग मिमी, - 15 एम्पीयर, -17 एम्पीयर, - 16 एम्पीयर
2. 2.5 वर्ग मिमी, - 21 एम्पीयर, -22 एम्पीयर, - 23 एम्पीयर
3. 4.0 वर्ग मिमी, - 27 एम्पीयर, -31 एम्पीयर, - 28 एम्पीयर
4. 6.0 वर्ग मिमी, - 35 एम्पीयर, -39 एम्पीयर, - 36 एम्पीयर
5. 10.0 वर्ग मिमी, - 47 एम्पीयर, - 53 एम्पीयर, - 48 एम्पीयर
6. 16.0 वर्ग मिमी, - 64 एम्पीयर, - 73 एम्पीयर, - 61 एम्पीयर
7. 25.0 वर्ग मिमी, - 84 एम्पीयर, - 98 एम्पीयर, - 70 एम्पीयर
8. 35.0 वर्ग मिमी, - 105 एम्पीयर, - 121 एम्पीयर, - 92 एम्पीयर
9. 50.0 वर्ग मिमी, - 130 एम्पीयर, - 150 एम्पीयर, - 105 एम्पीयर
10. 70.0 वर्ग मिमी, - 155 एम्पीयर, - 187 एम्पीयर, - 130 एम्पीयर
11. 95.0 वर्ग मिमी, - 190 एम्पीयर, - 230 एम्पीयर, - 155 एम्पीयर
12. 120.0 वर्ग मिमी, - 220 एम्पीयर, - 268 एम्पीयर, - 180 एम्पीयर
13. 150.0 वर्ग मिमी, - 250 एम्पीयर, - 309 एम्पीयर, - 205 एम्पीयर
14. 185.0 वर्ग मिमी, - 290 एम्पीयर, - 360 एम्पीयर, - 240 एम्पीयर
15. 240.0 वर्ग मिमी, - 335 एम्पीयर, - 433 एम्पीयर, - 280 एम्पीयर
16. 300.0 वर्ग मिमी, - 382 एम्पीयर, - 501 एम्पीयर, - 315 एम्पीयर
17. 400.0 वर्ग मिमी, - 435 एम्पीयर, - 595 एम्पीयर, - 375 एम्पीयर
18. 500.0 वर्ग मिमी, - 480 एम्पीयर, - 693 एम्पीयर, - 510 एम्पीयर

उपकरण अर्थिंग कंडक्टर साइज (ट्रांसफार्मर, मोटर, स्विचगीयर आदि)

क्रमांक (1), - 400 वोल्ट 3 फेज की रेटिंग – 50 हर्टज़ (2), - अर्थ कंडक्टर का साइज अनावृत तांबा (3), - अर्थ कंडक्टर का साइज - पीवीसी इंसुलेटिड एल्यूमिनियम (4), - अर्थ कंडक्टर का साइज – जीआई (5) .

1. 5 तक, - 14 एसडब्ल्यूजी, - 16 वर्ग मिमी ,- 7/22 एसडब्ल्यूजी .
2. 6 से 15 तक, - 10 एसडब्ल्यूजी, - 16 वर्ग मिमी, 8 एसडब्ल्यूजी .
3. 16 से 50 तक, - 10 एसडब्ल्यूजी, - 16 वर्ग मिमी, 1"x1/16" स्ट्रिप .
4. 51 से 75 तक, - 8 एसडब्ल्यूजी, - 25 वर्ग मिमी, 1"x1/16" स्ट्रिप .
5. 76 से 100 तक, - 6 एसडब्ल्यूजी, - 35 वर्ग मिमी, 1"x1/8" स्ट्रिप
6. 101 से 125 तक, - 4 एसडब्ल्यूजी, - 50 वर्ग मिमी, 1"x1/4" स्ट्रिप
7. 126 से 150 तक, - 2 एसडब्ल्यूजी, 1"x1/16" स्ट्रिप, - 70 वर्ग मिमी, 1"x1/4" स्ट्रिप
8. 151 से 200 तक, - 1"x1/16" स्ट्रिप, - 70 वर्ग मिमी, 1"x1/4" स्ट्रिप
9. 201 से अधिक, - 1"x1/18" स्ट्रिप, - 70 वर्ग मिमी, 2"x1/4" स्ट्रिप

ट्रांसफार्मर न्यूट्रल अर्थिंग कंडक्टर साइज –

क्रमांक (1), - ट्रांसफार्मर रेटिंग केवीए (2), - इलेक्ट्रोलाइटिक बेयर कापर कंडक्टर या स्ट्रिप (3), इंसुलेटिड (पीवीसी) सिंगल कोर स्ट्रेंडिड एल्यूमिनियम (4), - जीआई कंडक्टर या स्ट्रिप (5)

1. 50 केवीए तथा कम, - 8 एसडब्ल्यूजी, - 16 वर्ग मिमी, - 1"x1/8"(25x3 मिमी)
2. 75 केवीए तथा कम, - 8 एसडब्ल्यूजी, - 25 वर्ग मिमी, - (1-1/2)"x1/14"(40x6 मिमी)
3. 100 केवीए तथा कम, - 4 एसडब्ल्यूजी, - 35 वर्ग मिमी, - (1-1/2)"x1/14"(40x6 मिमी)
4. 150 केवीए तथा कम, - 2 एसडब्ल्यूजी या 1"x1/16' एसडब्ल्यूजी, - 70 वर्ग मिमी, - (1-1/2)" x1/14"(40x6 मिमी)
5. 200 केवीए तथा कम, - 1"x1/16" एसडब्ल्यूजी, - 95 वर्ग मिमी, - (1-1/2)"x1/14"(40x6 मिमी)
6. 250 केवीए तथा कम, - 1"x1/16" एसडब्ल्यूजी, - 150 वर्ग मिमी, -(1-1/2)"x1/14"(40x6 मिमी)
7. 300 केवीए तथा कम, - 1"x1/18" एसडब्ल्यूजी, - 225 वर्ग मिमी, -(1-1/2)"x1/14"(40x6 मिमी)
8. 500 केवीए तथा कम, - 1"x1/14" एसडब्ल्यूजी, - 300 वर्ग मिमी, - 2"x1/4"(50x6 मिमी)
9. 750 केवीए तथा कम, -(1-1/2)"x1/14" एसडब्ल्यूजी, - 2x225 वर्ग मिमी या 1x500 वर्ग मिमी, - 500 केवीए से अधिक में केबिल तांबा या एल्यूमिनियम का प्रयोग किया जाता है ।

नोट - 750 केवीए से अधिक के लिए अर्थ लीड के साइज का निर्धारण आईएस 1886/1961 के अनुरूप किया जाता है ।

इंडक्शन मोटर पर उचित क्षमता/रेटिंग के केपेसिटर की तालिका

इंडक्शन मोटर पर उचित क्षमता/रेटिंग के केपेसिटर की तालिका:-

क्रमांक (1), - मोटर अश्व शक्ति/हॉर्स पावर (एचपी) (2), - केपेसिटर क्षमता (केवीएआर) 3000 आरपीएम मोटर(3), - केपेसिटर क्षमता (केवीएआर) 1500 आरपीएम मोटर (4), - केपेसिटर क्षमता (केवीएआर) 1000 आरपीएम मोटर (5) .

1. 2.5/3.0 एचपी, - 1.0 केवीएआर, - 1.0 केवीएआर, - 1.5 केवीएआर
2. 5.0 एचपी, - 2.0 केवीएआर, - 2.0 केवीएआर, - 2.5 केवीएआर
3. 7.5 एचपी, - 2.0 केवीएआर, - 3.0 केवीएआर,- 3.5 केवीएआर
4. 10.0 एचपी, - 3.0 केवीएआर, - 3.5 केवीएआर,- 4.0 केवीएआर
5. 12.5 एचपी, - 3.5 केवीएआर, - 4.0 केवीएआर,- 5.0 केवीएआर
6. 15 एचपी, - 4.0 केवीएआर, - 5.0 केवीएआर,- 6.0 केवीएआर
7. 20 एचपी, - 5.0 केवीएआर, - 6.0 केवीएआर,- 7.0 केवीएआर
8. 25 एचपी, - 6.0 केवीएआर, - 7.0 केवीएआर,- 8.0 केवीएआर
9. 30 एचपी, - 7.0 केवीएआर, -8.0 केवीएआर,- 9.0 केवीएआर
10. 35 एचपी, - 8.0 केवीएआर, - 9.0 केवीएआर,- 10.0 केवीएआर
11. 40 एचपी, - 9.0 केवीएआर, - 10.0 केवीएआर,- 11.0 केवीएआर
12. 45 एचपी, - 10.0 केवीएआर, - 12.0 केवीएआर,- 14.5 केवीएआर
13. 50 एचपी, - 10.0 केवीएआर, - 12.0 केवीएआर,- 15.0 केवीएआर
14. 60 एचपी, - 12.0 केवीएआर, - 14.0 केवीएआर,- 15.0 केवीएआर
15. 75 एचपी, - 15.0 केवीएआर, - 16.0 केवीएआर,- 20.0 केवीएआर
16. 100 एचपी, - 20.0 केवीएआर, - 22.0 केवीएआर,- 25.0 केवीएआर
17. 125 एचपी, -25.0 केवीएआर, -26.0 केवीएआर,- 30.0 केवीएआर
18. 150 एचपी, - 30.0 केवीएआर, - 32.0 केवीएआर,- 35.0 केवीएआर
19. 200 एचपी, - 40.0 केवीएआर, - 45.0 केवीएआर,- 54.0 केवीएआर
20. 250 एचपी, - 45.0 केवीएआर, - 50.0 केवीएआर,- 50.0 केवीएआर

ट्रांसफार्मर फ्यूज रेटिंग/क्षमता

ट्रांसफार्मर फ्यूज रेटिंग/क्षमता : - -

वितरण ट्रांसफार्मर 11/0.4 के वी - -

क्रमांक (1), - ट्रांसफार्मर क्षमता केवीए (2), - एचटी (11 केवी) फुल लोड - करंट (डीओ फ्यूज) (3), - एलटी (0.4 केवी) फुल लोड करंट (4), - एलटी (0.4 केवी) साइड में लगने वाले टीसी फ्यूज वायर (5), - एलटी की तरफ पीवीसी सिंगल कोर केबिल दो सर्किट बनाने के लिए (6) –

1. 10 केवीए, - 0.5 एम्पीयर, - 12.5 एम्पीयर, - 28 एसडब्ल्यूजी, - 16x4 वर्ग मिमी
2. 16 केवीए, - 0.75 एम्पीयर, - 24.0 एम्पीयर, - 22 एसडब्ल्यूजी, - 16x4 वर्ग मिमी
3. 25 केवीए, - 1.25 एम्पीयर, - 34.0 एम्पीयर, - 20 एसडब्ल्यूजी, -25x3+16x1 वर्ग मिमी
4. 63 केवीए, - 3.0 एम्पीयर, - 85.0 एम्पीयर, - 18x2 एसडब्ल्यूजी, -50x3+25x1 वर्ग मिमी
5. 100 केवीए, - 5.0 एम्पीयर, - 133 एम्पीयर, - 12/13 एसडब्ल्यूजी, -70x3+50x1 वर्ग मिमी
6. 200 केवीए, - 10.0 एम्पीयर, - 266 एम्पीयर, - 14x2/17x1 एसडब्ल्यूजी, -150x3+70x1 वर्ग मिमी
7. 315 केवीए, - 15.0 एम्पीयर, - 418 एम्पीयर, - 12x2/13x1 एसडब्ल्यूजी, -240x3+150x1 वर्ग मिमी
8. 500 केवीए, - 25.0 एम्पीयर, - 665 एम्पीयर, - एचआरसी फ्यूज, -400x3+300x1 वर्ग मिमी
9. 1000 केवीए, - 50.0 एम्पीयर, - 1330 एम्पीयर, - एचआरसी फ्यूज 28, -440x3+300x1 वर्ग मिमी के चार सर्किट

वितरण ट्रांसफार्मर 33/0.4 के वी :-

क्रमांक (1), - ट्रांसफार्मर क्षमता केवीए (2), - एचटी (33 केवी) फुल लोड करंट (3), - एलटी (0.4 केवी) फुल लोड करंट (4), - एचटी (33 केवी) - फ्यूज साइज (5), - एलटी (0.4 केवी) - फ्यूज साइज (6) –

1. 100 केवीए, - 1.7 एम्पीयर, - 133 एम्पीयर, - 1.5 एम्पीयर, - 120/125 एम्पीयर
2. 200 केवीए, - 3.3 एम्पीयर, - 266 एम्पीयर, - 3.0 एम्पीयर, - 250 एम्पीयर
3. 315 केवीए, - 5.77 एम्पीयर, - 418 एम्पीयर, - 5.0 एम्पीयर, - 400 एम्पीयर
4. 500 केवीए, - 8.75 एम्पीयर, - 665 एम्पीयर, - 8.0 एम्पीयर, - 650 एम्पीयर
5. 1000 केवीए, - 17.50 एम्पीयर, - 1330 एम्पीयर, - 15/17 एम्पीयर, - 1250/1300 एम्पीयर
6. 2000 केवीए, - 35.0 एम्पीयर, - 2660 एम्पीयर, - 30.0 एम्पीयर, -2500/2600 एम्पीयर

पावर ट्रांसफार्मर 33/11 केवी :-

क्रमांक (1), - ट्रांसफार्मर क्षमता एमवीए (2), - एचटी (33 केवी) फुल लोड करंट (3), - एलटी (11 केवी) फुल लोड करंट (4), - एचटी (33केवी) - फ्यूज साइज (5), - एलटी (11 केवी) - फ्यूज साइज (6)

1. 1.0 एमवीए, - 17 एम्पीयर, - 52 एम्पीयर, - 15 एम्पीयर, - 50 एम्पीयर
2. 1.6 एमवीए, - 28 एम्पीयर, - 85 एम्पीयर, - 25 एम्पीयर, - 75 एम्पीयर
3. 3.15 एमवीए, - 55 एम्पीयर, - 163 एम्पीयर, - 50 एम्पीयर, - 150 एम्पीयर
4. 5.0 एमवीए, - 87.5 एम्पीयर, - 262 एम्पीयर, - 75/80 एम्पीयर, - 225/240 एम्पीयर
5. 8.0 एमवीए, - 136 एम्पीयर, - 408 एम्पीयर, - 125/130 एम्पीयर, - 375/400 एम्पीयर

नोट - पावर ट्रांसफार्मर के एलटी (11 केवी) साइड में वीसीबी का उपयोग करते हैं तथा 3.15 एमवीए व उससे अधिक क्षमता के पावर ट्रांसफार्मर के एचटी साइड भी वीसीबी का उपयोग करते है ।

ट्रान्सफार्मर की न्यूनतम आईआर वेल्यू : - -

वोल्टेज (1), - 30 डिग्री सेंटीग्रेड (2), - 40 डिग्री सेंटीग्रेड (3), - 50 डिग्री सेंटीग्रेड (4), - 60 डिग्री सेंटीग्रेड (5),

33 केवी, - 550 मेगाओम, - 265 मेगाओम, - 132 मेगाओम, - 66 मेगाओम

11 केवी, - 180 मेगाओम, - 90 मेगाओम, - 45 मेगाओम, - 22 मेगाओम

ट्रांसफार्मर आयल में नमी जानने हेतु –

ट्रांसफार्मर आयल का बीडीवी टेस्ट 2.5 एमएम गेप पर एक मिनट 40 केवी एवं अधिक स्टैंड करना चाहिए ।

केंद्रीय विद्युत प्राधिकरण (सीईए) के द्वारा निर्धारित विद्युत लाइनों से सुरक्षित दूरी के मानक

केंद्रीय विद्युत प्राधिकरण (सीईए) के द्वारा निर्धारित विद्युत लाइनों से सुरक्षित दूरी के मानक –

1. - विद्युत दुर्घटना लाइनों की लाइनों से, भवनों से, धरातल/जमीन से निर्धारित मापक (नाप) से कम होने पर भी घट सकती है अतः घटना स्थल की जांच करते समय इनका भी निरीक्षण करें । केंद्रीय विद्युत प्राधिकरण (सीईए) ने विद्युत अधिनियम 2003 (2003 का 36) की धारा 177 द्वारा प्रदत्त शक्तियों का प्रयोग करते हुए लाइनों की सुरक्षा तथा विद्युत आपूर्ति संबंधी उपाय/विनियम स्पष्ट किए हैं, जो यथावत उद्धृत किए जा रहे हैं :- -

    केंद्रीय विद्युत प्राधिकरण/अधिसूचना 20 सितंबर 2010/अध्याय 7/56, जोड़ (ज्वाइंट ऑन कंडक्टर) –

2. -ओवरहेड लाइन के एक खंड (स्पान) के सुचालक में एक से ज्यादा जोड़ नहीं होंगे और ओवरहेड लाइन के सुचालकों के बीच जोड़ को संचालन हालातों में यांत्रिक (मेकेनिकली) तथा विद्युत (इलेक्ट्रिकली) तौर पर सुरक्षित बनाया जाएगा ।

3. – जोड़ की विद्युत सुचालकता (कंडक्टिविटी) तथा चरम बल (अल्टीमेट स्ट्रेंथ) तत्संबंध भारतीय मानकों के अनुसार होगा ।

4. केंद्रीय विद्युत प्राधिकरण/अधिसूचना 20 सितंबर 2010/अध्याय 7/58, ओवरहेड लाइनों के सबसे निचले सुचालक (कंडक्टर) की जमीन से ऊंचाई -

5. – सड़क के आर - पार लगाई गई सर्विस लाइनों सहित, ओवरहेड लाइनों को कोई भी सुचालक उनके किसी भी हिस्से में, निम्नलिखित ऊंचाई से कम पर नहीं होगा –

6. (अ) - 650 वोल्ट तक के वोल्ट वाली लाइनों के लिए - 5.8 मीटर

    (आ) - 650 वोल्ट से अधिक किन्तु 33 केवी से न अधिक - 6.1 मीटर

7. – सड़क के किनारे लगाई गई सर्विस लाइनों सहित ओवरहेड लाइनों का कोई भी सुचालक उनके किसी भी हिस्से में निम्नलिखित ऊंचाई से कम पर नहीं होगा –

8. (अ) – 650 वोल्ट से न अधिक वोल्ट वाली लाइनों के लिए - 5.5 मीटर

    (आ) – 650 वोल्ट से अधिक किन्तु 33 के वी से

    कम वोल्ट वाली लाइनों के लिए - - 5.8 मीटर

9. - सड़कों के बजाय कहीं अन्यत्र लगाई गई सर्विस लाइनों सहित ओवरहेड लाइनों का कोई भी सुचालक निम्नलिखित ऊंचाई से कम पर नहीं होगा –

10. (अ) - 11 केवी तक और सहित वोल्ट वाली लाइनों के लिए जो कि इंसुलेटिड नही हैं - 4.6 मीटर

    (आ) - 11 केवी तक और सहित वोल्ट वाली इंसुलेटिड लाइनों के लिए - 4.0 मीटर

    (इ) - 11 केवी से अधिक किन्तु 33 केवी से कम वोल्ट वाली लाइनों के लिए - 5.2 मीटर

    (4) – 33 केवी से अधिक वोल्ट वाली लाइनों के लिए किसी हिस्से में जमीन से ऊंचाई 5.2 मीटर से कम नहीं होगी और जहां भी 33 केवी से अधिक वोल्ट बढ़ते हैं, उसी के अनुसार उक्त ऊंचाई में प्रत्येक अतिरिक्त 33 केवी या इसके भाग के लिए 0.3 मीटर जोड़ने होंगे । परंतु किसी भी स्ट्रीट के साथ -साथ या आर - पार न्यूनतम अंतराल 6.1 मीटर से कम नहीं होगा ।

    केंद्रीय विद्युत प्राधिकरण/अधिसूचना 7/60 : - 650 वोल्ट से अधिक वोल्ट की लाइनों और सर्विस लाइनों की इमारतों से दूरी –

    (1) – ओवरहेड लाईन जहां तक संभव हो, किसी मौजूदा भवन के ऊपर से नहीं गुज़रेगी और मौजूदा ओवरहेड लाईन के नीचे कोई भी इमारत नहीं बनाई जाएगी ।

    (2) – ऐसे मामलें में जहां से 650 वोल्ट से कम वोल्ट की कोई ओवर हेड लाईन किसी इमारत के ऊपर या पास से गुजरती है अथवा समाप्त होती है, किसी भी पहुँच बिन्दु से, अधिकतम झोल के आधार पर निम्नलिखित न्यूनतम अंतराल रखा जाएगा, अर्थात –

11. - किसी भी सपाट छत, खुली बालकनी, वरांडा/वरामदा, छत और झुकी हुई छत के लिए –

12. (क) - लाईन जब इमारत के ऊपर से गुजर रही हो, उच्चतम बिन्दु से लम्बवत दूरी 2.5 मीटर और

    (ख) - लाईन जब इमारत के नजदीक से गुजर रही हो, सबसे नजदीक के बिन्दु से समानान्तर दूरी 1.2 मीटर और

    (आ) - ढलवां छत के लिए -

    (क) - लाईन जब इमारत के ऊपर से गुजर रही हो, लाईन के तत्काल नीचे से 2.5 मीटर की लम्बवत दूरी, और

    (ख) - लाईन जब इमारत के नजदीक से गुजर रही हो, 1.2 मीटर का अंतराल ।

(3) - कोई सुचालक, जो इस प्रकार लगाया है कि उसकी दूरी उपरोक्त निर्धारित दूरी से कम है, पर्याप्त रूप से इंसुलेटिड होगा, और कम से कम 350 किलोग्राम के भंगुरता बल (ब्रेकिंग स्ट्रेंथ) वाले अर्थ के लिए खुले बीयर वायर से पर्याप्त अंतरालों पर जुड़ा होगा ।

(4) - समानान्तर दूरी तब नापी जाएगी, जब लाइन वायु दाब के कारण लम्बवत से अधिकतम विचलन पर हो ।

(5)- लम्बवत तथा समानान्तर दूरी अनुसूची में विनिदिर्ष्ट दूरी के अनुसार होगी ।

स्पष्टीकरण – इस विनियम के प्रयोजनार्थ इमारत शब्द में कोई भी अवसंरचना, चाहे वह स्थाई हो अस्थाई, सम्मलित है ।

केंद्रीय विदूत प्राधिकरण/अधिसूचना 20 सितंबर 2010/अध्याय 7/61 - 650 वोल्ट से अधिक वोल्ट वाली लाइनों की इमारतों से दूरी –

ओवरहेड लाइन जहां तक संभव हो मौजूदा इमारत के ऊपर से नहीं गुज़रेगी और मौजूदा ओवरहेड लाइन के नीचे कोई इमारत नही बनाई जाएगी ।

ऐसे मामले में जहां 650 वोल्ट से अधिक वोल्ट वाली ओवरहेड लाइन किसी इमारत अथवा इमारत के हिस्से के ऊपर से अथवा नजदीक गुजरती है, ऐसे लाइन के तत्काल नीचे बनी इमारत/भवन के सबसे ऊंचे हिस्से से लाइन के अधिकतम झोल के आधार पर लम्बवत दूरी निम्नलिखित दूरी से कम नहीं होगी –

13. – 650 वोल्ट से अधिक किन्तु 33,000 वोल्ट तक और सहित वोल्ट वाली लाइन के लिए - 3.7 मीटर

14. (आ) – 33 केवी से अधिक वोल्ट वाली लाइन के लिए 0.3 मीटर प्रत्येक अतिरिक्त 33 केवी वोल्ट या इसके भाग के लिए । - 3.7 मीटर

सबसे नजदीकी सुचालक और ऐसी इमारत के बीच की समानान्तर दूरी, वायु दवाब के कारण अधिकतम विचलन के आधार, निम्नलिखित दूरी से कम नहीं होंगी –

(इ)– 650 वोल्ट से अधिक और 11 000 वोल्ट तक और सहित वोल्ट वाली लाइन के लिए - - 1.2 मीटर

(ई)- 11,000 वोल्ट से अधिक और 33, 000 वोल्ट तक और सहित वोल्ट वाली लाइन के लिए - 2.0 मीटर

15. - 33 केवी वोल्ट से अधिक वाली लाइन के लिए 0.3 मीटर प्रत्येक अतिरिक्त 33 केवी अथवा इसके भाग के लिए - 2.0 मीटर

16. केंद्रीय विद्युत प्राधिकरण/अधिसूचना 20 सितम्बर 2010/अध्याय 7/69 -

एक दूसरे को लांघने (क्रॉस) वाली अथवा एक दूसरे की ओर आने वाली

और गलियों और सड़कों को पार करने वाली लाइने – ऐसे मामले में जहां ओवरहेड लाइन,

दूरसंचार लाइन के ऊपर से या पास से गुजरती है, ओवरहेड लाइन अथवा दूर संचार लाइन का

स्वामी/मालिक, जो भी अपनी लाइन बाद में बिछाया है, सुरक्षात्मक उपकरणों अथवा

संरक्षात्मक व्यवस्थाओं का उपबन्ध करेगा और निम्नलिखित उपबंधों का अनुपालन

करेगा, अर्थात –

17. - जब ऐसी दूर संचार लाइन या ओवरहेड लाइन जो ओवरहेड लाइन अथवा दूर संचार लाइन

18. - लाइन को क्रॉस करेगी या उसके पास से गुज़रेगी, जैसा भी मामला हो, बिछाने का इरादा हो, ऐसी लाइन बिछाने का प्रस्ताव करने वाला व्यक्ति, ऐसा करने के अपने इरादे के बारे में मौजूदा लाइन के स्वामी/मालिक को एक महीने का नोटिस देगा, जिसमें सुरक्षा के बारे में प्रासांगिक ब्यौरा और नक्शा दिया जाएगा ।

19. – 33 केवी तक वोल्ट वाली लाइन जहाँ भी रोड अथवा गली को क्रॉस करेगी सुरक्षा के उपाय किए जाएँगे ।

20. – ऐसे मामले में जहां ओवरहेड लाइन दूसरी ओवरहेड लाइन को क्रॉस करती है अथवा नजदीक से गुजरती है, सुरक्षा उपबन्ध किए जाएंगे ताकि उनके एक - दूसरे के सम्पर्क में आने की संभावना से बचाने के लिए सावधाने बरती जा सकें ।

21. क्रमांक - आंकलित प्रणाली के वोल्ट (केवी) (1), - दूरी मीटर में (2)

22. , 11 – 66 केवी, - 2.44 मीटर

23. , 110 – 132 केवी, - 3.05 मीटर

24. , 220 केवी, - 4.58 मीटर

25. , 400 केवी, - 5.49 मीटर

26. 800 केवी, - 7.94 मीटर

एसडब्ल्यूजी (स्टेंडर्ड वायर गेज), डाइमीटर (मिमी) और औसत करेंट क्षमता तालिका

एसडब्ल्यूजी (स्टेंडर्ड वायर गेज), डाइमीटर (मिमी) और औसत करेंट क्षमता तालिका :- -

क्रमांक (1),- एसडब्ल्यूजी (फ्यूज वायर) (2), - डाइमीटर (मिमी) (3), - औसत करेंट क्षमता एम्पीयर में (4)

1. 7/0 SWG, - 12.700 mm., - 354.7 A
2. 6/0 SWG, - 11.786 mm., - 305.5 A
3. 5/0 SWG, - 10.973 mm., - 264.8 A
4. 4/0 SWG, - 10.160 mm., - 227.0 A
5. 3/0 SWG, - 09.449 mm., - 196.3 A
6. 2/0 SWG, - 08.839 mm., - 171.8 A
7. 0 SWG, - 08.230 mm., - 148.9 A
8. 1 SWG, - 7.260 mm., - 127.7 A
9. 2 SWG, - 7.010 mm., - 108.1 A
10. 3 SWG, - 6.401 mm., - 90.1 A
11. 4 SWG, - 5.893 mm., - 76.4 A
12. 5 SWG, - 5.385 mm., - 63.8 A
13. 6 SWG,- 4.877 mm., - 52.3 A
14. 7 SWG, - 4.470 mm., - 44.2 A
15. 8 SWG, - 4.064 mm., - 33.3 A
16. 9 SWG, - 3.658 mm., - 26.5 A
17. 10 SWG, - 3.251 mm., - 21.20 A
18. 11 SWG,- 2.946 mm, - 16.6 A
19. 12 SWG,- 2.642 mm,- 13.5 A
20. 13 SWG,- 2.337mm,- 10.5 A
21. 14 SWG,-2.032mm, - 8.3 A
22. 15 SWG, - 1.829mm, - 6.6 A
23. 16 SWG,- 1.626mm, - 5.2 A
24. 17 SWG, - 1.422 mm, - 4.1 A
25. 18 SWG, - 1.219mm, - 3.2 A
26. 19 SWG, - 1.016mm, - 2.6 A
27. 20 SWG,- 0.914 mm, - 2.0 A
28. 21 SWG,- 0.813 mm, - 1.6 A
29. 22 SWG,- 0.711 mm, - 1.2 A
30. 23 SWG,- 0.610 mm, - 1.0 A
31. 24 SWG, - 0.559 mm,- 0.8 A
32. 25 SWG, - 0.508 mm, - 0.6 A
33. 26 SWG, - 0.4572mm,- 0.5 A
34. 27 SWG, - 0.4166 mm, - 0.4 A
35. 28 SWG,- 0.3759 mm, - 0.3 A
36. 29 SWG, - 0.3454 mm, - 0.23 A
37. 30 SWG,- 0.3150 mm, - 0.22 A
38. 31 SWG, - 0.2946 mm, - 0.21 A
39. 32 SWG,- 0.2743 mm, - 0.18 A
40. 33 SWG, - 0.2540 mm, - 0.16 A
41. 34 SWG, - 0.2337mm, - 0.13 A
42. 35 SWG, - 0.2134 mm, - 0.11 A

43. 36 SWG,- 0.1930mm, - 0.09 A
44. 37 SWG, - 0.1727 mm, - 0.07 A
45. 38 SWG, - 0.1524 mm, - 0.06 A
46. 39 SWG, - 0.1321mm, 0.04 A
47. 40 SWG, - 0.1219 mm, - 0.023 A
48. 41 SWG, - 0.1118 mm, - 0.019 A
49. 42 SWG, - 0.1016 mm, - 0.016 A
50. 43 SWG, - 0.0914 mm, - 0.013 A
51. 44 SWG, - 0.0813 mm, - 0.010 A
52. 45 SWG,- 0.0711 mm, 0.008 A
53. 46 SWG,- 0.0616 mm,- 0.006 A
54. 47 SWG,- 0.0508 mm, - 0.004 A
55. 48 SWG, - 0.0406 mm, - 0.003 A
56. 49 SWG, - 0.0305 mm, - 0.0015 A
57. 50 SWG, - 0.0254 mm, - 0.001A

चर्चा/सुझाव/समस्या निराकरण/आपसी सहयोग

चर्चा/सुझाव/समस्या निराकरण/आपसी सहयोग –

प्राय: दो कहावत चर्चित होती हैं - 1- अकेला चना भाड़ नहीं फोड़ सकता और 2 – एक मछली सारे तालाब को गंदा कर देती है । सोंचें दोनों एक दूसरे के विरोधी विचार हैं । एक अच्छा कर्मचारी कितनी मेहनत करे सफलता नहीं मिलती हैं, एक कर्मचारी की गलती/गलतियों से पूरा विभाग बदनाम होता है । इसका निराकरण है आपसी सहयोग ।

उदाहरण – एक 33/11 केवी विद्युत उप केन्द्र से 6 नम्बर 11 केवी फीडर निकलते हैं इन सभी फीडरों की देखभाल के लिए एक फीडर पर एक ही कर्मचारी पदस्थ है जो उसका संचालन एवं संधारण के साथ अन्य विभागीय कार्य भी करता है । संधारण हेतु और कर्मचारी न मिलने से फीडरों का मेंटीनेंस नहीं हो पा रहा है, सभी 6 फीडरों आपूर्ति व्यवस्था से कर्मचारी एवं उपभोक्ता परेशान हैं । एक विशेष विवेचना के समय सभी फीडरों की ट्रिपिंग जानकारी निम्नानुसार है : -

क्रमांक(1), - फीडरका नाम (2), - फीडर कर्मचारी नाम (3), - एक माह में फीडर पर ट्रिपिंग संख्या (4), - निराकरण (फीडर मेंटीनेंस क्रम) (5) –

1-, फीडर नम्बर एक, - अ, - 47 नम्बर, - च – 6 (छठवां सप्ताह).

2-, फीडर नम्बर दो, - आ, - 68 नम्बर, - घ – 6 (चौथा सप्ताह).

3-, फीडर नम्बर तीन, - इ, - 92 नम्बर, - क – 6 (पहला सप्ताह).

4-, फीडर नम्बर चार, - ई, - 76 नम्बर, - ग – 6 (तीसरा सप्ताह).

5-, फीडर नम्बर पांच, - उ, - 57 नम्बर, - ड – 6 (पांचवा सप्ताह).

6-, फीडर नम्बर छ, - ऊ, - 82 नम्बर, - ख – 6 (दूसरा सप्ताह).

समस्या निराकरण – फीडर संधारण (मेंटीनेंस) – उपरोक्त से स्पष्ट है कि सभी 11 फीडरों पर ट्रिपिंग संख्या अधिक होने से बिजली व्यवस्था सुचारू रूप से नहीं हो रही हैं । एक फीडर पर एक ही कर्मचारी है जिसे और भी विभागीय कार्य करने होते हैं, और कर्मचारी भी उपलब्ध नहीं हो पा रहे हैं । ऐसे में कहते है कि अकेला चना भाड़ नहीं फोड़ सकता हैं । आपसी चर्चा एवं सहयोग से यह निष्कर्ष निकला कि सभी 6 फीडरों के कर्मचारी सप्ताह के एक दिन बुधवार को इकट्ठे (एकत्रित) होकर एक फीडर का मेंटीनेंस करेंगे । उससे पहले प्रत्येक फीडर से सम्बन्धित कर्मचारी अपने फीडर की ग्राउंड पेट्रोलिंग कर यह जानकारी तैयार कर लेगा कि फीडर से सम्बन्धित क्या – क्या कार्य होने जरूरी हैं । जिनमें मुख्य कार्य – पेड़ की टहनियां/डालियां छांटना, ढीले/खराब जम्पर बदलना, पिन/डिस्क इंसुलेटर बदलना, वी क्रॉस आर्म, टॉप क्लैम्प, डीपी चैनल, पोल आदि सीधा करना, ढीले तार खींचना, स्टे संबन्धित कार्य और अन्य कार्य जो जरूरी हैं ।

यह सब करने के बाद सबसे पहले उस फीडर का संधारण (मेंटीनेंस) करना है जिस पर सबसे अधिक ट्रिपिंग हो रही हैं फिर ट्रिपिंग के घटते क्रम में उपरोक्त सारणी अनुसार फीडर का मेंटीनेंस करेंगे तब केवल 6 सप्ताह के 6 दिन (बुधवार) में अकेले उन्हीं कर्मचारियों ने अपने सभी फीडरों का संचालन (मेंटीनेंस) कर लिया । आपसी सहयोग से सभी फीडरों के संधारण होने से निश्चित रूप से ट्रिपिंग कम होगी और बिजली व्यवस्था में सुधार आयेगा । किसी के द्वारा कोई अतिरिक्त कार्य नहीं करना पड़ा और सभी के फीडरों का संधारण भी हो गया । परन्तु प्रत्येक कर्मचारी अपने – अपने फीडर पर 6 दिनों में इतना संधारण कार्य नहीं कर सकेगा क्योंकि कहावत है कि अकेला चना भाड़ नहीं फोड़ सकता ।

कर्मचारी पर कार्य का दबाव और मानसिक सन्तुलन –

अधिकतर कर्मचारी काम का दबाव अधिक मानते हुए मानसिक सन्तुलन भी खराब कर लेते हैं । परन्तु उपरोक्त जैसी व्यवस्था, आपसी सहयोग से समस्या हल हो जाती है । इसके अतिरिक्त भी साधारण प्रक्रिया में प्रत्येक कर्मचारी को इन विचारों पर सोचना पड़ता है –

1 – स्वयं (खुद) का सोच - कि मुझे कौन – कौन सा कार्य आज करना है ।

2 – अधिकारी का सोच (निर्देश) - जब कर्मचारी कार्यालय (ऑफिस/दफ्तर) जाता है वहां पदस्थ कर्मचारी उसे निर्देश देता है कि यह कार्य आज करना है ।

3 – उपभोक्ता का सोच – जब कर्मचारी कार्यालय पहुंचता है तो वहां उपस्थित उसके क्षेत्र का उपभोक्ता अपनी समस्या का निराकरण चाहता है जो कर्मचारी को आज करना हैं ।

4 - पारिवारिक/सामाजिक सोच – कर्मचारी एक सामाजिक प्राणी हैं, सामाजिकता, पारवारिक ज़िम्मेदारी का भी स्थित अनुसार कार्य करना होता हैं । यह भी कर्मचारी सोचता है ।

उपरोक्त चार प्रकार के सोच के दबाव के कारण कभी – कभी कर्मचारी अपना संतुलन खो देते हैं और कोई भी कार्य न होने से और मानसिकता बिगड़ती है । जिसका निराकरण केवल स्वयं का सोच और आपसी चर्चा, सहयोग ही है ।

अक्सर जब हम श्रीमदभगवत गीता "पुस्तक पर चर्चा करते हैं और गहराई के बिन्दुओं को छोड़कर सामान्य चर्चा यह आती है कि जब भी कोई असुविधा/परेशानी/कठिनाई हो तो आपस में चर्चा कर एक दूसरे का सहयोग करे । दोनों (अर्जुन और श्रीकृष्ण) के विचार एक दूसरे के विपरीत (एक कहता है कि लड़ाई नहीं लड़ना/कार्य नहीं करना, दूसरा कहता है लड़ाई लड़ना/कार्य करना) जिसके लिए इस पुस्तक में 18 अध्याय और 700 श्लोक हैं । जिससे आपसी चर्चा से यह निश्चय हुआ कि लड़ाई लड़ी (कार्य किया) जावे । परिणाम सबको मालूम है । और तभी कहते हैं कि योग करो न करो परन्तु एक दूसरे को सहयोग अवश्य करो । सारथी बनो या न बनो परन्तु सहयोगी अवश्य बनो ।

उदाहरण – एक कर्मचारी उपरोक्त वर्णित स्थिति के अनुसार चार सोचो (कार्यो) के साथ अपने दैनिक कार्यों पर जाता है –

पहला स्वयं का सोच – मुझे राजस्व (बिल) बसूली करना है ।

दूसरा सोच अधिकारी का – कर्मचारी को बिल जमा न करने वालों के कनेक्शन काटना है ।

तीसरा सोच – उपभोक्ता का – कर्मचारी से उसे अपने घर बिजली न आने की समस्या ठीक करानी है ।

चौथा सोच – पारिवारिक/सामाजिक – पारिवारिक घरेलू सामान लाना अथवा शाम को एक सामाजिक कार्यक्रम में उपस्थित होना ।

समझदार कर्मचारी वह है जो समयानुसार उसके कार्य क्षेत्र में जो कार्य पहले आता है उसे करता हुआ तीनों विभागीय कार्य कर लेता है अथवा परिस्थिति अनुसार पहले उपभोक्ता की शिकायत, बकायादार उपभोक्ता के कनेक्शन काटते हुए राजस्व (बिल) वसूली के कार्य कर लेता है और शाम को पारिवारिक/सामाजिक कार्य संपादित कर प्रसन्न चित्त रहता । अन्यथा तरह तरह के तर्क - वितर्क/सोच - विचार के कारण अपने कार्य न करने की कारण मानसिक सन्तुलन खो बैठता है ।

एक कहानी - एक गाँव में मन्दिर निर्माण हो रहा था । गर्मी के दिन थे । मजदूर काम कर रहे थे । एक साधु वहां से गुजरते हुए मन्दिर निर्माण कार्य में अलग – अलग जगह पर कार्य कर रहे तीन मजदूर से एक ही बात पूछता है – " कि आप क्या कार्य कर रहे हो ? " उनके उत्तर हैं -

पहला मजदूर – देख नहीं रहे, पत्थर तोड़ रहें हैं ।

दूसरा मजदूर – बाबा मजदूरी कर रहे हैं, पत्थर का काम कर रहें हैं ।

तीसरा मजदूर – संत की जय हो (संत को राम - राम), मेरा सौभाग्य है कि इस मन्दिर की मूर्ति और निर्माण मेरे द्वारा निर्मित (बनाई) की जा रही है ।

उपरोक्त कहानी से यह स्पष्ट हो रहा है कि तीनों कर्मचारी एक ही कार्य कर रहे हैं परन्तु तीनों के अलग – अलग सोच रहते है । तीसरा सोच - सर्वोत्तम सोच है, दूसरा सोच – साधारण सोच और पहला सोच नकारात्मक सोच दर्शाता है और कार्य करने की बाद भी असन्तुष्ट रहते हुए मानसिक दुखी हो जाता है ।

समस्या/निराकरण – 1 - आपसी चर्चा और स्थल भ्रमण से –

समस्या – वर्षात के समय में एक नदी को क्रॉस करने वाली डबल सर्किट 11 केवी लाइन बाढ़ में डूबने के कारण लाइन बन्द हो गई । नदी के दूसरे किनारे के फीडर से संबन्धित गाँव की बिजली तब तक के लिए बन्द रहेगी जब तक बाढ़ का पानी नीचे इतना उतर जाय की 11 केवी लाइन नदी के पानी के स्तर से ऊपर हों ।

निराकरण – एक वरिष्ठ कर्मचारी ने अपने साथी कर्मचारियों और अपने अधिकारी से अनुरोध किया कि स्थल का मौका मुआना कर लें और कोई हल निकाल ले । सभी की सहमति बनी और सभी ने स्थल निरीक्षण किया, अधिकतर इसी पक्ष/राय/विचार में थे कि बाढ़ का पानी उतरने पर ही लाइन चालू हो सकेगी । परन्तु वरिष्ठ कर्मचारी ने कहा कि लाइन अभी चालू हो सकती है । सभी ने असहमत होते हुए उनसे जानना चाहा कि यह कैसे संभव है ? उसने अपने विचारों को बताया और सभी सहमत हुए और उसके विचार अनुसार व्यवस्था कर बिजली आपूर्ति बहाल कर दी गई, सभी क्षेत्रीय उपभोक्ताओं ने उनके सराहनीय कार्य के प्रति कृतज्ञता प्रकट की ।

लाइन कैसे चालू की गई ? स्थल निरीक्षण पर देखा कि लाइन डबल सर्किट हैं लेकिन दोनों लाइनों के केवल नीचे वाले एक - एक फेज पानी में डूबने से दोनों लाइन बन्द है । वरिष्ठ कर्मचारी ने अपने विचार से एक सर्किट (ऊपर के दोनों सर्किट के एक - एक तार को दो फेज और तीसरे फेज को बीच के उस तार को जो ज्यादा खींचा हुआ था अर्थात कम सेग था उसको तीसरा फेज बना कर) चालू कर बिजली व्यवस्था नियमित कर दी गई । इसके लिए केवल दोनों डीपी नदी के दोनों तरफ जम्पर बदल कर एक सर्किट से लाइन चालू कर बिजली व्यवस्था नियमित की गई ।

समस्या/निराकरण – 2 - आपसी चर्चा और स्थल भ्रमण से –

समस्या – 2 - एक अत्यधिक भीड़, जन समूह, मेला कार्यक्रम, विशेष आयोजन हो रहा था रात्रिकालीन समय था । अचानक 11 केवी फीडर की डीपी का सब - स्टेशन के पास जम्पर जल गया । जिससे एक फेज न जाने के कारण आयोजन स्थल की विद्युत व्यवस्था से कई स्थानों की बिजली डिम हो गई । यदि जम्पर जोड़ने के लिए लाइन बन्द करने का परमिट लेकर कार्य किया जाता है तो समारोह स्थल पर किसी भी प्रकार की अप्रिय घटना घटित हो सकती हैं, यदि व्यवस्था आयोजन समय तक ऐसी ही रहने दी जाय तो विद्युत व्यवस्था सुचारु न रहने के कारण कोई भी कार्यवाही प्रस्तावित कर सकेगा । दोनों ही स्थिति ठीक नहीं हैं । ऐसे समय में सब स्टेशन आपरेटर ने लाइन

कर्मचारियों से अपने विचार के बारे में अवगत कराया, सभी आम सहमति के साथ तदानुसार व्यवस्था कर समारोह स्थल की बिजली आपूर्ति समुचित कर दी गई ।

निराकरण – उपरोक्त स्थिति में परमिट देकर लाइन का जम्पर जोड़ने और यथा स्थिति से समारोह स्थल पर अप्रिय घटना घटित होने की सम्भावना अधिक है । सब स्टेशन आपरेटर ने 2 डीओ रोड लेकर दोनों के बीच एक इंसुलेटिड केबिल जिसकी करेंट केपेसिटी लाइन के तार से अधिक हो को बांधकर पहले डीओ रोड के हुक को आउट गोइंग पर डाला और बाद में दूसरी डीओ रोड के हुक को इंकमिंग जम्पर वाले तार पर डाला, यह कार्य दो निपुर्ण कर्मचारियों द्वारा सुरक्षा नियमों का पालन करते हुए किया । क्योंकि यह कार्य अत्यन्त जोखिम पूर्ण परन्तु चुनौती भरा कार्य है, सुरक्षा और सावधानी बरतने की जरूरत है । जिससे अस्थाई जम्पर से बिजली आपूर्ति बहाल हो गई । जिसे समारोह हो जाने के बाद विधिवत जम्पर कार्य कर विद्युत नियमित की गई ।

समस्या – 3 - एक माह एक किसान 10 अश्व शक्ति (हॉर्स पावर – एचपी) की मोटर और एक मकान में 100 वाट का बल्ब जलाता है, दोनों चोरी करते हैं, कौन बिजली का दुरुपयोग करता है? कौन नहीं?, यद्यपि दोनों चोरी करते हैं –

विवरण – एक मकान में 100 वाट के बल्ब से विद्युत का अनाधिकृत (चोरी) उपयोग कर रहा है, और 24 घंटे बिजली मिल रही है, तब एक दिन में ऊर्जा की खपत हुई – (100 x 24= 2400) 2400 वाट आवर अर्थात 2.4 किलोवाट आवर, 2.4 यूनिट बिजली का दुरुपयोग . इस तरह एक माह (30 दिन) में कुल बिजली खपत (2.4 x 30 = 72) 72 यूनिट हुई . क्योंकि लगातार बिजली जलाने से उसका कुछ नुकसान नहीं हो रहा है . यदि वह केवल रात में उजाले के लिए उपयोग करे तो 36 यूनिट की बचत कर सकता है, जबकि वह ऐसा नहीं करता .

किसान को भी महीने भर बिजली लगातार 24 घंटे बिजली मिल रही है और उसने अपने खेत में गेंहू की फसल बोई है . तब वह अपने खेत में फसल में में उतना पानी (सिंचाई) देगा जितनी उसको जरूरत है, उससे ज्यादा नहीं, क्योंकि ज्यादा पानी (सिंचाई) देने से उसकी फसल को नुकसान होगा इसलिए वह ऐसा नहीं करता है . किसान भी बिजली का अनाधिकृत (चोरी) उपयोग कर रहा रहा है, परन्तु दुरुपयोग नहीं कर रहा है . गेंहू की फसल सिंचाई के लिए साधारण तौर पर तीन – चार सिंचाई की जरूरत होती है . तब किसान एक माह में केवल अपनी फसल में केवल एक सिंचाई ही करेगा और उसने केवल 8 घंटे एक दिन मोटर चलाई तब बिजली खपत होगी . 10 अश्व शक्ति मोटर के 7.5 किलोवाट होते है, 8 घंटे उपयोग करने पर खपत हुई (7.5 x 8 = 60.0) 60 यूनिट बिजली का उपयोग किया किसान ने . इस गणना से यह स्पष्ट हो रहा है कि किसान विद्युत का दुरुपयोग नहीं करता, जबकि मकान में बिजली का दुरुपयोग हो रहा है . यद्यपि पावर मोटर की अधिक है, एक बल्ब 100 वाट की तुलना में .

समस्या – 4 - किस 11 केवी फीडर पर कितनी अधिक चोरी हो रही है – उसका 33/11 केवी उपकेन्द्र से पता लगाना –

33/11 केवी उपकेन्द्र पर पदस्थ ड्यूटी ऑपरेटर अपने ड्यूटी समय में प्रत्येक एक घंटे में फीडर का लोड एम्पीयर में लिखता है . प्रत्येक 11 केवी फीडर पर दिए गए कनेक्शनों की जानकारी विद्युत कार्यालय में होती है . जब भी कोई उपभोक्ता कनेक्शन लेता है अपना लोड किलोवाट अथवा अश्व शक्ति (हॉर्स पावर – एचपी) में मांग करता है . ये दो जानकारी फीडर पर स्वीकृत लोड और फीडर पर चल रहे लोड की जानकारी विभाग के पास होती है . सामान्यत: एचपी और केवीए बराबर होते हैं जब पावर फेक्टर 0.746 हो तब . तथा 11 केवी फीडर के 1 एम्पीयर लोड 20 केवीए (20 हॉर्स पावर) के समतुल्य होता है . जब 11 केवी फीडर का लोड 100 एम्पीयर चल रहा है, तब उस फीडर का लोड 2000 (20x100) केवीए या 2000 हॉर्स पावर होता है . यदि फीडर का स्वीकृत लोड 2000 हॉर्स पावर या उससे अधिक है तब फीडर पर कोई चोरी नहीं हो रही है, और यदि स्वीकृत लोड 2000 हॉर्स पावर से कम है तब फीडर पर चोरी हो रही है . इस तरह फीडर के लोड और फीडर के स्वीकृत लोड की तुलना करने से चोरी का पता लगाया जाता है .

समस्या – 5 – विद्युत मीटर के सही - गलत चलने की जानकारी का पता लगाना – मीटर के सही – गलत चलने की जानकारी मीटर परीक्षण से पता चलती है, जिसके विभिन्न तरीके हैं. जिसमें सबसे सामान्य तरीका है – विद्युत की खपत की तुलना, विद्युत मीटर में प्रदर्शित रीडिंग की तुलना से करना – जैसे 1 यूनिट खपत 1 किलोवाटआवर, या 1000 वाटआवर होती है . 1000 वाट का लोड 1 घंटा, या 500 वाट का लोड 2 घंटा, या 250 वाट का लोड 4 घंटा, या 200 वाट का लोड 5 घंटा, या 100 वाट का लोड 10 घंटा उपयोग करने पर विद्युत की खपत 1 यूनिट हुई तब मीटर भी 1 यूनिट प्रदर्शित करता है तब मीटर ठीक हुआ, यदि खपत 1 यूनिट से अधिक बताता है तब मीटर तेज हुआ, और यदि खपत 1 यूनिट से कम प्रदर्शित हुई तब मीटर धीमा (स्लो) हुआ . यह जांच कर्मचारी और उपभोक्ता दोनों कर सकते हैं .

विद्युत व्यवस्था -11 केवी फीडर 1 एम्पीयर का मान केवीए में

विद्युत व्यवस्था -11 केवी फीडर 1 एम्पीयर का मान केवीए में -

- 33/11 केवी विद्युत उपकेंद्र (सब स्टेशन) पर विद्युत आपूर्ति का वितरण 11 केवी फीडरों द्वारा होता है ।
- 11 केवी फीडर पर 1 एम्पीयर लोड/करंट का मान = (वर्गमूल 3) x (11केवी) x (1 एम्पीयर) = 19.052 केवीए जिसे 20 केवीए मानते हैं । इससे ही फ्यूज रेटिंग निकालते हैं ।
- यह लोड 33 केवी साइड पर 1/3 एम्पीयर तथा एलटी साइड पर 25 गुना होगा ।
- यदि पावर फेक्टर 0.746 मानते हैं तब केवीए = अश्व शक्ति (हार्स पावर) होगा ।
- यदि पावर फेक्टर 0.8 मानते हैं तब 20 केवीए लोड 16 किलोवाट होगा
- 16 किलोवाट लोड 1 घंटे लगातार उपयोग होने पर 16 किलोवाट आवर होते हैं जो 16 यूनिट बिजली की खपत को दर्शाते हैं ।
- सामान्यत : बिजली की दर रुपये 6 प्रति यूनिट के अनुसार रुपये 96 होंगे । यह राशि रुपये 100 के औसत में मान लेते हैं ।
- कहने/बताने का तात्पर्य यह है कि 11 केवी फीडर पर 1 एम्पीयर लोड 1 घंटा उपयोग करने पर 16 यूनिट और रुपये 100 की ऊर्जा की खपत होती है ।

अनाधिकृत रूप से फीडर पर दी गई बिजली का मूल्यांकन उपरोक्तानुसार होता है ।

विद्युत – व्यवस्था एलटी केपेसिटर

- जब एक 10 अश्व शक्ति की मोटर केपेसिटर के सहित चलती है तब वह मोटर लगभग 3 एम्पीयर करंट कम लेती है उससे जब वह बिना केपेसिटर के चलती है ।
- एलटी में 3 एम्पीयर करंट = वर्गमूल 3 गुणा करेंट गुणा वोल्टेज = केवीए = 1.732 x 3 x 0.4 =2.0784 केवीए, जिसे 2 केवीए मान लेते हैं । यदि पावर फेक्टर 0.8 हो तो 1.6 किलोवाट बनेगे ।
- यदि एक मोटर दिन में 6 घंटे चलती है तब 9.6 यूनिट बनेगे जिसे 10 यूनिट मान लेते है, तब 1 महीने में 300 यूनिट की बचत होगी
- रुपये 6 प्रति यूनिट टेरिफ़ रेट मान ले तब रुपये 1800 हुए जो बचेंगे
- जबकि 10 अश्व शक्ति की मोटर पर स्थापित क्षमता के केपेसिटर की कीमत इससे कम होगी ।
- कहने का आशय यह है कि केपेसिटर की कीमत 1 माह में ही वसूल हो गई ।

विद्युत – व्यवस्था – कम पावर फेक्टर से नुकसान

- समान लोड के लिए ज्यादा करंट लेता है । अत: मोटा/बड़ा कंडक्टर की जरूरत होगी । कीमत बढ़ेगी ।
- हानि (लॉस) – करेंट के वर्ग के अनुपात में होने से ज्यादा हानियाँ ।
- वोल्टेज ड्रॉप – कम वोल्टेज
- वोल्टेज रेगुलेशन में गिरावट

पावर फेक्टर सुधार से - -

- कम करेंट, पतला कंडक्टर
- हानि (लॉस) – करेंट कम होने से हानियाँ कम होंगी
- वोल्टेज ड्रॉप में सुधार
- वोल्टेज रेगुलेशन में सुधार

विद्युत – व्यवस्था - कम पावर फेक्टर से नुकसान –
क्रमांक, - पावर फेक्टर, - 100 किलोवाट मोटर, - एलटी करेंट एम्पीयर
1-, - पावर फेक्टर 1, - 100 केवीए, - 133 एम्पीयर .

2-, - पावर फेक्टर 0.9, - 111 केवीए, - 148 एम्पीयर .

3-, - पावर फेक्टर 0.8, - 125 केवीए, - 166 एम्पीयर .

4-, - पावर फेक्टर 0.7, - 143 केवीए, - 190 एम्पीयर .

5-, - पावर फेक्टर 0.6, - 167 केवीए, - 222 एम्पीयर .

6-, - पावर फेक्टर 0.5, - 200 केवीए, - 266 एम्पीयर .

उपरोक्त तालिका से स्पष्ट है कि समान किलोवाट (हॉर्स पावर) मोटर जैसे – जैसे पावर फैक्टर कम होता है केवीए कैपेसिटी बढ़ जाती है और उसके अनुरूप मोटर करेंट बढ़ता जाता है जिससे बिल अधिक बनता हैं ।

ट्रांसफार्मर की क्षमता केवीए (किलो वोल्ट एम्पीयर - KVA) या एमवीए (मेगा वोल्ट एम्पीयर - MVA) में नापते/कहते/बोलते हैं ।

आवश्यक नोट –

11 केवी लाइन पर एक एम्पीयर करंट प्रवाहित/चालू होने के समय पावर ट्रांसफार्मर की क्षमता निकालना/जानना -

पावर (केवीए - KVA) = (केवी - KV- किलो वोल्ट) x (ए - A - एम्पीयर) होता है, परंतु थ्री फेज लाइन में जब वोल्टेज फेज टू फेज होता है तब –

पावर (केवीए - KVA) = वर्गमूल (3) x (केवी) x (ए - एम्पीयर) होता है

पावर(केवीए) = (1.732) x (11केवी) x (1ए – एम्पीयर) = 19.052 केवीए = 20 केवीए (लगभग - मानलें)

उपरोक्त से यह सूत्र/फार्मूला निकला/बना कि 11 केवी लाइन पर एक एम्पीयर करंट प्रवाहित/चालू रहने पर ट्रांसफार्मर क्षमता 20 केवीए लगभग) होती है, इस तरह से 33 केवी लाइन पर 1 एम्पीयर करंट का मान 60 केवीए (लगभग) होता है, और एलटी (440 वोल्ट) लाइन में 1 एम्पीयर करंट 0.75 केवीए होता है । इसी से 33 केवी लाइन का करंट (11/33) एक तिहाई (1/3 = 0.33 एम्पीयर) होगा और एलटी लाइन (440 वोल्ट) का करंट (11000/440 = 25) 25 गुना होगा अर्थत 25 एम्पीयर होगा । और इसी सूत्र/फार्मूला से ट्रांसफार्मर के फ्यूज रेटिंग निकालते हैं ।

उदाहरण के लिए 100 केवीए के वितरण ट्रांसफार्मर के 11 केवी साइड (100/20 = 5 एम्पीयर) 5 एम्पीयर के फ्यूज तथा एलटी साइड (440 वोल्ट) 25 गुना (25) x (5) = 125 एम्पीयर क्षमता का फ्यूज होगा ।

1000 केवीए = 1 एमवीए पावर ट्रांसफार्मर के 11 केवी साइड के फ्यूज (1000/20 = 50 एम्पीयर) 50 एम्पीयर के फ्यूज तथा 33 केवी साइड (11/33 अर्थात एक तिहाई) = (50/3 = 16.66 = 17 एम्पीयर) 17 एम्पीयर का फ्यूज होगा । इसी प्रकार से अन्य क्षमताओं के लिए फ्यूज रेटिंग निकालते हैं ।

पावर – पावर को केवीए/एमवीए के अलावा वाट/किलोवाट और हार्स पावर (एचपी) में भी नापते हैं ।

एक हॉर्स पावर (एक एचपी - HP) 746 वाट (W) या 0.746 किलो वाट (KW) के बराबर होता है जिसे (केडब्लू - KW) में लिखते हैं ।

एक (केवीए) x (कोस फ़ाई) = एक किलोवाट होता है जहां कोस फ़ाई, पावर फेक्टर होता है, सामान्यत: कोस फ़ाई का मान (0.8) होता है, यह भी जानना आवश्यक है कि कोस फ़ाई का मान हमेशा एक से कम होता है ।

यदि कोस फ़ाई का मान 0.746 मानकर चलें तब -

एक (केवीए) (कोस फ़ाई) = एक किलोवाट

एक केवीए = एक किलोवाट/कोस फ़ाई = एक किलोवाट/(0.746) = (0.746) एचपी/(0.746) = एक एचपी (HP) = एक हार्स पावर = एक केवीए (KVA) ।

उपरोक्त से यह अर्थ निकलता है कि यदि पावर फेक्टर (0.746) मानने पर एक केवीए एक हार्स पावर के बराबर होता है, अर्थात जितने केवीए उतने हार्स पावर ।

साधारण नियम यह है कि जितने हॉर्स पावर की मोटर होगी लगभग उतने ही केवीए मोटर के होंगे जब पीएफ 0.746 मानकर । यह इसलिए जानना जरूरी है कि मोटर की क्षमता प्राय: हार्स पावर (एचपी)/अश्व - शक्ति में होती है उसे ही किलोवाट और केवीए में आसानी से बदलकर ट्रांसफार्मर की क्षमता लोड/भार के अनुसार निकाल लेते हैं, सामान्यत: ट्रांसफार्मर की क्षमता लोड/भार से अधिक ही रखते हैं, भविष्य की मांग और ट्रांसफार्मर ओवर लोडिंग/अति भार से बचाने के लिए ।

यूनिट – बिजली मीटर में एक यूनिट की खपत एक किलोवाट लोड को एक घंटे प्रयोग/इस्तेमाल करने पर जो बिजली खर्च होती है उसे एक यूनिट (एक किलोवाटआवर) की खपत कहते हैं । एक 100 वाट का लेंप 10 घंटे जलाने/चलाने पर एक यूनिट बिजली खर्च/बनाता है, 25 वाट का लेंप 40 घंटे जलाने/चलाने पर एक यूनिट बिजली खर्च/बनाता है । इस तरह से आप अपने लोड और प्रयोग/इस्तेमाल के आधार पर खपत का आंकलन कर सकते हैं । और बिजली की टेरिफ रेट अनुसार कीमत/मूल्य की गणना भी कर सकते हैं । इसी गणना से मीटर के तेज, धीमा और सही/ठीक चलने का पता लगा लेते हैं । जैसे 100 वाट के बल्व को 10 घंटे जलाने पर मीटर यदि 1 यूनिट बनाता है तो मीटर सही/ठीक है, यदि 1 यूनिट से कम बनाता है तो मीटर धीमा/स्लो चल रहा है और यदि मीटर 1 यूनिट से अधिक बनाता है तो मीटर तेज/

फास्ट चल रहा है ।

चालू एलटी लाइन पर फ्यूज ऑफ काल (बिजली शिकायत) करते समय की जाने वाली सुरक्षा सावधानियाँ

चालू एलटी लाइन पर फ्यूज ऑफ काल (बिजली शिकायत) करते समय की जाने वाली सुरक्षा सावधानियाँ –

1. सर्व प्रथम फ्यूज ऑफ काल प्राप्त होने पर उपभोक्ता (कंज्यूमर) के निवास पर जाकर जहां मीटर लगा है, देखना चाहिए तथा टेस्ट लैम्प या टेस्टर से टेस्ट करके विद्युत सप्लाई (आपूर्ति) मीटर के पास है या नहीं, निश्चित करने के बाद यदि मीटर में सप्लाई नहीं आ रही तो विद्युत खम्भे, जहां से सर्विस लाइन आ रही है, देखना चाहिए ।

2. एलटी लाइन की चालू लाइन के खम्भे पर पहले नीचे खड़े होकर सावधानी से ऊपर तारों का निरीक्षण करना चाहिए । फिर अपने सेफ्टी बैग को कंधे में टांग कर चढ़ने के पूर्व निश्चित कर लें कि बैग में रबर हैंड ग्लोब, इंसुलेटिड कटिंग प्लायर, सेफ्टी झूला/बेल्ट, इन्सुलेटिड स्क्रू ड्रायवर और टेस्ट लैम्प रखा है ।

3. सीढ़ी की मदद से पोल पर चढें तथा साथी कर्मचारी को सीढ़ी पकड़कर रखने के लिए कहें जिससे सीढ़ी स्लिप न हो ।

4. एलटी लाइन, जिस पर कार्य करना हो, की सप्लाई सब - स्टेशन से बंद करें एवं कर्मचारी बैठायें । मेन स्विच या कट - आउट के ग्रिप अपने पास रख लें ।

5. जिस लोकेशन पर एलटी की डबल सप्लाई हो तो वहाँ पर दोनों ट्रांसफार्मरों की सप्लाई बंद करके दोनों जगह अलग - अलग कर्मचारी बैठायें, साथ ही दो तरफ की सप्लाई डिस्चार्ज करें । जहां काम करना हो उसके दोनों तरफ एक - एक मीटर दूर डिस्चार्ज रोड टाँगकर रखें जिसके तार का एक सिरा अर्थ से जुड़ा हो ।

6. ध्यान से देख लें कि सर्विस तार के सिरा फेज वायर एवं न्यूट्रल पर लगे हैं या निकलें हैं ।

7. रबर हैंड ग्लब्ज/दस्ताने पहनकर ही कार्य शुरू करें । साथ में इंसुलेटिड प्लायर का ही उपयोग करें ।

8. सर्विस वायर का यदि फेज या न्यूट्रल तार ढीला है, तो हैंड ग्लब्ज पहनकर प्लायर से ही कसे ।

9. सर्विस तार, जिस पर सुधार कार्य कर रहें हैं तथा खम्भे पर के अन्य सर्विस तार/लूप से दूरी बनाये रखें, उन्हें बिना हैंड ग्लब्ज पहने न छूयें ।

10. यदि सर्विस वायर का फेज या न्यूट्रल का तार खम्भे पर टूट गया है, तो पहले फेज वाले सर्विस तार को अलग कर लें फिर न्यूट्रल तार को भी एलटी लाइन के तार से अलग कर लें और चालू लाइन से दूर रखकर कटिंग प्लायर से इंसुलेशन छीलकर ही पहले न्यूट्रल सर्विस तार को लाइन के तार में लपेटें, फिर फेज तार को लपेटें ।

11. सर्विस वायर को विद्युत लाइन के तारों में बने डी लूप में ही लगावें ।

बाहरी व्यक्तियों के लिए आवश्यक सुरक्षा हिदायतें

बाहरी व्यक्तियों के लिए आवश्यक सुरक्षा हिदायतें

अधिकारियों/कर्मचारियों का कर्तव्य है कि विभिन्न शिविरों के माध्यम से ग्रामीणजनों को निम्न सुरक्षा हिदायतें दें ताकि बाहरी व्यक्तियों/पशुओं की दुर्घटनाओं को समाप्त किया जा सके । विद्युत लाइनों, उपकरणों, एवं खंभों से छेड़खानी करना भारतीय विद्युत अधिनियम के अनुच्छेद 40 एवं 46 के अंतर्गत दंडनीय अपराध है । (एक्ट 2003 के अनुसार लिखना है)

जरा सी असावधानी या छेड़खानी से बड़े बड़े खतरे पैदा हो सकते हैं । इसलिए सावधानियाँ बरतनी चाहिए ।

(1) - ऐसी लाइन जिनमें विद्युत शक्ति (धारा - करेंट) प्रवाहित होती है, यदि आंधी तूफान या अन्य कारणों से अकस्मात टूट जाए तो उनके समीप जाकर, उन्हें छु कर खतरा मोल न लें । आवश्यक बात यह है कि शीघ्र लाइन टूटने की सूचना निकटतम विभागीय/कंपनी अधिकारी को अथवा विद्युत कर्मचारी को दें, संभव हो तो किसी आदमी को उस जगह, अन्य राहगीरों को चेतावनी देने के लिए रखें ।

(2) - नये घर बनाते समय विद्युत पारेषण अथवा वितरण लाइन से समुचित दूरी रखें यह कानून की दृष्टि से भी आवश्यक है । उचित फासले (दूरी) के विषय में स्थानीय बिजली विभाग के कर्मचारी/अधिकारी की सलाह लें । आपके बच्चे एवं कुटुम्बीयजनों की सुरक्षा के लिए अति आवश्यक है ।

(3) - खेतों खलिहानों में ऊंची - ऊंची घास की गंजी (ढेर), कटी फसल का ढेरियाँ, झोपड़ी, मकान, तम्बू आदि विद्युत लाइनों के नीचे अथवा अत्यंत समीप (नजदीक) न बनायें ।

(4) - विद्युत लाइनों के नीचे से अनाज, भूसे आदि की अधिक ऊंचाई तक भारी हुई गाडियाँ न निकालें इससे आग लगने एवं प्राण जाने का खतरा है ।

(5) - गाँव व शहरों में कभी - कभी उत्सव जैसे होली आदि का आयोजन किया जाता है बहुत सी लकड़ियों को इकठ्ठा कर चौराहों पर होलिका दहन किया जाता है । चौराहों के ऊपर से विद्युत लाइनें जा रही हो तो तारों के नीचे होली नहीं जलानी चाहिए, आंच/आग की लपटों से एल्यूमिनियम/केबिल के तारों के गलने और टूटने की संभावना है और अप्रत्याशित घटना घट सकती है ।

(6) - बहुत से स्थानों पर बच्चे पतंग अथवा लंगर का खेल खेलते, तरह - तरह के धागे डोर विद्युत की लाइनों में फसा देते हैं । ऐसा करने से उन्हें रोकें । लाइनों में पतंग निकालने के लिए बच्चों को कभी भी खंभे पर चढ़ने ना दें ।

(7) - लाइनों पर तार या झाड़ियाँ न फेकें । यदि कोई ऐसा करता है तो इसकी सूचना पास के पुलिस थाने या विद्युत विभाग/कंपनी के वितरण केंद्र में दें । विद्युत लाइनों के पास लगे वृक्ष या उसकी शाखा न काटे यदि कटी शाखा लाइन पर गिरे तो आपके लिए घातक सिद्ध हो सकता है ।

(8) - अपने खेत खलिहान, घर या संपत्ति की सुरक्षा हेतु अवरोधक तारों (फेंसिंग वायर्स) में विद्युत प्रवाहित न करें । यह कानूनी अपराध भी है, इस प्रकार विद्युत का उपयोग करने वालों पर कानूनी कार्यवाही की जा सकती है, इसी तरह मछली आदि पकड़ने के लिए पानी/नदी/नाले/पोखर में बिजली का करेंट न छोड़े, इससे अन्य जीवधारी और मानव जीवन भी संकट में आ जाते हैं ।

(9) - बिजली के तारों पर कपड़े आदि डालना दुर्घटना को निमंत्रण देना है ।

(10) - बिजली के खंभों पर कदापि न चढ़ें एवं स्टे वायर आदि विद्युत उपकरणों से छेड़खानी न करें । ऐसा करने पर आपका जीवन संकट में पड़ सकता है ।

(11) - बिजली के खंभों पर स्टे - वायर आदि न बांधे और न ही इससे जानवरों को रगड़ खाने दें इससे जन धन की हानि हो सकती है ।

(12) - घरों में बिजली के तार सुव्यवस्थित ढंग से लगावे । अव्यवस्थित एवं ढीले या झूलते तार खतरे से खाली नहीं हैं । सभी विद्युत यंत्रों के उपयोग में सावधानी बरतें ।

(13) - विद्युत तारों अथवा उपकरणों की खराबी दूर करने के लिए तथा बिजली का फ्यूज सुधारने के लिए किसी जानकार ही सहायता लें । इससे एक ओर जहां दुर्घटनाओं को टाला जा सकेगा वहीं दूसरी ओर आप आर्थिक हानि से भी बच सकेंगे ।

विद्युत उपकरणों का जीवन (उम्र - लाइफ)

विद्युत उपकरणों का जीवन (उम्र - लाइफ) –

प्रत्येक उपकरण निर्मित किया जाता है अत: उसका कार्यकाल (जीवन – उम्र – लाइफ) निम्नानुसार सामान्यत: निर्धारित की गई है –

1 – इंकेडेसेंट बल्व – 1000 से 2000 घंटे (3 माह से 6 माह)

2 – सीएफएल – 8000 से 10000 घंटे (24 से 30 माह)

3 – एलईडी – 25000 से 40000 घंटे (6 से 10 वर्ष)

1. – विद्युत घरेलू वायरिंग - 25 से 30 वर्ष
2. – विद्युत घरेलू उपकरण – पंखा (फेन) – 10 से 15 वर्ष,
3. रेफ्रीजिरेटर (फ्रिज) – 9 से 13 वर्ष,
4. वाशिंग मशीन – 5 से 15 वर्ष,
5. एसी मोटर – 10 से 15 वर्ष, एसी (एयर कंडीशनर) 8 से 15 वर्ष,
6. एलसीडी टीवी (टेलीवीजन) – 1,00,000 घंटे (25 वर्ष)
7. - विद्युत केबिल – 25 से 40 वर्ष
8. - विद्युत कंडक्टर – 25 से 30 वर्ष
9. – विद्युत ट्रान्सफार्मर - 20 से 25 वर्ष
10. – विद्युत मीटर – इलेक्ट्रो मैकेनिकल 25 से 30 वर्ष, इलेक्ट्रोनिक (स्टेटिक, स्मार्ट) – 10 से 15 वर्ष
11. - वुडिन पोल – 18 से 24 वर्ष
12. - वाहन (वेहीकल) – 15 वर्ष (3 लाख मील = 4.8 लाख किमी)

उपकरण – मेगर

उपकरण – मेगर –

मेगर रजिसटेन्स (प्रतिरोध) मापने का एक यन्त्र हैं । यह दो प्रकार के मुख्यत: होते हैं - हेंड टाइप (हेंड आपरेटिड) और इलेक्ट्रोनिक टाइप (बैटरी आपरेटिड), कुछ मोटर आपरेटिड भी होते हैं । इनमें डिजिटल डिस्प्ले, वायर नोब एंड वायर लीडस, सलेक्टिंग स्विच और इंडिकेटर्स । अन्दर डिफ्लेक्टिंग एंड कंट्रोल कोइल, परमानेंट मेगनेटस प्वाइंटर, डीसी जेनरेटर या बैटरी, प्रेसर कोइल, स्केल जिस पर जीरो से इंफीनिटी (शून्य से अनन्त) तक ।

हेंड आपरेटिड मेगर से सुविधाएँ और असुविधाएँ -

सुविधाएं –

1 - यह सबसे पुराना और आसान तरीका है ।

2 - इसको आपरेट करने के लिए किसी अन्य सोर्स की जरूरत नहीं होती है ।

3 – यह सस्ता और आसानी से बाजार में उपलब्ध है ।

4 – इसमे एनालॉग डिस्प्ले, एक हेंड क्रेंक और वायर लीडस होते हैं ।

असुविधाएँ –

1. इसे आपरेट करने के लिए 2 व्यक्ति की जरूरत होती है । एक क्रैंक को घुमाने और दूसरा लीडस को जोड़ने जिसका इंसुलेशन मापना है ।
2. सटीकता (एक्यूरेसी) एक स्तर तक नहीं होती क्योंकि यह क्रैंक के घुमाने की गति पर निर्भर रहता है ।
3. इसको रखने के लिए एक समतल स्थान होना चाहिए जिससे घुमाने में हिले ढुले नहीं और एक सामान्य गति से चलाया जा सके । ऊंची नीची जगह पर ऐसा नहीं हो पाता ।
4. एनालॉग डिस्प्ले रहता है, जो गति के साथ बदलता रहता है ।

इलेक्ट्रोनिक मेगर – सुविधाएं और असुविधाएँ –

सुविधाएं –

1. सटीकता (एक्यूरेसी) लेवल ठीक रहता है ।
2. इसे एक व्यक्ति आपरेट कर सकता है ।
3. इससे कहीं भी किसी स्थान पर मापन कर सकते हैं ।
4. उपयोग करने में आसान और सुरक्षित रहता है ।

असुविधाएँ –

1. इसे आपरेट करने के लिए अतिरिक्त ऊर्जा स्रोत या शुष्क (ड्राई) सेल की जरूरत होती है ।
2. यह महंगा पड़ता हैं ।

मेगर की रेंज – सामान्यत: मेगर जीरो से इंफीनिटी (शून्य से अनन्त) के मापन बताता है ।
जब जीरो (नो) करेंट होगा इसका अर्थ यह हुआ कि रजिसटेन्स इंफीनिटी (अनन्त) है । ओपन सर्किट
जब करेंट बहुत अधिक होगा इसका अर्थ यह हुआ कि रजिसटेन्स जीरो (शून्य) है । शॉर्ट/कंटीन्यूअस सर्किट
अत: स्केल शून्य से अनन्त (जीरो से इंफीनिटी) तक होता है ।
मेगर को वोल्टेज रेंज से भी उपयोग करते हैं –

1. – 500 वोल्ट डीसी मेगर – 440 वोल्ट तक के लिए

2 – 1000 वोल्ट (1 केवी) मेगर या 5 केवी मेगर - उच्च वोल्टेज के लिए ।

अर्थ टेस्टर और अर्थ रजिसटेन्स

अर्थ टेस्टर और अर्थ रजिसटेन्स –

अर्थ टेस्टर का उपयोग अर्थ रजिसटेन्स मापने के लिए किया जाता है । अगर अर्थ रजिसटेन्स ज्यादा होता है, तो इसके लिए सुधार उपाय करना पड़ता है ।

अर्थ टेस्टर की क्रिया विधि –

यह हाथ से चलाने वाला एक डीसी जेनरेटर होता है । स्पाइक करेंट फीड करते हुए डीसी करेंट को कनवर्टर के जरिए एसी करेंट में बदल दिया जाता है और स्पाइक से मिले हुए करेंट को फिर से डीसी में रेक्टीफायर के मदद से बदल दिया जाता है । इसके बाद एसी करेंट को स्पाइक से चलने वाले अर्थ में भेजा जाता है क्योंकि उसमें इलेक्ट्रोलिक इफेक्ट नहीं होना चाहिए ।

अर्थ रजिसटेन्स की माप – थ्री प्वाइंट मेथड –

इस विधि में अर्थ टेस्टर टर्मिनलों सी - 1 और पी – 1 को एक दूसरे से शॉर्ट कर दिया जाता है । बाद में इसे उस इलेक्ट्रोड (पाइप/तार/ प्लेट) से कनेक्ट किया जाता है जिसका अर्थ रजिसटेन्स टेस्ट किया जा रहा है । टर्मिनल पी - 2 और सी – 2 को उन दो अलग - अलग स्पाइक से जोड़ दिया जाता है जो अर्थ में चलते हैं । इन दोनों स्पाइकों को 25 मीटर और 50 मीटर की दूरी पर एक ही लाइन में रखते हैं, ताकि वे इंडिविज्युअल स्पाइक्स के फील्ड में दाखिल न दें । इसके बाद हम जेनरेटर के हेंडिल को विनिर्दिष्ट स्पीड पर घुमाते हैं और हमें अर्थ रजिसटेन्स स्केल पर दिखाई देता है ।

नोट – अर्थ में स्पाइक लेन्थ (लम्बाई) दो स्पाइकों के बीच की दूरी के बीसवें हिस्से से ज्यादा नहीं होना चाहिए ।

फॉर प्वाइंट मैथड – इस तरीके को इस्तेमाल करने में चार स्पाइक बराबर दूरी पर उसी लाइन में चलाये जाते हैं । बाहर वाले दो स्पाइक अर्थ टेस्टर के टर्मिनल सी - 1 और सी - 2 से कनेक्ट कर दिये जाते हैं । इसके बाद जेनरेटर हेंडिल को विनिर्दिष्ट गति से घुमाते हैं और अर्थ रजिसटेन्स वैल्यू स्केल पर दिखाई दे जाती है ।

इस तरीके में पोलराइजेशन इफेक्ट के चलते गलतियाँ दूर हो जाती हैं और अर्थ टेस्टर सीधे एसी पर संचालित किया जा सकता है ।

- अर्थ टेस्टर और अर्थ रजिस्टेंस -

अर्थ टेस्टर का इस्तेमाल अर्थ रजिस्टेंस नापने के लिए किया जाता है । अगर अर्थ रजिस्टेंस ज्यादा होता है तो इसके सुधार के लिए उपाय करने पड़ते हैं ।

अर्थ रजिस्टेंस –

क – अर्थ रजिस्टेंस निम्नलिखित बातों पर निर्भर करता है –

1. - मिट्टी का प्रकार
2. - जमीन/धरती का तापमान
3. - मिट्टी में नमी
4. - मिट्टी में खनिज
5. - जमीन/धरती में इलेक्ट्रोड की लंबाई
6. - इलेक्ट्रोड की शक्ल और आकार
7. - दो इलेक्ट्रोड के बीच की दूरी
8. - इलेक्ट्रोडो की संख्या
9. - अर्थिंग कितनी पुरानी है

ख – अधिकतम अर्थ रजिस्टेंस जिसकी अनुमति है –

1. - बड़े बिजली घर/पावर हाउस 0.5 ओम
2. - बड़े सब स्टेशन/उप - केंद्र 1.0 ओम
3. - छोटे सब स्टेशन/उप केंद्र 2.0 ओम

4.   - न्यूट्रल बुसिंग 2.0 ओम
5.   - सर्विस कनेक्शन 4.0 ओम
6.   - एलटी लाइटनिंग अरेस्टर 4.0 ओम
7.   - एलटी पोल 5.0 ओम
8.   - एचटी पोल 10.0 ओम
9.   - टावर 20 से 30 ओम

अगर अर्थ रजिस्टेंस ऊपर दिये गये मूल्य/मानक से ज्यादा है तो उसे कम करने के लिए निम्नलिखित उपाय किये जाने चाहिए –

1.   - जोइंट्स पर ओक्सीडेशन हटा दें और जोड़ों को कस दें ।
2.   - अर्थ इलेक्ट्रोड पर काफी पानी डालें/उड़ेल दें ।
3.   - जहां तक हो सके, बड़े साइज का अर्थ इलेक्ट्रोड इस्तेमाल करें ।
4.   - इलेक्ट्रोडों को समानान्तर कनेक्ट/जोड़ना चाहिए ।
5.   - ज्यादा गहराई और चौड़ाई व ऊंचाई वाला अर्थ पिट/गड्डा बनाएँ ।
6.   - अर्थ पिट/गड्डे में अर्थ पाउडर (बेंटोनाइड) मिट्टी में मिलाना चाहिए ।
7.   - यदि उपकेंद्र पर खराब भूमि है तो वहां के पिट/गड्डे की मिट्टी बदल दें उसकी जगह ब्लेक कॉटन सॉइल (काली मिट्टी) का प्रयोग करें ।
8.   - बोर अर्थिंग करके भी सुधार किया जा सकता है ।
9.   - बहुत से हालातों में जबकि आदमी को बिजली का सदमा पहुँच जाता है , देखने में मृत प्रतीत होता है ऐसे हालातों में तुरंत कोशिश करके आदमी का जीवन नीचे लिखे उपायों से बचाया जा सकता है : -

नोट – नीचे लिखे डाक्टर, प्रभारी अधिकारी या निकतम अस्पताल जो भी पास में हो, को खतरे के समय तुरंत सूचित करना/बुलाना चाहिए : -

फिल्टर मशीन

फिल्टर मशीन –

फिल्टर मशीन ट्रान्सफार्मर के ऑइल (तेल) को फिल्टर करती है । फिल्टर मशीन का उपयोग करते हुये ट्रान्सफार्मर टैंक में तेल 75 डिग्री सेल्सियस तक गरम हो जाता है । जब यह तेल ट्रान्सफार्मर के टैंक में सर्कुलेट करता है, इसके कारण वाईंडिंग और कोर से नमी दूर हो जाती है । फिल्टर मशीन के डिहाइड्रेशन चैम्बर में यह नमी दूर कर दी जाती है जिससे तेल की डाई – इलेक्ट्रिक स्ट्रैंथ बढ़ जाती है । इस प्रकार ट्रान्सफार्मर सूख जाता है और उसके तेल की डाई – इलेक्ट्रिक स्ट्रैंथ में भी सुधार आ जाता है ।

बीडीवी टेस्ट – ब्रेक डाउन वोल्टेज टेस्ट – ऑइल टेस्टिंग किट –

ऑइल टेस्टिंग किट कांच का बना अथवा पीवीसी का एक 80 x 55 x 100 एमएम (मिलीमीटर) का एक चैम्बर (कक्ष) होता है । इसमें मानक आकार के पोलिश किए गए और क्रोम प्लेट के बने दो इलेक्ट्रोड लगे होते हैं । ये आईएस द्वारा निर्धारित दूरी यानि 40 मिलीमीटर नीचे फिट किए होते हैं । इलेक्ट्रोड को पड़ी (होरीजोंटल) अवस्था में एडजस्ट करने का प्रावधान होता है । इलेक्ट्रोडस के फेजेज़ के बीच किसी विशेष स्पार्क की गैप 2.5 एमएम (मिलीमीटर) एडजस्ट करना अच्छा होता है ।

टेस्ट चैम्बर को ऐसा डिजाइन किया जाता है कि वह 60 केवी तक वोल्टेज सहन कर सके । तेल टेस्ट चैम्बर में इस तरह से रखा जाता है कि वह चैम्बर के एक मिलीमीटर नीचे तक टेस्टिंग के लिए एडजस्ट किया जा सके । इस उपकरण में एक सिंगल फेज आटो ट्रान्सफार्मर लगा होता है जिसमें एसी प्राइमरी 230 वोल्ट का और सेकेन्डरी आउट पुट 60 केवी तक का होता है । प्राइमरी साइड पर इसमें वोल्टमीटर लगा होता है जो सेकेन्डरी में वोल्टेज केवी में दिखाता है । प्राइमरी साइड पर एक एमीटर और साइड ब्रेकर लगाया जाता है । जब भी इलेक्ट्रोडस के बीच चिंगारी उठती हैं । ओवरलोड पर सीवी ट्रिप कर जाता है और इस तरह से किट एचटी सप्लाई से अलग हो जाता है ।

ऑइल टेस्टिंग का तरीका –

पहले टेस्ट चैम्बर को ऑइल सैंपल से लगाये गये निशान तक भर दें । उसका स्तर चैम्बर के कवर के टॉप से 10 मिलीमीटर होना चाहिए । अगर मशीन को हाथ से चलाते हैं, तो वोल्टेज बढ़ा दीजिए । इसके पहले एचटी स्विच ऑन करके वैरीयक की मदद से इसे 2 केवी प्रति सेकेंड कर दीजिये । लेकिन अगर मशीन मोटर से चलती है तो स्टेपर मोटर को वोल्टेज बढ़ाने के लिए सेट कर दीजिये । वोल्टेज तब तक बढ़ाई जावे जब तक इलेक्ट्रोडस के बीच तेल का ब्रेक डाउन नहीं हो जाता । अगर उस सैम्पल की रीडिंग और औसत वैल्यू 6 आती तो उसी को रीडिंग समझिए और बीडीवी मानिए ।

लेखक परिचय

लेखक परिचय

रनवीर सिंह (तोमर) आत्मज स्व. श्री दिलीप सिंह

जन्म – 02 जुलाई 1955

जन्म स्थान - गांव - नगला भूपसिंह, डाकघर - पिसावा, जिला अलीगढ़, उत्तर प्रदेश 202155

शिक्षा – बी. एस सी. इंजीनियरिंग (इलेक्ट्रिकल) अलीगढ़ मुस्लिम यूनिवर्सिटी अलीगढ़ उ.प्र. (1978)

सेवा – मध्य प्रदेश विद्युत मंडल (1979 से 2015), 36 वर्ष, सेवानिवृत्त - अति. मुख्य अभियन्ता

वर्तमान – फेकल्टी मेंम्बर पावर डिस्ट्रीब्यूशन ट्रेनिंग सेंटर भोपाल .

वर्तमान निवास – मकान न. डुप्लेक्स - 11, कुटुम्ब अपार्टमेंट बलवन्त नगर, यूनिवर्सिटी रोड ठाठीपुर, ग्वालियर म.प्र. 474002

अभिरुचि – पुस्तक अध्ययन, इलेक्ट्रिकल विषयों पर लेक्चर देना, सामाजिक गतिविधियाँ, वृक्षारोपण कार्य आदि

अणु डाक – er.rsingh55@gmail.com , चलित दूरभाष +91 9425137463 .